HISTÓRIA ECONÔMICA DA CIDADE DO RIO DE JANEIRO

Da fundação ao século XXI

HISTÓRIA ECONÔMICA DA CIDADE DO RIO DE JANEIRO

Da fundação ao século XXI

André Arruda Villela

FGV EDITORA EPGE

Direitos desta edição reservados à
FGV EDITORA
Rua Jornalista Orlando Dantas, 9
22231-010 | Rio de Janeiro, RJ | Brasil
Tel.: 21-3799-4427
editora@fgv.br | www.editora.fgv.br

Impresso no Brasil | Printed in Brazil

1ª edição: 2025; 1ª reimpressão: 2025.

Coordenação editorial e copidesque: Ronald Polito
Revisão: Sandro Gomes dos Santos e Michele Mitie Sudoh
Capa, projeto gráfico e diagramação: Ligia Barreto | Ilustrarte Design
Imagem da capa: Vista aérea da Misericórdia e morro do Castelo. [s.d.]. Jorge Kfuri. Acervo da Diretoria de Patrimônio Histórico e Documentação da Marinha.

Dados Internacionais de Catalogação na Publicação (CIP)
Ficha catalográfica elaborada pela Biblioteca Mario Henrique Simonsen/FGV

Villela, André Arruda
História econômica da cidade do Rio de Janeiro: da fundação ao século XXI / André Arruda Villela. - Rio de Janeiro: FGV Editora, 2025.
340 p.

Inclui bibliografia.
ISBN: 978-65-5652-356-9

1. Rio de Janeiro (RJ) – Condições econômicas – Séc. XVI-XXI. 2. Rio de Janeiro (RJ) – História – Séc. XVI-XXI. I. Fundação Getulio Vargas. II. Título.

CDD – 330.98153

Elaborada por Mariane Pantana Alabarce – CRB-7/6992

History is neither fluke nor necessity, but somewhere in between.

Joel Mokyr

Para a Tiz e a Bebel

SUMÁRIO

LISTA DE GRÁFICOS, TABELAS, FIGURAS E MAPAS

PREFÁCIO

André Arruda Villela tem uma obra sólida com foco na política econômica do Império brasileiro: vários artigos coroados por *The political economy of money and banking in Imperial Brazil 1850-1889* (Londres: Palgrave Macmillan, 2020). Publicou, além disto, um livro em coautoria comigo e com Luiz Correa do Lago, *A Passos Lentos: uma história econômica do Brasil Império* (São Paulo: Almedina, 2022). Agora propõe uma versão atualizada da história econômica do Rio de Janeiro desde os tempos coloniais até os dias de hoje.

O livro é uma continuação de duas contribuições clássicas: Maurício Almeida Abreu, *Geografia histórica do Rio de Janeiro (1502-1700)* (Rio de Janeiro: Andrea Jakobsson Estúdio, 2010. 2 v.) e Eulália Maria Lahmeyer Lobo, *História do Rio de Janeiro (do capital comercial ao capital industrial e financeiro)* (Rio de Janeiro: IBMEC, 1978. 2 v.). O novo esforço de síntese abarca o período posterior à Segunda Guerra Mundial que não havia sido tratado por Eulália Lobo.

O autor explora, com grande empenho e sucesso, fontes primárias de difícil acesso no passado, hoje disponíveis via internet. Isto lhe permite dedicar-se à análise de discrepâncias entre fontes, enfatizando a necessidade de decidir entre as mais confiáveis. O problema é especialmente agudo no período inicial da década de 1960. Mas está em parte relacionado com as limitações das estatísticas econômicas referentes à economia brasileira como um todo para esse período.

O autor dedica dois anexos substanciais à necessidade de levar em conta a heterogeneidade do que a literatura considera Rio de Janeiro, tanto do ponto de vista geográfico quanto demográfico. Os problemas gerados por tais imprecisões são longe de triviais. Boa parte da literatura que trata do declínio relativo do Rio de Janeiro em relação a São Paulo baseia-se na comparação das estatísticas industriais referentes à capital federal e ao estado de São Paulo, e não à cidade de São Paulo, como seria razoável. Assim, Villela enfatiza que há substancial exagero na caracterização da decadência industrial do Distrito Federal e que tal decadência não teria sido tão precoce quanto sugere a literatura tradicional.

Villela não debita grande importância à fusão entre Guanabara e estado do Rio de Janeiro para explicar a crise da economia carioca, mas resgata a relevância do choque tributário associado à fusão.

Segundo Villela, a queda de importância do Rio de Janeiro teria sido particularmente relevante a partir de meados da década de 1970 e, de forma aguda, a partir da década de 1990. A queda de importância da indústria como participação no Produto Interno Bruto (PIB) afetou a economia brasileira como um todo: entre meados da década de 1980 e meados da década de 1990, caiu de quase 50% a 25%. Sem um setor agrícola significativo e com a indústria em colapso, o encolhimento da economia carioca era inexorável.

Iniciativas pontuais como a Copa do Mundo e os Jogos Olímpicos minoraram o impacto do declínio, mas não afetaram suas raízes.

Não é preciso enfatizar a importância do declínio econômico combinado ao recrudescimento da violência urbana para caracterizar a crise que enfrenta o Rio de Janeiro. Basta visitar a zona central da cidade, cidade fantasma povoada de prédios por alugar. Os esforços de reconversão urbana vieram tíbios e tarde. O futuro da economia do Rio de Janeiro não é nada animador.

Talvez seja o caso de emular Martin Luther King e ter um sonho: terá sucesso a projetada revolução urbana com a transformação do centro em bairro residencial, o setor de serviços ganhará densidade tecnológica, o desempenho da economia brasileira permitirá o controle da violência urbana, os sinais vermelhos serão respeitados, as motocicletas, bicicletas elétricas e bicicletas abandonarão as calçadas para uso dos pedestres. Os habitantes locais considerarão a possibilidade de protestar contra os turistas...

A geografia do Rio de Janeiro é incomparável, mesmo concorrendo com outras belas metrópoles como a Cidade do Cabo e Hong Kong. É uma lástima que a natureza estonteante não tenha inspirado intervenção humana de qualidade decente.

O livro de André Villela tem todas as condições para tornar-se um novo clássico, ajudar a entender as razões da decadência e avaliar as possibilidades de sua reversão.

Marcelo de Paiva Abreu
Departamento de Economia, PUC-Rio

INTRODUÇÃO

Há meio século passou a circular texto produzido pela historiadora Eulália Lobo tratando da história econômica da cidade do Rio de Janeiro. Três anos mais tarde, em 1978, o trabalho foi publicado pelo Instituto Brasileiro de Mercado de Capitais (IBMEC) em forma de livro, com o título de *História do Rio de Janeiro (do capital comercial ao capital industrial e financeiro)*. Em dois volumes somando pouco menos de 1.000 páginas, trouxe a público minuciosa análise da evolução da economia da cidade no período compreendido, *grosso modo*, entre a transferência da sede do vice-reinado da América portuguesa para o Rio, em 1763, e o término da Segunda Guerra Mundial (1945).

Desde a sua publicação, a obra se tornou referência inescapável aos interessados em diversos aspectos da história econômica da cidade, a exemplo de sua evolução demográfica, relações comerciais, agricultura, indústria, salários e finanças. Reunindo em um só lugar um volume impressionante de dados estatísticos coletados em arquivos e publicações oficiais, complementados por razoável bibliografia secundária, tornou acessível a, pelo menos, duas gerações de pesquisadores informações e interpretações de grande valor para seus próprios trabalhos. O livro que o leitor tem em mãos não foge desta regra, sendo, em parte, resultado de esforço de atualização "para a frente" e "para trás" do trabalho pioneiro de Eulália Lobo. Explico.

Coincidindo com a publicação daquela obra, teve início a profissionalização dos programas de pós-graduação no Brasil, processo para o qual Eulália Lobo muito contribuiu na qualidade de professora pesquisadora da Universidade Federal do Rio de Janeiro (UFRJ) e da Universidade Federal Fluminense (UFF). A partir, sobretudo, dessas duas instituições operaram-se avanços significativos nas interpretações em torno da história da América portuguesa, dando origem ao que se convencionou chamar de "Escola do Rio de Janeiro" (em oposição às visões dominantes à época propostas por autores baseados em São Paulo). Desde então, um número considerável de dissertações de mestrado e teses de doutorado foram defendidas, trazendo material que, por óbvio, inexistia ao tempo em que Eulália Lobo escreveu seu livro. Apresentadas em programas de pós-graduação de todo o Brasil e do exterior e versando sobre aspectos variados da história do Rio de Janeiro no período colonial, às quais se juntaram pesquisas publicadas em livro, alargaram o conhecimento sobre os 250 anos iniciais de vida da cidade, inclusive sua dimensão econômica. Com base na leitura e no esforço de síntese desse material foi possível redigir o primeiro capítulo do presente livro, com isso atualizando "para trás" a discussão em Lobo (1978).

Ao que se saiba, o capítulo configura a primeira vez em que é realizada compilação dos resultados de natureza mais quantitativa provenientes de trabalhos acadêmicos tratando desse período protoestatístico da história econômica da cidade. Além destes, recorreu-se a coletâneas publicadas no século XXI, a exemplo de *O Brasil Colonial*, em três volumes, organizada por João Fragoso e Maria de Fátima Gouvêa, ela própria oferecendo retrato do estado da arte das pesquisas sobre a economia e a sociedade da América portuguesa.

A história econômica do Rio de Janeiro nos séculos XVI e XVII deixou de ser, praticamente, *terra incognita* a partir sobretudo das pesquisas do geógrafo Maurício de Almeida Abreu. Sua *Geografia histórica do Rio de Janeiro (1502-1700)*, de 2010, figura entre os melhores trabalhos de pesquisa em história econômica já realizados no Brasil e provou-se imprescindível para a discussão empreendida no capítulo 1 cobrindo período em que a atividade açucareira exerceu papel de destaque na economia e ocupação espacial da cidade e seu entorno.

Conforme verá o leitor, uma das questões que se colocam logo no início do referido capítulo diz respeito ao objeto mesmo de estudo — a cidade do Rio de Janeiro. À primeira vista, poderia se tratar de área não muito diferente dos cerca de 1.200 km² em que se espalha o município do Rio modernamente. Porém — e conforme discussão mais detalhada no anexo 1 —, não foi essa a área originariamente estabelecida como constituindo o chamado "termo" da cidade, isto é, seus limites administrativos. A superfície era de quase o dobro da atual.

Mais do que isso, a configuração, pouco após a fundação da cidade, de uma *capitania* do Rio de Janeiro, com limites inicialmente coincidentes com a urbe homônima (mas que, com o tempo, assumiria área mais estendida), resulta em que alguns dos poucos dados relativos ao setor açucareiro no período colonial se refiram àquela capitania e não necessariamente à cidade do Rio. Do século XVIII em diante, as informações estatísticas que servirão de base à discussão dizem respeito exclusivamente ao município do Rio.

A história da economia do Rio de Janeiro no século XIX é tema do capítulo 2. Durante o período imperial, a cidade consolidaria a sua posição de principal centro urbano, porto, praça comercial e, aproximando-se do século XX, berço da indústria moderna no país. A exemplo do capítulo 1, para sua elaboração recorreu-se a bom número de teses e trabalhos monográficos versando sobre aspectos diversos da economia carioca no período, complementados por publicações do governo imperial (de qualidade muito boa, sobretudo no Segundo Reinado), jornais e almanaques de época. Com base nesse material, foi possível acompanhar com razoável grau de detalhe os ritmos da economia do Rio de Janeiro no período por meio de estatísticas, entre outras, de movimento portuário (tanto de longo curso como cabotagem), comércio exterior, crédito concedido pelo setor bancário, arrecadação de impostos e desembarques de escravizados.

Olhar mais "fino" ainda sobre o comportamento agregado da economia da cidade do Rio de Janeiro foi possível no capítulo 3, tratando do período demarcado pela Proclamação da República à transferência da capital federal para Brasília, em 1960. Dividido em quatro seções — cobrindo, respectivamente, os anos 1889-1913, 1913-30, a Era Vargas (1930-45) e 1945-60 —, faz uso de um conjunto significativo de fontes estatísticas não disponíveis para os períodos colonial e imperial da história da cidade.

Assim, os primeiros censos econômicos (industrial, agrícola e de serviços) trazem informações adicionais aos dados de população e ocupação apurados pelos censos demográficos desde 1872. A eles juntam-se, entre outros, anuários publicados pelo governo do Distrito Federal (com títulos que variaram ao longo dos anos) e, para o período pós-Segunda Guerra, as primeiras estimativas da renda total e setorial da economia da cidade do Rio de Janeiro.

Com base neste amplo repertório de fontes de estatísticas, foi possível trazer, ao menos, duas contribuições novas à literatura. Primeiramente, o debate em torno do momento em que a hegemonia industrial do Distrito Federal foi perdida para o estado de São Paulo é colocado em bases diferentes da usual, permitindo propor uma periodização distinta daquela consagrada na literatura especializada. Em segundo lugar, dá-se destaque neste capítulo às estimativas da renda interna da cidade do Rio de Janeiro — a cargo do Centro de Contas Nacionais do Instituto Brasileiro de Economia (FGV Ibre) — que demonstram um primeiro momento de perda de dinamismo da economia carioca em relação à nacional já na década de 1950. Trata-se de ponto não enfatizado na literatura tratando daquilo que viria a ser denominado um "esvaziamento econômico" da cidade do Rio de Janeiro.

O capítulo 4 é dedicado a analisar o comportamento da economia do Rio de Janeiro entre 1960 e 2020 — sempre que possível, em comparação com o desempenho agregado da economia brasileira. Aqui (e na última seção do capítulo 3) se encontra a atualização "para a frente" de Lobo (1978) a que se aludiu. A disponibilidade de muitas das fontes usadas no capítulo anterior e complementadas por outras pesquisas do IBGE (Pesquisa Nacional por Amostra de Domicílios — PNAD, Pesquisa Industrial Anual — PIA, entre outras) e registros administrativos (a exemplo da Relação Anual de Informações Sociais — Rais e do Cadastro Geral de Empregados e Desempregados — Caged) possibilitou acompanhar mais detalhadamente, nas três primeiras seções, os ritmos da economia da cidade ao longo das seis últimas décadas.

Entre outras coisas, estatísticas fiscais permitiram mensurar — ao que se sabe, pela primeira vez — os impactos, sobre as finanças do governo da cidade do Rio, do processo de fusão dos estados da Guanabara e do Rio de Janeiro, em 1975. Na quarta seção do capítulo é feito um balanço do período 1960-2020 que serve de base para um esforço de datação do início do processo de "esvaziamento econômico" da cidade e para conjecturas acerca de seus determinantes "próximos".

Dois anexos com características de capítulos autocontidos encerram o texto. No primeiro, é apresentado histórico do processo de *in*volução territorial da cidade desde o momento em que seus limites foram estabelecidos em despacho exarado em 1567 pelo governador-geral Mem de Sá, consistindo em seis léguas (pouco menos de 40 km) "em quadra" a partir do atual morro do Castelo. Salvo melhor juízo, é a primeira vez que a área exata da cidade então estabelecida é georreferenciada e medida. A história subsequente de redução da área original da cidade, passando por sua transformação em Município Neutro, Distrito Federal, estado da Guanabara e, desde 1975, município capital do estado do Rio de Janeiro, é documentada no restante do anexo 1.

O anexo 2, por sua vez, analisa a evolução populacional da cidade desde sua fundação, em 1565, até o Censo de 2022. Dividido em três seções, na primeira delas consolida as estimativas mais conhecidas da população da cidade (em alguns casos, da capitania ou bispado) do Rio de Janeiro feitas nos séculos XVI ao XIX. A segunda seção concentra-se no período anterior ao primeiro censo demográfico do país (1872) e propõe revisão significativa das estimativas populacionais geralmente aceitas — e vastamente utilizadas — na literatura sobre a história do Rio de Janeiro. A última seção percorre o período de 1872 a 2022 destacando a evolução demográfica da cidade que, nestes 150 anos, passou de uma população de 275 mil para 6,2 milhões. Apresentam-se os principais determinantes deste crescimento (migrações × crescimento natural), a razão de gênero da população, a proporção de estrangeiros e a distribuição da população por grupos de idade, ressaltando a mudança no formato da pirâmide etária do Rio de Janeiro em cinco pontos no tempo.

Antes de concluir, um alerta ao leitor quanto a dois aspectos do livro: sua forma e foco. Com relação ao primeiro, chama atenção a quantidade de figuras (entre gráficos, tabelas e mapas) incluídas no texto — 120 no total. Neste sentido, não apenas repete o generoso uso desse tipo de recurso por Lobo (1978), com 250 figuras em seus dois volumes, mas segue formato consagrado por outras obras publicadas nos anos 1970 e que igualmente se tornaram referências na literatura: pela ordem de publicação, *Política de governo e crescimento da economia brasileira, 1889-1945*, de Annibal V. Villela e Wilson Suzigan; *Política econômica externa e industrialização no Brasil (1939/1952)*, de Pedro S. Malan, Regis Bonelli,

Marcelo de P. Abreu e José Eduardo de C. Pereira; e *A indústria brasileira de bens de capital: origens, situação recente, perspectivas*, de autoria de Luiz A. Corrêa do Lago, Fernando L. de Almeida e Beatriz M. F. de Lima.

Da mesma forma que em todas essas referências — contando, cada uma delas, com bem mais de 100 figuras —, o recurso a tabelas e gráficos em grande número cumpre dupla função: serve para embasar/ilustrar argumentos e, ao mesmo tempo, consolida grande esforço de coleta de informações estatísticas dispersas por múltiplas fontes primárias e secundárias, tornando-as disponíveis a outros pesquisadores na esperança de estimular pesquisas adicionais e, com isso, estabelecer-se como mais uma referência na historiografia.

Já em relação ao objeto de discussão, trata-se de uma história econômica no sentido estrito do termo, isto é, versando sobre aspectos como produção (níveis e taxas de crescimento) agregada e setorial, emprego, comércio exterior, câmbio, crédito e finanças públicas. Dito de outra forma, não se trata de uma história *socio*econômica da cidade do Rio em que temas como, entre outros, escravidão, pobreza, habitação, educação, violência sejam abordados. A escolha por um escopo mais limitado, é claro, não reflete considerar tais tópicos como de menor relevância, e decorre, isso sim, da necessidade de restringir a discussão a temas que por si só demandam considerável esforço analítico e que, adicionalmente, se encaixem na minha área de *expertise*.

Chegando agora ao final (e retomando o fio do início desta introdução), passados cerca de 50 anos desde a publicação da *História do Rio de Janeiro*, já era tempo de se escrever obra que percorresse a história econômica da cidade desde sua fundação, há quase 460 anos, às primeiras décadas do século XXI e que se preste a servir de referência para pesquisas futuras. Espero que o leitor concorde.

1

O PERÍODO COLONIAL

Ao longo dos pouco mais de dois séculos cobertos pelo presente capítulo, a ocupação territorial da América portuguesa deixou de limitar-se, como no início, a pequenas manchas no litoral, dirigindo-se paulatinamente para o interior — sobretudo a partir da exploração aurífera do século XVIII, à qual se combinaram a marcha da pecuária no Nordeste e extremo sul e o progressivo estabelecimento de fortificações e núcleos populacionais ao longo da bacia amazônica.

Neste intervalo, a cidade do Rio de Janeiro passou de um aglomerado contando com algumas centenas de moradores a uma cidade com mais de 100 mil habitantes. Ao mesmo tempo, de núcleo "marginal" no contexto da América portuguesa nos séculos XVI e XVII, tornou-se importante centro açucareiro, seu principal porto e sede do vice-reinado em 1763. Sua economia, por sua vez, diversificou-se para além da produção de açúcar e de alimentos, passando a envolver atividades comerciais (incluindo um protagonismo no tráfico de escravos) e artesanais em escala crescente.

As informações a respeito do período que vai da fundação da cidade de São Sebastião do Rio de Janeiro, em 1º de março de 1565, à descoberta dos primeiros veios de ouro nas Gerais, na virada do século XVII para o XVIII, não permitem mais que uma aproximação dos traços gerais de sua história econômica. Com efeito, em uma época protoestatística, resta ao pesquisador recorrer a fragmentos, evidências esparsas de algumas poucas grandezas, a partir das quais não muito mais que inferências acerca do comportamento da economia da cidade/região podem ser propostas com algum grau de certeza.

Para o último terço do século XVI, período de lenta implantação da cultura açucareira no recôncavo da Guanabara e em que ainda predominou o extrativismo de pau-brasil, as pouquíssimas informações deixadas pelos contemporâneos não permitem sequer uma especulação fundamentada (*educated guess*) acerca do desempenho da economia do Rio de Janeiro.

Não obstante — e à medida que se avança no tempo e se adentra a "idade de ouro", tomando emprestado o título da conhecida monografia de Charles Boxer —, o volume de informações estatísticas disponíveis aumenta, em linha com o próprio tamanho e importância da cidade do Rio de Janeiro, permitindo uma caracterização de sua economia em bases ligeiramente menos frágeis.

Em sua maioria, os dados (entre outros, de número de engenhos de açúcar, produção, exportações, arrecadação de impostos) que servirão de base para este primeiro capítulo resultam de trabalhos de pesquisa primária de diversos autores e cujos resultados foram publicados em teses e dissertações escritos nos últimos 30-40 anos, a partir da maior profissionalização dos programas de pós-graduação no país.

Parte de uma considerável produção acadêmica recente sobre a economia e a sociedade da América portuguesa, este material irá apoiar uma discussão da evolução econômica da cidade (ou, a depender da natureza da fonte, capitania) do Rio de Janeiro dividida, para fins expositivos, em dois períodos: de sua fundação, em 1565, até a descoberta dos primeiros depósitos de ouro na região mineradora, seguida do século XVIII, momento de consolidação do protagonismo político e econômico do Rio de Janeiro.

Séculos XVI e XVII

A noção de grandes "ciclos econômicos" na história econômica do Brasil, há muito em desuso, resume com razoável rigor o que foram, no século e meio coberto por esta seção, as principais atividades econômicas a animar a economia do Rio de Janeiro: no último terço do século XVI, a extração e comercialização do pau-brasil, e, ao longo do século XVII, a cultura do açúcar. Indispensável para o abastecimento de uma crescente população, bem como de navios que entravam e saíam da baía da Guanabara, a produção de alimentos também iria figurar como atividade econômica relevante desde os primórdios da história da cidade (e, é claro, antes de 1565 também).

O quantitativo populacional é, possivelmente, o indicador mais básico de que se dispõe para se aquilatar o tamanho de uma determinada economia em um ponto no tempo e determinado espaço geográfico.[1] Tudo o mais constante, uma população maior sugere atividade econômica também em maior escala, ainda que não necessariamente padrão de vida melhor. Em outras palavras, uma renda absoluta — mas não necessariamente *per capita* — mais elevada.

E o que se pode dizer a respeito da evolução demográfica da cidade do Rio de Janeiro nos primeiros 150 anos de sua história? Como era de se esperar, o que se tem são informações pontuais deixadas por relatos de contemporâneos e complementadas, para o final do século XVII, por dados coletados por pesquisadores em arquivos.

A primeira referência à população da capitania deve-se a Pero de Magalhães Gândavo, dando conta, em 1570, de 140 "vizinhos" (ou "fogos"), o que, adotando-se uma média de cinco indivíduos por "fogo", daria uma população de 700 pessoas.

Nas décadas iniciais da história do Rio de Janeiro, as noções de "cidade" e "capitania" do Rio se confundiam. Conforme mostra Cintra (2016), a capitania do Rio de Janeiro originou-se da cidade homônima, sendo seu capitão-geral governador da cidade. O território da referida capitania foi sendo constituído a partir da apropriação de fato de terras situadas além das seis léguas do termo (área de jurisdição municipal) da cidade, tal como estabelecido em 1567 por Mem de Sá, e pertencentes à parte setentrional da capitania de São Vicente. Com a fundação da cidade de Cabo Frio (em 1616) e a transferência da jurisdição cível e criminal das vilas de Angra dos Reis e Paraty para o Rio de Janeiro no século XVII, os territórios da capitania e da cidade deixavam de ser coincidentes.[2]

Em 1583, a população da cidade-capitania seria de 750, de acordo com Fernão Cardim.[3] O jesuíta José de Anchieta estimaria nos mesmos 750 indivíduos a população da capitania do Rio de Janeiro em 1585, à qual acrescentou 3 mil índios.[4] Francisco Soares, em *Coisas notáveis do Brasil*, fala em 280 "fogos" (1.400 indivíduos) em cerca de 1590 que, somados aos 3 mil índios cristãos e 700 africanos escravizados, resulta em estimativa de cerca de 5.100 habitantes ao final do século XVI (Carrara, 2014: tabela 1, p. 7).

Uma das poucas estimativas da população do Rio na primeira metade do Seiscentos é devida ao prelado Antônio de Mariz Loureiro que, em 1647, sugere a criação de novas freguesias nos distritos rurais da cidade, que contariam àquela altura com "mais de 20 mil almas".[5] Em 1672, segundo Rodrigo do Espírito Santo, as três paróquias urbanas do Rio de Janeiro (São Sebastião, Candelária e São José) reuniriam de 3 a 4 mil pessoas, sendo a população escrava da cidade estimada pelo padre Antonio Vieira à época em 20 mil indivíduos (Carrara, 2014:12-13).

As "Notícias do Bispado do Rio de Janeiro" (apud Carrara, 2014), datadas de 1687, mostram que naquele ano haveria, no Bispado, 18.893 pessoas de comunhão, o que, admitindo-se tratar de indivíduos com idade superior a 10 anos, ou cerca de 80% da população, resultaria em um total de pouco mais de 23,7 mil indivíduos, das quais cerca de 20-21 mil dentro dos limites territoriais da cidade do Rio. Tal número, que também inclui os escravos, difere da estimativa aventada por Roberto Simonsen para a população *livre* da cidade em 1690 — cerca de 20 mil almas (Simonsen, 2005:289). Segundo Beauchamp (1815: v. 3, p. 396), a cidade do Rio de Janeiro contaria, nas primeiras décadas do século XVIII, com "mais de vinte mil almas", número seguramente inferior ao alcançado por Salvador à mesma época — 28 mil (Abreu, 2000:19).

Em suma, no transcurso de cerca de um século e meio, a população da cidade teria passado de menos de 1.000 indivíduos para mais de 20 mil, implicando uma nada desprezível taxa de crescimento média de aproximadamente 2% anuais. Isso leva tão somente à conclusão óbvia de que o tamanho absoluto da economia do Rio de Janeiro cresceu no período, mas em nada informa, entre outros, acerca dos padrões de vida médios, ritmos de crescimento em intervalos mais curtos de tempo ou o comportamento dos diferentes setores produtivos.

A ausência de informações mais detalhadas acerca do primeiro século e meio da história econômica da cidade não é absoluta, contudo. Muito do (pouco) que se sabe sobre a economia carioca/fluminense[6] nesses anos se deve aos trabalhos publicados a partir da década de 1980 pelo geógrafo Mauricio de Almeida Abreu, culminando com a sua *Geografia histórica do Rio de Janeiro (1502-1700)*. Se para o século XVI, período em que predominou o extrativismo (pau-brasil), ainda são escassas as informações quantitativas, o conhecimento atual sobre o século XVII no Rio de Janeiro — dominado pela produção açucareira — é muito maior graças, em boa medida, àquele pesquisador.

O quadro que emerge de seu trabalho confirma o que já é de conhecimento há tempos na literatura, qual seja, o caráter secundário da economia do Rio de Janeiro no período, relativamente às capitanias da Bahia e Pernambuco. Igualmente conhecido e enfatizado pela historiografia foi o peso adquirido pelo Rio durante o chamado "ciclo do ouro", no século XVIII. O que a pesquisa histórica das últimas décadas vem mostrando, porém, é que tal protagonismo foi menos repentino do que convencionalmente se supunha. A fim de se entender de que forma a cidade-capitania do Rio de Janeiro viria a revestir-se de tamanha importância econômica (e política) no século XVIII, faz-se necessário reconstruir — de novo, com base em informações fragmentárias — sua evolução no cerca de século e meio anterior.

O comércio do pau-brasil, como já dito, dominaria a economia do Rio de Janeiro até o final do século XVI. Contudo, para efeito de efetivo povoamento e defesa da região, tal atividade não se revelava suficiente. O *know-how* previamente adquirido pelos portugueses na produção açucareira e a adequação da região do recôncavo da Guanabara em termos de topografia (inclusive, a presença de inúmeros cursos d'água desaguando na baía), clima e solo combinar-se-iam com a crescente demanda europeia pelo produto para estimular o cultivo da cana-de-açúcar na região.

Neste sentido, uma primeira aproximação ao tamanho da economia açucareira do Rio de Janeiro em fins do século XVI e ao longo do seguinte é dada pelo número de engenhos de açúcar em funcionamento naquela capitania em intervalos decenais, levantado por Abreu (2010). A ênfase aqui dada ao setor açucareiro se deve a seu papel de ramo mais dinâmico da economia colonial nos séculos XVI e XVII, sendo a ele que se referem as poucas informações estatísticas (de produção, preços, arrecadação de impostos, por exemplo) de que dispõem os pesquisadores modernos. Tal foco não implica, contudo, desconsiderar a importância de outras atividades econômicas, em particular a produção de alimentos, desde sempre presente e relevante na história econômica do Rio de Janeiro (Sampaio, 2003:65-66).

Gráfico 1.1
Engenhos de açúcar em funcionamento na capitania do Rio de Janeiro, por década, 1571-1700

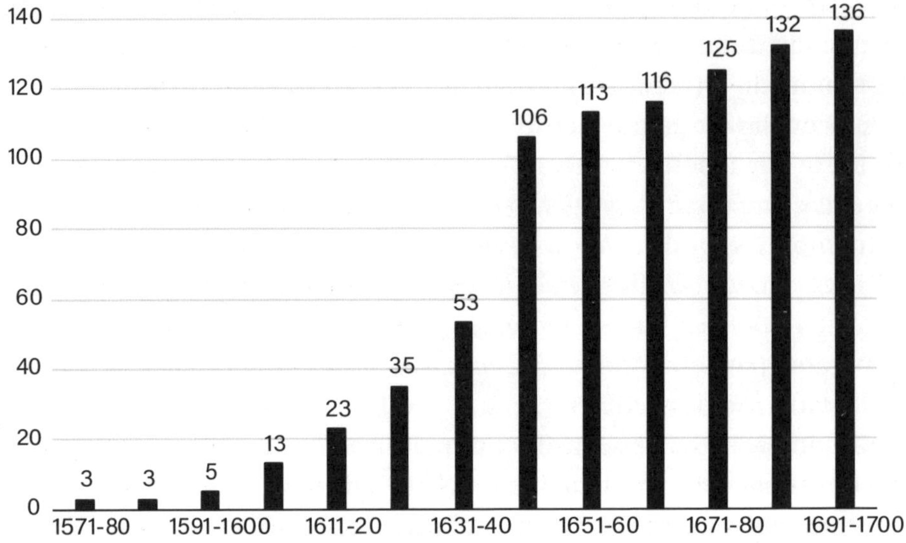

Fonte: Abreu (2010: v. 2, p. 94).

Como se nota, de um total de três a cinco engenhos no Rio ao término do Quinhentos, o quantitativo alcançaria 53 na década de 1630. O número de engenhos de açúcar na região superaria uma centena em meados do século XVII, crescendo mais lentamente até o final do Seiscentos.

Em relação à estrutura do setor açucareiro fluminense, era constituída de engenhos de porte, em geral, inferior aos encontrados à época em Pernambuco e na Bahia, contando com número menor de caldeiras e de escravos. Adicionalmente, tendiam a localizar-se justapostos a áreas de produção de mandioca ou criação de gado (Abreu, 2010: v. 2, p. 99). Também diferentemente do caso baiano, eram raros os casos de proprietários de mais de um engenho na capitania do Rio de Janeiro. Por outro lado, era possível a presença de membros da elite urbana (mercadores e oficiais mecânicos, por exemplo) atuando simultaneamente como senhores de engenho ou lavradores de cana. A elevada rotatividade de proprietários de engenhos revelada pela pesquisa de Abreu (2010:118 e segs.), por sua vez, indica o alto risco associado àquela atividade.

Segundo o autor, para a fase inicial de expansão da cultura do açúcar na região do recôncavo da Guanabara concorreram três fatores principais: o recurso ao trabalho escravo de nativos; o progresso técnico; e, de forma mais geral, o impulso às atividades comerciais no Rio de Janeiro decorrente do estreitamento das relações com Buenos Aires.

O primeiro elemento é autoexplicável: na presença de uma fronteira aberta, a exemplo da América portuguesa, a exploração agrícola em larga escala, como a dos engenhos de açúcar, só seria possível com trabalho compulsório — no caso, o escravo.[7] Neste sentido, a criação de uma rede de comércio de "negros da terra" (índios), capturados nas circunvizinhanças e trazidos à região para trabalhar nos engenhos, teria sido determinante para a implantação e expansão inicial da cultura do açúcar no Rio de Janeiro (Abreu, 2010: v. 2, p. 167 e 185). A esta altura, o relacionamento dos portugueses com os indígenas já deixara para trás a natureza mais amistosa característica da época das feitorias e da extração do pau-brasil, tendo ingressado em um regime de "guerra de conquista", com a submissão dos nativos e mobilização de sua força de trabalho.[8]

Os ganhos obtidos com o apresamento de índios por parte de famílias muitas vezes originárias de São Vicente e, na sequência, a partir do tráfico negreiro são também apontados por Fragoso (2001:39-42) como parte do processo de "acumulação primitiva de capital" que permitiu a montagem da economia açucareira da Guanabara. A estas fontes, juntar-se-ia, ainda, o reinvestimento de recursos obtidos com a produção de alimentos ou de cana-de-açúcar. Já o processo de consolidação excludente desta mesma elite ao longo do Seiscentos teria por base, segundo o mesmo autor, aquilo que denomina de "economia do bem comum". Tal conceito se refere, resumidamente, à capacidade de intervenção política nos mercados por parte da elite da época, criando monopólios e benefícios diversos, de tal sorte a auferir rendas de escassez (*rents*) e, com isso, apropriar-se de parte do excedente social.[9]

O forte crescimento observado no número de engenhos de açúcar no recôncavo da Guanabara teria sido facilitado, ainda, pela chegada à região, na segunda década do Seiscentos, da chamada moenda de entrosas (ou engenho de três paus, dispostos verticalmente). De custo de implantação menor que o das moendas de dois rolos tradicionais, sobrepostas horizontalmente, e com maior eficiência em termos de prensagem da cana, reduziram as barreiras à entrada na atividade de produção de açúcar e, com isso, possibilitaram sua maior disseminação para além das capitanias mais ricas do Nordeste (Castro, 1980).

Destaca-se, por fim, o comércio de contrabando encabeçado pelos chamados *peruleiros* durante o período da União Ibérica (1580-1640). Tal atividade alçaria a cidade do Rio à condição de importante intermediário no tráfico de africanos escravizados provenientes de Angola e levados a Buenos Aires (e, a partir de lá, à região mineradora de Potosí) e a capitanias vizinhas no Brasil. Da região platina chegavam, em troca, charque, couros e, crucialmente, moedas metálicas, contribuindo para maior monetização e para o lento arranque da economia açucareira fluminense (Abreu, 2010: v. 2, p. 27).

Ao final do século XVI, portanto, tem início um período de cerca de quatro décadas de grande prosperidade para o Rio de Janeiro (Abreu, 2010: v. 2, p. 27). Ao longo da primeira metade do Seiscentos, a região do Rio de Janeiro viria a se consolidar como a principal área açucareira entre as capitanias do sul da colônia, tendo seu porto e classe mercantil papel de protagonismo na articulação de um circuito atlântico envolvendo mercadorias, moedas e gente (escravos). Também dataria dessa época — mais especificamente, das duas primeiras décadas do Seiscentos — a gestação da elite senhorial (isto é, proprietária de engenhos) que iria dominar a economia e política fluminense ao longo do século XVII.[10] Testemunho do papel desempenhado por esse grupo no comércio triangular foi a expedição luso-fluminense de reconquista de Angola aos holandeses em 1648, permitindo, uma vez mais, o acesso à crescentemente indispensável fonte de escravizados na costa da África (Alencastro, 2000:231-238).

Sampaio (2003:67) oferece o seguinte balanço da situação da cidade-capitania passado pouco menos de um século desde sua fundação:

> Ao final da primeira metade do seiscentos, portanto, a capitania fluminense já desempenhava um papel de considerável importância no âmbi-

> to da América portuguesa. Regionalmente, adquirira a primazia política e, sobretudo, econômica. Em termos mais amplos, acresceu sua importância estratégica para a Coroa lusitana, sobretudo por sua atuação na reconquista angolana, que foi de grande significado para a consolidação do controle da casa de Bragança sobre colônias ainda ocupadas pelos holandeses. Por fim, o Rio de Janeiro já se destacava então como o terceiro polo açucareiro do Brasil.[11]

Segundo Abreu (2000:19), a partir deste ponto — meados do século XVII — assiste-se a uma inflexão nesta primeira fase de maior crescimento da cultura de açúcar no Rio de Janeiro. Para tanto, confluíram diversos fatores, a saber: as invasões holandesas, o fim da União Ibérica (1640), a concorrência do açúcar antilhano e a reorganização do comércio entre o Brasil e a metrópole após a Restauração.

Se a ocupação holandesa de Pernambuco (1630-54), por um lado, serviu de estímulo à expansão da produção açucareira no Rio de Janeiro (gráfico 1.1) — inclusive, com a migração de senhores de engenho daquela região e seu estabelecimento na Guanabara (Mello, 1998:389-390) —, por outro, implicou a destruição de embarcações ibéricas e desvio de recursos das diversas capitanias a fim de financiar tanto a guerra de retomada das possessões portuguesas na América e África como investimentos na fortificação de praças ainda sob controle luso (Abreu, 2000:19). Os custos das guerras da restauração portuguesa (1640-68) também viriam a onerar ainda mais os já depauperados cofres das capitanias na América.

Já a concorrência do açúcar antilhano far-se-ia sentir mais acentuadamente nas regiões menos produtivas e mais distantes do mercado europeu, como era o caso do Rio de Janeiro. Por fim, a instituição do regime de frotas ligando a colônia ao reino, incluindo os privilégios dados à Companhia Geral de Comércio durante o seu breve período de funcionamento (1649-58), teria sido prejudicial ao comércio do Rio de Janeiro. Para isso, contribuíram fatores como a incerteza na data de vinda das embarcações, seu pequeno número e o virtual monopólio de espaço de carga desfrutado pela elite local, restringindo as oportunidades de embarque da safra de produtores menores (Abreu, 2000:19-23).

O arrefecimento no ritmo de expansão do número de engenhos de açúcar na capitania do Rio de Janeiro ao longo do terceiro quartel do século XVII, como se vê no gráfico 1.1, é em parte corroborado por outros indicadores do setor. Assim, estimativas esparsas de produção de açúcar (branco e mascavado) no período revelam crescimento entre 1643 e 1651 e queda a partir daí, com o pico de produção atingido em meados do Seiscentos só vindo a ser alcançado novamente na última década do século.

Gráfico 1.2
Produção de açúcar na capitania do Rio de Janeiro, 1643-1710 (em milhares de arrobas)

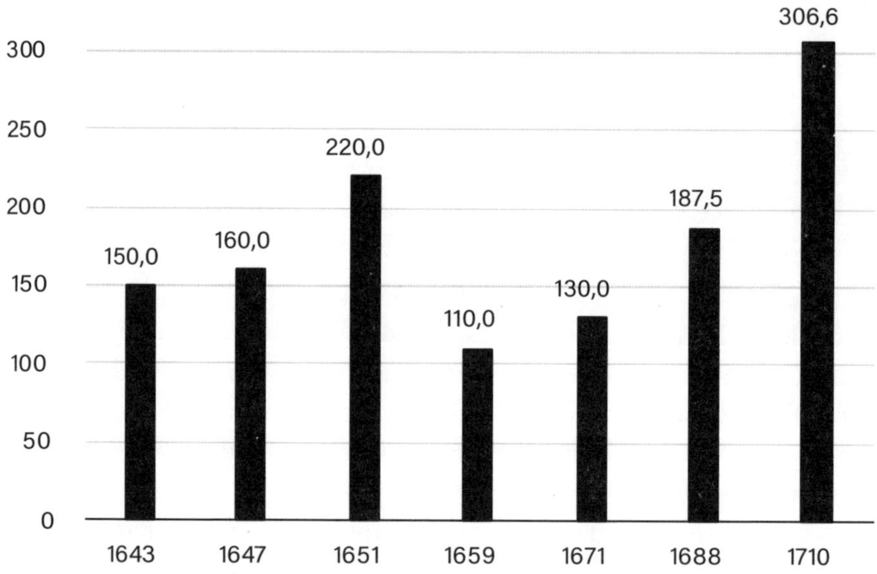

Fonte: Abreu (2010: v. 2, p. 62).
Nota: Uma arroba equivale a 14,7 kg.

À primeira vista, os dados de produção de açúcar — ainda que envolvendo número muito reduzido de observações no tempo — sugeririam uma crise setorial de longa duração na segunda metade do século XVII fluminense. Não obstante, outros indicadores revelam que tal conclusão seria precipitada — e, possivelmente, equivocada. Tendo por base o exame de escrituras de compra e venda depositadas nos cartórios do 1º e 2º Ofícios de Notas do Rio de Janeiro, Antônio Carlos J. Sampaio observou não apenas crescimento no valor médio de engenhos negociados no período, como constância no seu peso (em torno de 70%) no total de transações registradas naqueles cartórios. Ou seja, fortes indícios de que o setor não atravessava um longo período de baixa (Sampaio, 2014:386-387).

Data desta época, inclusive, o alargamento da área de influência política e econômica da capitania do Rio de Janeiro, movimento que pressupõe esteio material que lhe dê sustentação. Tal expansão é assim resumida por Alencastro (2000:203):

> Na segunda metade do Seiscentos, numa estratégia para agregar os africanos e a prata — as zonas tributárias angolanas e platenses — sucedem-se a expedição luso-fluminense de reconquista de Angola (1648), o povoamento de Laguna (1674), a criação do bispado do Rio de Janeiro com jurisdição até a embocadura do Prata (1676), o donativo régio concedido a Salvador de Sá e seus filhos de trinta léguas de litoral até o Prata (1676) e, enfim, a fundação da Colônia do Sacramento (1680).[12]

Tendo em vista os elementos anteriores, talvez seja mais seguro afirmar, concordando com Abreu (2010), que o comportamento da economia do Rio de Janeiro na segunda metade do século XVII foi, comparativamente, mais acidentado do que na primeira. Tal impressão é reforçada, entre outras, por repetidas referências, da parte de contemporâneos, a episódios de escassez de alimentos ou epidemias na cidade.[13]

A fim de se melhor aquilatar as conjunturas atravessadas pelo setor açucareiro ao longo de período tão extenso, idealmente, gostaria de se contar com séries de *valor* da produção (isto é, preços × quantidades) de açúcar. Infelizmente, as informações disponíveis sobre preços, ainda que razoavelmente numerosas, não coincidem temporalmente com os poucos dados que se tem sobre a produção física.[14]

Tabela 1.1

Preço da arroba de açúcar branco na capitania do Rio de Janeiro, século XVII (em réis)

	Preço	Observações		Preço	Observações
1602	1.200		**1660**	640	
1614	1.000	Preço fixado pelo governador	**1662**	800	Para pagamento do donativo
1622	900	Preço fixado pelo governador	**1662**	640	Preço corrente
1625	800	Preço fixado pelo governador	**1664**	640	
1641	1.000		**1665**	800	
1642	800	Preço fixado pela Câmara	**1666**	800	Para pagamento do donativo
1642	400	Preço dos mercadores da frota	**1666**	700	Preço corrente
1644	500	Apud imposto da vintena	**1667**	900	
1648	1.236		**1683**	900	
1651	1.280		**1685**	700	
1652	1.280		**1686**	690	
1653	1.200	Preço fixado pelo governador	**1687**	950	
1653	700	Preço da Companhia de Comércio	**1688**	900	
1655	1.200	Preço fixado pelo governador	**1697**	1.350	
1655	700	Preço da Companhia de Comércio	**1698**	1.050	
1658	400		**1699**	1.500	
1659	640		**1702**	2.000	

Fonte: Abreu (2010: v. 2, p. 56-57).

Nota: Uma arroba equivale a 14,7 kg.

Conforme se vê, durante a fase expansiva da implantação de novos engenhos, nas primeiras quatro décadas do século XVII, o preço do produto apresentou tendência de queda, conforme seria de se esperar num quadro de aumento da oferta. Já o período de alta de preços em meados do século coincide com a guerra da Insurreição Pernambucana,[15] em que a produção daquela capitania foi duramente afetada. Por fim, a tendência a nova elevação de preços a partir de 1660 pode ser racionalizada como refletindo tanto uma redução da oferta local de açúcar (o que é corroborado pelas poucas informações sobre produção física constantes do gráfico 1.2) como por uma expansão da oferta em um contexto de aumento ainda maior da *demanda* pelo produto.

Em suma, o que se quer enfatizar aqui é que uma série de preços de um produto desacompanhada de informações mais detalhadas quanto à produção, produtividade ou estado da demanda não permite ir além de conjecturas a respeito do ritmo de determinada atividade econômica.

Feita essa ressalva, outros elementos concorrem para preencher parte das muitas lacunas ainda existentes. Entre as informações recuperadas por pesquisadores da economia colonial e que lançam luz adicional sobre este período protoestatístico encontram-se aquelas referentes aos preços a que foram arrematados contratos de coleta dos dízimos. O recolhimento de tais impostos — equivalentes a 10% do valor de uma série de mercadorias, com amplo destaque para o açúcar — passou a ser "terceirizado" a agentes privados no Rio de Janeiro em 1628 (Abreu, 2010: v. 2, p. 51).

Antes de apresentarem suas propostas, os indivíduos/grupos que participavam dos leilões de contratos (com vigência, em geral, de três anos) dos dízimos reais deveriam fazer uma estimativa do valor da produção das mercadorias por eles abarcadas no período. Como se pode imaginar, não se tratava de tarefa trivial, posto que tal avaliação dependia não apenas de informação razoavelmente segura sobre capacidade produtiva como também de fatores aleatórios, a exemplo do clima, da disponibilidade de embarcações para levar o produto aos mercados externos (no caso do açúcar) e do estado da demanda internacional por eles.

Em princípio, o pesquisador é tentado a trabalhar com a hipótese de que, em períodos em que a produção se mostrava pujante, os arrematadores tenderiam a fazer lances mais altos pelos contratos de dízimo e vice-versa. Contudo — e diante do conhecido papel que o tráfico de influência, a corrupção e a fraude tiveram na licitação de tais contratos — (Abreu, 2010: v. 2, p. 50), recomenda-se cautela ao interpretar os níveis a que eles foram arrematados em determinado ponto no tempo, ainda que suas tendências de médio/longo prazos possam, sim, ser consideradas um razoável indicador das flutuações da economia sob exame.

Gráfico 1.3

Valor médio anual dos contratos dos dízimos reais na capitania do Rio de Janeiro, séc. XVII (em contos de réis)

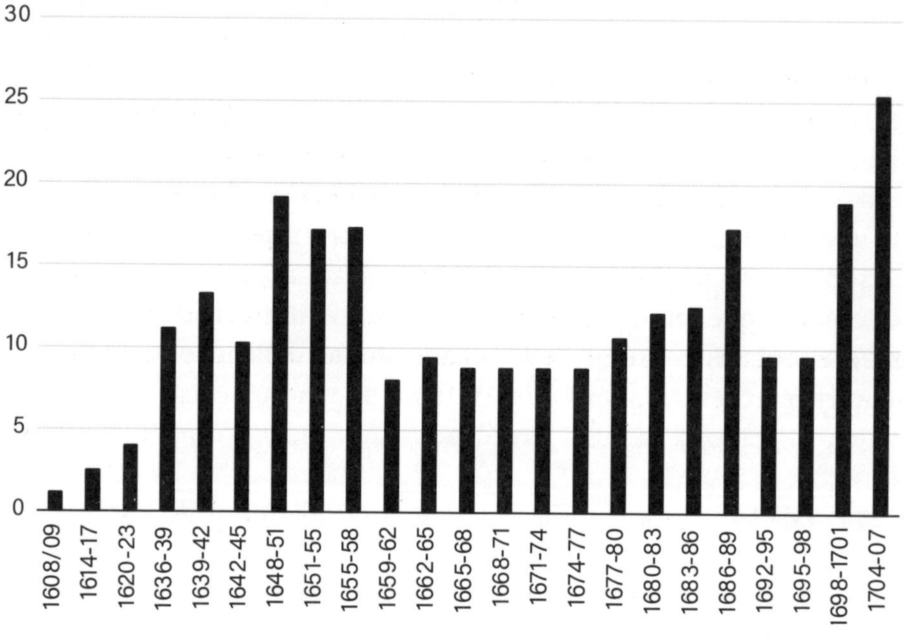

Fonte: Abreu (2010: v. 2, p. 52-53).

Notas: Até 1628, inclui as capitanias de São Vicente e do Espírito Santo. Dados originais em cruzados (equivalentes a 400 réis) convertidos para contos de réis.

A série exibida no gráfico 1.3 — envolvendo, deve-se enfatizar, contratos de dízimos cobrados sobre uma gama de produtos, mas em que o açúcar se destacava — parece confirmar o quadro traçado pelos dados de produção física e número de engenhos, vistos anteriormente. Tem-se, assim, uma tendência de expansão ao longo de, praticamente, toda a primeira metade do século XVII; a partir de então, um recuo com duração de cerca de 20 anos.

Abreu (2010: v. 2, p. 60) se refere à terceira parte do século XVII como um período de "turbulência" na economia fluminense. Um contemporâneo, frei Mauro de Assunção, enviado em 1669 pela Câmara da cidade a Lisboa, relatou um quadro "calamitoso" da situação econômica do Rio de Janeiro à época. Segundo ele, tal estado decorreria da combinação de queda dos preços do açúcar resultante da concorrência antilhana, enfraquecimento do comércio de contrabando com Buenos Aires e pressão fiscal sobre os cofres coloniais (Abreu, 2010: v. 2, p. 463).[16] No restante do século, momento em que o impulso trazido pela descoberta do ouro nas Gerais já começa a se refletir na economia do Rio de Janeiro, despontam sinais de expansão econômica.[17]

Para concluir, reforça-se mais uma vez que a cronologia esboçada anteriormente — envolvendo provável longa fase de expansão econômica da cidade-capitania do Rio de Janeiro na primeira metade do século XVII, interrompida por crise de curta/média duração, a qual se seguiu período de crescimento mais lento/estabilidade até o final do Seiscentos — tem por base informações esparsas direta e indiretamente relacionadas com apenas um setor de atividade, ainda que o mais importante (o açucareiro).

Século XVIII

A história econômica da cidade do Rio de Janeiro no século XVIII — como, de resto, de toda a América portuguesa — está indissociavelmente ligada ao transcurso do chamado "ciclo do ouro". De forma geral, a descoberta de jazidas do mineral no que viriam a ser as Minas Gerais e, pouco depois, em Goiás e Mato Grosso, promoveu descontinuidade na natureza da ocupação do território colonial e no funcionamento de sua economia. Neste contexto, não parece exagerado afirmar que a cidade do Rio de Janeiro foi a que maiores impactos sofreu a partir de tais descobertas.

Se antes da corrida do ouro as áreas do território colonial sob influência de cidades e vilas pouco se afastavam do litoral, ao longo do século XVIII assiste-se a uma interiorização tanto do povoamento como da formação de núcleos urbanos (Azevedo, 1992). Dada a sua proximidade com a região mineradora, o Rio de Janeiro veria reforçada sua posição estratégica — construída ao longo do século anterior — como porto-chave no comércio do Atlântico Sul (incluindo o tráfico de africanos escravizados) e centro administrativo com jurisdição sobre o Centro-Sul da América portuguesa.[18]

Em um primeiro momento, as notícias de descobertas de depósitos de ouro no interior tiveram efeitos negativos sobre a cidade do Rio de Janeiro, sob a forma de escassez de gêneros de toda ordem, alta de preços e êxodo populacional tanto de homens livres como de escravizados em direção às minas. Agente desconhecido da Companhia da Guiné (empresa comercial francesa autorizada a fornecer africanos escravizados à América espanhola) de passagem pelo Rio de Janeiro em meados de 1703 deixou registrado em seu *Journal d'un voyage* que mais de 10 mil homens teriam deixado a cidade desde que chegadas as primeiras notícias acerca das descobertas de ouro no interior, em 1696. Na avaliação do viajante estrangeiro, tal êxodo, ao envolver majoritariamente indivíduos dedicados ao "cultivo da terra", estaria na origem da "escassez de gêneros que atinge o Brasil" e dos elevados preços que pagara pela farinha tanto em Salvador como no Rio de Janeiro.[19]

Os prejuízos ocasionados pelo bombardeio da cidade por parte das forças francesas de Duguay-Trouin em 1711, seguido de saque de armazéns e igrejas e despesas incorridas, pela população local, com o pagamento de resgate aos invasores, também devem ser contabilizados no passivo dos primeiros anos dos Setecentos na cidade. Ainda assim, não deixa de ser revelador de relativa prosperidade da economia do Rio de Janeiro que o pagamento do resgate da cidade esvaziada de seus moradores e tomada pelos franceses tenha envolvido, segundo Boxer (1969:122), 610 mil cruzados em ouro (cerca de 24 contos de réis), 100 caixas de açúcar e 200 cabeças de gado. Trata-se de quantia nada desprezível, à qual devem ser adicionadas mercadorias diversas e embarcações de que se apossaram os franceses (parte das quais subsequentemente revendidas a seus donos originais).[20]

Com o passar do tempo, porém — e à medida que a produção de alimentos nas Minas Gerais se estabelecia e que a abertura do Caminho Novo ainda no início do Setecentos trazia melhoria na ligação entre o porto e a região aurífera —, os benefícios do *rush* minerador para a economia do Rio de Janeiro iriam se manifestar de forma inequívoca. Na qualidade de principal ponto de escoamento de ouro e de entrada de manufaturados e escravizados que subiam a serra em direção às minas, a cidade e capitania do Rio de Janeiro aos poucos assumiriam a importância econômica e demográfica até então usufruída exclusivamente pelas províncias do Norte da colônia e seus principais centros urbanos — Salvador e Recife/Olinda.

As séries agregadas existentes na literatura sobre o ciclo do ouro coincidem em demonstrar uma tendência ascendente na atividade mineradora na primeira metade do século XVIII, atingindo um pico em meados do Setecentos com a produção de cerca de 15,8 toneladas do metal, avaliados em aproximadamente 6 mil contos; a partir daí, observa-se declínio continuado da produção de ouro no Brasil, que chegaria a 4,4 toneladas (1,1 mil contos) ao final do século XVIII.[21]

Gráfico 1.4
Remessas médias anuais de ouro do Brasil para Portugal, por quinquênio, 1720-1804 (em milhares de contos de réis)

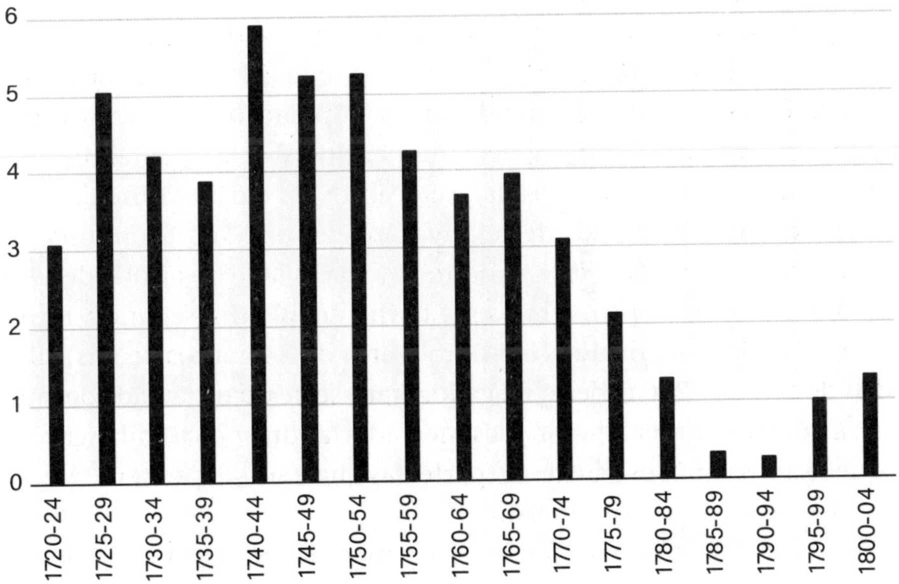

Fonte: Costa et al. (2013: anexo n. 2, p. 192-193).

Os dados das remessas de ouro para Lisboa desagregados por porto de origem levantados por Costa et al. (2013) confirmam, como seria de se esperar, o predomínio dos carregamentos levados pelas frotas do Rio de Janeiro, constituindo cerca de 76% de todo o ouro oficialmente entrado no porto de Lisboa entre 1720 e 1807 (Costa et al., 2013: quadro n. 22, p. 60-61). Do total de cerca de 207,6 mil contos remetidos a partir do porto do Rio de Janeiro, 74,4% o foram sob a forma de moedas e 18,3% de ouro em pó, com o restante sendo formado por ouro em barra e lavrado. Previsivelmente, a série histórica de chegadas em Portugal de ouro amoedado proveniente da Casa da Moeda carioca descreve trajetória semelhante à das remessas totais do metal exibida no gráfico 1.4 — crescimento até a década de 1740 e recuo posterior.[22]

Gráfico 1.5

Chegadas em Lisboa de ouro em moeda do Rio de Janeiro, por quinquênio, 1720-1804 (em milhares de contos de réis)

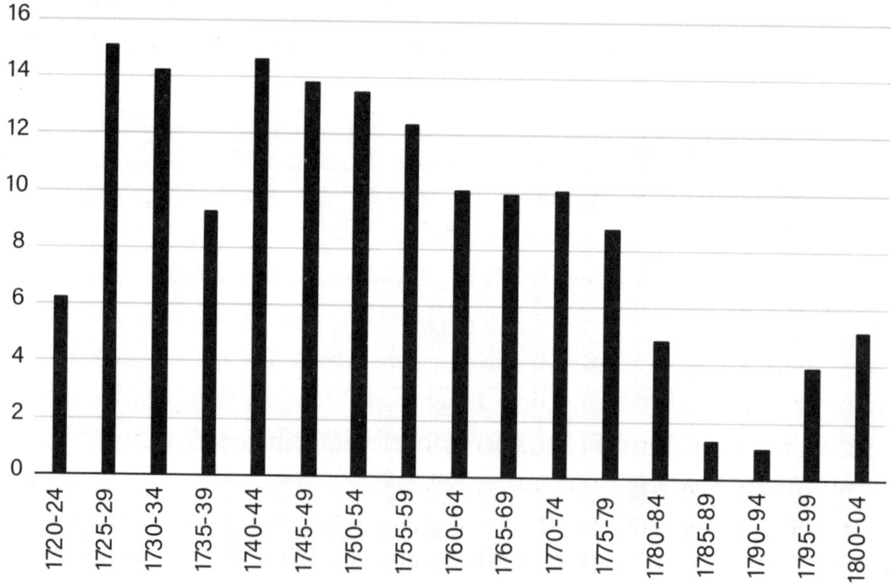

Fonte: Costa et al. (2013: quadro n. 2.4, p. 67-68).

Os impactos agregados sobre a economia de Minas Gerais do ciclo do ouro foram discutidos na terceira parte (capítulos XIII a XV) do livro clássico de Celso Furtado (1959). Já em se tratando da capitania e cidade do Rio de Janeiro, nas últimas duas décadas uma série de trabalhos vem procurando entender como sua economia foi afetada pelos ritmos da atividade mineradora. Mais especificamente, buscam avaliar se a economia carioca/fluminense apresentou ou não trajetória análoga à descrita pelas estatísticas de produção/embarque de ouro exibidas nos gráficos 1.4 e 1.5.

Em se tratando de um período protoestatístico, a discussão acerca do desempenho da economia do Rio de Janeiro no Setecentos ainda se pauta em um conjunto limitado de variáveis para as quais se conta com algumas estimativas de contemporâneos (notadamente, no caso da demografia), complementadas por séries históricas que vêm sendo construídas nas últimas décadas de pesquisas em torno da economia da América portuguesa.

Cuidado especial deve ser tomado com as estimativas da população do Rio de Janeiro colonial mais citadas na literatura e que não raro deixam de distinguir entre a capitania e a cidade homônima e, no caso desta última, entre sua área central, onde se encontravam as freguesias urbanas, e o município em sua totalidade, englobando suas várias freguesias rurais (ver o anexo 2 para detalhes).

Quando orçou em 10 a 12 mil habitantes a população da cidade do Rio de Janeiro nas primeiras décadas do século XVIII, por exemplo, Abreu (2000:19) provavelmente se refere à área central do município, concentrada na várzea que se estendia a partir do morro do Castelo. Em 1799, a população no interior das freguesias centrais (Sé, Candelária, São José e Santa Rita) foi estimada em 43,4 mil, número este que, acrescido dos cerca de 3,3 mil soldados de primeira linha aquartelados na cidade (e não incluídos naquele total), perfazia uma população urbana de cerca de 47 mil indivíduos ao final do Setecentos (Resumo total da população que existia no anno..., 1858).

Ao longo do século XVIII, portanto, a população do núcleo urbano do Rio de Janeiro cresceu de quatro a cinco vezes, o que, combinada ao contingente populacional nas freguesias rurais, levaria a cidade (com cerca de 100 mil habitantes em 1799)[23] a suplantar Salvador como a de maior população na América portuguesa ao final do século XVIII.[24]

O estado do conhecimento acerca de outras dimensões quantitativas da economia do Rio de Janeiro colonial, por seu turno, avançou nos últimos anos com base em pesquisas realizadas por diversos autores.[25] A partir, por exemplo, de levantamento de escrituras públicas de empréstimo depositadas no Arquivo Nacional foram construídas séries históricas tanto do número de registros deste tipo ao longo do século como dos respectivos montantes (valores) envolvidos — e, da junção de ambos, o volume de empréstimos. A hipótese subjacente adotada é a de que haveria uma relação direta entre o comportamento da série de valor emprestado e o próprio desempenho agregado da economia carioca/fluminense. Dito de outra forma, *ceteris paribus*, uma elevação no montante de empréstimos realizado em determinado período deveria indicar uma fase de expansão da economia local e vice-versa.

Os dados coletados por esses autores indicam crescimento do valor emprestado no Rio de Janeiro até meados do Setecentos e declínio a partir de então. Dito isto, as limitações deste tipo de evidência estatística impedem que se tirem conclusões mais definitivas a respeito das condições gerais da economia do Rio de Janeiro no período. Com efeito, no caso de Pesavento e Marques, os próprios autores fazem ressalvas à natureza da fonte utilizada, notando que a maior parte das suas observações está concentrada nas décadas de 1770 e 1780 (Pesavento e Marques, 2020:6). Consequentemente, tem-se a possibilidade de que eventuais reduções nos volumes de empréstimos em décadas anteriores estejam retratando perda/falta de escrituras nas fontes cartoriais originais e não necessariamente menor nível de atividade econômica. Adicionalmente, tudo indica que o volume de crédito concedido seja muito superior ao revelado pelas escrituras, que tendem a registrar "transações anteriores que não tiveram um desenrolar esperado por alguma das partes".[26]

Um outro tipo de variável mobilizada pelos estudiosos da história econômica colonial são as estatísticas fiscais.[27] A se fiar nas repetidas queixas dos contemporâneos, a carga tributária a que estavam sujeitos não deveria ser leve. Os habitantes do Rio de Janeiro ao longo do século XVIII eram chamados a pagar uma série de tributos e direitos régios, incluindo os dízimos, dízima da alfândega, subsídios diversos e direitos dos escravos. Indiretamente, ainda se deparavam com preços de monopólio cobrados por mercadorias sujeitas aos estancos, a exemplo do sal, tabaco e subprodutos da pesca da baleia.

As principais séries históricas de arrecadação levantadas por pesquisadores se referem a dois tributos em particular: os dízimos e as dízimas das alfândegas. Os primeiros incidiam sobre o valor da produção à razão de 10%. Alíquota análoga era cobrada sobre os valores fixados em pauta das mercadorias provenientes do exterior que adentravam os portos da colônia — a dízima das alfândegas.[28]

Assim como argumentado na primeira seção deste capítulo, assume-se aqui que contratadores que se dispunham a pagar à Coroa um valor mais elevado pelo direito de arrecadar determinado tributo o faziam na expectativa de que o ritmo da atividade econômica e/ou o preço das principais mercadorias sujeitas à tributação — no caso dos dízimos no Rio de Janeiro do século XVIII, o açúcar — tendiam à alta.

Gráfico 1.6
Valor médio anual dos contratos de arrematação da cobrança dos dízimos reais no Rio de Janeiro, 1719-1806
(em contos de réis)

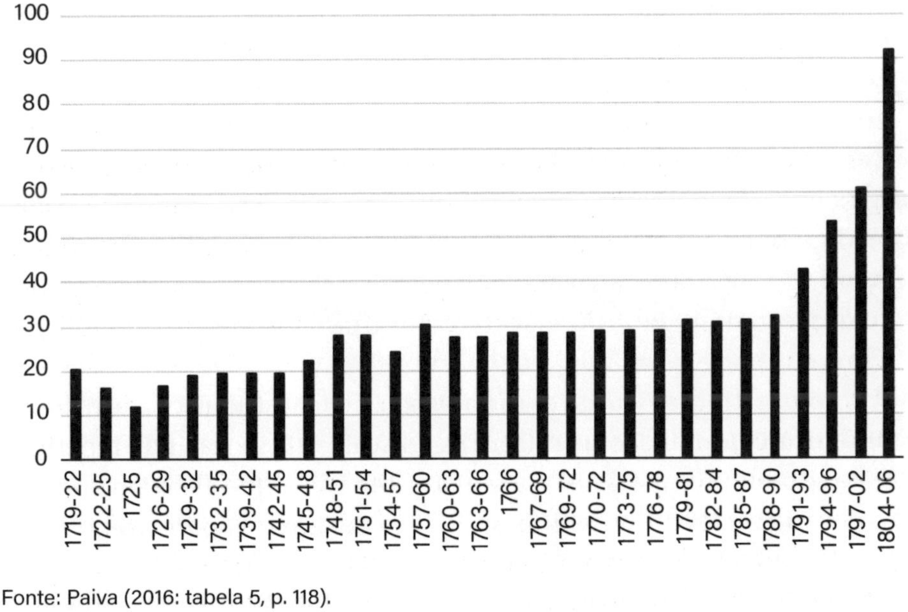

Fonte: Paiva (2016: tabela 5, p. 118).

Gráfico 1.7
Valor médio anual dos contratos de arrematação da cobrança da dízima da Alfândega do Rio de Janeiro, 1721-91 (em contos de réis)

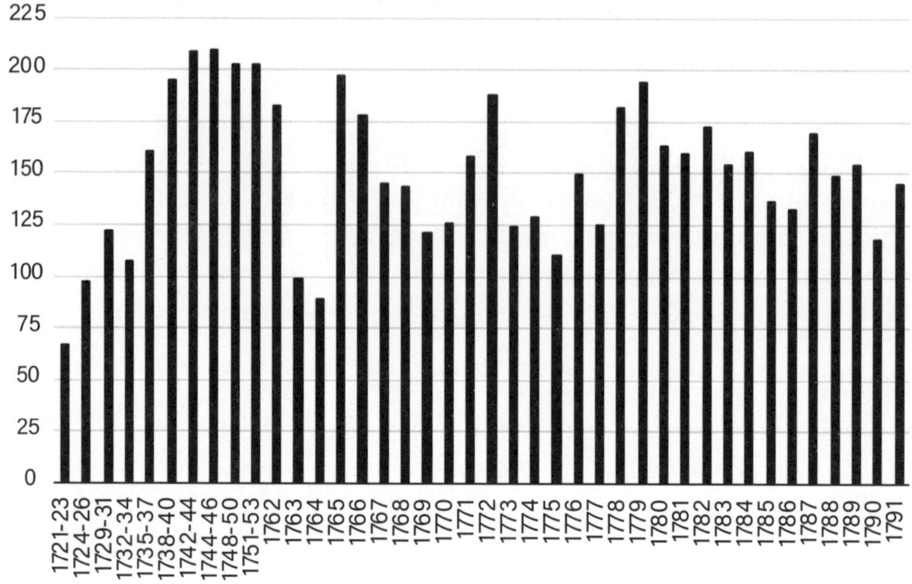

Fonte: Paiva (2016: tabela 6, p. 120-121).

Conforme esperado, o valor absoluto (nível) pago pelos indivíduos/grupos que arremataram os contratos da dízima da alfândega excede aquele referente aos dízimos, refletindo o fato de o porto do Rio de Janeiro funcionar como ponto de entrada de uma vasta área geográfica que ia além da própria capitania fluminense onde o dízimo era arrecadado.

Da comparação das séries de dados exibidas nos gráficos 1.6 e 1.7, o que se nota é uma estabilização/redução no valor médio de ambos os contratos a partir de meados do século, mas sem que se perceba uma queda permanente. Além disso, as duas categorias de contratos indicam um aumento do montante pago por aquele direito de cobrança nos últimos 10-15 anos do Setecentos, o que sugere uma inflexão no ritmo da atividade econômica carioca/fluminense ao final do século XVIII que é independente do ritmo de extração/exportação de ouro.[29]

Tal inflexão também aparece naquela que ainda era importante atividade econômica na cidade do Rio de Janeiro no século XVIII — a produção de açúcar. Após sofrer queda e estagnação entre as décadas de 1720 e 1750, o número de engenhos localizados dentro do termo da cidade praticamente dobrou no último terço do século XVIII, com um saldo líquido de 65 novos engenhos implantados entre 1781 e 1794.[30]

Tabela 1.2
Engenhos de açúcar em funcionamento no termo da cidade do Rio de Janeiro, por área produtora, 1701-1800

	1701-20	**1721-40**	**1741-60**	**1761-80**	**1781-1800**
Arredores da cidade	7	5	3	2	2
Guaratiba	32	31	28	35	41
Irajá	37	31	28	29	30
Inhomirim*	6	3	6	5	5
Niterói	30	18	11	29	33
Maricá	12	11	11	32	55
	124	**99**	**87**	**132**	**166**

Fonte: Elaboração própria a partir de dados em Machado (2020: tabela 1.4, p. 58).
(*) a partir de 1789, sob a jurisdição da vila de Magé.

Mais notável ainda que a expansão do número de engenhos no termo da cidade do Rio de Janeiro nas últimas décadas do século XVIII foi o crescimento verificado na região dos Campos dos Goytacazes, ao norte da capitania (Marcondes, 1995:247-249). Ali foram criados mais de 270 engenhos entre 1761 e 1794, em áreas anteriormente dedicadas à pecuária e produção de alimentos (Machado, 2020: tabela 1.5, p. 78). Tal evolução do setor açucareiro carioca e fluminense reflete-se em nítida mudança de patamar nas exportações de açúcar a partir do porto do Rio de Janeiro nas duas últimas décadas do século XVIII (gráfico 1.8).[31]

Gráfico 1.8
Exportações de açúcar pelo porto do Rio de Janeiro, 1751-1807 (em milhares de toneladas)

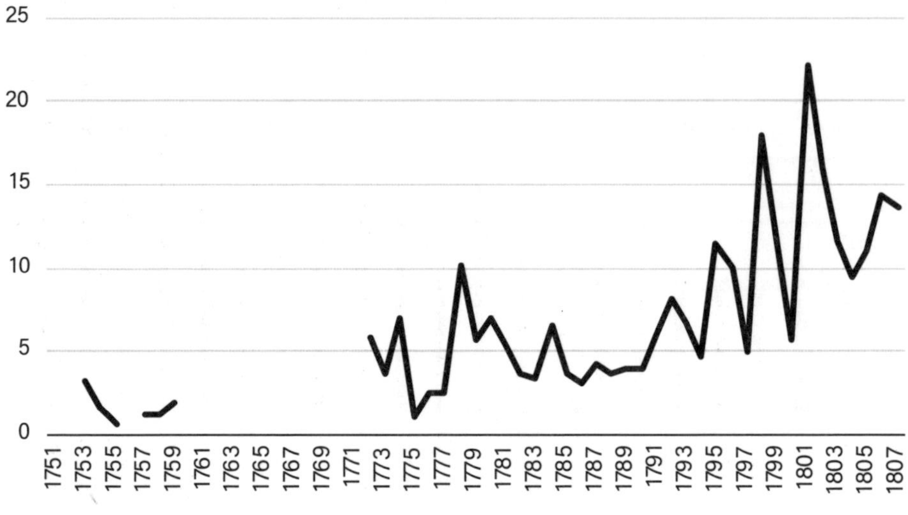

Fonte: Carrara et al. (2022: apêndice A, tabela B4).

A expansão do setor açucareiro e o próprio crescimento absoluto (mas não necessariamente em termos *per capita*) da economia da cidade e capitania do Rio de Janeiro implicaram demanda crescente por mão de obra. As estimativas de desembarques de africanos escravizados nos portos do Sudeste da América portuguesa (no Rio de Janeiro, majoritariamente) ao longo do Setecentos indicam um total, respectivamente, de cerca de 121,9 mil e 159,5 mil indivíduos nos dois primeiros quartéis do século XVIII, período em que a atividade mineradora mais se desenvolveu. Iniciado o declínio da mineração, porém, *aumenta* o desembarque de escravizados nos portos da região: 204,9 mil entre 1751 e 1775 e 270,2 mil no último quartel do século.

Gráfico 1.9
Desembarque de africanos escravizados nos portos do Sudeste do Brasil, por quinquênios, século XVIII

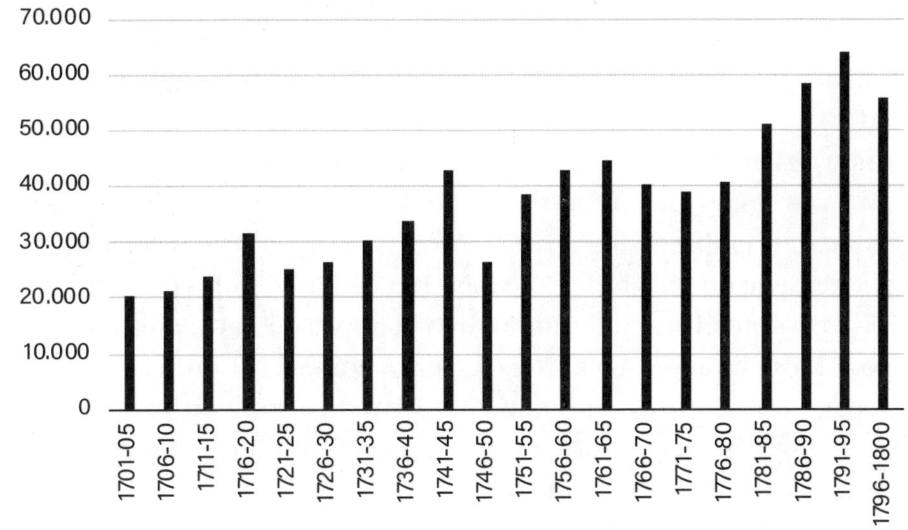

Fonte: The Trans-Atlantic Slave Voyages Database. Disponível em: www.slavevoyages.org/assessment/estimates. Acesso em: 10 abr. 2023.

Se os dados anteriores constituem forte indício da resiliência da economia da região Sudeste da América portuguesa, capaz que foi de se adaptar a uma conjuntura de queda da extração de ouro, sua interpretação como *proxy* para o comportamento da economia da cidade do Rio de Janeiro no período é problemática. Com efeito, é certo que apenas uma parcela minoritária dos cativos desembarcados no porto do Rio permanecia na cidade, empregados nos mais variados ofícios. Ao longo do século XVIII e até a extinção definitiva do tráfico transatlântico de escravos para o Brasil em 1850, o Rio de Janeiro funcionou como ponto de entrada para escravizados que eram enviados a diversas regiões do interior, abrangendo as minas (inclusive Goiás e Mato Grosso), São Paulo e outros municípios da capitania fluminense.[32]

Ainda assim, é significativo que a média anual de cativos desembarcados nos portos do Sudeste do Brasil tenha crescido na segunda metade do Setecentos. Para tanto, concorre o fato de que, em um contexto de retração do volume de receitas obtidas com a atividade mineradora, a Coroa portuguesa pôs em prática a partir do terceiro quartel do século XVIII um conjunto de políticas visando ampliar e diversificar as exportações coloniais, ao mesmo tempo que incentivava a substituição de importações de manufaturados na Metrópole. Iniciadas durante o período pombalino (1750-77) e, em linhas gerais, mantidas ao longo do reinado de d. Maria I, tais políticas deram origem, no Brasil, ao que se convencionou designar como um "Renascimento Agrícola".[33]

No caso específico da capitania do Rio de Janeiro, os esforços de diversificação empreendidos pela Coroa — e, após a transferência, em 1763, da sede do vice-reinado para o Rio de Janeiro, diretamente pelos vice-reis — envolveram estímulos à introdução de novas culturas na região.[34] Entre estas, destacam-se o arroz, o anil, a cochonilha (base para um corante) e o linho cânhamo. O cultivo do arroz e do anil no Rio de Janeiro obteve mais sucesso que o dos demais produtos que, tal como a tentativa de criação do bicho da seda, não apresentaram os resultados esperados.[35]

As séries históricas discutidas até aqui — pela ordem, de produção e remessas de ouro, volume de empréstimos registrados em cartório, valores pagos pela arrematação de contratos de impostos, número de engenhos, volume de açúcar exportado e de africanos escravizados desembarcados nos portos do Sudeste — permitem não mais que uma aproximação dos ritmos da economia fluminense/carioca no século XVIII. Pesquisas recentes complementaram tais indicadores com dados referentes aos valores da dízima efetivamente arrecadados na Alfândega do Rio de Janeiro ao longo do Setecentos, um indicador mais direto do estado da economia da região. Novamente, parte-se do pressuposto — razoável, diga-se — de que o volume de mercadorias importadas (e, portanto, tributadas nas alfândegas) tende a aumentar em paralelo a uma expansão da atividade econômica e cair em momentos de contração desta.[36]

O gráfico seguinte combina os dados levantados por Grazielle Cardoso de arrecadação da dízima das alfândegas do Rio de Janeiro nas décadas iniciais do século XVIII com aqueles compilados por Fábio Pesavento e André Marques para o restante dos Setecentos.

Gráfico 1.10
Valores arrecadados das dízimas da Alfândega no porto do Rio de Janeiro, 1727-90 (em contos de réis, média móvel trienal)

Fonte: Cardoso (2020: anexo IV); Pesavento e Marques (2020).

Mais uma vez, nota-se uma tendência de forte crescimento da arrecadação da dízima no porto do Rio de Janeiro ao longo de toda a primeira metade do século XVIII, atingindo-se um pico de cerca de 300 contos de réis em 1760. A partir daí, opera-se queda expressiva no volume arrecadado daquele imposto, seguindo-se oscilações até a última década.

Na virada dos séculos XVIII para XIX, há sinais de florescimento da economia do Rio de Janeiro, a exemplo da intensificação do comércio com a região platina (Montevidéu, sobretudo)[37] e de notável expansão do setor açucareiro na cidade e capitania do Rio a que já se referiu, com impactos sobre o volume e o valor das exportações daquele produto. O crescimento significativo das exportações açucareiras fluminenses e brasileiras na passagem do século XVIII para o XIX deveu-se, em boa medida, à elevação dos preços internacionais decorrente da guerra de independência de São Domingos, afetando severamente a produção da até então principal região produtora daquele artigo.

Em paralelo, houve diversificação da pauta de exportações do porto carioca.[38] Tal movimento, testemunho do fenômeno do "Renascimento Agrícola" da colônia a que se aludiu anteriormente, compõe período intermediário entre a anterior "hegemonia açucareira-aurífera" e o início da "hegemonização cafeeira" na década de 1830 (Arruda, 2015:190).[39]

Analisando as balanças de comércio de Portugal, José J. Arruda identifica aumento na variedade de artigos exportados pelas frotas do Rio de Janeiro, de 24 em 1776 para 67 em 1807. Ainda segundo o autor, na virada do século XVIII para o XIX — e antes mesmo da Abertura dos Portos —, o Rio de Janeiro consolidou-se como a mais importante praça comercial da América portuguesa, responsável, em média, por 34,2% do valor das importações e 38,1% das exportações no período 1796-1807 (Arruda, 1980:150-154).[40]

O crescimento do comércio exterior envolvendo o porto do Rio de Janeiro ao final do período colonial veio acompanhado de intensificação das trocas comerciais ligando a capital do Vice-Reino às capitanias do interior e à sua hinterlândia no recôncavo da Guanabara (Santos, 1980:52-57). Conforme discutido detalhadamente por Larissa Brown (1986: caps. 6 e 7), tal sistema de comércio interno centrado na cidade do Rio de Janeiro estava plenamente estabelecido ao final do Setecentos, podendo ser dividido em duas categorias.

A primeira envolvia o papel da cidade enquanto entreposto no comércio de importação e exportação com a Europa e a África, movimentando mercadorias provenientes de e destinadas aos portos provinciais. A estes devem ser acrescentadas a América espanhola e a Ásia, a primeira enquanto origem da prata necessária à obtenção dos têxteis de algodão indianos indispensáveis à aquisição dos africanos escravizados que iriam movimentar a máquina econômica colonial.[41]

A segunda categoria, por sua vez, dizia respeito ao comércio interno à colônia, abarcando mercadorias destinadas ao consumo da própria cidade do Rio de Janeiro e seu recôncavo ou que eram redistribuídas a outros mercados no Brasil.[42] Conforme argumenta a autora (Brown, 1986:292), ao final do século XVIII o Rio de Janeiro havia se tornado o principal centro consumidor do Centro-Sul do Brasil (e, provavelmente, da América portuguesa como um todo) devido não apenas ao aumento de sua população como também à tendência à especialização dos agricultores do recôncavo da Guanabara em culturas de exportação, tornando necessária a importação de alimentos de fora da região (Brown, 1986:61-62).

A expansão da atividade mercantil na cidade do Rio de Janeiro ao longo do século XVIII consolidou no topo da hierarquia econômica a classe de grandes comerciantes.[43] Atuando em diversos ramos de negócios, entre os quais o tráfico de africanos escravizados, o transporte terrestre de animais, o comércio de cabotagem de trigo, charque, farinha e açúcar, por exemplo, tais indivíduos tinham participação destacada nos mercados de crédito e imobiliário cariocas, estando envolvidos, também, na arrematação de contratos.[44]

Tabela 1.3
Número de oficinas localizadas na cidade do Rio de Janeiro ao final do século XVIII, por tipo de profissão

	Década de 1780	1792	1794	1799
Alfaiate	89	90	90	85
Bate folha	6	3	3	3
Caldeireiro	8	7	10	7
Entalhador	15	7	7	12
Ferrador	8	6	8	9
Ferreiro	21	23	24	20
Lapidador	23	36	36	19
Latoeiro	15	21	21	20
Marceneiro	53	35	38	64
Pintor	8	8	10	32
Sapateiro	128	111	111	135
Segeiro	5	6	6	5
Seleiro	3	28	28	34
Sirgueiro	30	20	22	17
Tanoeiro	16	18	18	22
Tintureiro	11	6	6	15
Torneiro	5	7	4	6
Violeiro	5	6	6	4
	449	438	448	509

Fontes: 1779-89, Memorias publicas e economicas da cidade... (1884); para os demais anos, Nunes (1965a; 1965b; 1965c).

Um dos poucos fragmentos estatísticos produzidos pelos contemporâneos e que oferece uma mirada sobre a estrutura da economia da *cidade* do Rio de Janeiro (em oposição às séries até aqui apresentadas, que sugerem os ritmos econômicos de uma região muito mais ampla, vinculada ao porto do Rio) é a relação de oficinas em funcionamento naquela localidade em fins do Setecentos.

Dado que as quatro publicações utilizadas na confecção da tabela anterior não se devem ao mesmo autor, não há qualquer garantia de que a classificação dos ofícios seja rigorosamente a mesma nas Memorias publicas e economicas da cidade... (1884) e nos almanaques produzidos por Nunes.[45] Tendo isso em mente, uma relação de estabelecimentos em atividade nos quatro anos referidos — excluindo-se aqueles de natureza mais ligada a serviços de alimentação, como casas de café e casas de pasto, ou lojas de varejo e boticas — revela a presença de 449 oficinas em 1779-89, número que permanece praticamente estável na primeira metade da década de 1790, subindo para 509 em 1799. Por não estarem presentes em todas as quatro publicações, algumas profissões não foram incluídas na tabela 1.3, a exemplo de correeiros, craveiros, escultores, funileiros, ourives, pedreiros, pentieiros, pixeleiros, ourives, serralheiros, serreiros e tecelões. Sua inclusão levaria o total de oficinas em atividade no Rio de Janeiro a 583 na década de 1780, 464 em 1792, 479 em 1794 e 578 em 1799.[46]

A interpretação dos dados anteriores é prejudicada pelo fato de se referirem apenas ao número de oficinas, sem qualquer indicação do quantitativo de trabalhadores empregados em cada uma delas. De todo modo, nota-se o peso significativo de três ofícios — sapateiros, alfaiates e marceneiros — nas décadas de 1780 e 1790, respondendo por pouco mais de 40% das oficinas (dentro daquele subconjunto de ofícios) em funcionamento na cidade do Rio de Janeiro.

Também chama atenção a ausência, em todas as quatro listagens, de ofícios ligados à indústria têxtil,[47] a exemplo de tecelão, fiador ou cardador. Tal fato parece refletir os efeitos do Alvará de 1785 que mandava extinguir na colônia todas as manufaturas têxteis, excetuando-se aquelas destinadas à produção de tecidos grossos de algodão.

Em carta enviada em 12 de julho de 1788 ao vice-rei Luiz de Vasconcellos e Sousa, Martinho de Mello e Castro, ministro e secretário de Estado da Marinha e Domínios Ultramarinos, oferece balanço das apreensões realizadas na cidade do Rio de Janeiro em atenção ao referido Alvará: 12 teares de tecidos de ouro e prata e um número não especificado de teares de tecidos de lã, linho e algodão (Documentos officiaes ineditos..., 1870:230-232). Referindo-se ao documento, Cavalcanti (2004:79) assevera que o conhecido Alvará de d. Maria I "[...] impedia que a cidade do Rio de Janeiro caminhasse para o desenvolvimento industrial atingido pelo mundo europeu". Trata-se de claro exagero, ao se imaginar que a cidade apresentasse à época qualquer possibilidade de vir a se industrializar no curto/médio prazo.

Para concluir — e à luz do exposto ao longo da presente seção —, não se pode ir muito além de grandes generalizações para resumir a trajetória da economia da cidade do Rio de Janeiro no século XVIII. As estimativas populacionais, complementadas por indicadores de número de engenhos, crescentes exportações, intensificação do comércio interno, maiores desembarques de escravizados, arrematação de contratos de arrecadação das dízimas das alfândegas, apontam para um quadro inequívoco de expansão, sobretudo durante a primeira metade do século, ao qual se seguiu um arrefecimento da atividade econômica e sinais de recuperação na derradeira década do Setecentos.[48] Contudo, maior clareza quanto aos ritmos exatos de tal trajetória, intercalando, necessariamente, períodos de crescimento econômico com outros mais ou menos longos de estagnação/retração,[49] predominantemente na segunda metade do século, ainda aguarda pesquisas mais detalhadas e indicadores ainda não disponíveis aos historiadores.

2

O PERÍODO IMPERIAL

Durante o século XIX o capitalismo se difundiu em escala global. A América portuguesa — e, após 1822, o Brasil imperial — não ficou à margem dos impulsos emanados dos países no centro do sistema e tampouco de uma economia internacional que se integrava crescentemente em termos de fluxos de mercadorias, capitais e gente. À especialização na produção e venda ao exterior de açúcar, algodão, couro, tabaco e drogas que marcou o período colonial iria se juntar, decisivamente, o café e, mais para o final do século, a borracha nativa da Amazônia.

Entre 1790 e 1890, a população do Brasil passou de aproximadamente 1,8 milhão (Botelho, 2015:101) para 14,3 milhões, segundo apurado pelo censo demográfico. A cidade do Rio de Janeiro, por seu turno, viu sua população aumentar, em igual período, de cerca de 100 mil habitantes para 522 mil. Sua economia tinha no porto um de seus principais esteios, sendo por ele que eram embarcadas as crescentes exportações cafeeiras do Império. Igualmente baseado na capital estava o principal centro financeiro do país, reunindo bancos, casas bancárias, seguradoras, comissários de café e bolsa de valores. Completavam o setor terciário, entre outros, o comércio varejista e atacadista, as empresas atuantes nos serviços de transportes e a administração pública. Já o setor secundário do Município da Corte era composto por centenas de oficinas nos mais diversos ramos, com o predomínio da produção de bens de consumo não duráveis (fumo, alimentos, bebidas, tecidos, por exemplo).

No início do século XIX saíram pelo porto do Rio cerca de 10 mil sacas de 60 kg de café, 1,3 milhão em 1840 e 3,3 milhões em 1888. Tamanho crescimento só foi possível a partir da abertura e expansão da fronteira cafeeira do Vale do Paraíba e tampouco se concretizaria sem que fosse desembarcado no porto do Rio número crescente de africanos escravizados de forma legal até 1830 e ilegalmente ao longo da costa do Sudeste daí até 1850.

O aumento ininterrupto dos embarques de café no porto do Rio não deve ser interpretado como refletindo expansão econômica da cidade sem sobressaltos ao longo do período imperial, pelo contrário. Indicadores diversos a serem mobilizados ao longo do capítulo permitem identificar razoavelmente os ciclos — ora de expansão, ora de estagnação/contração — vividos pela economia carioca no século XIX.

Assim, de forma geral, as décadas compreendidas entre a chegada da Família Real portuguesa, em 1808, e o início do Segundo Reinado (1840) mostraram-se bem acidentadas, marcadas que foram pelos prejuízos causados pelas guerras napoleônicas aos fluxos internacionais de comércio, desordem financeira no período joanino e no reinado de Pedro I, e a instabilidade política do período regencial. Já os anos que se estendem de 1840 até o término da Guerra do Paraguai (1870), em que pesem as crises financeiras de 1857 e 1864 e o próprio custo do conflito em termos monetários e de vidas humanas, podem ser considerados os mais favoráveis do ponto de vista da economia imperial e da do Rio de Janeiro — em particular a década de 1850. Finalmente, entre 1870 e a Proclamação da República, os indicadores disponíveis (de comércio exterior e arrecadação da décima urbana, por exemplo) sugerem que a economia do Município da Corte cresceu muito lentamente.

Comparativamente ao período colonial, é muito mais abundante o conjunto de estatísticas socioeconômicas à disposição do pesquisador que se debruça sobre o século XIX. Além das estimativas populacionais, entre os indicadores do estado da economia carioca disponíveis em fontes primárias e secundárias estão o número de embarcações (tanto de longo curso como de cabotagem) que entraram e saíram do porto do Rio, o valor e o volume de exportações (incluindo, crucialmente, o café), desembarques legais de africanos escravizados até 1830, arrecadação de impostos, número e tipo de fábricas e estabelecimentos comerciais em funcionamento, por exemplo.

Com relação às fontes secundárias, tal como no caso do período colonial, existe um bom número de teses e dissertações tratando de aspectos variados da economia do Rio de Janeiro, além de monografias e artigos acadêmicos publicados da década de 1970 em diante. A estas junta-se um conjunto rico de fontes primárias, incluindo trabalhos de autores nacionais e estrangeiros publicados no século XIX, relatórios variados e de boa qualidade produzidos pelo governo imperial e fontes periódicas da época, incluindo jornais, anuários e almanaques.

No presente capítulo, a discussão sobre a estrutura e o desempenho da economia da cidade do Rio de Janeiro no período imperial está organizada em três seções cobrindo, respectivamente, a primeira metade do Oitocentos; o período "áureo" da economia do Império, entre meados do século XIX e 1870; e as duas últimas décadas do regime monárquico.

Da vinda da Corte portuguesa a meados do século XIX

Dados os sinais conflitantes emitidos pela evidência estatística disponível, não é tarefa trivial precisar o efetivo estado da economia carioca nos cerca de 10 anos que antecederam o desembarque da Família Real portuguesa, em 1808.

Com efeito — e conforme visto no capítulo anterior —, na passagem do século XVIII para o XIX abundam os indícios de uma economia que vinha se recuperando de um longo período de relativa estagnação iniciado com o declínio da economia aurífera no terceiro quartel do Setecentos. Entre eles, maior chegada, em Lisboa, de ouro em moeda proveniente do Rio de Janeiro entre 1795 e 1804; aumento tanto do valor médio anual dos contratos de arrematação da cobrança dos dízimos reais entre 1791 e 1806 como do número de engenhos de açúcar em funcionamento no termo da cidade entre 1781 e 1800.[50] A tais evidências, pode-se acrescentar, ainda, maior volume de café embarcado no porto da cidade — prenunciando o vindouro *boom* cafeeiro da capitania e, posteriormente, província.[51]

Em sentido inverso, contudo, também foi notada ao final do capítulo 1 (gráfico 1.8) tendência de queda das exportações de açúcar pelo porto do Rio de Janeiro no início do século XIX. Uma vez que se tratava da principal mercadoria exportada pela cidade à época, observa-se, igualmente, redução na corrente de comércio (exportações + importações) nos primeiros anos do Oitocentos, sugerindo uma retração econômica no Rio de Janeiro (gráfico 2.1).

Gráfico 2.1

Exportações e importações a partir do porto do Rio de Janeiro, 1796-1819 (em contos de réis)

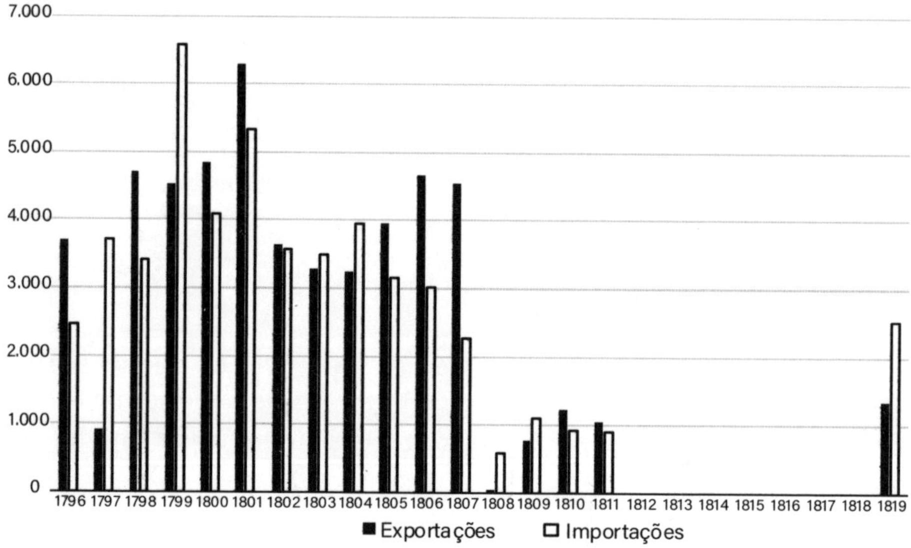

Fontes: Arruda (1980: tabelas 3 e 4); para 1819, Balbi (1822: t. 1, p. 432).
Nota: Dados para o período 1812 a 1818 não disponíveis.

Além da queda do volume embarcado de açúcar, contribuíram para o recuo no valor das mercadorias exportadas pelo porto do Rio de Janeiro entre 1801 e 1804 menores remessas de ouro (Arruda, 1980: tabela 19, p. 179). Pelo lado das importações, as maiores quedas observadas no período se deram entre os manufaturados diversos (excetuando-se lanifícios, linifícios e sedas) incluídos por Arruda na categoria de produtos das "fábricas do reino" (Arruda, 1980: tabela 17, p. 175).

Como seria de se esperar, a retração no valor dos fluxos de comércio exterior nos anos iniciais do século XIX se refletiu também nas estatísticas de comércio de cabotagem daquele porto, tanto origem como destino de embarcações menores que trafegavam entre o Rio e diversos pontos ao longo da costa. O número dessas embarcações adentrando o porto entre 1799 e 1804 caiu quase pela metade, ao passo que sua tonelagem total se reduziu em cerca de ⅓ (gráfico 2.2).

Gráfico 2.2
Índice de tonelagem das embarcações envolvidas no comércio de cabotagem no porto do Rio de Janeiro, 1799-1822

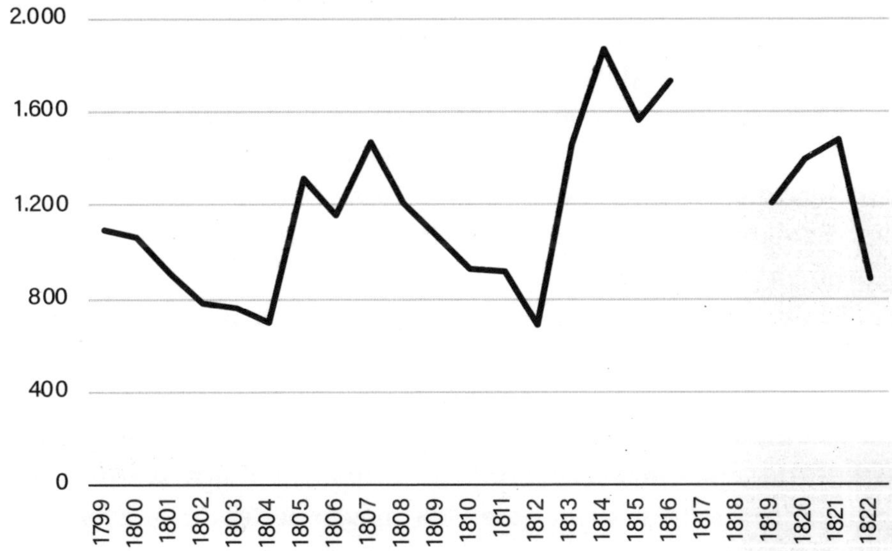

Fonte: Brown (1986: tabela 6.1, p. 408).
Notas: Índice de tonelagem calculado a partir da multiplicação do número de embarcações em cada categoria por um peso dependente de seu porte, a saber: 1. lancha, iate, chalupa, canoa e barco; 3. sumaca e escuna; 6. bergantim, brigue, corveta, penque e galera.
Dados para 1817 e 1818 não disponíveis.

Após uma breve recuperação do valor das exportações do porto do Rio de Janeiro em 1805-07, sem serem acompanhadas pelo fluxo de importações, ambos sofreriam forte queda após 1807 (gráfico 2.1), já refletindo o impacto negativo do Bloqueio Continental napoleônico e subsequente invasão de Portugal por tropas francesas sobre as relações comerciais da metrópole lusa com sua principal possessão (Cardoso, 2013).

O ano de 1808 é, indiscutivelmente, marco destacado da história do Brasil e, particularmente, da cidade do Rio de Janeiro. Esta última, contando àquela altura com cerca de 100 mil habitantes em todo o seu termo, testemunharia a chegada da corte portuguesa e de um contingente estimado entre 10 e 15 mil indivíduos (Malerba, 2008). Ocorrendo pouco mais de um mês após a decretação da Abertura dos Portos às Nações Amigas, os efeitos de tamanho choque demográfico sobre a cidade agora tornada sede do Império português seriam por ela magnificados.

Internamente, o influxo repentino de novos moradores exerceu enorme pressão sobre a infraestrutura do Rio, o que daria origem a um ambicioso programa de obras envolvendo, entre outros, o aterramento de pântanos, calçamento de ruas, melhorias no sistema de abastecimento de água, construção de pontes etc. No balanço de sua longa gestão à frente da Intendência Geral de Polícia (espécie de prefeitura à época), Paulo Fernandes Viana destaca a melhoria nas estradas "tanto da banda daquém como dalém dela com aterrados e pontes novas e consertos para facilitar a condução dos viveres, e promover a abundância na corte" (Viana, 1892:376).[52]

Não causa surpresa que o estoque imobiliário da cidade também tenha sucumbido ao impacto do grande influxo de novos moradores. O instituto da "aposentadoria", por meio do qual membros da aristocracia ganhavam o direito de se apossarem de imóveis pertencentes a terceiros, gerou, ao menos, dois efeitos: i. exerceu um freio na atividade de construção civil na cidade, com o natural receio de proprietários verem as suas casas requisitadas; e ii. estimulou a construção, por parte da elite local, de novas residências fora do núcleo central da urbe, em áreas da Glória, Botafogo, Catumbi e São Cristóvão.

Quanto aos imóveis comerciais, a chegada de centenas de empresários ingleses após a Abertura dos Portos e, na sequência, a assinatura dos Tratados de Aliança e Amizade e de Paz e Navegação com a Grã-Bretanha resultaram em demanda crescente e elevação do valor dos aluguéis (Martins e Abreu, 2001:541-542).[53]

Já do ponto de vista das relações econômicas internacionais da América portuguesa, os eventos de 1808 reforçariam o papel do Rio de Janeiro como parte de uma rede de conexões comerciais (e culturais) de características transcontinentais (Martins e Abreu, 2001:537-538). No contexto das guerras napoleônicas, os efeitos mais visíveis sobre os fluxos comerciais envolvendo a cidade se deram sobre seu volume e direção.

Em relação ao primeiro, a corrente de comércio (importações + exportações) caiu pouco mais de 70% entre 1805-07 e 1811, passando de uma média de 7.200 contos anuais para 1.970 contos (Arruda, 1980: tabelas 3 e 4). Já o índice de tonelagem das embarcações engajadas no comércio de cabotagem, em igual período, recuou bem menos — 30% (gráfico 2.2), indicando a importância da demanda do mercado da Corte por artigos fornecidos por sua hinterlândia e pontos mais afastados, como a região sul.

Conforme apontado por Silveira (2013:83-85), é possível identificar uma hierarquia dos portos costeiros que comercializavam com o Rio de Janeiro à época. Aqueles considerados mais importantes (ou "primários") eram caracterizados pela especialização no fornecimento de alguns poucos produtos para o mercado do Rio de Janeiro, a exemplo de Rio Grande (couros, charque e trigo) ou Santos (açúcar e aguardente). No sentido inverso, tais localidades eram abastecidas com produtos europeus reexportados pela praça carioca (Menz, 2006). Já os portos "secundários" se dedicavam a remeter gêneros de subsistência (como arroz, farinha e milho) para o Rio e incluíam, entre outros, Cabo Frio, Paraty e Vitória.

No rastro de vitórias na Guerra Peninsular contra as forças de ocupação francesas, verificou-se incremento das relações comerciais de Portugal com o Brasil entre 1814 e 1818, deixando para trás o quadro anterior de profunda crise. Nesse período, o valor dos fluxos de importações e exportações dobrou em relação ao quinquênio imediatamente anterior, ainda que se mantivesse cerca de 25% abaixo dos níveis alcançados no início do século. As exportações portuguesas de manufaturados também esboçaram algum aumento no período, mas longe de retomarem os patamares observados antes da Abertura dos Portos (Balbi, 1822: t. 1, p. 424 e 445).

Em consonância com a tendência acima, no Rio de Janeiro, entre 1813 e 1816, tanto o número de embarcações envolvidas no comércio de cabotagem como o índice de tonelagem apresentaram vigorosa recuperação (gráfico 2.2), atingindo seu valor de pico na série compilada por Larissa Brown.

Já com relação à *direção* dos fluxos de comércio exterior a partir do Rio de Janeiro (e do Brasil de forma geral), a principal mudança observada pós-1808 foi o fim do (quase) monopólio português e a crescente importância assumida por navios de bandeira britânica. Na falta de dados detalhados de valores, volume e direção (países) dos fluxos de comércio exterior envolvendo o porto do Rio de Janeiro no período 1812 a 1843, o pesquisador deve lançar mão de informações fragmentárias de uns poucos anos, complementadas por estatísticas de entradas e saídas de navios. Assim — e tendo por base registros publicados na *Gazeta do Rio de Janeiro* —, Silva (2012) traz uma série para o período 1811 a 1820 de entradas marítimas, no porto do Rio, de navios carregados de "fazendas", isto é, de manufaturados (predominantemente, têxteis).[54]

Tabela 2.1
Entradas marítimas no porto do Rio de Janeiro de navios com "fazendas", por país de origem, 1812-20

	Inglaterra	Portugal	França	Total
1812	15	27	0	42
1813	29	20	0	49
1814	26	27	0	53
1815	38	36	3	77
1816	28	52	12	92
1817	22	47	7	76
1818	57	34	10	101
1819	41	39	7	87
1820	42	32	8	82
Total	**298**	**314**	**47**	**659**

Fonte: Silva (2012:27).

Conforme já ressaltado, a interpretação da série de entradas de navios é dificultada pela falta de indicação do valor das mercadorias importadas ou, mesmo, do porte das embarcações. Dito isso — e tal como na série de comércio de cabotagem exibida no gráfico 2.2 —, aqui também se percebe uma intensificação das entradas de navios no porto do Rio de Janeiro entre 1813 e 1816, sugerindo recuperação da atividade econômica após o forte declínio experimentado no quinquênio imediatamente anterior. É digno de nota, igualmente, o número de embarcações provenientes de portos das Ilhas Britânicas e em possessões daquele país na Índia (Bengala) — 298 no total, entre 1812 e 1820, contra 314 originados em portos sob domínio português. Evidência inequívoca da progressiva "desnacionalização" do comércio luso com a sua (desde 1815) ex-colônia.

No plano macroeconômico, o período joanino ficaria marcado indelevelmente por uma enorme crise fiscal, crise essa que se estenderia pelo Primeiro Reinado e cujo principal determinante seriam as despesas militares incorridas por Portugal — e, subsequentemente, o Império do Brasil — em campanhas militares na região do Prata.[55] O financiamento dos sucessivos déficits orçamentários, em parte por meio de aumento da carga tributária, esteve na origem de incontida insatisfação popular e queixas de elites provinciais contra a voracidade fiscal e gastança da Corte no Rio de Janeiro (Cariello e Pereira, 2022). Por sua vez, o recurso adicional a empréstimos forçados junto ao Banco do Brasil, à recunhagem e "aviltamento" do meio circulante e, crucialmente, a emissões descontroladas de moedas de cobre e de papel-moeda de curso forçado concorreram para o agravamento da inflação e concomitante depreciação cambial.[56]

A taxa de câmbio era, possivelmente, o preço mais monitorado pelos contemporâneos, servindo de "termômetro" da "saúde" econômica da praça do Rio de Janeiro ao longo de todo o século XIX. A cotação do mil-réis em relação à libra esterlina manteve-se, *grosso modo*, apreciada até 1819, ainda que a valorização alcançada entre 1811 e 1814 deva ser atribuída à desvalorização da libra esterlina em meio às crescentes emissões exigidas pelo conflito contra a França, mais até do que a algum sinal de força da moeda portuguesa (Say, 1839:302).

Gráfico 2.3
Taxa de câmbio média mensal no Rio de Janeiro, 1808-40
(em *pence*/1$000)

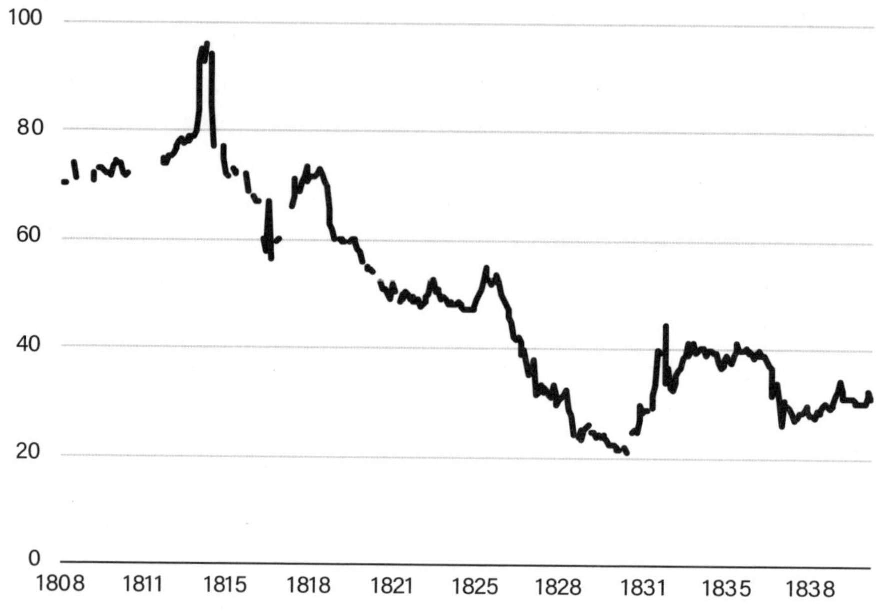

Fontes: Ipeadata e Say (1839:298-300).

A partir de 1820, o que se vê é uma tendência à desvalorização do mil--réis até o início dos anos 1830 (gráfico 2.3), servindo de testemunho eloquente das dificuldades fiscais que acometeriam o Estado português nos anos finais do reinado de d. João VI e do Brasil independente ao longo do Primeiro Reinado. As paulatinas restrições impostas a partir de 1818 à conversibilidade em ouro das notas do Banco do Brasil e a crescente atividade emissora deste último contribuíram para tal, levando a moeda brasileira a atingir patamar muito aquém da paridade "legal" de 67,5 *pence*.[57]

Um dos observadores mais perspicazes do cotidiano carioca nesta época foi John Luccock, comerciante inglês que viveu no Brasil entre 1808 e 1818, deixando suas impressões registradas em obra que se tornaria referência na literatura (Luccock, 1820). Os comentários e estatísticas esparsas apresentadas ao longo de seu livro oferecem uma visão da vida na cidade do Rio de Janeiro em três momentos distintos — 1808,

1813 e 1818 —, permitindo enxergar sinais de mudança/evolução em meio a estruturas e processos marcados por maior imobilismo.

Assim, em suas impressões da cidade no ano em que chegou (1808), encontra-se avaliação pouco lisonjeira, por exemplo, acerca das condições sanitárias do Rio e do sistema de abastecimento de carne, esta última tida pelo autor como de qualidade muito ruim (Luccock, 1820:42-43).[58] Estimando a população do Rio de Janeiro à época em torno de 60 mil indivíduos,[59] a primeira impressão de Luccock sobre o comércio da cidade não foi particularmente favorável: julgou o ramo varejista, então concentrado na rua da Quitanda, "pequeno, ainda que toleravelmente abastecido de manufaturados de algodão e de lã". Já as lojas de vendas por atacado estavam localizadas "entre a rua e o mar" (rua Direita, atual Primeiro de Março) e foram consideradas, de forma geral, "mal abastecidas de produtos" (Luccock, 1820:37). Para o autor, o comerciante médio no Rio de Janeiro à época seria, de forma geral, "ignorante" quanto aos elementos da gramática e da aritmética (Luccock, 1820:105). Finalmente, em visita à Alfândega, presenciou o que lhe pareceu confusão, sujeira e inadequação das instalações para as funções que desempenhava (Luccock, 1820:72-73).

Cinco anos depois, Luccock reconhece grandes melhorias na cidade, entre as quais nas instalações e procedimentos da Alfândega e no abastecimento de carne e legumes, este último beneficiado pela expansão do cultivo de alimentos. Chamou atenção ainda daquele comerciante a maior oferta de artífices (incluindo ferreiros) na cidade, bem como a fabricação local de cordoaria e velame e os primeiros passos dados para a manufatura de panos de lã e algodão, assim como novos projetos de fabricação de artefatos de madeira, ferro, cobre, estanho e couros (Luccock, 1820:253-254).

Luccock testemunhava, assim, os primeiros desdobramentos do Alvará de 1º de abril de 1808, autorizando o estabelecimento de fábricas e manufaturas no Brasil. Na condição de maior centro urbano e, portanto, mercado consumidor da colônia, o Rio de Janeiro assistiu à fundação de diversas unidades fabris no período joanino em setores como alimentos, papel, rapé, couros, fundições de metais, destilarias etc. (Prefeitura do Districto Federal, 1908:8-10), muitas vezes beneficiadas com auxílios fornecidos pelo governo ou pela Junta de Comércio (Beauclair, 1992:68). Em paralelo, o Estado atuou diretamente na organização da produção fabril. Exemplo disso foi a criação do Real Colégio das Fábricas, de efêmera existência (1809-11).

À época, o termo "fábrica" possuía conotação distinta da que é dada modernamente, quando denota unidade fabril de certo porte fazendo uso de fontes inanimadas de energia. Segundo a Junta Comercial, "[...] chamam eles Oficina o estabelecimento industrial onde um ou mais indivíduos se empregam no trabalho de qualquer arte mecânica, fábrica o que emprega muitas oficinas e manufaturas o que compreende diversas fábricas".[60]

Valendo-se de mestres e aprendizes vindos de Portugal, o Real Colégio das Fábricas abrigava oficinas de tecidos diversos, gravação em metal e madeira, estamparia de chitas, cartas de jogar etc. (Beauclair, 1992:72-86). A essa iniciativa juntaram-se a instalação das Reais Fábricas de Tecidos de Algodão do Catumbi e a da Lagoa, bem como a ampliação das atividades dos já existentes arsenais da Marinha e de Guerra (Beauclair, 1992:86-107).[61]

Já em suas impressões da cidade em 1818, Luccock (1820: cap. 17) destaca o aumento populacional observado desde que chegara, 10 anos antes, incluindo o incremento da parcela de estrangeiros. Assinala, também, o acúmulo de "habilidade e indústria", dando origem a aumento significativo dos "confortos e até luxos" (Luccock, 1820:547). O avanço da qualidade das moradias particulares, das construções públicas e das ruas também foi notado pelo comerciante inglês.

Igualmente ressaltadas foram as melhorias nas vias de comunicação com o interior e, a partir daí, o incremento dos fluxos de comércio. Notou Luccock que diversos produtos — a exemplo de gado bovino, porcos, toucinho, queijos, açúcar, anil, panos e algodão — provinham de distâncias de 600 a 1.000 milhas do Rio de Janeiro. Estimou que apenas através do Porto de Estrella, vindas do Norte (Minas Gerais, Goiás e Mato Grosso), passavam, em média, 250 mulas/dia carregadas de mercadorias com destino à cidade do Rio (Luccock, 1820:578-579).

Quanto ao comércio exterior — e na falta de uma série do valor total das mercadorias importadas e exportadas a partir do Rio de Janeiro no período anterior à década de 1840 —, um dos poucos indicadores existentes é dado pelo número de embarcações de longo curso envolvidas nessa atividade.

Tabela 2.2
Embarcações de comércio de longo curso que entraram no porto do Rio de Janeiro, por país de origem, 1821-37

	Inglaterra	EUA	Portugal	França	Outros	Total
1821	192	54	124	51	24	**445**
1822	184	75	98	55	46	**458**
1823	211	76	56	15	38	**396**
1824	245	120	10	32	110	**517**
1825	210	86	5	28	126	**455**
1826	166	108	17	42	75	**408**
1827	211	156	51	45	65	**528**
1828	260	149	59	59	54	**581**
1829	219	124	40	45	149	**577**
1830	201	125	64	28	136	**554**
1831	159	140	51	20	140	**510**
1832	178	111	42	22	153	**506**
1833	207	167	32	29	146	**581**
1834	182	118	45	36	185	**566**
1835	170	136	58	42	191	**597**
1836	159	102	82	34	192	**569**
1837	110	80	100	68	337	**695**
Total	**3.264**	**1.927**	**934**	**651**	**2.167**	**8.943**

Fonte: Say (1839:318).

Da mesma forma que na tabela 2.1, a série exibida na tabela 2.2 não autoriza conclusões mais firmes acerca dos ritmos da atividade de comércio exterior do porto do Rio de Janeiro no período, visto que não comporta qualquer indicativo do tamanho das embarcações e muito menos dos valores das mercadorias descarregadas. Dito isso, o recuo no número de embarcações na virada dos anos 1820 para 1830 parece capturar os reflexos econômicos da crise política da abdicação de d. Pedro I.[62]

A tabela 2.2 confirma, ainda, o predomínio dos navios de bandeira britânica, que respondem por pouco mais de um terço do total, seguidos das embarcações norte-americanas, constituindo cerca de um quinto das que entraram no porto do Rio de Janeiro entre 1821 e 1837.[63] Estas últimas, vindo carregadas, provavelmente, de farinha de trigo (visto que os dois outros principais artigos de exportação dos EUA à época — tabaco e algodão — eram produzidos aqui), regressavam a seu país de origem com o café produzido em volumes crescentes no Vale do Paraíba.[64]

Gráfico 2.4

Exportações de café e de açúcar pelo porto do Rio de Janeiro, 1817-39 (em milhares de contos de réis)

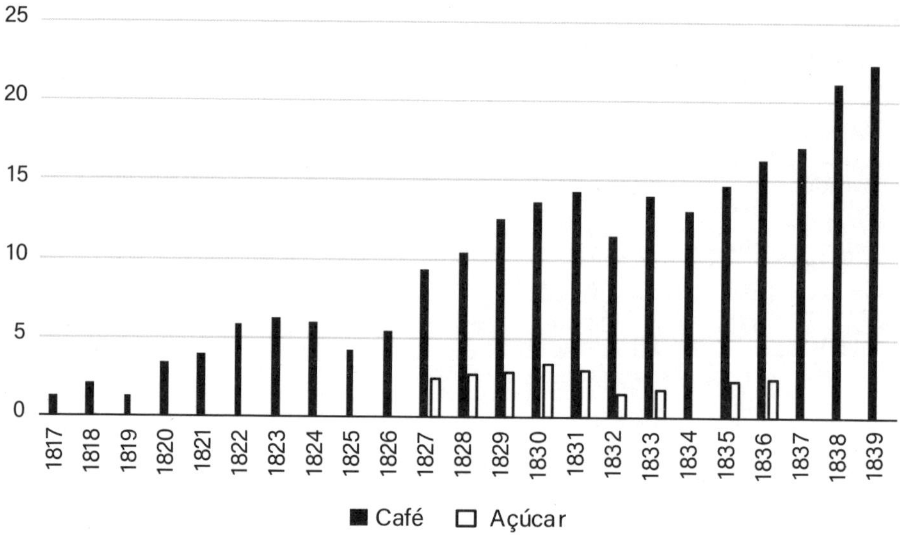

Fontes: Elaboração própria a partir de dados de exportações de café em Soares (1860:208); Walsh (1830: v. II, p. 535); exportações de açúcar em Sturz (1837:99).

Notas: Para os anos de 1817 a 1820, dados originais de exportações de café em arrobas convertidos para mil-réis a partir de cotações em Taunay (1939: t. II, v. II, p. 132). Para os anos subsequentes, volume exportado em arrobas ou libra-peso inicialmente convertido para libras esterlinas com base na cotação média anual do produto, em Absell e Tena-Junguito (2016), Apêndice online, e, na sequência, em mil-réis.

Taxa de câmbio em Moura Filho (2010:31-32).

No caso do açúcar, considerou-se peso de 40 arrobas por caixa.

Com efeito, saindo de patamares, em 1800, segundo Bauss (1977:104-105), de pouco mais de 40 mil arrobas (equivalentes a cerca de 10 mil sacas de 60 kg), as exportações de café a partir do porto do Rio de Janeiro superaram as 78 mil sacas em 1817 e ultrapassaram a marca de 1 milhão de sacas em 1839.[65] Em termos de valores (gráfico 2.4), respectivamente, 181 contos (£ 50,8 mil), 1.272 contos (£ 331 mil) e 22,4 mil contos (£ 2,9 milhões). Tamanho crescimento das exportações cafeeiras só foi possível por meio da incorporação de novas terras na região do Vale do Paraíba e resultou em aumento significativo no número de escravizados desembarcados no porto do Rio, que passou de uma média anual de cerca de 10 mil no início do século XIX para quase 40 mil entre 1826-30 (Soares, 1860:208).[66]

Tabela 2.3
Desembarque de africanos escravizados
no porto do Rio de Janeiro, 1791-95 a 1826-30

Período	Desembarques
1791-95	48.021
1796-1800	46.384
1801-05	50.667
1806-10	58.496
1811-15	91.444
1816-20	100.447
1821-25	121.733
1826-30	192.168
	709.360

Fonte: Florentino (2009: tabela 2, p. 76).

Em contraste com o desempenho apresentado pela cultura cafeeira, as exportações de açúcar — até o início do século XIX o carro-chefe da economia carioca/fluminense — não passaram de uma média anual de 2.500 contos (£ 344,8 mil) entre 1827 e 1836. Neste último ano, o valor total das mercadorias exportadas através do porto do Rio somou £ 2,5 milhões e o das importações, £ 3,6 milhões. Em 1837, os fluxos foram de, respectivamente, £ 2,4 milhões e £ 3,1 milhões.[67]

A partir do crescimento econômico e demográfico, combinado com entrada maior de trabalhadores imigrantes (portugueses, em sua maioria), verificou-se pequena mudança na estrutura ocupacional da força de trabalho carioca no quarto de século que separa a chegada da Família Real portuguesa e o ano de 1834. Tendo por base classificação das principais ocupações exercidas por homens livres e libertos no Rio em 1808, conforme relatadas por Luccock (1820:41), Karasch (1985) as compara com informações incluídas em censo não publicado realizado pela Polícia da Corte em 1834.

Tabela 2.4

Ocupações de homens livres no Rio de Janeiro, 1808 e 1834

	1808	1834		1808	1834
***Status* alto**			***Status* baixo**		
Funcionários públicos	2.000	1.182	Ofícios mecânicos	1.250	4.626
Proprietários	1.000	1.105	Artistas	n.d.	1.454
Padres	700	295	Quitandeiros	n.d.	874
Advogados	500	101	Criados	n.d.	1.044
Médicos	200	214			
Botânicos	n.d.	111			
Estudantes	n.d.	1.546			
	4.400	**4.554**		**1.250**	**7.998**
***Status* médio**			**Sem ocupação**	n.d.	8.356
Comerciantes / Negociantes	2.040	2.568			
Correspondentes	n.d.	535			
Caixeiros	4.000	3.696			
Taverneiros	100	789			
Militares	1.000	1.555			
Marítimos	1.000	521			
Pescadores	300	n.d.			
	8.440	**9.664**	**Total**	**14.090**	**30.572**

Fonte: Adaptado de Karasch (1985: tabela 3, p. 144).

Nota: n.d. = dado não disponível.

Entre as ocupações de *status* alto, chama atenção a redução, no período, do número de funcionários públicos, padres e advogados. No sentido contrário, os estudantes, categoria não muito bem definida, passaram a figurar como grupo mais numeroso da elite carioca segundo a classificação adotada pela autora.

Já o número de homens agrupados por Karasch (1985) entre as ocupações de *status* intermediário teria aumentado cerca de 15% entre 1808 e 1834, ritmo significativamente inferior ao experimentado pela população da cidade como um todo em igual período, estimado em 30-40%.[68] De acordo com o levantamento populacional de 1834, aqui se concentrava a maior parte dos estrangeiros livres, predominantes entre os caixeiros. Finalmente, no grupo de trabalhadores considerados de *status* baixo, os que exerciam ofícios mecânicos foram estimados em 1.250 por Luccock em 1808, mas já somavam pouco mais de 4,6 mil indivíduos em 1834, com participação significativa de libertos negros e pardos.

Gráfico 2.5

Desembarques de africanos escravizados no Sudeste do Brasil, 1820-56

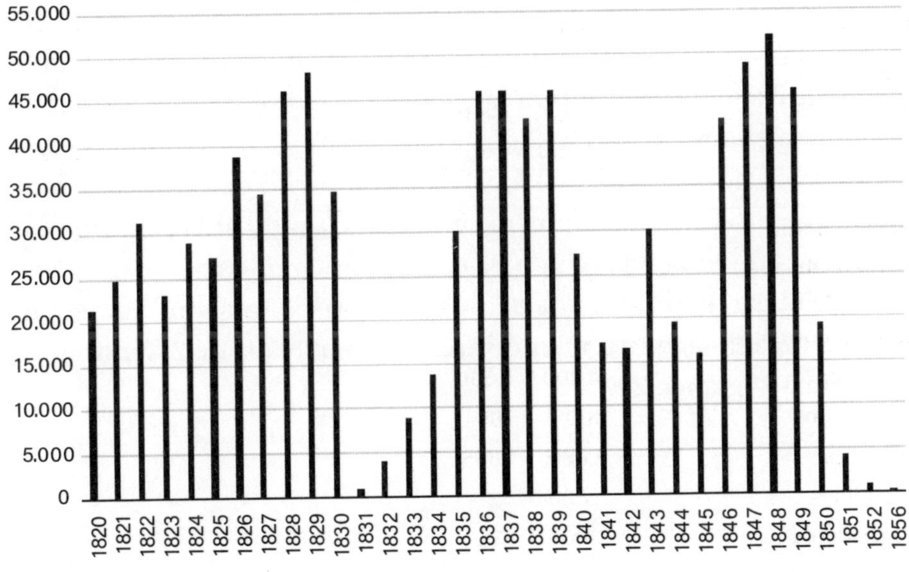

Fonte: Slave Voyages Database. Disponível em: www.slavevoyages.org/assessment/estimates. Acesso em: 7 mar. 2023.

Àquela altura, a população total da cidade do Rio de Janeiro alcançava cerca de 150 mil habitantes e seus números eram crescentemente engrossados pela entrada ilegal de escravizados trazidos para trabalhar em atividades urbanas na Corte. Após um recuo no início dos anos 1830, quando da passagem da chamada Lei Feijó-Barbacena proibindo a entrada de novos escravizados no país — e impulsionado pela demanda crescente do setor cafeeiro —, o número de cativos desembarcados no Sudeste do Brasil alcançaria uma média de 42 mil/ano na segunda metade dos anos 1830 (gráfico 2.5).

É provavelmente ilusória a queda no número estimado de desembarcados ao longo do litoral do Sudeste na primeira metade da década de 1840, sendo o recuo observado no gráfico explicado pela dificuldade natural em se aquilatar atividade ilegal. À semelhança do que ocorrera 10 anos antes, estima-se que tenham havido desembarques médios anuais superiores a 40 mil escravizados também na segunda metade da década de 1840, em um contexto de crescente repressão britânica e percepção, por parte dos contemporâneos, de que o tráfico ilegal estava prestes a cessar. As razões por detrás de tamanho vigor e duração de atividade sabidamente ilegal são por demais conhecidas: a lucratividade do comércio de escravos, os diversos atores interessados na sua continuidade e a demanda exercida pela cultura cafeeira em expansão no Vale do Paraíba (Marquese e Tomich, 2009).

Na qualidade de principal local de escoamento de cafés produzidos não apenas no Vale, mas também em Minas Gerais, Bahia e Espírito Santo, o porto do Rio embarcou para o exterior, em média, 1,6 milhão de sacas de 60 kg do produto na década de 1840, volume que aumentaria 50% na década seguinte, quando atingiu uma média de 2,4 milhões de sacas anuais (gráfico 2.6).

Gráfico 2.6
Exportações de café a partir do porto do Rio de Janeiro, 1840-70 (em 1.000 sacas de 60 kg)

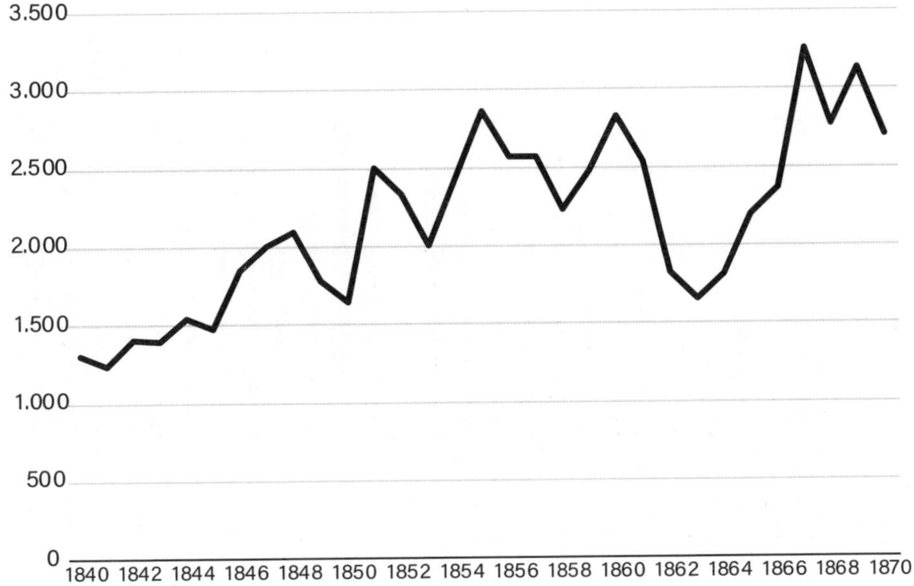

Fontes: 1840 a 1849, Retrospecto Commercial do Jornal do Commercio (diversos anos); 1850 a 1870, Sweigart (1987: tabela E2, p. 302).

Os crescentes embarques de café impulsionaram as exportações através do porto da cidade, cujo valor oficial passou de uma média de 26,2 mil contos na década de 1840 para 43,3 mil contos nos anos 1850 (gráfico 2.7).[69] Para tanto, contribui não apenas o referido maior volume de café embarcado, como também o aumento no preço do produto, que, de uma média de 12$675 (doze mil, seiscentos e setenta e cinco réis)/saca de 60 kg nos anos 1840 alcançou 17$703 na década seguinte.[70]

Acentuava-se, assim, a especialização do porto do Rio de Janeiro na exportação de café. Com efeito, ao passo que na década de 1840 as exportações cafeeiras representavam cerca de 77% do valor total embarcado para o exterior na cidade, na década seguinte seu peso aumentara para 87%, excedendo 90% nos anos 1860. Em comparação, em igual período o peso do produto na pauta de exportação do Império não alcançou 50% (Abreu, Lago e Villela, 2022: tabela 6.1, p. 154).

Gráfico 2.7
Exportações e importações do porto do Rio de Janeiro, 1843/44 a 1870/71
(valores oficiais em milhares de contos de réis)

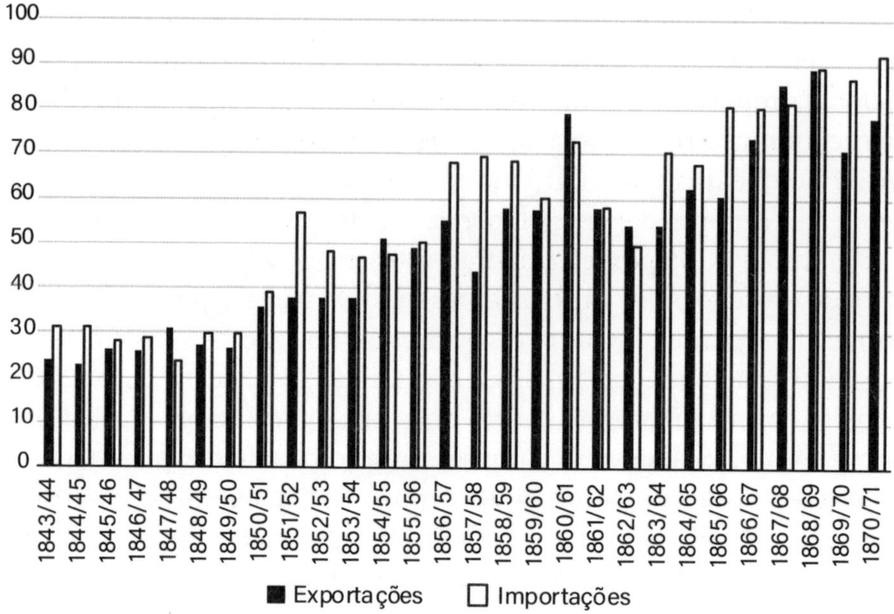

Fonte: BRASIL. Ministério da Fazenda. Proposta e relatorio apresentados... (diversos anos).

A economia do município da Corte: de meados do século XIX ao fim da Guerra do Paraguai

Se em meados do século XIX o porto do Rio se especializava na exportação de, praticamente, um único artigo, a economia carioca se concentrava preponderantemente em um setor: o terciário. Em sua *História da Bolsa de Valores do Rio de Janeiro*, Maria Bárbara Levy denota tal fenômeno como uma "hipertrofia comercial" (Levy, 1977:38). A mesma autora, em outra obra, nota que do total de cerca de 237 mil contos de capital das empresas que lançaram ações na Bolsa do Rio de Janeiro entre 1851 e 1865, 57,5% pertenciam ao setor financeiro (bancos, casas bancárias, seguradoras), 24,9% ao setor de transportes e 5,4% ao de serviços de utilidade pública (Levy, 1994:55-56). Com isso, reafirma o que Zephyr Frank enxerga como uma transição entre uma cidade outrora burocrático-comercial para outra que caracteriza como centro financeiro e exportador (Frank, 2004:71).

A cidade já contava, em 1849, com mais de 200 mil habitantes, dos quais cerca de 40% escravos.[71] Dados seu tamanho, composição populacional, importância como sede do governo e principal porto do país, sua economia seria impactada, a partir de 1850, em grau possivelmente maior do que qualquer outro local no Império, pela adoção do Código Comercial e, pouco depois, pela abolição definitiva do tráfico de escravos.

No caso do Código, seus mais de 900 artigos definiram de forma detalhada as funções dos vários agentes (pessoas físicas e jurídicas) participantes do mercado e seus diversos direitos, obrigações e instrumentos, servindo de arcabouço legal disciplinador das atividades comerciais desenvolvidas no Império e, dentro dele, em sua principal "praça". Para Levy (1994:52-53), deve-se à promulgação do Código Comercial o aumento verificado no ritmo de incorporações de empresas a partir de 1852: de apenas três empresas com ações negociadas na Bolsa do Rio de Janeiro em 1850 (dois bancos e uma companhia do setor de transportes), somavam 16 em 1861, nos setores bancário, manufatureiro e de serviços públicos (Levy, 1994: tabela 8, p. 109).

Já a Lei Eusébio de Queirós pôs termo legal à atividade crucial dentro da cidade do Rio de Janeiro e que tocava praticamente a todos os cantos de sua economia e sociedade.

Em conhecida passagem de sua autobiografia, Mauá se refere à abolição do tráfico de escravos em termos um tanto quanto utilitários: "Reunir os capitais, que se viam repentinamente deslocados do ilícito comércio, e fazê-los convergir para um centro donde pudessem ir alimentar as forças produtivas do país foi o pensamento que surgiu-me na mente ao ter a certeza de que aquele fato era irrevogável" (Sousa, 1878:20).[72] Para autores modernos, a liberação de vultosos capitais outrora empregados no tráfico ajudaria a explicar uma mudança de patamar em diversos indicadores da economia do Rio de Janeiro na década de 1850.[73] Alencastro (1997:36-37), por exemplo, interpreta o crescimento das importações do Rio de Janeiro entre 1845-50 e 1850-55 em "uma vez e meia" (50%, na realidade) sendo em parte explicado pela maior disponibilidade de divisas na praça após a cessação do tráfico.[74] Já para Levy (1977:81), "a coincidência entre a abolição do tráfico de escravos, a multiplicação de instituições bancárias e o primeiro surto manufatureiro [no Brasil] não é eventual".

Outros autores são mais céticos, contudo. Valencia Villa e Pereira (2023:20-33), por exemplo, postulam que tal transferência teria sido impraticável. Argumentam que, dado o caráter variado dos instrumentos empregados no financiamento do tráfico (envolvendo, *inter alia*, mercadorias, notas promissórias, letras de câmbio etc.) e sua natureza multinacional, com a participação predominante de agentes europeus e norte-americanos, não haveria como, em um "estalar de dedos", imaginar que (parte de?) estes capitais pudessem ser redirecionados para investimentos produtivos no Brasil (Valencia Villa e Pereira, 2023:27).

Embora a relação entre a abolição do tráfico e os diversos sinais de dinamismo da economia do Brasil e, em especial, do Rio de Janeiro em meados do século XIX ainda aguarde estudos mais conclusivos, não resta dúvida de que a economia carioca viveu um período de prosperidade (ainda que abalado por crises financeiras em 1853 e 1857) na década de 1850.

No tocante ao setor bancário, após mais de uma década em que apenas uma instituição organizada como sociedade por ações atuava na cidade (o Banco Commercial do Rio de Janeiro), em 1851 foi fundada por Irineu Evangelista de Sousa (futuro barão e visconde de Mauá) instituição de nome Banco do Brasil. Dois anos mais tarde — e por iniciativa do governo imperial —, o Banco Commercial e o Banco do Brasil foram fundidos, dando origem a instituição semipública que atuaria como banco comercial e autoridade monetária: o chamado "terceiro" Banco do Brasil. Ato contínuo, Mauá decidiu formar sociedade bancária com sócios ingleses — o Banco Mauá, MacGregor. Até o final da década, mais dois bancos comerciais seriam fundados no Município da Corte, o Commercial & Agrícola e o Rural & Hypothecario, levando a quatro o total de bancos comerciais atuando na cidade.[75]

A expansão da atividade de bancos comerciais no Rio de Janeiro na década de 1850 traduziu-se em notável aumento do volume de crédito concedido pelo setor, crédito este que ajudou na dinamização não apenas da atividade comercial na própria cidade do Rio de Janeiro como também, indiretamente, sustentou o *boom* da cafeicultura fluminense.[76]

Gráfico 2.8
Volume total de crédito adiantado pelos bancos comerciais da Corte, dez. 1849 a fev. 1865 (em milhares de contos de réis, escala logarítmica)

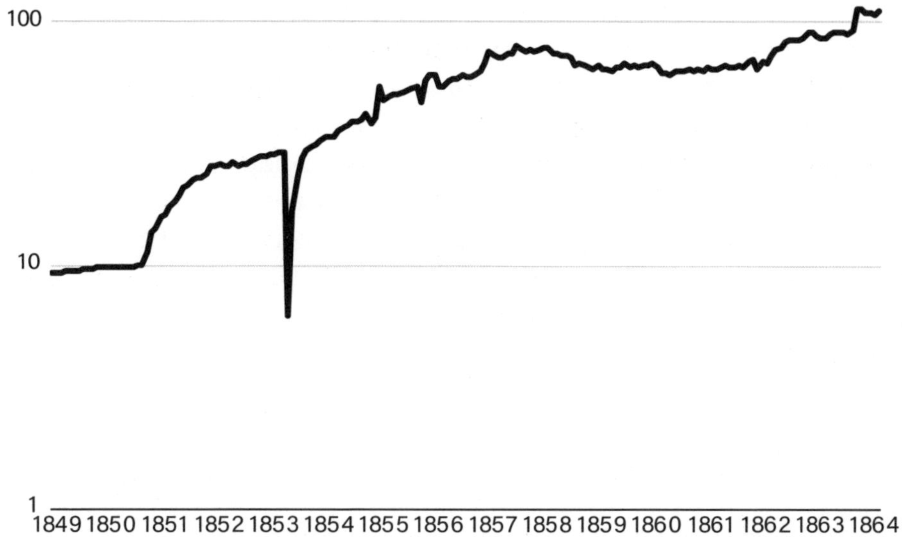

Fontes: Elaboração própria a partir de dados dos balanços dos bancos. Para o Banco Mauá, McGregor, em Guimarães (1997) e Jornal do Commercio (diversos anos). Dados mensais obtidos por interpolação, assumindo-se taxa de crescimento dos empréstimos constante. Para os demais bancos, em BRASIL. Ministerio da Fazenda. Proposta e relatorio... (diversos anos), Relatorio da Commissão de Inquérito... (s.d.) e Relatorio da Commissão encarregada... (1865).
Nota: Total de crédito equivalente à soma de letras descontadas, letras caucionadas e contas-correntes a receber, conforme registrado nos balanços dos bancos.

Entre 1850 e 1855, o volume de crédito ofertado pelos bancos comerciais baseados no Rio aumentou de cerca de 10 mil contos para 40 mil contos, reforçando uma expansão creditícia que já vinha ganhando força nas décadas anteriores (Ryan Jr., 2007:87-89).[77] Em seu auge na década, os empréstimos bancários alcançariam 80 mil contos em 1858 (gráfico 2.8), equivalente a um crescimento médio anual de 30% desde 1850.[78] Mesmo considerando-se que parte dos empréstimos se dirigiu a clientes operando fora dos limites do Município da Corte, não resta dúvida que fração não desprezível do crédito foi tomada por clientes baseados na capital.

Evidência adicional de expansão da economia do Rio de Janeiro na década de 1850 é dada pelo seu comércio marítimo doméstico. A série de tonelagem das embarcações (tanto entradas como saídas nos portos) pode ser tomada como uma *proxy* para o volume de mercadorias efetiva mente movimentadas, indicando a capacidade máxima de carga de determinado navio (e não necessariamente o peso transportado em uma dada viagem). Dados referentes à capacidade total das embarcações engajadas no comércio de cabotagem com a cidade revelam aumento de 40% entre o início e o final dos anos 1850 (gráfico 2.9).

Igualmente no tocante à economia "real" (isto é, não financeira) do Rio de Janeiro, prestação de contas deixada por Candido Borges de Monteiro após dois anos como presidente da Câmara Municipal revela a existência, em 1852, de pouco menos de 4 mil estabelecimentos comerciais na cidade.[79] Entre estes, predominavam as lojas e bancas do setor de alimentos e bebidas, seguidas de lojas de fazendas e armarinhos. No comércio de serviços, destacavam-se as mais de 1.100 tavernas existentes no Município da Corte.

Gráfico 2.9
Tonelagem dos navios empregados no comércio de cabotagem que entraram e saíram do porto do Rio de Janeiro, 1848/49 a 1870/71 (em milhares de toneladas)

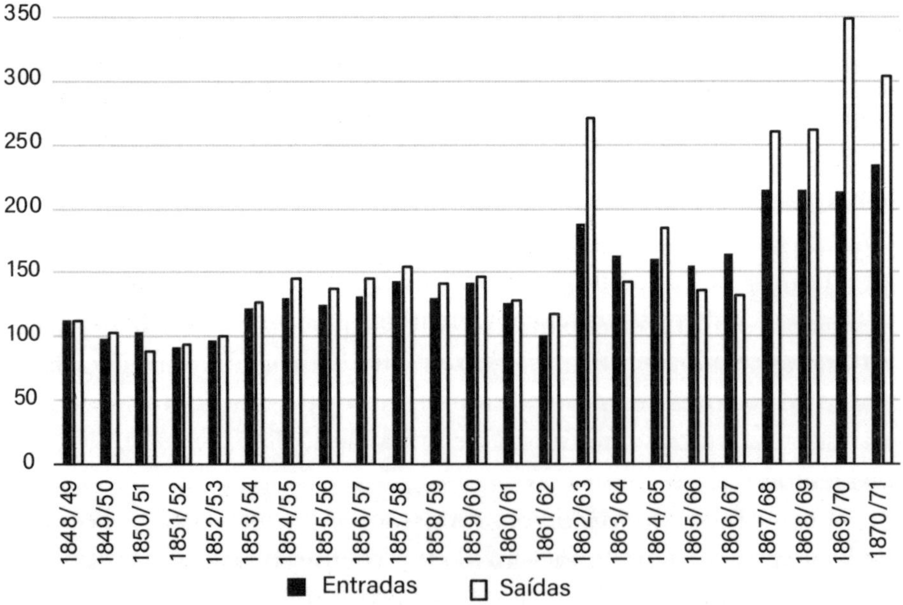

Fonte: BRASIL Ministério da Fazenda. *Proposta e relatorio apresentados...* (diversos anos).

Tabela 2.5
Estabelecimentos comerciais na cidade no Rio de Janeiro em 1852, por setor

Setor	Quantidade	% do Total
Alimentos e bebidas	1.130	29,12%
Fumo	26	0,67%
Tecidos, armarinhos, vestuário	673	17,34%
Couro	30	0,77%
Madeira	95	2,45%
Metais	97	2,50%
Papel, papelão, livros	20	0,52%
Material de construção	59	1,52%
Decoração	7	0,18%
Instrumentos de trabalho	7	0,18%
Produtos farmacêuticos	76	1,96%
Instrumentos de música	16	0,41%
Louças, cristais e vidros	55	1,42%
Meios de transportes	74	1,91%
Diversos	61	1,57%
Depósitos	20	0,52%
Comércio de serviços	1.435	36,98%
	3.881	**100,00%**

Fonte: Adaptado de Lobo (1978: tabela 3.43, p. 337-342).

O relatório de Candido Borges Monteiro traz, ainda, uma relação das "fábricas" existentes na cidade em 1852. Dos 419 estabelecimentos reportados por Monteiro, cerca de metade dedicava-se à produção de artefatos dos setores de fumo e de alimentos e bebidas, seguidos em importância (em termos do número de unidades) pela fabricação de artigos de tecido.[80]

Tendo por base classificação proposta por Bonelli (1996), pode-se dividir as fábricas existentes no Rio de Janeiro em três grupos principais, a saber: aquelas pertencentes a setores Tradicionais (fundamentalmente, produtoras de bens de consumo não duráveis); Dinâmicas A (bens intermediários) e Dinâmicas B (bens duráveis e de capital).

Não causa surpresa constatar que a esmagadora maioria dos estabelecimentos fabris localizados no Município da Corte em 1852 fazia parte do primeiro grupo.[81]

Tabela 2.6
Fábricas na cidade do Rio de Janeiro em 1852, por setor

Bens de Consumo não Duráveis	
Alimentos e bebidas	109
Couro	3
Diversos	17
Fumo	114
Impressão	21
Madeira	19
Objetos ornamentais	2
Sabão, velas, graxas	29
Tecidos, roupas e armarinhos	58
	372
Bens Intermediários	
Material de construção	5
Metal	14
Papel e papelão	5
	24
Bens de Capital	
Instrumentos de trabalho	2
Meios de transporte	21
	23
Total	**419**

Fonte: Adaptado de Lobo (1978: tabela 3.22, p. 279-280).

Como forma de se aquilatar a evolução no tempo do setor fabril do Rio de Janeiro em meados do século XIX, Sinder (2023) recorre a informações constantes do *Almanak Laemmert*, publicação que, entre outras coisas, listava o nome (ou responsável principal) de todos os estabelecimentos localizados na cidade designados como "fábricas", "indústrias" ou "oficinas".

A contagem do número de estabelecimentos constantes do *Almanak Laemmert* demanda cuidado do pesquisador, porquanto em muitos casos a publicação os classificava como "fábricas e depósitos" ou "fábricas e lojas". Os números reportados por Sinder (2023) sugerem que o autor adotou critério mais conservador, considerando apenas os estabelecimentos identificados pela publicação simplesmente como "fábrica". Por sua estimativa, seriam 139 as fábricas existentes no Rio de Janeiro em 1845, 246 em 1850, 405 em 1855 e 558 em 1860,[82] em forte evidência de um surto manufatureiro na cidade na década de 1850, possivelmente beneficiado pelos efeitos protecionistas, sobre alguns setores, da Tarifa Alves Branco, de 1844.[83]

Baseando-se em fontes distintas, Soares (2003: tabela II, p. 17) também sinaliza a existência de um surto fabril na cidade do Rio ao identificar 34 manufaturas em operação na cidade na década de 1840 e 89 entre 1850-59. Ainda segundo o autor, entre aquelas unidades com o número de trabalhadores conhecido em 1856, os escravos eram maioria nos ramos de rapé e de sabões e velas (Soares, 2003:19).

Duas evidências adicionais confirmam o bom momento vivido pela economia carioca na década de 1850. Ao analisar mais de mil inventários depositados em cartórios da Corte, Frank (2004) traçou a evolução da acumulação de riqueza na cidade ao longo do período imperial e, dentro dela, a expansão daquilo que, com alguma licença, pode ser considerado uma classe "média".

A riqueza média (líquida de dívidas ativas e passivas) dos testamenteiros analisados por Zephyr Frank cresceu a uma taxa anual real (isto é, ajustada pela inflação) de 1,6%-2,1% entre 1820 e 1855 (Frank, 2004:72). Entre 1845-49 e 1850-60 a riqueza média dos inventariantes estudados pelo autor passou de 19,5 contos para 27,6 contos. Em termos da composição dessa riqueza, as mudanças mais notáveis observadas entre o início e meados do Oitocentos foram a perda de importância relativa dos imóveis rurais (e correspondente avanço do peso das propriedades urbanas no total da riqueza) e a maior importância, ao final do período, da riqueza constituída por ativos financeiros e comerciais, cuja participação no total aumentou de 16,2% para 27,3% entre 1815-25 e 1850-60 (tabela 2.7).

Tabela 2.7
Composição da riqueza na cidade do Rio de Janeiro, por tipo de ativo, 1815-25 a 1850-60

	1815-25	**1845-49**	**1850-60**
Imóveis urbanos	33,7%	42,0%	43,9%
Escravos	14,3%	17,0%	14,2%
Imóveis rurais	12,2%	10,0%	8,8%
Dinheiro e depósitos bancários	9,6%	9,0%	10,6%
Ações e títulos	1,6%	8,0%	8,8%
Ativos comerciais	5,0%	3,0%	7,9%
Dívidas passivas	-7,3%	-14,0%	-10,4%
Dívidas ativas	20,4%	20,0%	10,0%
Móveis e metais preciosos	6,3%	4,0%	3,4%
Outros	4,1%	2,0%	2,9%
	100,0%	**100,0%**	**100,0%**
Riqueza média (em contos)	15,3	19,5	27,6
Nº de inventários na amostra	176	116	363

Fonte: Frank (2004).

Para o autor, três motivos principais explicariam a evolução da riqueza no Rio de Janeiro na primeira metade do século XIX: i. a ocorrência de uma "revolução industriosa"[84] no Sudeste do Brasil à medida que as relações de mercado se disseminavam; ii. mudanças institucionais, a exemplo da abolição do tráfico de escravos (e consequente aumento do preço dos cativos) e a aprovação do Código Comercial, permitindo a expansão do número de companhias e formas diversas de riqueza financeira; e iii. a expansão da economia exportadora (Frank, 2004:72-74).

Outro indicador da vitalidade experimentada pela economia da cidade do Rio de Janeiro em meados do século XIX é dado pela arrecadação das rendas designadas como "peculiares do município". Elas incluíam, entre outros, impostos sobre o consumo de gado e de aguardente, selo de heranças e legados e, sobretudo, a décima urbana, imposto predial criado quando da chegada de d. João VI à cidade em 1808, correspondente a 10% do valor locativo atribuído aos imóveis.

Refletindo a expansão da economia carioca na década, as receitas ditas "peculiares do município" aumentaram 2/3 entre o início e o final dos anos 1850. Em igual período, a arrecadação da décima urbana aumentou 80%, atingindo pouco menos de 1.000 contos em 1859/60.

Gráfico 2.10

Arrecadação de rendas peculiares do município da Corte, 1835/36 a 1866/67 (em contos de réis)

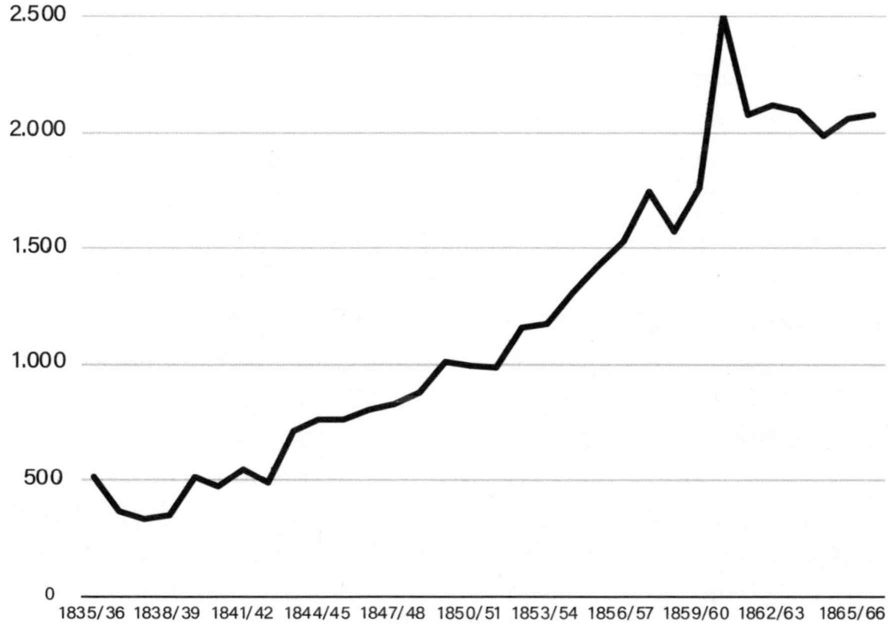

Fontes: BRASIL. Ministerio da Fazenda. Balanço da receita e despeza... (diversos anos), e BRASIL. Ministerio da Fazenda. Proposta e relatorio... (diversos anos).

Deve-se ter em mente, porém, que tais aumentos, calculados sobre uma série original expressa em preços correntes, não capturam os efeitos do aumento do custo de vida na cidade do Rio na década de 1850. Em estudo clássico, Sebastião Ferreira Soares, a maior autoridade do Império em matéria estatística, catalogou um aumento médio superior a 100%

nos preços dos principais gêneros de alimentação (arroz, açúcar, carne-seca, farinha, feijão, milho e toucinho) (Soares, 1860:288) na Corte nos anos 1850. Pereira (2024), por sua vez, estima inflação no Rio de Janeiro de pouco menos de 65% entre 1850 e 1860, o que resultaria em receita das "rendas peculiares" praticamente constante em termos reais.[85]

Para Soares (1860) — e contrariamente a parte da opinião contemporânea, que atribuía a "carestia" à abolição do tráfico de escravos e consequente aumento no custo de mão de obra —, seriam três os principais determinantes do fenômeno inflacionário vivenciado nos anos 1850: i. a especialização crescente da economia do Império no setor cafeeiro, desviando, inclusive, recursos da indústria açucareira; ii. o abandono, por parte dos cafeicultores, da produção de gêneros alimentícios em suas fazendas; iii. a transferência de mão de obra escrava da produção de alimentos para o emprego na construção de estradas de ferro e de rodagem (Soares, 1860:131-138).

A esses três fatores, Graça Filho (1991) acrescentou as práticas não competitivas que se disseminavam no comércio atacadista de alimentos no Rio de Janeiro em meados do século XIX, a exemplo dos convênios e associações. No primeiro caso, grupos de comerciantes entravam em acordo (firmado no Tribunal de Comércio) em torno de propósito específico. Assim foi, por exemplo, em 1863, quando 36 casas atacadistas concordaram em adquirir apenas mercadorias de importadores que não negociassem diretamente com varejistas ou atacadistas não signatários (Graça Filho, 1991:87-88). Já as associações de empresas se reuniam com vistas a controlar a oferta de artigos no mercado da Corte, como era o caso das associações do bacalhau, da farinha de trigo ou da carne-seca (Graça Filho, 1991:89-90).[86]

Em contraste com a década de 1850, os anos 1860 iriam se mostrar muito mais acidentados para a economia do Império e da cidade do Rio de Janeiro em particular. Entre outras coisas, em setembro de 1864, o Município da Corte sofreria o impacto da maior crise financeira experimentada até então (a Crise do Souto), na sequência da qual o país iria se ver envolvido no mais longo conflito militar de sua história, a Guerra do Paraguai (1864-70).

As origens da crise que levou à falência a maior casa bancária da praça do Rio de Janeiro — e, arrastados por ela, diversos outros estabelecimentos — em meados da década de 1860 podem ser buscadas na reação oficial a período anterior de crescimento da atividade de bancos emissores (de notas) no Império. Tomando a forma de legislação restritiva aos direitos de emissão e, de forma geral, à incorporação de empresas, a chamada Lei dos Entraves, de 1860, não introduziu qualquer limitação ou supervisão sobre um segmento importante do mercado bancário do Império — as chamadas casas bancárias.

Constituídas como sociedades comuns (e, portanto, não afetadas pela Lei dos Entraves, que, entre outras coisas, impôs restrições às atividades dos bancos comerciais organizados como sociedades por ações), as casas bancárias operavam como intermediadoras dos empréstimos de bancos comerciais e receptoras de recursos da população mais pobre.[87] A falência, em setembro de 1864, da maior destas instituições (a Casa Alves Souto & C.), acompanhada de outras três de suas maiores concorrentes (Gomes & Filhos, Montenegro, Lima & C. e Oliveira & Bello), atingiu instituições que reuniam um volume conjunto de depósitos equivalente a pouco mais de £ 8 milhões, montante superior ao passivo dos três maiores bancos (excluindo o Banco do Brasil) da Corte à época (Valencia Villa, 2020:11).

O comportamento da taxa de câmbio refletiu a instabilidade vivida pela praça carioca durante a crise financeira. Partindo do nível de paridade de 27 *pence*/1$000 em agosto de 1864, o mil-réis recuou para 23d um ano mais tarde (gráfico 2.11). A partir daí, sua trajetória oscilou ao sabor das notícias que apontavam para um conflito com o Paraguai, iniciado em dezembro de 1864, muito mais duradouro do que antecipado inicialmente.

Em fevereiro de 1868, a moeda atingiria a cotação mais baixa de todo o período imperial (15.6d), começando a se recuperar a partir da chegada, no início de março, de notícias do *front* dando conta da passagem da esquadra brasileira pela Fortaleza de Humaitá, prenúncio da vitória da Triple Aliança.

Os indicadores de comércio (tanto o exterior como o de cabotagem) e de arrecadação de impostos igualmente ajudam a caracterizar o momento menos favorável vivido pela economia do Rio de Janeiro na década de 1860. Assim, as exportações (volume) de café cresceram 20% em relação à média dos anos 1850. Trata-se de aumento não desprezível, mas bem aquém do verificado entre os anos 1840 e 1850 (50%), e, ainda assim, concentrado no segundo quinquênio, após seguidos anos de recuo do número de sacas exportadas pelo porto do Rio (gráfico 2.6).

Gráfico. 2.11
Taxa de câmbio média mensal na cidade do Rio de Janeiro, 1840-70 (em *pence*/1$000)

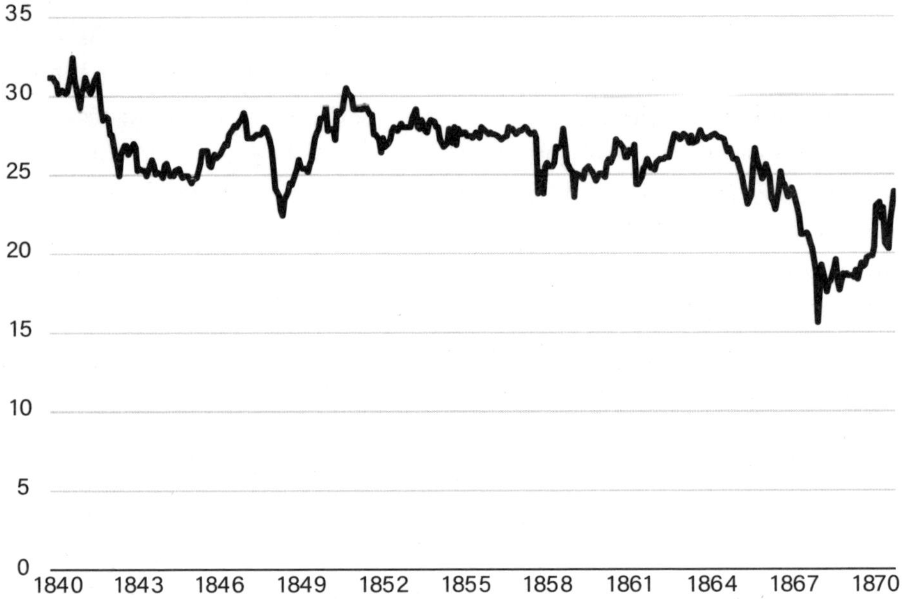

Fontes: Ipeadata, Relatorio da Commissão encarregada... (1865) e Retrospecto Commercial do Jornal do Commercio (diversos anos).

A queda observada nas exportações cafeeiras — de uma média de 2,5 milhões de sacas entre 1855-60 para 2 milhões entre 1861-65 — deve-se, em boa medida, aos efeitos da Guerra Civil nos Estados Unidos, principal consumidor do produto. Já em 1862 o *Jornal do Commercio* (7 jan. 1862, Supplemento, p. 5) notava que "[...] o quadro comparativo da exportação prova-nos que a de nosso principal produto, o café, foi menor no ano findo, principalmente em consequência dos acontecimentos políticos que perturbaram e destruíram a paz interna dos Estados Unidos". Dois anos mais tarde, o diário carioca voltaria ao tema, destacando expressiva queda dos embarques de café do porto do Rio para o mercado norte-americano; de cerca de 970 mil sacas exportadas em 1860, o volume em 1863 caíra para 373 mil sacas.[88]

Já a corrente de comércio exterior (importações + exportações), após recuar nos primeiros anos da década de 1860, exibiu recuperação na sequência (gráfico 2.7).[89] Ainda assim, tal resultado foi influenciado pela desvalorização do mil-réis ocorrida no período; medida em libras esterlinas, a corrente de comércio manteve-se praticamente estagnada em torno de £ 28 milhões/ano em média. Também a tonelagem total (entradas + saídas) das embarcações envolvidas no comércio de cabotagem no porto do Rio exibiu sinal de estagnação em boa parte da década de 1860 (excetuando-se o resultado atípico observado em 1862/63), dando início a uma recuperação apenas a partir de 1867/68 (gráfico 2.9).

Um dos indicadores que melhor capturam o comportamento agregado da economia carioca é dado pela receita de impostos classificados nos balanços da receita e despesa do Império como "peculiares do município". Após apresentar crescimento (a preços correntes) consistente ao longo da década de 1850, a arrecadação daqueles tributos experimentou um salto excepcional em 1860/61, provocado por aumento inexplicado dos rendimentos do selo de heranças e legados (gráfico 2.10).

Subsequentemente, o que se vê é uma queda seguida de estagnação no volume de rendas "peculiares do município" no quinquênio 1861/62 a 1866/67.[90] Para tanto, concorreu não apenas a Crise do Souto como também os efeitos, sobre a praça carioca, da falência, em Londres, da casa de descontos Overend, Gurney & Co., em meados de 1866. Nos termos quase sempre superlativos da imprensa da época, assim avaliava o *Jornal do Commercio* (7 jan. 1867, Supplemento, p. 6) a chegada, em junho de 1866, de notícias da crise deflagrada pela falência da instituição londrina: "[...] os seus danosos efeitos [...] fizeram-se imediatamente sentir em nossa praça: a confiança, já muito abalada (pela Crise do Souto), desapareceu quase completamente; suspenderam-se as transações em gêneros de importação e exportação; o mercado monetário tornou-se sumamente apertado e cessaram as operações em efeitos públicos".

Indício adicional de relativa apatia da economia da cidade do Rio nos anos 1860 é dado pelo levantamento do número de "fábricas" listadas no *Almanak Laemmert*. De acordo com Sinder (2023: gráfico 14, p. 204-205), elas seriam 558 em 1860, 591 em 1865 e 553 em 1870, localizadas majoritariamente nas freguesias da Candelária, Sacramento e São José (Azeredo, 2022: figura 6, p. 192). Ainda que tais números representem cerca de metade daqueles reportados por Lobo (1978: tabela 3.38, p. 300-304) — respectivamente, de 1.050, 1.073 e 995 —, ambas as séries coincidem em mostrar tendência de estagnação do número de fábricas em funcionamento no Rio nos anos 1860.[91]

A economia do município da Corte, 1870-89

Um retrato da estrutura ocupacional da força de trabalho carioca no início do último quartel do século é fornecido pelo Censo (demográfico) de 1872, em que foi apurado o número de indivíduos empregados nas diversas categorias profissionais. A partir de uma agregação distinta daquela oferecida pela fonte primária, procurou-se identificar o número de pessoas empregadas, respectivamente, nos setores primário, secundário e terciário da cidade do Rio naquele ano.

O resultado — muito tentativo, diga-se, tendo em vista o considerável quantitativo de trabalhadores cuja profissão é mal definida[92] —, ainda assim, revela um volume de empregados em atividades primárias da mesma magnitude daqueles que compunham as "profissões manuais ou mecânicas" (aqui agrupadas no setor secundário). Tais números confirmam o estágio ainda incipiente de formação do setor fabril na cidade.

Por outro lado, constata-se que o setor de serviços, em uma cidade que era, simultaneamente, sede do poder político, principal porto e maior urbe do país, empregava o maior número de indivíduos em 1872. Nesse setor, a maior categoria era aquela representada por "comerciantes, guarda-livros e caixeiros", estes últimos correspondentes aos modernos comerciários. Também significativo dentro do setor terciário era o número de empregados na categoria de "serviços domésticos", aqui estimado em cerca de 20,6 mil indivíduos, ou cerca de um em cada três trabalhadores do setor terciário da economia (tabela 2.8).[93]

Tabela 2.8
População economicamente ativa da cidade do Rio de Janeiro, por principais setores da economia — 1872

Primário [a]	18.237
Secundário [b]	18.960
Terciário	
Serviços domésticos [c]	20.593
Comerciantes, guarda-livros e caixeiros	23.481
Profissões liberais	2.647
Empregados públicos [d]	8.325
Marítimos	8.039
	63.085
Capitalistas e proprietários	2.007
Profissões mal definidas	
Criados e jornaleiros	25.686
Costureiras	11.592
Artistas	9.428
	46.706
Sem profissão	70.754
População de 10+ anos de idade	219.749
População total	274.972

Fonte: Elaboração própria a partir de Recenseamento do Brazil em 1872 (1874?).
Nota: (a) lavradores, criadores e pescadores; (b) profissões classificadas como manuais e mecânicas, profissionais da construção civil e mineração, além da categoria "manufatureiros e fabricantes"; (c) seguindo procedimento adotado por Merrick e Graham (1979:151), dados originais ajustados a fim de corresponder à proporção de servidoras domésticas no total da população feminina segundo o Censo de 1920 (10,5%); (d) inclui militares.

Em linha com o fenômeno deflacionário global, os indicadores disponíveis revelam que, na média, os preços na cidade do Rio de Janeiro se mantiveram, *grosso modo*, estáveis na primeira metade da década de 1870, a partir do que sofreram queda praticamente continuada até 1888 (gráfico 2.12).

Gráfico 2.12
Índice de preços por atacado no Rio de Janeiro, 1870-89 (base: 1913=100)

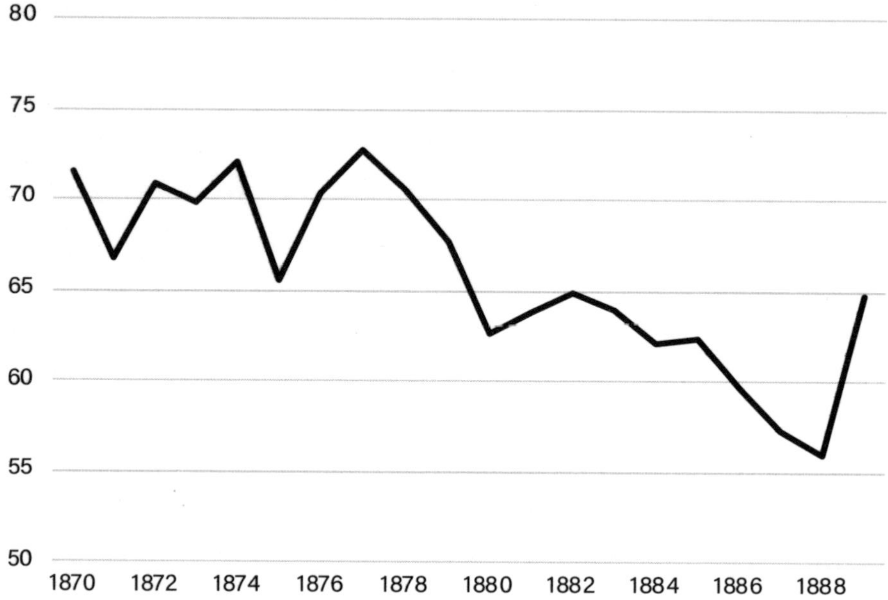

Fonte: Catão (1992).

Já a taxa de câmbio daria continuidade à tendência de recuperação iniciada em 1868 até atingir o nível de paridade de 27d em meados de 1875; a partir daí, empreenderia ciclo de depreciação de cerca de 10 anos de duração, tornando a se valorizar após atingir 18 *pence* ao final de 1885 (gráfico 2.13).

No caso de indicadores da economia "real" do Rio de Janeiro, não se percebem sinais de grande descontinuidade nas duas décadas que separam o fim da Guerra do Paraguai, em 1870, e a queda do regime monárquico. Ainda assim, é certo que a economia carioca experimentou reveses no período. Por exemplo, é sabido que a cidade sofreu dois surtos extremamente graves de febre amarela em 1873 e 1876 (Chalhoub, 1996:86). Tendo, em boa medida, coincidido com a crise financeira em 1875 — que, entre suas vítimas, contou a importante sociedade bancária Mauá MacGregor —, tudo indica que houve recuo no nível de atividade econômica na cidade em meados da década de 1870. Dados de movimentação na

Caixa Econômica, com o volume de saques excedendo o de depósitos em 1874 e 1875, assim o sugerem (Adams, 2005: tabela 3.1, p. 73).

Gráfico 2.13

Taxa de câmbio média mensal na cidade do Rio de Janeiro, 1870-89 (em *pence*/1$000)

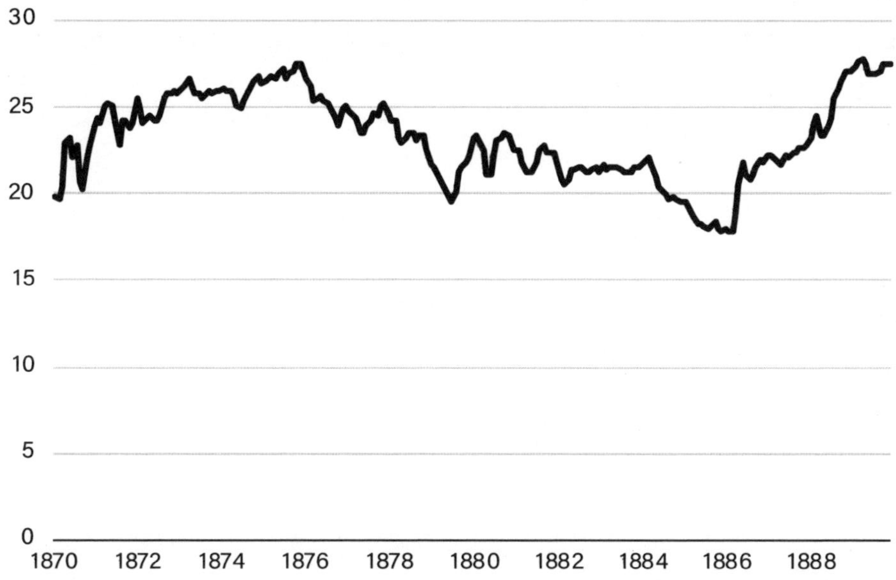

Fonte: Ipeadata.

Não obstante — e como seria natural em um contexto de cidade cuja população cresceu à taxa média de 3,6% a.a. entre 1872 e 1890, quando passou de 275 mil para cerca de 520 mil habitantes[94] —, os indicadores de comércio (tanto o exterior como o de cabotagem) se expandiram, ainda que em ritmo menos acelerado que o verificado em meados do século XIX.

Como resultado da combinação de apreciação cambial, volumes físicos em grande medida estáveis, mas cotações em dólar que dobraram entre 1870 e 1875, o valor em 1$000 das exportações de café através do porto do Rio de Janeiro aumentou cerca de 60% na primeira metade da década de 1870, estabilizando-se a partir de então e pelo restante do período imperial em torno de 100 mil contos anuais.[95] Já os volumes físicos de exportação do produto pelo porto carioca atingiriam seu nível máximo em 1881 (4,4 milhões de sacas), a partir do que se verificaria o rápido avanço das exportações cafeeiras do porto de Santos e consequente declínio dos embarques no porto carioca (gráfico 2.14).

Gráfico 2.14
Exportações de café pelo porto do Rio de Janeiro, 1870-88 (em milhares de sacas de 60 kg)

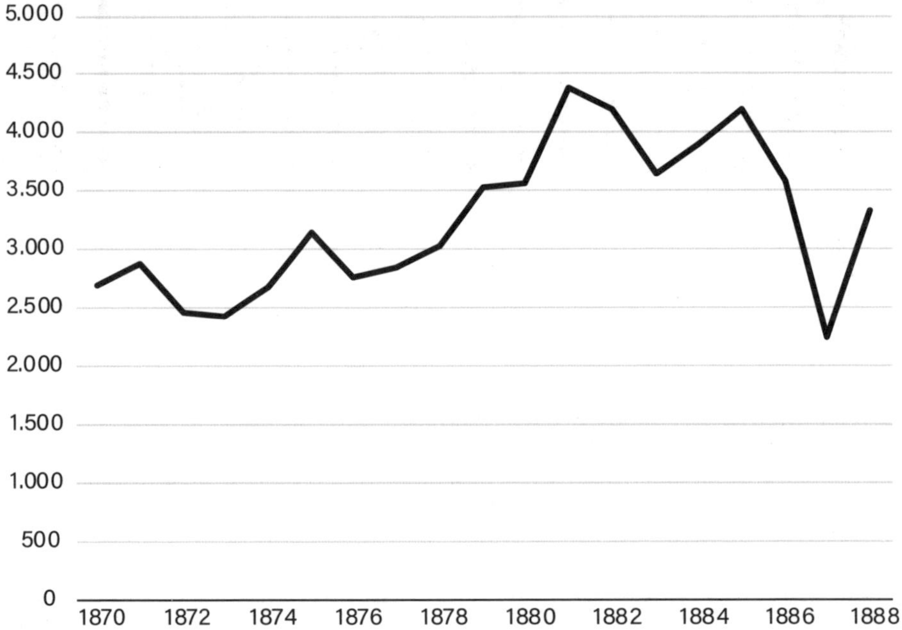

Fonte: Sweigart (1987: tabela E.2, p. 302).

As exportações totais a partir do Rio de Janeiro ultrapassariam, pela primeira vez, a marca de 100 mil contos (e de £ 10 milhões) em meados da década de 1870. A partir daí, oscilariam — sem uma tendência definida — até o final do período imperial (gráfico 2.15).

Gráfico 2.15

Exportações e importações do porto do Rio de Janeiro, 1870/71 a 1888 (valores oficiais em milhares de contos de réis)

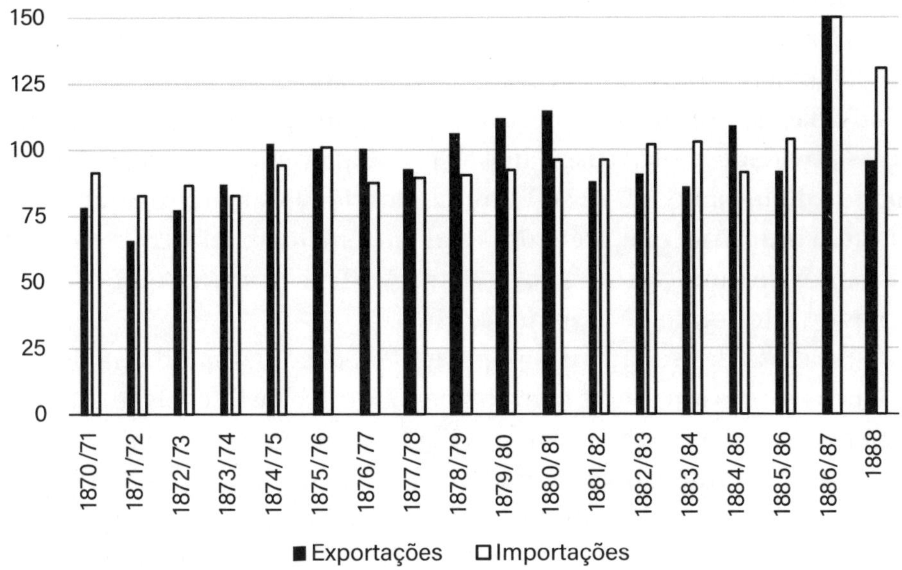

Fonte: BRASIL. Ministerio da Fazenda. Proposta e relatorio... (diversos anos).

Nota: A estatística referente a 1886/87 inclui o segundo semestre de 1887.

Comportamento semelhante é demonstrado pela série de tonelagem dos navios empregados no comércio de cabotagem com aquele porto, cujo total (soma da capacidade das embarcações que entraram e das que saíram) aumentou cerca de 18%, em média, entre as décadas de 1870 e 1880. Tal expansão do comércio de cabotagem era inevitável em meio ao acelerado crescimento populacional do Rio de Janeiro nas duas últimas décadas do Império, em processo que veio acompanhado de "espraiamento" físico da malha urbana carioca. Este último teve início em 1858 com a inauguração do primeiro trecho da E. F. Dom Pedro II, permitindo maior ocupação das freguesias suburbanas, e ganharia intensidade a partir de fins dos anos 1860, quando são implantadas as primeiras linhas de bondes de burros, facilitadoras da expansão em direção às atuais zonas Sul e Norte da cidade (Abreu, 1997:37 e 50).

Ao permitir a conexão direta de localidades no interior com o Município da Corte, a expansão das ferrovias a partir da capital também iria contribuir para o declínio dos inúmeros pequenos portos fluviais e daqueles localizados ao longo da baía de Guanabara. Com isso, reforçou as atividades do porto carioca, dando origem ao que autores denominaram de uma "comunidade econômica portuária", isto é, um "conjunto de atividades econômicas que, direta ou indiretamente, estão vinculadas às atividades portuárias e que se instalaram em seu entorno" (Honorato e Mantuano, 2016:3). Entre tais atividades, figuram aquelas de natureza industrial que, além dos estaleiros, incluem fábricas e oficinas nos ramos de fundição de ferro, construção de motores a vapor e cascos de navios (Honorato e Mantuano, 2016:12).

O processo de crescimento populacional e da malha urbana do Rio de Janeiro como um todo é revelado pelo número de imóveis sujeitos ao pagamento do imposto predial na cidade, que aumentou mais de 50% entre 1870/71 e 1889, quando passou de 20,3 mil para 32,7 mil. Por sua vez, em igual período, o montante arrecadado da décima urbana dobrou em termos nominais, chegando a pouco menos de 4 mil contos em 1889. Não obstante, em termos *per capita*, não se percebe tendência clara na receita derivada daquele tributo nas duas últimas décadas do período imperial, sendo da ordem de 8-9$000/habitante (gráfico 2.16). Considerando-se, porém, a ligeira deflação verificada nas décadas de 1870 e 1880 (gráfico 2.12),[96] é possível que tenha havido aumento real na sua arrecadação.

Em paralelo à expansão do número de imóveis na cidade do Rio de Janeiro, entre 1868-73 e 1885-89 teve continuidade processo de perda de importância relativa dos ativos imobiliários no total da riqueza deixada em testamento nos inventários pesquisados por Frank (2004:88): de 39,4% do total, os imóveis urbanos passaram a constituir 28,5% do patrimônio deixado pelos testamenteiros, ao passo que ações e títulos chegaram ao final do período representando um terço da riqueza legada. Evidência adicional da importância crescente assumida pelo setor financeiro na economia carioca é o valor total dos ativos de seus bancos comerciais, que passou de 190,6 mil contos em 1870 para 603,1 mil em 1888 (Summerhill, 2015: tabela 7.1, p. 196).

Gráfico 2.16
Arrecadação da décima urbana/imposto predial no município da Corte, 1871/72 a 1889 (em 1$000 *per capita*)

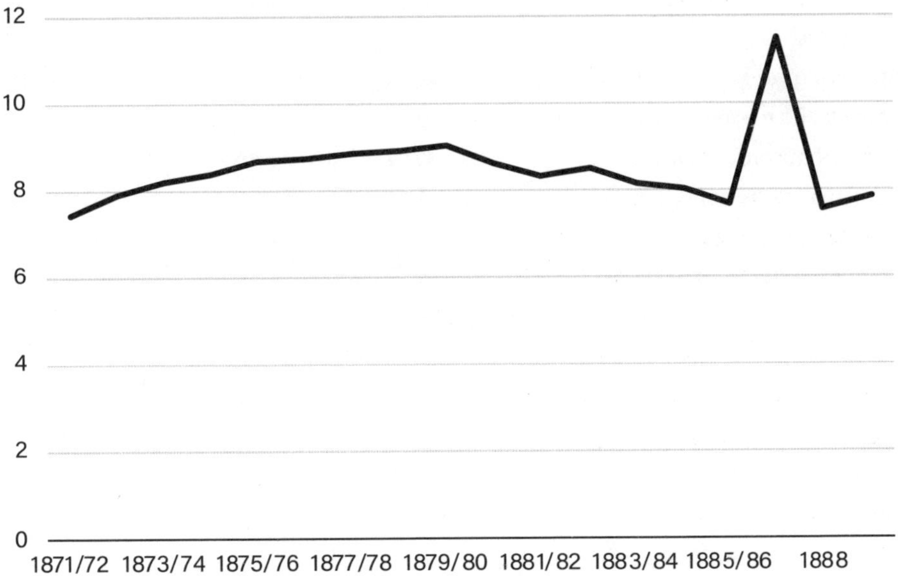

Fonte: Elaboração própria a partir de dados de arrecadação em BRASIL. Ministerio da Fazenda. Balanço da receita e despeza... (diversos anos).
Notas: A partir de 1878/79, Imposto Predial. Inclui a décima de uma légua e a das corporações de mão morta. Dado para 1886/87 inclui o segundo semestre de 1887.

Com relação à estrutura da economia carioca entre 1870 e 1888, visão aproximada é obtida a partir de uma amostra das sociedades registradas na Junta de Comércio. Como se nota na tabela 2.9, há um predomínio de sociedades no setor terciário (comércio e serviços diversos), ainda que a proporção daquelas atuantes no secundário (manufaturas) não seja insignificante.

Tabela 2.9

Amostra de sociedades registradas na Junta Comercial do Rio de Janeiro, por setor, entre 1870 e 1888

Comércio	
Atacado e varejo	249
Importação e exportação	19
Comissários em geral	11
Comissários de café	11
Ensacadores de café	4
Estabelecimentos de crédito	3
	296
Manufaturas	
Alimentos e farmacêuticos (a)	29
Ofícios especializados (b)	25
Construção civil	6
Vestuário	2
	62
Serviços	
Hotéis, restaurantes e bares	19
Transporte urbano e portuário	4
Serviços de saúde	3
	26
Total	**386**

Fonte: Sweigart (1987: tabela B.2, p. 252).

Nota: (a) refinarias de açúcar, fábricas de alimentos e bebidas, padarias, fabricação de medicamentos, farmácias, fábricas de sabão, velas e de charutos; (b) imprensa, fabricação de papel, movelaria, alfaiataria, fundições de bronze, joalheiro, latoeiro, funileiro, ferreiro, seleiro e barbeiro; e (c) clínicas médicas e serviços sanitários. A quantidade total inclui duas sociedades classificadas como "não especificadas".

A preponderância da atividade comercial na economia carioca também transparece do levantamento realizado por Lobo (1978: tabela 3.40) no *Almanak Laemmert*. Segundo aquela fonte, seriam pouco mais de 3.700 os estabelecimentos comerciais na cidade em 1866, número que cresceu para cerca de 4,2 mil em 1873 e 4,5 mil em 1882. Predominavam, tal como em meados do século, as unidades atuantes nos setores de alimentos e bebidas, com quase metade do total, e os armarinhos e lojas de vestuário e tecidos.

Também com base no *Almanak*, Lobo (1978: tabela 3.38) identifica 1.072 fábricas em operação na cidade em 1866, 965 em 1873 e 1.242 em 1881. Em termos espaciais, concentravam-se majoritariamente nas freguesias centrais da cidade — Sacramento, Candelária e São José (Abreu, 1997:54-55).

Conforme assinalado anteriormente, os números levantados por Lobo (1978) possivelmente exageram a quantidade efetiva de estabelecimentos fabris naqueles anos. Sua distribuição setorial, contudo, condiz com o que se imaginaria dentro de um contexto de atividade manufatureira ainda pouco desenvolvida na cidade. Assim, os estabelecimentos que se poderia classificar como produtores de bens de consumo não duráveis ainda representavam pouco mais de 80% do total entre 1866 e 1881, bens intermediários, cerca de 10%, e o restante constituído por unidades produtoras de bens de capital (instrumentos de trabalho e meios de transporte).

Fonte mais detalhada acerca dos estabelecimentos industriais em operação na cidade do Rio de Janeiro ao final do período imperial é dada por relatório de Comissão de Inquérito Industrial realizado em 1881.

Em uma contagem conservadora, posto que não traz dados para diversos setores importantes (notadamente, bebidas, produtos alimentícios e a construção naval),[97] eram mais de 4.400 os operários empregados nas 360 unidades identificadas naquele levantamento.[98] Embora as pequenas oficinas de calçados predominassem — representando cerca de ⅓ do total de estabelecimentos —, é digna de nota a presença de 76 estabelecimentos identificados como setores de fundição (com mais de 1.000 operários), caldeiraria e serralheria. A importância desses setores possivelmente reflete as características de um mercado para produtos metálicos anterior à difusão em maior escala do aço moderno.[99]

Tabela 2.10
Estabelecimentos industriais na cidade do Rio de Janeiro segundo o Relatório da Comissão de Inquérito Industrial de 1881

Setor	Estabelecimentos	Empregos
Pequenas oficinas de calçados	117	468
Oficinas de marcenaria	80	320
Fundições	34	1.030
Artefatos de couro	29	114
Serralheria	29	n.d.
Móveis	24	470
Chapéus de feltro e lã	15	680
Caldeiraria	13	n.d.
Chapéus de pelúcia e seda	7	n.d.
Fábricas de calçados	6	825
Tecidos de algodão	4	560
Encanamentos de chumbo	2	n.d.
Material de transporte	n.d.	n.d.
Construção naval	n.d.	n.d.
Fábricas de cerveja	n.d.	n.d.
Produtos alimentícios	n.d.	n.d.
Total	**360**	**4.467**

Fonte: Lago et al. (1979: quadro II.3, p. 15).
Nota: n.d. = não disponível.

Com relação àquele que, tradicionalmente, era o ramo mais moderno e de maior escala produtiva nos países que davam início a seu processo de industrialização — o têxtil —, eram quatro apenas as fábricas de tecidos de algodão registradas no Inquérito de 1881. Ao que tudo indica, consistiam nas fábricas Santa Rita, São Lázaro, Tecidos Rink e Aliança, com força motriz combinada de meros 381 H.P.[100] Entre 1885 e 1889, a cidade ganharia quatro fábricas de tecidos de algodão de grande porte; pela ordem, a Confiança Industrial (com 500 operários), Tecelagem Carioca (600 operários), Progresso Industrial do Brasil (1.000 operários) e a

Fiação e Tecelagem Corcovado (600 operários). Reunindo, ao todo, força motriz de 3.300 H.P., representavam o início da indústria moderna e de grande escala na cidade,[101] em processo que, nas décadas seguintes, elevaria o setor secundário da economia carioca à liderança no quadro nacional.[102] Tema para o próximo capítulo.

3

O RIO DE JANEIRO COMO DISTRITO FEDERAL, 1889-1960[103]

Em termos gerais, o período coberto por este capítulo comporta a transição de uma economia que, ao longo da Primeira República (1889-1930), teve no setor exportador seu centro dinâmico para outra em que os principais impulsos passaram a emanar do mercado interno, do setor industrial principalmente. Tal reorientação se deu em paralelo à mudança política inaugurada pela Revolução de 1930, momento a partir do qual o Estado brasileiro passou a regular mais proximamente a atividade econômica para, na sequência, envolver-se diretamente na provisão de bens e serviços.

O fim da Era Vargas e a promulgação da Constituição de 1946 inauguraram o período do chamado "interregno democrático", interrompido pelo golpe de 1964. Até o início dos anos 1960, a economia brasileira iria exibir desempenho vigoroso, puxado por expansão da atividade industrial. Em um contexto de severas restrições do balanço de pagamentos durante a maior parte desses 15 anos, o governo federal viu-se compelido a adotar formas diversas de alocação de "bem" escasso (moeda estrangeira). A estas acrescentou proteção tarifária (sobretudo a partir de 1957) e estímulos diversos conferidos pelo Estado, culminando no Programa de Metas do governo Juscelino Kubitschek, responsável pelo avanço dos setores industriais produtores de bens de consumo duráveis e de capital no país.

Durante a Primeira República, a economia do Rio de Janeiro veria a implantação e expansão de seu setor industrial, concentrado na produção de bens de consumo leves, mas já comportando um incipiente ramo produtor de bens de capital. Ao mesmo tempo, a cidade do Rio consolidava-se como grande centro provedor de serviços — não apenas para atender uma população que triplicara de tamanho (de pouco mais de 500 mil em 1890 para cerca de 1,5 milhão em 1930) como também a outras regiões do país.

As evidências estatísticas disponíveis sugerem que a economia carioca cresceu em ritmo semelhante ao do conjunto do país durante a Primeira República e, igualmente, pouco sofreu os efeitos da Grande Depressão dos anos 1930. Por outro lado, no restante daquela década e, da mesma forma, nos anos 1950, seu desempenho mostrou-se pior do que o apresentado pela economia brasileira como um todo.

Como é de conhecimento dos pesquisadores do período, o início do período republicano notabilizou-se por um "apagão" na produção de estatísticas econômicas oficiais que só começaria a ser superado com a criação, em 1900, do Serviço de Estatística Comercial da Alfândega do Rio de Janeiro e a indicação do inglês Joseph P. Wileman para dirigi-lo. Não obstante, a produção acadêmica das últimas duas/três décadas, complementada pela consulta a fontes da época, fornecem elementos que permitem esboçar os contornos gerais da trajetória da economia brasileira — e, em grau menor, carioca — no período 1889-1902.

As melhores estimativas da evolução do produto real agregado e setorial da economia brasileira na primeira metade do século XX foram produzidas por Claudio Haddad (1975) e recentemente revistas por Bacha et al. (2023). Para a economia carioca, trabalho realizado pelo Centro de Contas Nacionais do Ibre no início dos anos 1970 traz cálculo da renda ao final dos anos 1930 e de 1947 a 1960. Tomadas em conjunto, tais estimativas permitem avaliar o comportamento de ambas as economias em bases mais seguras do que fora possível para o período imperial e revelam crescimento praticamente ininterrupto da economia brasileira entre 1932 e 1960 e no Rio de Janeiro de 1948 a 1960 (exceto em 1959).

Para este capítulo, as fontes secundárias de informação consistem majoritariamente de trabalhos monográficos e de artigos acadêmicos, sendo menor a quantidade de teses e dissertações versando sobre a economia do Rio de Janeiro no século XX. Já as fontes primárias, em número significativo, incluem inquéritos industriais diversos e os censos demográficos e econômicos, estes últimos realizados a partir de 1920 (agrícola e industrial) e 1940 (comercial e de serviços). A tais publicações, a cargo do governo federal, juntam-se os diversos anuários produzidos pelo governo do então Distrito Federal. Com base nesse material, foram compiladas séries — em muitos casos, inéditas na literatura — de dados de rendas das alfândegas, arrecadação tributária do governo do Distrito Federal, movimento portuário, índices de preços, produção industrial, vendas do comércio, empréstimos concedidos pelo setor bancário, entre outros.

A discussão que se segue está estruturada em quatro seções e obedece a um recorte cronológico convencional, a saber: o período 1889 a 1913; os anos que vão da Primeira Guerra ao término da Primeira República (1914-30); a Era Vargas (1930-45); e os 15 anos que separam o final da Segunda Guerra e a transferência da capital federal para Brasília (e consequente criação do estado da Guanabara), em 1960.

Da Proclamação da República à Primeira Guerra, 1889-1913

A primeira década republicana foi notoriamente instável. Atendo-se apenas àqueles episódios mais marcantes da história nacional, sucederam-se, pela ordem, o próprio golpe militar que derrubou o regime monárquico, a tentativa de autogolpe patrocinada por Deodoro da Fonseca (e o contragolpe florianista), a Revolução Federalista, a Guerra de Canudos e o atentado contra o presidente Prudente de Moraes, ao qual se seguiu a decretação de estado de sítio. Já no âmbito mais localizado, a cidade do Rio de Janeiro foi o principal palco da(s) Revolta(s) da Armada. À vista de todos esses acontecimentos, não é difícil concordar com José Murilo de Carvalho, para quem aquela década constituiria a "fase mais turbulenta" da história da cidade (Carvalho, 1999:15).[104]

No âmbito econômico, o Rio de Janeiro também esteve no centro de acontecimentos que iriam moldar a história da república em seus anos iniciais. Foi na cidade que se desenrolou o ciclo de *boom* e quebra da bolsa de valores conhecido como o Encilhamento, com efeitos que foram muito além da capital. De fato — e conforme amplamente demonstrado pela literatura especializada —, as medidas de política econômica gestadas pelo governo central no Rio, tanto aquelas que deram origem à euforia como as que procuraram lidar com os seus efeitos mais deletérios, viriam a impactar inescapavelmente o conjunto da economia brasileira.[105]

O crescente protagonismo assumido pelo Rio de Janeiro no âmbito nacional durante a Belle Époque,[106] época de profundas mudanças tecnológicas em escala global, é assim resumido por Sevcenko (2021:415):

> [...] este papel de metrópole-modelo recai sem dúvida sobre o Rio, sede de governo, centro cultural, maior porto, maior cidade e cartão de visita do país, atraindo tanto estrangeiros como nacionais. O desenvolvimento de novos meios de comunicação, telegrafia sem fio, telefone, os meios de transporte movidos a derivados de petróleo, a aviação, a imprensa ilustrada, a indústria fonográfica, o rádio e o cinema intensificarão este papel da capital da República, tornando-a no [sic] eixo de irradiação e caixa de ressonância das grandes transformações em marcha pelo mundo, assim como no [sic] palco de sua visibilidade e de atuação no território brasileiro.

No tocante à sua administração, a cidade possuía um *status* ambíguo, conforme sintetizado por Marly da S. Motta: "com tutela federal, bancada estadual e administração municipal, a capital transformou-se em uma entidade política e jurídica original no quadro federativo brasileiro" (Motta, 2001b:3). Com efeito, o artigo 82º da Constituição de 1891 determinou que o Rio se organizasse como município, ainda que com direito a representação parlamentar na Câmara e no Senado.[107] A chamada Lei Orgânica do Distrito Federal (Lei nº 85), promulgada no ano seguinte, estabeleceu que cabia ao presidente da República indicar o prefeito do Distrito; o Senado deveria referendá-lo e àquela Casa era reservado o direito de apreciar os vetos do prefeito, no lugar da Câmara Municipal.[108] Esta última seria constituída de 27 intendentes, 21 dos quais representando os distritos em que a cidade estava dividida e os outros seis o Distrito Federal como um todo (Motta, 2001a:42-47).

Do ponto de vista econômico, tal caráter híbrido do Distrito Federal — simultaneamente município e unidade da Federação — tinha duas implicações principais, que se somavam aos benefícios trazidos pela presença de numeroso (e crescente) contingente de servidores públicos federais em seu território. A primeira dizia respeito à transferência líquida significativa de recursos fiscais da União para a cidade ao longo da Primeira República e além.[109] Uma segunda consequência importante envolvia o direito de o Distrito Federal contar com os recursos da cobrança, entre outros, do Imposto Predial, e, indiretamente, dos impostos sobre transmissão de propriedade e indústrias e profissões, arrecadados pela União, mas repassados ao governo do Rio de Janeiro.[110]

No início do período republicano, assistiu-se à intensificação de impulsos iniciados com a reforma monetária/bancária promovida pelo visconde de Ouro Preto no último gabinete do Império, que autorizava um conjunto de bancos privados a emitir notas conversíveis em ouro.[111] As medidas tomadas por Rui Barbosa, primeiro ministro da Fazenda do Governo Provisório, combinando direitos ampliados às emissões bancárias (agora com lastro em títulos da dívida pública) e relaxamento da legislação societária, promoveram forte ampliação real da oferta monetária[112] e ajudaram a fomentar intensa atividade na Bolsa de Valores do Rio de Janeiro.

Como mostra Levy (1977: tabela 15, p. 164), a Câmara Sindical de Corretores de Fundos Públicos registrou a existência, em 1891, de 1.330 companhias de capital aberto no Rio de Janeiro, das quais 231 eram bancos e casas bancárias. Essas instituições financeiras declaravam possuir capital realizado de cerca de impressionante 1,7 milhão de contos, ou aproximadamente 40% do capital total das companhias (da ordem de pouco mais de 4 milhões de contos, equivalentes a £ 250 milhões). Com relação ao número de empresas listadas na Bolsa do Rio, seu pico foi atingido em 1890 (114) e o maior número de transações no ano seguinte (Levy, 1977:172).

O desfecho trágico da euforia especulativa que marcou o início da República é conhecido: *crash* da bolsa, uma onda de falências bancárias[113] e, como consequência, forte contração da oferta de moeda iniciada na passagem de 1891 para 1892.

Aos efeitos sobre a taxa de câmbio da fortíssima expansão dos meios de pagamento no final do Império/início da República juntou-se não apenas a incerteza trazida pela abrupta mudança do regime político operada em novembro de 1889 como o "contágio" — com a inevitável fuga de capitais — sofrido pela economia brasileira a partir da chamada Crise Barings, originada na vizinha Argentina.[114]

A história econômica da época — como, de resto, da Primeira República como um todo — é sintetizada vivamente pelo gráfico 3.1, que mostra a trajetória da taxa de câmbio do mil-réis em relação à libra esterlina entre 1889 e 1930.

Gráfico 3.1
Taxa de câmbio média mensal na cidade do Rio de Janeiro, 1889-1930 (em *pence*/1$000)

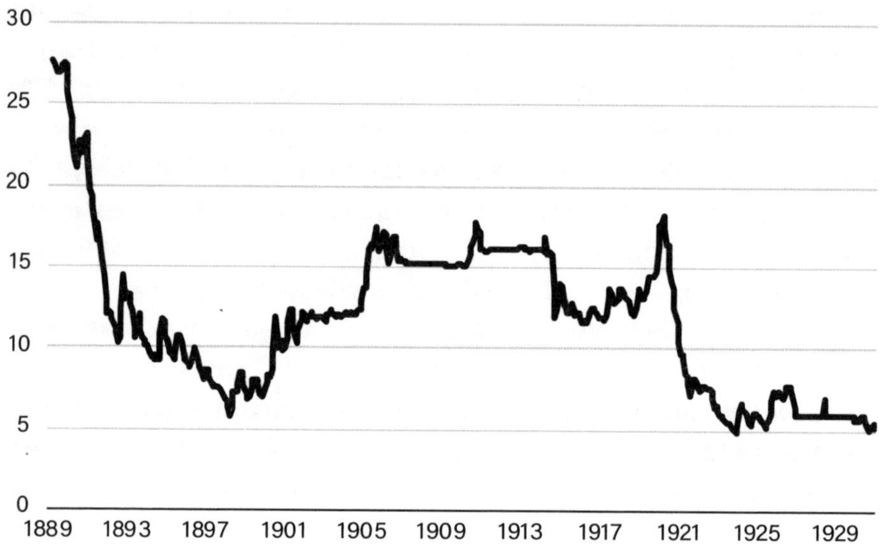

Fonte: Ipeadata.

Partindo do nível de paridade de 27 *pence* no início do período republicano, o mil-réis atingiu 10.2d em meados de 1892. A partir daí, oscilaria com tendência declinante até os últimos meses da presidência de Prudente de Moraes, em fins de 1898, quando chegou a 5.8d. O início de sua recuperação dar-se-ia a partir do governo Campos Sales e das políticas de austeridade monetária e fiscal adotadas como contrapartida de empréstimo de consolidação (o chamado Funding Loan de 1898) obtido junto à praça londrina.

As linhas gerais da política econômica conservadora seguida entre 1898 e 1902 teriam continuidade no governo Rodrigues Alves, ainda que em contexto muito mais favorável, combinando superávits do balanço de pagamentos advindos de crescentes exportações de borracha amazônica e ingresso de capitais do exterior, tanto sob a forma de investimentos em infraestrutura como empréstimos. O reforço dado à valorização do mil-réis, porém, trouxe enormes dificuldades aos cafeicultores, já sofrendo com os preços baixos do grão resultantes de quadro estrutural de excesso de oferta.

A solução para a combinação perversa (do ponto de vista da cafeicultura) de preços baixos do produto e câmbio com inequívoca tendência à apreciação viria em 1906 a partir do Convênio de Taubaté e, ao final do ano, da instituição da Caixa de Conversão. O primeiro inauguraria décadas de políticas de sustentação artificial dos preços internacionais do café (as chamadas "valorizações"), ao passo que a Caixa marcaria a adesão do Brasil ao Padrão-Ouro e, com ele, estabelecendo uma taxa de câmbio fixa (de início, em 15d/mil-réis, subsequentemente alterada para 16d/1$000) que iria vigorar até o encerramento de suas atividades, em 1914.

A sequência observada, no período 1889-1913, de forte desvalorização seguida de apreciação e subsequente estabilização cambial (gráfico 3.1) trouxe grandes impactos para a economia brasileira, afetando os agentes conforme a exposição destes ao preço internacional do mil-réis em determinado momento fosse na qualidade de credor ou devedor. Assim, *ceteris paribus*, para devedores em moeda estrangeira ou importadores, por exemplo, desvalorizações do mil-réis acarretavam desembolsos maiores em moeda nacional e, portanto, perdas. O contrário, é claro, ocorria em caso de apreciação da moeda nacional. Ainda que não operassem diretamente com o mercado internacional, os consumidores também eram (e são) afetados pelas oscilações do câmbio, empobrecendo em fases de desvalorização da moeda e tendendo a experimentar ganhos de bem-estar nos momentos em que o mil-réis se valorizava.

O gráfico 3.2, indicando o comportamento do índice de preços por atacado na cidade do Rio de Janeiro entre 1889 e 1913, deixa clara a correlação existente entre a taxa de câmbio e o custo de vida: tudo o mais constante, períodos de forte depreciação cambial — como foi a primeira década republicana — foram acompanhados de inflação;[115] a partir do momento em que se operou a valorização do mil-réis, os preços tenderam a cair (deflação), estabilizando-se, juntamente com a própria taxa de câmbio, em meados dos anos 1900.

Gráfico 3.2

Índice de preços por atacado na cidade do Rio de Janeiro, 1889-1913 (base: 1913=100)

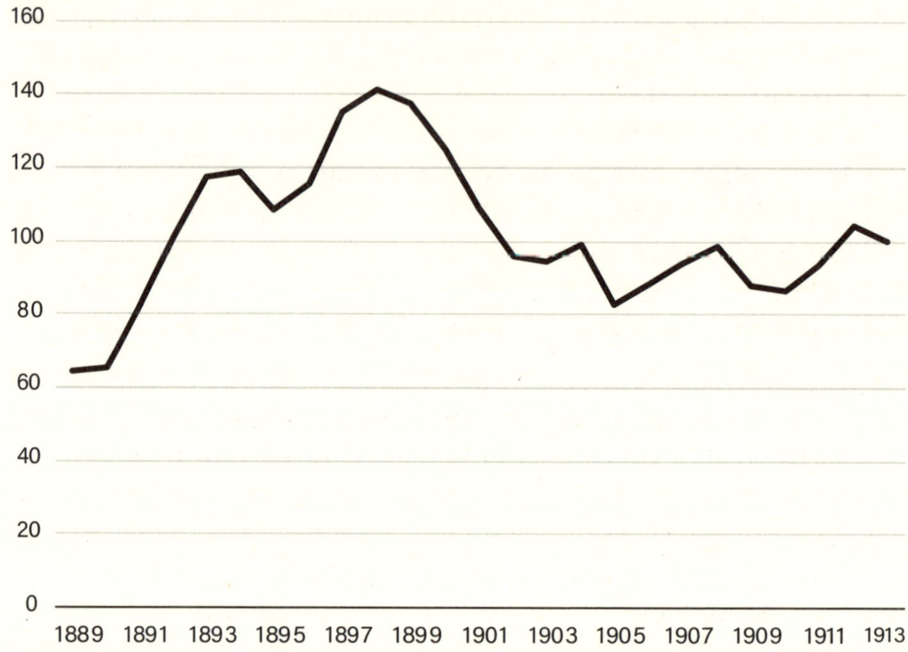

Fonte: Catão (1992).

Do ponto de vista demográfico, conforme destacado no capítulo anterior, a cidade do Rio de Janeiro já vinha experimentando forte crescimento nas duas últimas décadas do período imperial. Como resultado, a população do Rio praticamente dobrou entre o Censo de 1872 e o de 1890, passando de 275 mil para 522,7 mil. Em 1920, a população carioca já superava a marca de 1 milhão de habitantes e contava com cerca de 130 mil prédios distribuídos em 3,5 mil logradouros. Nesse intervalo, verificou-se adensamento demográfico das regiões ditas "suburbanas"[116] da cidade que, reunindo 17,8% do total em 1890, passaram a abrigar 30,8% da população do Rio em 1920. Tal processo de crescimento populacional das áreas não centrais da cidade teria continuidade na década de 1930 com a expansão da indústria para os subúrbios (Abreu, 1997:99).[117]

Tabela 3.1
Expansão da cidade do Rio de Janeiro, 1890-1937

	População		Número de Prédios		Nº de Logradouros	
	Total	Taxa de Cresc. Média Anual	Total	Taxa de Cresc. Média Anual	Total	Taxa de Cresc. Média Anual
1890	522.651	3,6%	48.576	2,5%	1.981	6,5%
1906	811.443	2,8%	84.375	3,5%	1.943	0,0%
1920	1.157.873	2,6%	129.632	3,1%	3.534	4,4%
1933	1.522.397	2,1%	224.386	4,3%	5.171	3,0%
1937	1.656.161	2,1%	239.806	1,7%	5.385	1,0%

Fontes: Elaboração própria a partir de dados de número de prédios e de logradouros em Anuário Estatístico da Cidade do Rio de Janeiro (1923-4:93) e IBGE. Diretoria de Estatística Municipal. Anuário... (1938:432). Dados de população em 1933 e 1937 obtidos por interpolação, considerando crescimento constante entre 1920 e 1940; para os demais anos, dados de levantamentos censitários.
Notas: Taxa de crescimento média anual calculada sobre o ano anterior na tabela; para o ano 1890, sobre 1872, exceto no caso do número de logradouros, referente a 1870.

Já em se tratando de indicadores de evolução da economia brasileira como um todo (PIB), infelizmente não existem estimativas minimamente confiáveis para o século XIX, o que inclui o início do período republicano. Para o período 1900-47, os índices de produto real total e setorial estimados por Claudio Haddad (e parcialmente reproduzidos em IBGE 1990, Seção 4) são os mais utilizados para se acompanhar o comportamento agregado da economia brasileira antes de 1947.[118]

Segundo as estimativas de Haddad, a economia brasileira apresentou um início de recuperação lento após o que certamente foi uma profunda recessão na virada do século XIX para o XX. A partir de meados da primeira década dos 1900, o ritmo de crescimento se deu a taxas mais elevadas até as vésperas da Primeira Guerra, excetuando-se o biênio 1907/08, caracterizado por estagnação seguida de contração do nível de atividade.

Há diversos indícios de que o comportamento da economia carioca no período que antecedeu a eclosão da Grande Guerra seguiu, em grandes linhas, trajetória semelhante à da economia brasileira anteriormente resumida.

Gráfico 3.3
Taxa de crescimento do produto real no Brasil, 1902-30 (em %)

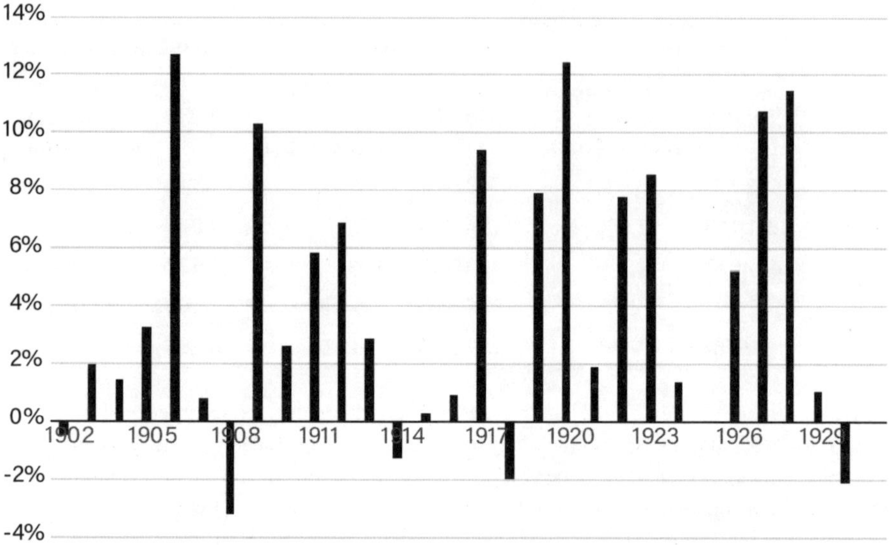

Fonte: Elaboração própria a partir de dados em IBGE (1990: tabela 4.1, p. 101).

Na qualidade de principal porto do país, o movimento de entrada de embarcações no Rio de Janeiro — fossem elas de navegação de longo curso como de cabotagem — serve de indicador aproximado do estado geral da economia da cidade. Trata-se, naturalmente, de "termômetro" imperfeito, visto que parte das mercadorias importadas visava atender a demanda de outras localidades que não a capital federal. De todo modo, a atividade portuária em si tinha um peso importante na economia carioca, de forma que, *ceteris paribus*, maior movimentação de navios (medida pela tonelagem das embarcações) favorecia — e refletia — a expansão da atividade econômica, o contrário ocorrendo quando esse movimento recuava.

Como se vê no gráfico 3.4, a tonelagem das embarcações de longo curso que entraram no porto do Rio praticamente dobrou entre 1889 e 1891. A esse movimento sucedeu-se recuo e estagnação, com novo período de alta entre 1894 e 1896. O pico atingido naquele ano, com cerca de 2,5 milhões de toneladas, só seria novamente alcançado 10 anos mais tarde. A queda de 12% no indicador entre os quinquênios 1892-96 e 1897-1901 reflete os efeitos recessivos, sobre a economia brasileira, da política econômica deflacionista seguida pelo governo Campos Sales em cumprimento às exigências dos credores responsáveis pelo Funding Loan de 1898.

Gráfico 3.4
Tonelagem dos navios que entraram no porto do Rio de Janeiro, 1889-1915 (em 1.000 t)

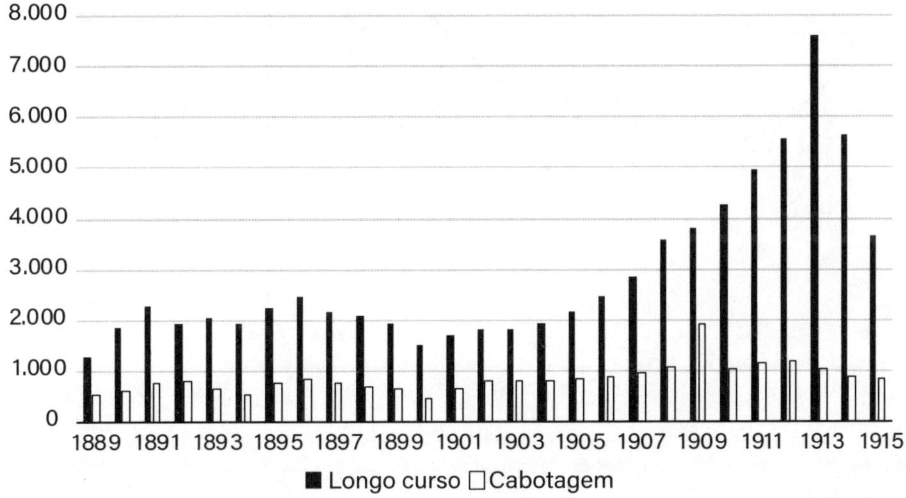

Fonte: Retrospecto Commercial do Jornal do Commercio (diversos anos).

Dados de arrecadação do Imposto Predial no Rio de Janeiro — o mais relevante do ponto de vista do fisco local — no período 1890 a 1913 lançam luz adicional sobre o comportamento da economia do Distrito Federal à época. Aqui também operaria a lógica segundo a qual a arrecadação tenderia a subir junto com a atividade econômica e vice-versa.[119] Os valores estão expressos a preços constantes de 1913 (a fim de dar conta da variação de preços no período) e em termos *per capita*, de forma a controlar para o efeito do crescimento da cidade sobre a arrecadação daquele imposto.

Gráfico 3.5

Arrecadação do Imposto Predial na cidade do Rio de Janeiro, 1890-1913 (em 1$000 de 1913 *per capita*)

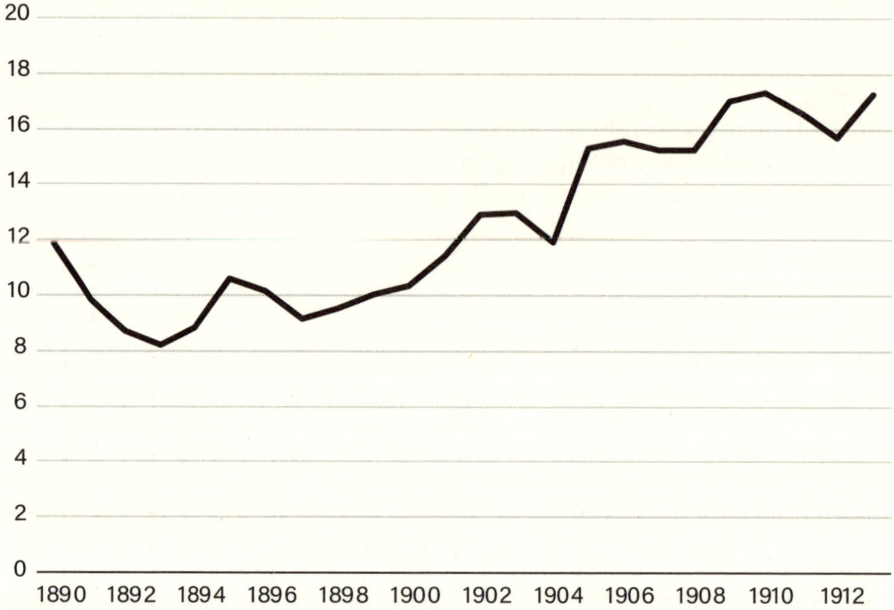

Fonte: Elaboração própria a partir de dados de arrecadação em IBGE. Diretoria de Estatística Municipal. Anuário... (1938: apêndice, p. 463).

Notas: População do Rio para os anos intercensitários obtida por interpolação considerando taxa de crescimento constante entre dois censos seguidos. Valores originais deflacionados pelo índice de preços por atacado em Catão (1992).

Conforme exibido pelo gráfico 3.5, o comportamento da arrecadação nos anos iniciais do período republicano aparenta ir na contramão daquilo que, conforme se sabe, foi um período de expansão do nível de atividade na capital federal — e não apenas no setor financeiro como também (como se verá mais à frente) na economia "real". Cabe notar, porém, que houve aumento da arrecadação daquele imposto em termos nominais entre 1890 e 1893, ainda que largamente superado pela inflação de cerca de 80% observada no período.[120]

Já a apreciação francamente negativa feita pelo Retrospecto Commercial do Jornal do Commercio acerca do estado da economia da capital entre 1895 e 1897 transparece em parte nos dados anteriores sob forma de estagnação na arrecadação do Imposto Predial. Segundo aquele periódico, "[...] o retrospecto do ano de 1895 é o mais sombreado de quantos o nosso dever nos obrigou a organizar".[121] No ano seguinte, a falência de importante casa comercial (Frias Hermanos), com passivo superior a 13 mil contos, aliada à corrida contra o Banco da República em outubro, levaram o Retrospecto a considerar aquele ano "repleto de vicissitudes, sobressaltos, desconfianças" (Retrospecto Commercial do Jornal do Commercio, 1897:3). Finalmente, em 1898 os editores insistiam na avaliação pessimista do cenário econômico, afirmando ser "[...] com verdadeiro pesar que resumimos neste trabalho os acontecimentos, desgostos e dissabores do ano próximo passado..." (Retrospecto Commercial do Jornal do Commercio, 1898:3).

O gráfico 3.5 também exibe dois períodos de crescimento da arrecadação real do Imposto Predial, levando-a a alcançar novos patamares: na virada do século XIX para XX e, novamente, a partir de 1904. A recuperação iniciada ao final do século e se estendendo pelo período recessivo da gestão Murtinho no Ministério da Fazenda (1898-1902) envolve volumes de arrecadação do tributo *grosso modo* constantes em termos nominais, porém em uma quadra de forte deflação.

Já a inflexão observada após 1904, culminando com um nível de arrecadação real *per capita* em 1913 praticamente 50% mais elevado que 10 anos antes, é compatível com o que se imagina ter sido um período de expansão econômica na cidade. Tal movimento se refletiu na construção de novos prédios, retratada na tabela 3.1, conjugada com provável valorização das propriedades imobiliárias no período, ambos agindo simultaneamente como causa e efeito do crescimento da economia da capital federal na Belle Époque.[122]

A expansão pós-1904, como se nota no gráfico 3.5, não se deu sem sobressaltos. As quedas observadas na arrecadação do Imposto Predial em 1904 e 1908 — igualmente verificadas, conforme se verá, na arrecadação da Alfândega do Rio — parecem refletir momentos de arrefecimento do nível de atividade econômica resultantes de epidemias de varíola que atingiram a cidade, causando, respectivamente, 4,2 mil e 9 mil óbitos (DIRECTORIA GERAL DE SAUDE PUBLICA. *Annuario de estatistica...*, 1923-1924:117).

Para colocar tais números em perspectiva, note-se que a varíola matou uma média de pouco menos de 1.000 pessoas na cidade entre 1899 e 1903 (DIRECTORIA GERAL DE SAUDE PUBLICA. *Annuario de estatistica...*, 1903:91). Foi durante a epidemia de 1904 que se procedeu à campanha de vacinação obrigatória capitaneada por Oswaldo Cruz e que encontraria forte resistência de diversos setores da população carioca, dando origem à Revolta da Vacina em novembro daquele ano, com um saldo final estimado por Carvalho (1999) em 23 mortos.

Não obstante a virulência da epidemia de 1908, a edição de 1909 do *Brazilian year book* ofereceu a seus leitores (presumivelmente, estrangeiros em sua maioria) uma avaliação otimista do quadro de morbidade da cidade. Em tradução livre, assim se manifestou a publicação: "[...] quando se tem em mente que a febre amarela foi praticamente eliminada e que a varíola é uma moléstia cuja prevenção se encontra, na prática, ao alcance do próprio público, só podemos concluir que o Rio de Janeiro ocupa uma posição muito favorável na lista das capitais mundiais com relação a suas condições sanitárias".[123]

Gráfico 3.6

Rendas arrecadadas pela Alfândega do Rio de Janeiro, 1889-1910 (em milhares de contos de réis de 1913)

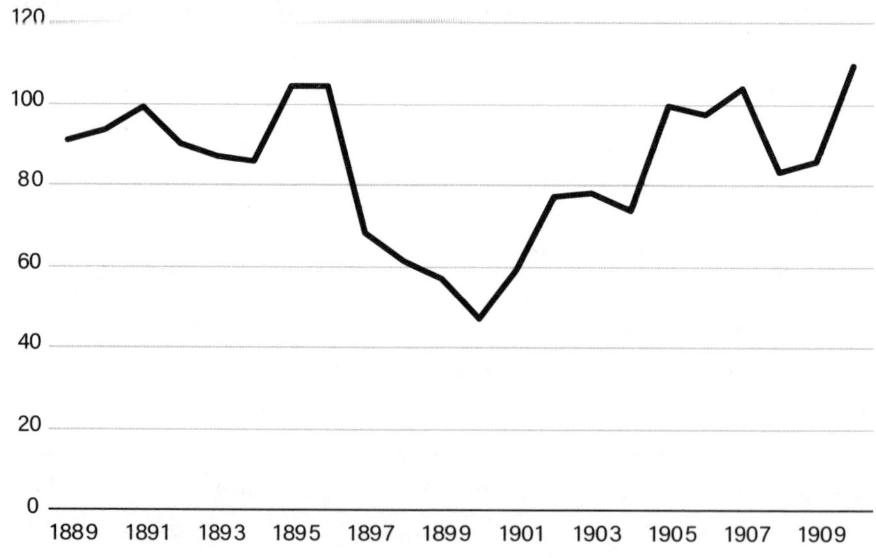

Fonte: Elaboração própria com base em dados de arrecadação em IBGE. Diretoria de Estatística Municipal. Anuário... (1938: apêndice, p. 463).

Nota: Valores originais deflacionados pelo índice de preços por atacado em Catão (1992).

As estatísticas fiscais foram umas das poucas que não deixaram de ser produzidas pelo governo federal durante a primeira década do regime republicano. A série exibida no gráfico 3.6 mostra a evolução da arrecadação da Alfândega do Rio de Janeiro (constituída majoritariamente das receitas advindas da cobrança do imposto de importação) entre 1889 e 1910 em termos reais.

Aqui se percebem os efeitos, sobre a arrecadação, do período de euforia nos anos iniciais da República, com alta de 10% entre 1889 e 1891. Da mesma forma, o estouro da bolha do Encilhamento traduziu-se em queda real de cerca de 15% na receita da Alfândega do Rio entre 1891 e 1894, que torna a subir junto com o aumento da entrada de navios (e do valor das importações em libras e em mil-réis) em 1895/96, para então desabar até um valor mínimo em 1900.[124] A crescente receita arrecadada a partir daí veio na esteira da própria recuperação econômica (trazendo com ela aumento do valor das importações), bem como de alterações no regime de cobrança de parte dos direitos de importação "em ouro", isto é, indexada à taxa de câmbio.[125] O recuo observado nos anos de 1904 e 1908 — tal como visto anteriormente no caso da arrecadação do Imposto Predial — pode estar captando os efeitos das duas epidemias de varíola que castigaram a capital naqueles anos.

Ainda com relação ao porto do Rio de Janeiro, cumpre destacar a significativa — e abrupta — perda de sua importância relativa no conjunto dos portos brasileiros. De fato, se entre 1883/84 e 1888 partiram do porto carioca, em média, 45% das mercadorias (valor) exportadas pelo Império e foram desembarcadas 53% das importações, entre 1901 e 1905 tais proporções estavam reduzidas a 18% e 40%, respectivamente.[126]

Gráfico 3.7
Participação do porto do Rio de Janeiro no total das importações e exportações do Brasil, 1901-37 (em %)

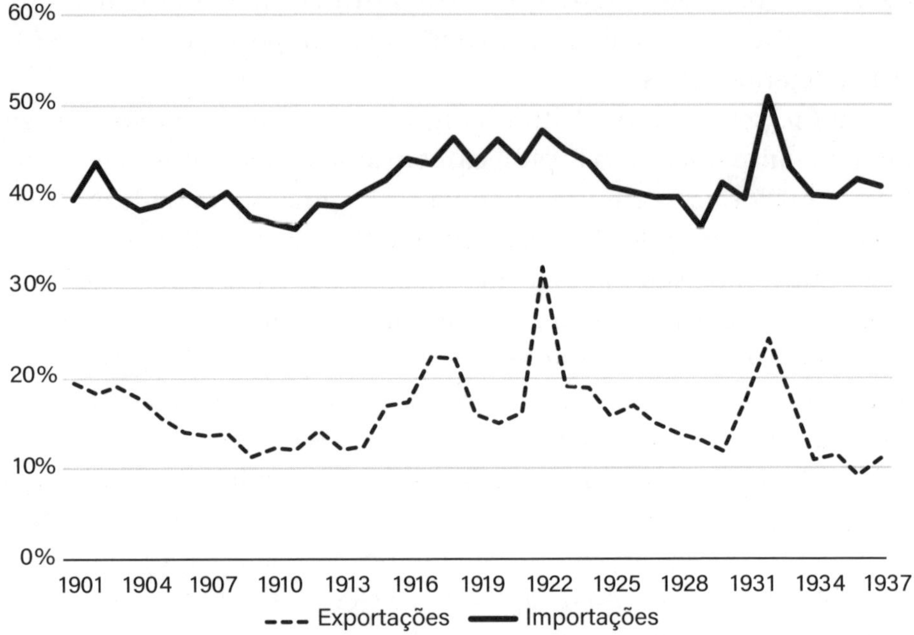

Fontes: Elaboração própria a partir de estatísticas de comércio exterior do Rio de Janeiro em IBGE. Diretoria de Estatística Municipal. Anuário... (1938:435); dados para o Brasil em IBGE (1990: tabela 11.2, p. 570).
Nota: Exportações na base Free on Board (FOB); importações em Cost, Insurance and Freight (CIF).

Conforme observa Benchimol (1992:221), a menor importância relativa do porto do Rio no conjunto das importações brasileiras decorreu, em parte, da inauguração de conexões diretas de linhas de navegação europeias com outros portos no litoral do país, reduzindo, assim, o papel do Rio como ponto de trânsito ou reexportação.

Gráfico 3.8
Participação do porto do Rio de Janeiro nas exportações brasileiras de café, 1889-1930 (em % do total)

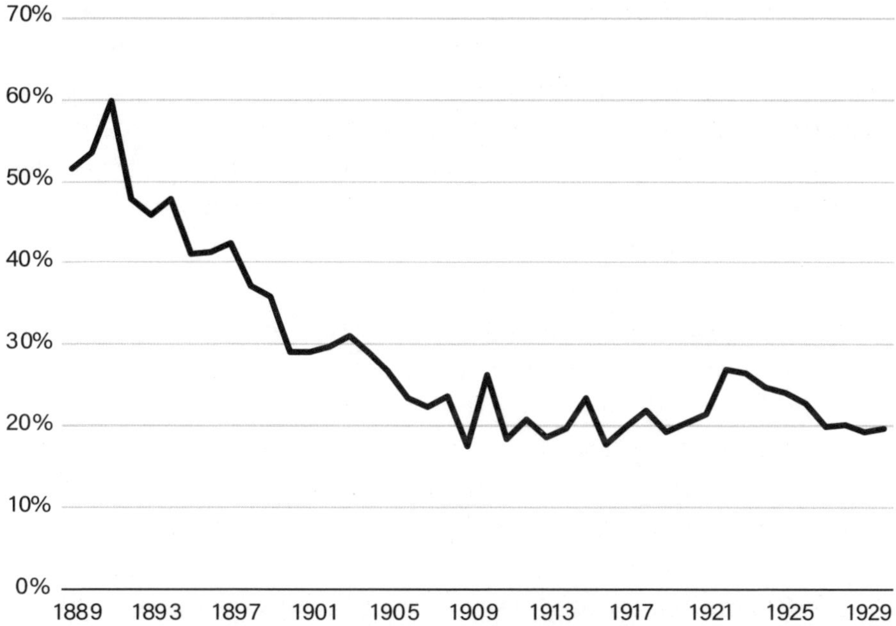

Fontes: Elaboração própria a partir de dados de exportações do Rio em PREFEITURA DO DISTRITO FEDERAL. *Anuário estatístico do Distrito Federal* (1938:426); exportações totais de café em IBGE (1990: tabela 6.43, p. 350).

Já no caso das exportações, a perda de posição do porto do Rio de Janeiro resultou de dois movimentos simultâneos: de um lado, a consolidação de Santos como principal ponto de escoamento do café brasileiro para o exterior; ao mesmo tempo, o *boom* da borracha na Amazônia faria o valor das exportações conjuntas de Manaus e Belém exceder em 40% o dos embarques no porto da capital federal no início do século.[127]

A erosão do papel dominante exercido pelo Rio de Janeiro como porto cafeeiro coincidiu com o advento do novo regime político. Entre 1885 e 1889, saía da capital para o exterior cerca de 2/3 do café exportado pelo país.[128] Nos anos iniciais da República (1890-94), o Rio ainda respondia por 50% das exportações cafeeiras do Brasil; entre 1901-05 tal proporção já havia caído para 29% (gráfico 3.8).[129]

Entre as evidências quantitativas acerca do comportamento da economia carioca no princípio do século XX, encontram-se os registros de sociedades comerciais constituídas e falências decretadas na cidade entre 1900 e 1915. Não seria incorreto esperar que, em princípio, um aumento no número de sociedades constituídas fosse observado em épocas de expansão econômica, ao passo que as falências deveriam acompanhar (com uma defasagem que se desconhece) momentos de crise econômica. Com vistas a normalizar a série para lidar com os efeitos do crescimento populacional (que tende a fazer aumentar o número de sociedades criadas e as que faliram), no gráfico 3.9 os dados originais estão expressos como proporção de 100 mil habitantes.[130]

Como se percebe, há uma tendência a crescimento do número de sociedades constituídas no Rio de Janeiro entre 1900 e 1908; após um recuo com duração de dois anos, o indicador torna a subir até 1913. O número de falências, por seu turno, parece capturar, no biênio 1900/01, os efeitos das políticas deflacionárias do governo federal, após o que se seguem anos de queda interrompidos por ligeira elevação em 1904 e aumento mais expressivo entre 1907-09.[131] Novo pico no número de falências/100 mil habitantes irá se dar em 1913, às vésperas da Primeira Guerra.

Em comum em todas as séries estatísticas examinadas até aqui é a indicação de que o período 1903-06 foi de crescimento da atividade econômica na cidade do Rio de Janeiro, ainda que atenuado em 1904 por força da epidemia de varíola. Com efeito, nota-se aumento da tonelagem total das embarcações adentrando o porto, da arrecadação de impostos e da formação de sociedades comerciais, bem como tendência a redução das falências destas. Tal quadro é compatível com o que foi uma gestão (Francisco Pereira Passos, prefeito de 30/12/1902 a 15/11/1906) marcada por grandes transformações urbanísticas na cidade, a cargo dos governos federal e municipal.

Gráfico 3.9
Sociedades comerciais constituídas e falências no Distrito Federal, 1900-15 (por grupo de 100 mil habitantes)

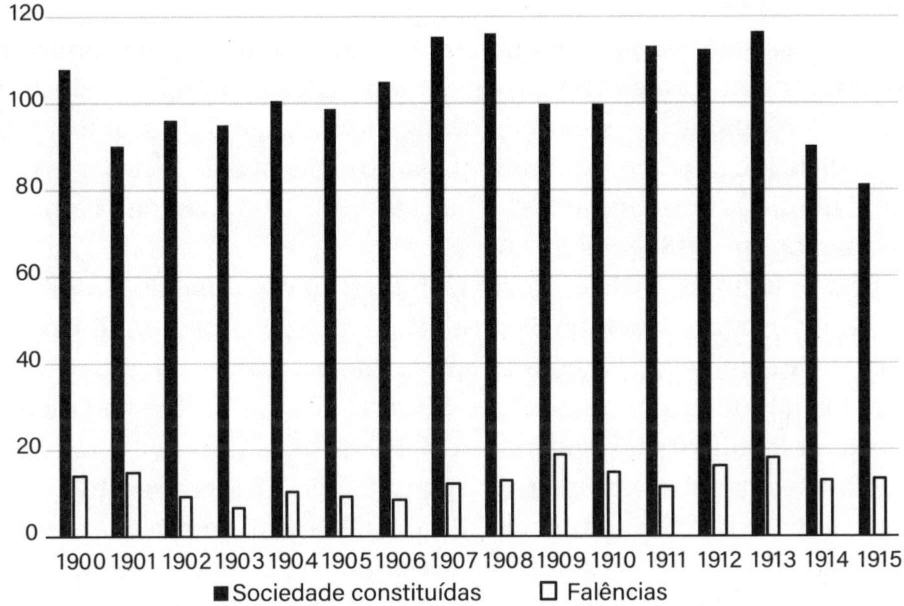

Fonte: Elaboração própria a partir de dados de sociedades constituídas e falências em BRASIL Ministério da Fazenda. Proposta e relatorio apresentados... (1916:301-302). População do Rio em 1900 e 1906 nos respectivos censos; para os anos intercensitários, obtida por interpolação considerando taxa de crescimento constante entre dois censos seguidos.

Entre as diversas intervenções urbanas levadas a cabo no período, sobressaem a ampliação e a modernização do porto do Rio de Janeiro e a melhoria/expansão da estrutura viária da cidade, com a abertura de várias ruas e alargamento de outras, destacando-se as avenidas Central (atual Rio Branco), do Mangue (atual Francisco Bicalho) e Beira-Mar.[132] Os recursos mobilizados para custear um conjunto de obras de tamanha envergadura por certo ajudaram a impulsionar o ritmo de atividade econômica na cidade no período.[133]

Em suma, a limitada evidência estatística de que se dispõe, complementada por informação de natureza mais qualitativa, descreve um quadro geral que aponta para crescimento da economia carioca nos primeiros três/quatro anos do regime republicano, seguido de estagnação/

contração que se arrastaria até o início do século XX. A recuperação a partir daí se estendeu até a eclosão da Grande Guerra, com indícios de alguma retração da economia do Rio de Janeiro em 1904 e no biênio 1907/08, e desaceleração em 1913.

Com efeito, às vésperas do início do conflito mundial, a economia do Rio apresentava alguns sinais de esfriamento, a exemplo do indicado para o conjunto do país na série de evolução do produto real exibida no gráfico 3.3. Por exemplo, aumentavam as falências de sociedades comerciais, ainda que o número das que foram constituídas tenha atingido um pico em 1913 (gráfico 3.9).

Para os editores do Retrospecto Commercial do Jornal do Commercio (1914:3), aquele ano fora de crise "no ponto de vista econômico, financeiro e comercial". Embora tal apreciação pareça se referir ao país de forma geral, notam os autores que diversas fábricas do Rio de Janeiro deixaram de distribuir dividendos em 1913 e as poucas que o fizeram reduziram-nos entre o primeiro e segundo semestre (Retrospecto Commercial do Jornal do Commercio, 1914:21). No sentido inverso, contudo, o movimento de entrada de navios no porto do Rio cresceu cerca de ⅓ entre 1912 e 1913.[134] A arrecadação do Imposto Predial em termos *per capita* também subiu em 1913 (gráfico 3.5).

Da Primeira Guerra à Grande Depressão, 1914-30

Seguindo a tendência observada na maioria dos países, a economia brasileira foi negativamente impactada pela Primeira Guerra, ainda que o conflito tenha contribuído para o avanço da industrialização substitutiva de importações. O produto real, que aumentara em média 3,7% a.a. entre 1901 e 1913, apresentou crescimento médio da ordem de 2,2% anuais entre 1911-13 e 1918 (gráfico 3.3).[135] Já a forte recuperação verificada no Brasil após o Armistício de 1918 foi motivada pelo *boom* nas exportações cafeeiras, levando à valorização do mil-réis que, de cerca de 13.5 *pence* em média durante o conflito, ultrapassaria a cotação de 18d no início de 1920 (gráfico 3.1).

Em 1921, a economia brasileira foi afetada por aperto monetário praticado pelo Banco da Inglaterra e o Federal Reserve em resposta à disparada da inflação observada na Grã-Bretanha e nos Estados Unidos. Não está claro se a cidade do Rio de Janeiro foi igualmente afetada pela recessão mundial de 1921, tendo em vista os prováveis impactos positivos, sobre a economia local, do programa de obras promovido pela prefeitura durante a gestão Carlos Sampaio (8/8/1920 a 15/11/1922). Entre as intervenções urbanas do período, sobressaem a continuidade do processo de arrasamento do morro do Castelo (visando abrir espaço para a realização da Exposição Internacional do Centenário da Independência), a construção da avenida do Contorno do morro da Viúva (atual Rui Barbosa), saneamento e embelezamento da lagoa Rodrigo de Freitas e construção da avenida Maracanã (Reis, 1977:79-82).

À retomada do ritmo de crescimento econômico observada em 1922/23 no Brasil, na transição da administração Epitácio Pessoa para o governo de Artur Bernardes, seguiu-se política econômica austera e desaceleração em 1924/25.[136] O *boom* subsequente, por seu turno, seria alimentado pelo sucesso da política de valorização dita "permanente" do café iniciada em 1922; como resultado, as exportações do produto, que somaram uma média de £ 43,4 milhões entre 1920-24, atingiram, em média, £ 68,7 milhões entre 1925-29.

Este seria o apogeu da economia primário-exportadora brasileira, atravessando a primeira metade do governo Washington Luiz, em um contexto de câmbio estável e mil-réis conversível em ouro — e, portanto, câmbio fixo — que duraria até a queda do regime, em outubro de 1930. Antes disso — e como resultado de contração de crédito patrocinada pelo Banco do Brasil, somada à fuga de capitais atraídos por elevação dos juros iniciada em 1928 pelo Federal Reserve —, a economia brasileira sofreria forte desaceleração em 1929, transformada em contração no ano seguinte a reboque do colapso do esquema de defesa e, com ele, dos preços internacionais do café.

No tocante ao desempenho agregado da economia do Rio de Janeiro no período 1913-30, as informações estatísticas, lamentavelmente, não são mais abundantes do que aquelas discutidas na seção anterior para o quarto de século inicial do regime republicano. Com relação ao comportamento da inflação, inclusive, elas são de qualidade indiscutivelmente pior. O único índice de preços calculado para a cidade no período o foi pelo Serviço de Estatística Econômica e Financeira do Ministério da Fazenda, constituindo-se em índice de custo de vida para uma família de sete pessoas de "classe média". Sua cobertura se estende de 1912 a 1939 (IBGE, 1990:151).[137]

Gráfico 3.10
Índice do custo de vida para uma família de sete pessoas na cidade do Rio de Janeiro, 1912-39 (base: 1912=100)

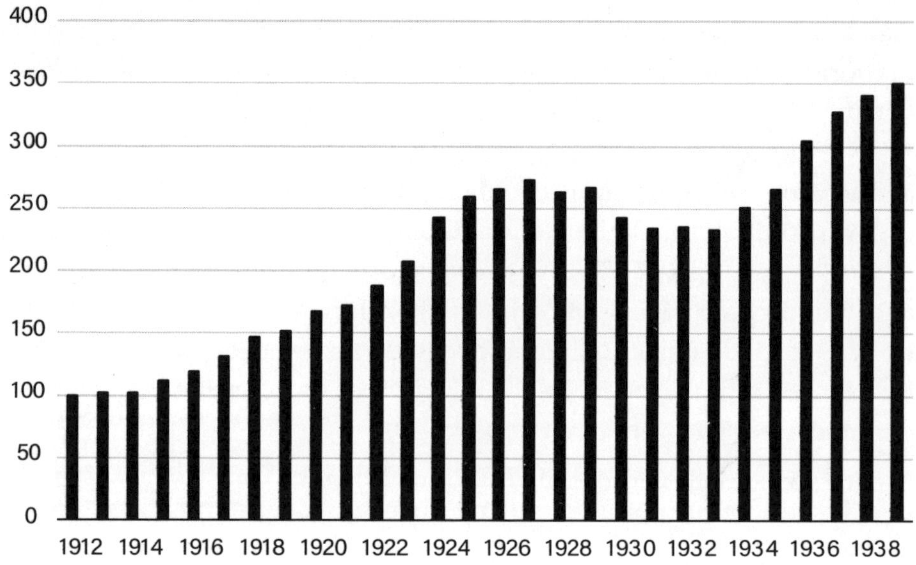

Fonte: IBGE (1990: tabela 5.1, p. 176).

De acordo com aquele índice, o custo de vida para uma família "burguesa"[138] na capital federal aumentou, em média, 9,5% a.a. durante a Primeira Guerra, ritmo que iria desacelerar para 7% a.a. entre 1918 e 1927; de lá até o término da Primeira República, recuou 10%.

Se o conflito mundial provocou desaceleração do ritmo de expansão da economia brasileira experimentado na Belle Époque (gráfico 3.3), seu efeito sobre o comércio exterior foi trágico: de pouco mais de 8 milhões em 1913, a tonelagem conjunta dos navios que adentraram o porto do Rio de Janeiro caiu para apenas 3 milhões em 1917 (gráfico 3.11).

Gráfico 3.11

Tonelagem dos navios que entraram no porto do Rio de Janeiro, 1913-37 (em 1.000 t)

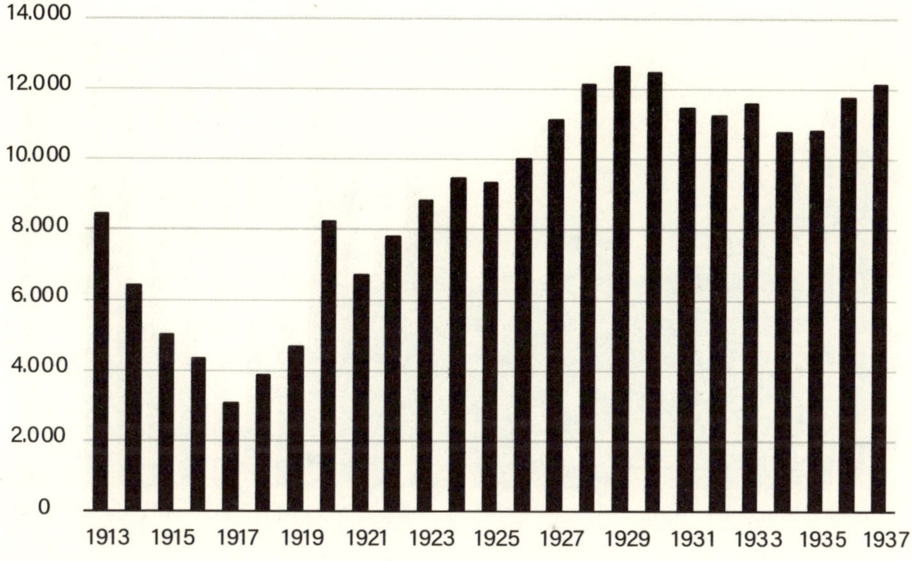

Fonte: IBGE. Diretoria de Estatística Municipal. *Anuário...* (1938:429).
Nota: Valores se referem à tonelagem somada das embarcações empregadas no comércio de longo curso e de cabotagem.

Na ausência de discriminação, na fonte de dados, entre navios engajados no comércio de longo curso e os envolvidos na cabotagem, torna-se difícil estabelecer em que medida o recuo observado durante os anos de guerra reflete uma economia estagnada/em desaceleração ou apenas os efeitos inevitáveis do conflito sobre os fluxos internacionais de comércio. Seja como for — e em virtude da importância da atividade portuária na economia carioca —, é provável que esta tenha experimentado um período de baixo crescimento. A recuperação a partir daí seria interrompida pela recessão de 1921, mas, até o final da década, o movimento de navios cresceria mais ⅓, chegando a atingir 12,6 milhões de toneladas em 1929.

Indícios adicionais a respeito do comportamento da economia carioca podem ser obtidos a partir de dados de arrecadação do Imposto Predial.

Gráfico 3.12
Arrecadação do imposto predial no Distrito Federal, 1913-39 (em mil-réis de 1939 *per capita*)

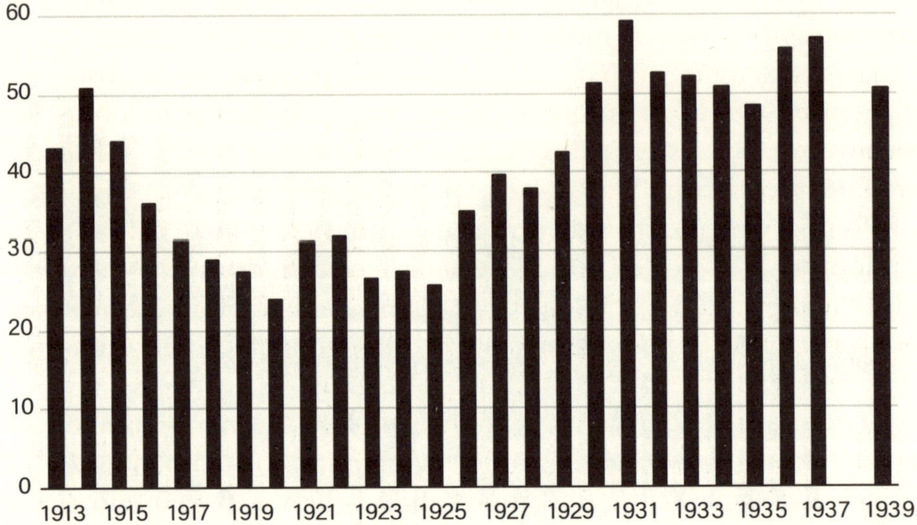

Fontes: Elaboração própria a partir de dados de arrecadação em IBGE. Diretoria de Estatística Municipal. *Anuário*... (1938:433-434 e 464; 1941:99).
Notas: Dados originais deflacionados pelo deflator implícito global em IBGE (1990: tabela 5.2, p. 177). População do Rio para os anos intercensitários obtida por interpolaçao considerando taxa de crescimento constante entre dois censos seguidos.

Nota-se, no gráfico 3.12, queda acentuada na arrecadação real *per capita* do Imposto Predial nos anos da Primeira Guerra. Contudo, tal fato não exprime necessariamente uma retração econômica de igual magnitude na economia da cidade entre 1914 e 1918, sendo em parte resultante do aumento significativo dos preços no período. Dito isso, o fato de a receita (nominal) daquele imposto ter-se mantido constante, naquele quadriênio, em torno de 17,5 mil contos/ano, em paralelo a inflação acumulada estimada em cerca de 40% pode estar a indicar desvalorização do valor real da propriedade imobiliária consistente com atividade econômica pouco pujante.

Em 1918, em particular, a arrecadação do imposto manteve-se praticamente estável em relação ao ano anterior, sendo a queda em termos reais observada no gráfico 3.12 resultante de custo de vida que aumentou cerca de 10% naquele ano. Uma arrecadação estagnada/em queda seria compatível com um ano trágico para a cidade, no qual a Gripe Espanhola ceifou 12,8 mil vidas, o que resultou em aumento de 70% no número total de óbitos em relação ao registrado no triênio anterior. É certo que a economia do Rio de Janeiro não passou ilesa por essa epidemia que, ademais, provocou 600 mil hospitalizações (Goulart, 2005:105).

Já a longa estagnação da arrecadação real *per capita* do Imposto Predial entre 1918 e 1925 decorre de receita que, praticamente, dobrou em termos monetários no período, porém em meio a elevada inflação e crescimento da população. De interpretação possivelmente mais segura é o comportamento da série verificado entre 1926 e 1930: o crescimento nominal de cerca de 50% no total arrecadado do Imposto Predial, juntamente com deflação de 10% e algum crescimento populacional, por certo reflete um momento favorável experimentado pela economia carioca nos anos terminais da Primeira República.[139]

Série estatística que também pode ser mobilizada para se compor um quadro aproximado da evolução da economia carioca no período em apreço envolve os saldos dos empréstimos concedidos pelos principais bancos da capital entre 1912 e 1939.

O encolhimento da carteira de empréstimos dos bancos verificado entre 1912 e 1916 se deu em valores correntes e adquiriu intensidade maior em termos reais (gráfico 3.13) num contexto de aumento do custo de vida. Tal como o comportamento da arrecadação do Imposto Predial visto anteriormente, isto parece indicar arrefecimento do nível de atividade econômica no Rio durante a Primeira Guerra. Já a vigorosa retomada subsequente segue trajetória semelhante à do movimento de entrada de embarcações no porto (gráfico 3.11) e iria atingir um pico em 1921 — justamente quando a economia mundial sofreu os efeitos da contração monetária nos EUA e Grã-Bretanha. Aqui parece se manifestar situação em que a expansão creditícia se dá com o objetivo de enfrentar uma conjuntura de retração econômica. Neste caso específico, por meio da ação da Carteira de Emissão e Redesconto do Banco do Brasil (Cared), criada em novembro de 1920. Após três anos de redução dos saldos de empréstimos bancários, coincidindo com políticas recessivas praticadas na segunda metade do governo de Arthur Bernardes, eles tornam a crescer nos anos finais da Primeira República, em linha com a expansão econômica verificada à época.

Gráfico 3.13
Saldos em 31 de dezembro dos empréstimos concedidos pelos principais bancos da cidade do Rio de Janeiro, 1912-39 (em 1$000 de 1939 *per capita*)

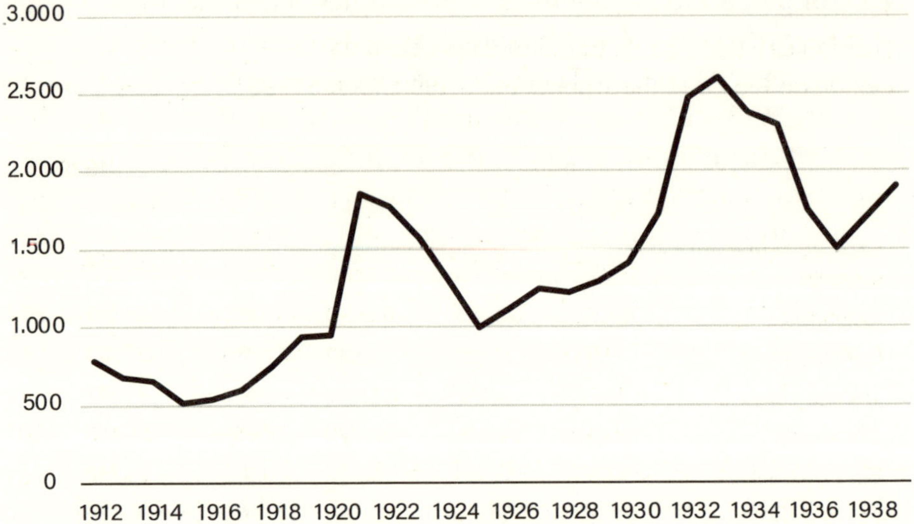

Fontes: Elaboração própria a partir de dados em IBGE. Diretoria de Estatística Municipal. Anuário... (1938:434) e Retrospecto Commercial do Jornal do Commercio (1939:419).
Notas: Valores correspondem à soma de letras descontadas e empréstimos em conta corrente. Dados originais deflacionados pelo deflator implícito global em IBGE (1990: tabela 5.2, p. 177). População do Rio para os anos intercensitários obtida por interpolação considerando taxa de crescimento constante entre dois censos seguidos.

A discussão feita até este momento buscou, por meio de alguns fragmentos de evidências quantitativas e qualitativas, oferecer visão aproximada dos ritmos seguidos pela economia da cidade do Rio de Janeiro ao longo das décadas iniciais do período republicano. A ela é possível acrescentar elementos que caracterizem a *estrutura* daquela economia, sua composição setorial, em diversos pontos do tempo.

Somente em 1920 foram a campo os primeiros censos econômicos elaborados pela Diretoria Geral de Estatística, órgão ligado ao Ministério da Agricultura, com informações sobre os setores agropecuário e industrial (além do próprio Censo Demográfico daquele ano). Contudo, antes disso, diversos levantamentos setoriais, bem como os censos demográficos realizados no país em 1890 e na cidade do Rio em 1906, reúnem informações que ajudam o esforço de caracterização mais precisa da economia carioca.

Tabela 3.2
Distribuição da força de trabalho empregada na cidade do Rio de Janeiro, por setor — 1890, 1906 e 1920

	1890		1906		1920	
	Total	%	Total	%	Total	%
Expl. do solo e subsolo	13.234	7,4%	25.575	8,4%	30.664	6,4%
Indústrias	54.520	30,4%	83.970	27,6%	128.014	26,6%
Edificação	n.d.	n.d.	31.800	10,4%	26.383	5,5%
Transportes	10.733	6,0%	22.805	7,5%	44.107	9,2%
Comércio	50.358	28,0%	62.775	20,6%	88.306	18,3%
Serviço doméstico	24.895	13,9%	33.122	10,9%	71.752	14,9%
Força pública	11.352	6,3%	16.484	5,4%	24.835	5,2%
Administração [a]	5.525	3,1%	12.437	4,1%	35.355	7,3%
Profissões liberais	8.406	4,7%	12.050	4,0%	26.041	5,4%
Pessoas que vivem de suas rendas	517	0,3%	3.522	1,2%	5.910	1,2%
	179.540	**100,0%**	**304.540**	**100,0%**	**481.367**	**100,0%**
Profiss. não declaradas [b]	48.100		292.202		639.669	
Profissões mal definidas	n.d.		102.020		35.659	
	227.640		**698.762**		**1.156.695**	
População Total	**522.651**		**811.443**		**1.157.873**	

Fontes: Elaboração própria a partir de dados de ocupação dos Censos Demográficos de 1890, 1906 e 1920.
Notas: "a" inclui administração "particular" em 1920; "b" inclui profissões desconhecidas e, em 1920, indivíduos sem profissão.

Um primeiro conjunto de dados que detalha a estrutura da economia do Rio no período envolve a distribuição da população (tal como apurada pelos censos demográficos de 1890, 1906 e 1920) segundo as "profissões", conceito que mescla as noções de emprego segundo a ocupação e setor de atividade econômica (Merrick e Graham, 1979:147). Agregação dos dados originais dos três levantamentos segundo os principais setores econômicos resulta na tabela 3.2.

Antes de prosseguir na interpretação dos números, algumas ressalvas iniciais se fazem necessárias. Primeiramente, nota-se que o quantitativo de indivíduos que declararam estar ocupados no setor industrial carioca em 1906 (cerca de 84 mil) e 1920 (128 mil) excede em muito o número de operários apurado pelo levantamento industrial de 1907 e o Censo Industrial de 1920 — respectivamente, 35 mil e 56,5 mil. A enorme diferença não deve ser buscada no universo de trabalhadores do setor industrial envolvidos em tarefas administrativas ou patrões, mas, sim, em problemas de (auto)classificação das profissões nos censos demográficos.

Um segundo reparo, conforme visto no capítulo 2, envolve a categoria "serviço doméstico",[140] mal definida nos dois primeiros levantamentos, de forma que não distinguia, por exemplo, pessoas que efetivamente exerciam atividades laborais em domicílios de donas de casa labutando na própria residência. Seguindo procedimento proposto por Merrick e Graham (1979:151), na tabela 3.2 ajustou-se para menos o total de trabalhadoras originalmente classificadas naquele setor nos anos de 1890 e 1906.[141] Para tanto, aplicou-se, naqueles dois anos, a mesma proporção sobre o total da população feminina (10,5%) de trabalhadoras em "serviços domésticos" verificada em 1920.

Feitas estas ressalvas, os dados da tabela 3.2 mostram uma proporção relativamente pequena da população carioca ligada a atividades do setor primário (agropecuária e extração mineral). Já entre os setores de atividade que empregavam mais indivíduos estavam a indústria, que, mesmo ressalvando-se o exagero nos números reportados na tabela, experimentou, como se verá mais à frente, forte expansão no Rio de Janeiro nas primeiras décadas da República.

Mais significativo ainda é o peso do setor terciário na economia da cidade, empregando a maioria das pessoas no comércio, em serviços diversos e na administração pública. Conforme discutido adiante, tal perfil — consistindo em importância marginal do setor primário (em uma época em que este ainda predominava na economia brasileira como um todo) e "hipertrofia" do terciário —, já visível no início do século XX, iria se intensificar nas décadas subsequentes à medida que o setor secundário perdia espaço na economia da cidade.[142]

Voltando o olhar para os setores primário e secundário — objeto de atenção maior por parte dos contemporâneos e, portanto, de levantamentos estatísticos mais sistemáticos —, em 1907, o governo municipal realizou inquérito agrícola no Distrito Federal com o fito de estimular a participação de horticultores na Exposição Nacional de 1908, comemorativa do centenário da Abertura dos Portos. Os resultados foram publicados como apêndice em volume distribuído na Exposição (Prefeitura do Districto Federal, 1908) e revelaram a existência de 912 estabelecimentos apenas, ocupando pouco mais de 7 mil hectares. Em sua maioria, eram de pequena dimensão (1 a 5 hectares), e propriedades maiores podiam ser encontradas nos distritos de Guaratiba e Campo Grande.[143]

Em 1919, no âmbito do primeiro Censo da Agricultura, não foram reunidas informações sobre hortas e pomares, estando o levantamento focado em culturas com maior importância no comércio interno e internacional, a exemplo dos cereais, grãos diversos, batata, mandioca, algodão, fumo, cana, café, cacau etc. (Brasil, 1924b:iv). No total, o levantamento contou 2.088 estabelecimentos na cidade do Rio de Janeiro, empregando cerca de 26,6 mil indivíduos dedicados à lavoura e à criação de animais naquele ano. O valor da produção agrícola apurado em 1920 foi de apenas 2.609 contos, contra 3.453 contos em 1907.[144]

A maior parte dos estabelecimentos rurais do Rio pesquisados pelo censo de 1920 estava concentrada nos distritos de Guaratiba, Campo Grande e Santa Cruz, havendo o predomínio da produção de cana-de-açúcar, milho, mandioca, arroz e feijão. Quanto às criações, o maior plantel era de gado bovino, com cerca de 23,4 mil cabeças; era criado em 1919 no Distrito Federal número um pouco menor de suínos.

As magnitudes apuradas pelo censo de 1920 indicam que a produção local de gêneros agrícolas por certo atendia a parcela minúscula do consumo do Rio, cuja população em 1920 já ultrapassara 1 milhão de habitantes. Em estudo sobre a agricultura fluminense na virada do século XIX para o XX, Santos e Mendonça (1986) descrevem processo de diversificação produtiva estimulado pelo governo Nilo Peçanha e que permitiu aumento dos volumes de gêneros alimentícios exportados pelo estado do Rio para o Distrito Federal. Em 1914, por exemplo, cerca de ¼ das importações de feijão e batata na capital provinham do estado do Rio, assim como 92,3% do milho e 90% das frutas e legumes.[145]

Ainda que respondendo por uma fração menor do emprego e da economia da cidade do Rio do que o setor terciário, a indústria de transformação foi objeto de maior atenção por parte tanto dos contemporâneos como da pesquisa acadêmica. Por essa razão, deixou um "rastro" estatístico muito mais rico do que o setor de serviços e o pequeno setor agropecuário carioca.

Uma das primeiras evidências quantitativas do estado da indústria de transformação do Rio no início da República encontra-se no relatório do Ministério da Indústria, Viação e Obras Públicas, onde é detalhado o resultado de exposição industrial realizada entre 15 de novembro de 1895 e 24 de fevereiro de 1896 na capital federal (Brasil, 1896:11-24). Dando seguimento a eventos semelhantes organizados no período imperial, foram convidados empresários de todos os pontos do país para virem ao Rio de Janeiro expor seus produtos. Participaram, no total, 594 expositores, sendo pouco mais da metade oriundos do Distrito Federal e do estado do Rio. Entre os diversos produtos expostos, uma grande variedade de bens de consumo não duráveis (produtos alimentares, bebidas, fumo, perfumaria etc.), mas também artigos da indústria química (tintas, vernizes, fósforos), máquinas e veículos, artefatos de metal, chapéus, papel, entre outros (Brasil, 1896:17).

Lugar de destaque é dado no referido relatório ao setor têxtil, com anexo apresentando relação de estabelecimentos de fiação e tecelagem de todo o Brasil presentes na exposição. Nele, são relacionadas 14 unidades fabris localizadas no Distrito Federal, com datas de inauguração (nos casos em que essa informação era conhecida) nos anos 1880/início da década de 1890. No total, reuniam cerca de 6.500 operários. Eram as maiores unidades fabris à época, simbolizando aquilo que Lobo (1978) denotou como o período de transição da manufatura para a indústria, entre o final do Império e os anos 1920.

O primeiro levantamento sistemático do setor fabril do Brasil seria realizado em 1907 pelo Centro Industrial do Brasil a pedido do ministro da Indústria, Viação e Obras Públicas, Lauro Müller.[146] No total, foram coletados dados de 3.258 estabelecimentos em todo o país, classificados em 97 setores produtivos. Em 1907, a produção industrial do Distrito Federal representava 30% da produção do país como um todo, de acordo com aquele levantamento. Na cidade do Rio de Janeiro se localizavam, ainda, 23,2% dos operários fabris e 20,6% dos estabelecimentos recenseados, respondendo por 25,5% do capital total da indústria brasileira naquele ano.[147]

Entre as limitações do inquérito, reconhecidas pelos próprios responsáveis pela iniciativa, está a cobertura incompleta em termos de setores (ausência de informações sobre engenhos de açúcar, por exemplo) e unidades fabris (muitas das de pequeno porte não foram incluídas). Adicionalmente, existem indícios de subnotificação, por parte dos entrevistados, dos dados de valor da produção industrial (IBGE, 1990:366).

Tabela 3.3
Principais setores industriais do Distrito Federal — 1907

	Número de Estabelecimentos	Capital (contos)	Valor da Produção (contos)	Número de Operários
Calçados	57	5.561	14.904	3.627
Chapéus	67	8.884	11.436	1.695
Construção naval	7	355	3.060	2.729
Cerveja	24	7.610	9.318	1.151
Fiação e tecelagem	22	76.032	42.839	10.281
Fundição e obras sobre metais	43	2.814	9.569	2.004
Material de transporte	11	7.586	9.376	1.345
Móveis e decorações	28	3.120	6.986	1.652
	259	**111.962**	**107.488**	**24.484**
Total do Rio de Janeiro	**662**	**167.120**	**218.344**	**34.856**
Principais Setores / Total RJ	**39,1%**	**67,0%**	**49,2%**	**70,2%**

Fonte: Elaboração própria a partir de Centro Industrial do Brasil (1909: v. III, p. 36-37).
Nota: Dados referentes apenas a setores que empregavam, no mínimo, 1.000 operários.

Na tabela 3.3 são apresentados os principais ramos da indústria manufatureira do Rio de Janeiro em 1907, definidos como aqueles que empregavam mais de 1.000 operários na ocasião. Embora constituíssem pouco mais de 39% do total de estabelecimentos e metade do valor da produção, reuniam 67% do capital e 70% do total de operários.[148] Destaca-se o setor têxtil ("fiação e tecelagem" na tabela) que, em 22 estabelecimentos, reunia — por ampla margem — o maior volume de capital e número de operários. O valor de sua produção equivalia a aproximadamente 20% do total da produção industrial da cidade.

Igualmente digna de nota é a indústria metal-mecânica, representada na tabela 3.3 pelos setores de construção naval e de fundição e obras sobre metais. Em conjunto, reuniam 50 estabelecimentos fabris e empregavam pouco mais de 4.700 operários.[149]

Em 1912, a Diretoria Geral de Estatística, órgão do Ministério da Agricultura, enviou questionários a todos os fabricantes de produtos tributados pelo imposto de consumo (IBGE, 1990:366). Tal tributo passara a ser recolhido pelo governo federal em 1892, incidindo originalmente apenas sobre o setor produtor de fumo. Dali até 1914, novos produtos passaram a ser tributados, a exemplo de bebidas, fósforos, sal, velas, perfumes, tecidos etc. Em 1929, já eram 44 as categorias de produtos que pagavam o imposto.[150]

A rigor, os dados de valor da produção industrial a que se chega a partir desta base se referem às vendas das fábricas em determinado ano, sendo distintas da produção propriamente dita em função da variação de estoques. Os setores sobre os quais incidia a cobrança do tributo representavam "mais de 40%" do valor da produção apurada pelo Censo Industrial de 1920 (Brasil, 1933:x).[151]

Os setores industriais sujeitos ao pagamento do imposto de consumo no Rio de Janeiro em 1912 foram reunidos em cinco grandes grupos, detalhados nas notas à tabela 3.4. Foi recenseada aproximadamente metade das 1.304 unidades pagadoras do imposto registradas no Rio (e Niterói), equivalentes a 6,8% dos cerca de 9,5 mil estabelecimentos pesquisados no país naquele ano.

Tabela 3.4
Estabelecimentos industriais do Distrito Federal sujeitos ao imposto de consumo recenseados pelo Inquérito de 1912

	Têxtil	Químico[a]	Alimentação[b]	Vestuário e Toilette[c]	Outros[d]	Total
Estabelecimentos registrados (A)[e]	31	295	164	563	251	**1.304**
Estabelecimentos recenseados (B)	21	141	65	276	139	**642**
B/A	65,6%	47,8%	39,6%	49,0%	55,4%	**49,2%**
Número de operários	12.032	1.568	2.114	5.437	1.315	**22.466**
% do Brasil	16,4%	19,4%	17,3%	21,0%	8,2%	**15,5%**
Capital das empresas (contos)	73.113	11.918	15.391	14.011	4.714	**119.147**
% do Brasil	24,7%	39,2%	20,8%	32,2%	22,2%	**24,6%**
Força motriz empregada (C.V.)	15.512	932	1.693	1.064	163	**19.364**
% do Brasil	20,6%	30,0%	20,4%	27,7%	13,3%	**20,8%**

Fonte: Elaboração própria a partir de Brasil (1921:173-186).
Notas: "a" Fósforos, velas, perfumaria e especialidades farmacêuticas; "b" Bebidas, vinagre e conservas; "c" Calçados, chapéus e bengalas; "d" Fumo e cartas de jogar; "e" Inclui o município de Niterói.

No total, estavam ocupados nos estabelecimentos industriais pesquisados no Distrito Federal em 1912 pouco menos de 22,5 mil operários, com mais de metade sendo empregada em 21 unidades fabris da indústria têxtil. Aquele setor, igualmente, respondia pela maior parte (60%) do capital investido e quase ¾ da força motriz empregada. Vivia-se aquilo que Stein (1957: cap. 8) denotou como os "Anos Dourados" da indústria têxtil nacional, com sua concentração espacial na região do Rio de Janeiro (Distrito Federal e estado do Rio) e no estado de São Paulo.

O primeiro Censo Industrial do Brasil foi realizado em 1920, tendo como ano de referência 1919. Na ocasião, foram contados pouco mais de 1,5 mil estabelecimentos industriais na capital federal, empregando 56,5 mil operários, a maioria dos quais em unidades de pequeno e médio (até 40 operários) portes, excetuando-se nos casos dos setores têxtil, construção de aparelhos de transporte, fábricas de gelo e de vidros/cristais (Freitas Filho, 1986: v. 2, p. 56-61).

O Censo Industrial (e Agrícola) de 1920 no Distrito Federal traz quadro com dados comparativos dos resultados daquele levantamento e o realizado em 1907 pelo Censo Industrial do Brasil. A estes são acrescidas na tabela 3.5 informações sobre o número de estabelecimentos industriais, operários e capital em 1929 segundo os mesmos setores.[152] Os dados de capital empregado e de valor da produção, originalmente em valores correntes, foram convertidos em preços constantes de 1939 a fim de permitir comparações no tempo.

Um ponto que sobressai da tabela 3.5 é o aumento notável do número de operários fabris na cidade do Rio entre 1907 e 1919 (62%) e de 1919 a 1929 (65%). Já no tocante ao volume de capital empregado na indústria carioca, após aumentar pouco mais de 70% em termos reais entre 1907 e 1919, manteve-se praticamente estável na década seguinte (expansão de apenas 5%), ainda que o número de estabelecimentos industriais tenha crescido 25,6% em igual período.

Com relação ao valor produzido, dobrou em termos reais entre 1907 e 1919, implicando taxa de crescimento média anual de pouco menos de 6%. Os setores de alimentação e têxtil foram responsáveis por 47,3% do valor produzido em 1907 e 52,3% em 1919, conformando com o perfil de indústria concentrada na produção de bens de consumo não duráveis.

Tabela 3.5

Indicadores da indústria do Distrito Federal, por setor — 1907, 1919 e 1929

	1907				1919				1929		
	Estab.	Oper.	Capital (em contos de 1939)	Valor da Produção (em contos de 1939)	Estab.	Oper.	Capital (em contos de 1939)	Valor da Produção (em contos de 1939)	Estab.	Oper.	Capital (em contos de 1939)
Têxtil	38	10.647	217.764	125.390	73	19.264	337.486	244.688	108	24.836	355.766
Couros e peles	9	393	4.615	3.874	29	631	12.079	17.305	32	792	10.615
Madeiras	31	977	10.171	38.463	95	1.444	27.495	37.588	122	2.206	28.465
Metalurgia	76	2.767	18.761	40.447	131	4.977	34.745	55.444	206	7.105	42.744
Cerâmica	34	1.189	8.621	13.433	89	2.343	11.889	16.900	106	3.022	20.888
Produtos químicos	63	1.623	38.258	56.913	232	3.454	83.505	112.609	290	4.746	85.629
Alimentação	107	3.298	66.051	162.053	203	7.306	143.433	426.299	240	9.112	142.869
Vestuário e toucador	190	7.507	49.750	96.511	422	10.639	68.437	189.153	476	12.799	66.664
Mobiliário	30	1.666	8.961	20.073	135	2.749	9.016	25.336	185	4.123	14.285
Edificação	19	420	5.624	7.121	65	892	5.722	10.456	75	1.093	5.818
Transportes	34	4.316	25.382	38.756	41	1.944	19.773	29.241	60	22.633	21.144
Produção e transm. de forças físicas	1	42	1.011	4.073	3	589	22.327	24.331	3	648	19.386
Ciências, artes e letras	5	45	438	551	24	285	1.989	3.518	34	411	3.130
	637	**34.890**	**455.407**	**607.657**	**1.542**	**56.517**	**777.896**	**1.192.868**	**1.937**	**93.526**	**817.403**

Fontes: Elaboração própria a partir de dados, para 1907 e 1919, em Brasil (1924b:XIX-XXXIV); para 1929, em Brasil (1930:125).

Notas: Capital e valor da produção, originalmente a preços correntes, convertidos em preços constantes de 1939 com base no deflator implícito da indústria em IBGE (1990: tabela 5.2, p. 177). Para o ano de 1907, utilizou-se o índice de 1908, ano em que a série do deflator se inicia.

Embora permanecesse como o que empregava o maior número de operários (19,3 mil) na cidade em 1919, o setor têxtil era superado pela indústria alimentícia em termos de valor da produção. No caso desta última, tal valor correspondia a pouco mais de ⅓ do total produzido pela indústria carioca naquele ano. Oito estabelecimentos apenas de "moagem de cereais e fabricação de farinha de mandioca" (com predomínio indubitavelmente dos grandes moinhos de trigo) eram responsáveis pela produção de mercadorias com valor equivalente a pouco menos de 20% do total setorial.

A ausência de dados do valor da produção industrial em 1929 (visto não terem havido levantamentos censitários em 1930) dificulta avaliação mais precisa do comportamento do setor secundário no Rio de Janeiro (e Brasil) na década de 1920. Dito isso, é possível chegar-se à estimativa daquela variável de maneira indireta por meio das estatísticas da arrecadação do imposto de consumo.

Em 1939, o valor da produção industrial sujeita ao pagamento daquele imposto no Distrito Federal atingiu Cr$ 1.977,8 milhões, ou 74,5% da produção industrial da cidade apurada pelo Censo de 1940 (equivalente a Cr$ 2.654,9 milhões). Sabe-se, adicionalmente, que em 1939 as únicas "espécies" (setores) tributadas que já não o eram em 1929 eram a gasolina (agrupada, em 1938, a óleos e carbureto de cálcio), cimento e linhas, cordoalha e botões, estes últimos passando a recolher o imposto de consumo em 1933. O valor da produção desses novos setores alcançou 4,5% do conjunto de atividades sobre as quais incidiu o imposto no Brasil em 1939; naquele mesmo ano, os setores tributados representaram 77% do valor da produção industrial brasileira.

Tendo em vista os números anteriores, uma conjectura razoável seja que o valor da produção industrial sujeita ao pagamento do imposto de consumo em 1929 se situasse em torno de 72% do total produzido[153] pelo setor secundário no Rio de Janeiro. Sabendo-se que naquele ano o valor da produção dos setores efetivamente taxados na capital federal alcançou 954.934 contos, daí decorreria um valor da produção industrial total da ordem de cerca de 1.326 mil contos em 1929.[154] Comparados aos 677.553 contos apurados pelo Censo em 1919, um aumento real (considerando-se a variação acumulada de 38,2% dos preços industriais no período) do valor da produção da indústria carioca na década de

1920 de 41,6%, ou pouco mais de 3,5% a.a., em média.[155] Trata-se, como visto, de ritmo consideravelmente mais lento do que o estimado para o período 1907-19 (de 5,8% a.a., em média) e compatível com o consenso da literatura de que a indústria carioca já dava mostras de menor dinamismo após a Primeira Guerra.[156]

Já com relação à *composição* dessa indústria, de maneira geral, os dados anteriores repetem, para a economia do Rio, o que se sabe a respeito da estrutura da indústria brasileira nas décadas iniciais do século XX, quando predominavam — com folga — os setores produtores de bens de consumo leves. Em paralelo, contudo, já havia sinais de uma incipiente indústria de bens de capital operando na capital federal.

Em seu conhecido estudo sobre a história daquele setor no Brasil, Lago et al. (1979) procedem à agregação de dados constantes do inquérito de 1907 e do Censo Industrial de 1920 que apontam nesse sentido. Seguem seus resultados.

Tabela 3.6
Indústrias produtoras de bens de capital
no Distrito Federal — 1907 e 1919

	1907		
	Estabelec.	Operários	Valor da Produção (em contos)
Fundição e obras sobre metais	19	1.680	8.119
Máquinas	1	17	90
Construção naval	5	2.221	2.960
Material de transporte	8	1.305	9.212
	33	**5.223**	**20.381**
Ind. de bens de capital do RJ / Ind. do RJ	5,0%	15,0%	9,3%
Indústria de bens de capital do Brasil	107	10.506	45.696
Ind. de bens de capital do RJ / Ind. de bens de capital do Brasil	30,8%	49,7%	44,6%

	1919				
	Estabelec.	Operários	Valor da Produção (em contos)	Força Motriz (em C.V.)	Capital (em contos)
Construção de máquinas em geral	16	2.057	11.713	1.149	9.001
Oficinas mecânicas e fabr. de peças e acessórios	7	109	831	86	400
Construção naval	3	693	5.783	529	3.296
Carros, carroças, vagões etc.	24	1.057	9.148	2.102	7.534
Reparação de motores elétricos	2	n.d.	n.d.	n.d.	n.d.
	52	**3.916**	**27.475**	**3.866**	**20.231**
Ind. de bens de capital do RJ / Ind. do RJ	3,4%	7,0%	4,0%	5,5%	4,6%
Indústria de bens de capital do Brasil	380	8.698	74.753	7.804	45.816
Ind. de bens de capital do RJ / Ind. de bens de capital do Brasil	13,7%	45,0%	36,8%	49,5%	44,2%

Fonte: Lago et al. (1979: quadro II.7, p. 27-32; quadro II.12, p. 43; quadro II.14, p. 48).
Notas: Dados para 1907 incluem apenas estabelecimentos com 50 ou mais operários e/ou com vendas acima de 50 contos de réis utilizando força não manual. Construção naval em 1919 não inclui o Arsenal de Marinha.

Como se nota, os setores que, em 1907, constituíam uma nascente indústria de bens de capital empregavam pouco mais de 5 mil operários, ou 15% do total da indústria carioca naquele ano. No conjunto da indústria de bens de capital do Brasil, reuniam a metade dos operários. Entre 1907 e 1919, o número de estabelecimentos classificados pelos autores como produtores de bens de capital aumentou no Rio de Janeiro, embora em meio à redução da força de trabalho. O crescimento do valor da produção, entre os dois levantamentos, de meros 28,6%, foi superado pela inflação verificada no período, implicando recuo de cerca de 20% em termos reais.[157]

Tal resultado, conjugado com a queda do número de operários empregados, indica contração da indústria produtora de bens de capital do Rio de Janeiro entre 1907 e 1919. Em sentido contrário, o setor dava mostras de crescimento no estado de São Paulo, com o número de estabelecimentos considerados produtores de bens de capital alcançando 183 em 1919, empregando cerca de 2,8 mil operários. Mais significativo ainda, o valor produzido naquele estado da Federação chegava a 38,6 mil contos — o triplo, em termos reais, do apurado em 1907 — e cerca de 25% maior do que no Rio.[158]

A perda de liderança industrial da cidade do Rio de Janeiro a favor de São Paulo não se limitou ao setor produtor de bens de capital e é há tempos fato conhecido da literatura especializada. Dado o debate acadêmico que cerca o fenômeno, é oportuno neste ponto efetuar uma digressão para tratar do *timing* do seu início.

Possivelmente, o autor que mais se debruçou sobre a questão foi Wilson Cano. Em seu trabalho clássico de 1977 tratando da concentração da produção industrial em São Paulo, enxerga tal processo como tendo seu ponto de partida "já no início deste [XX] século" (Cano, 1977:227). Em apoio a tal afirmação, nota que o valor da produção industrial no estado aumentou 8,5 vezes em termos nominais entre 1907 e 1919, contra 4,3 vezes em média no Brasil como um todo. Como resultado, a participação de São Paulo no total da produção industrial brasileira passou de 15,9% para 31,5% no período (Cano, 1977).[159]

A cronologia proposta por Cano seria levada ao extremo por Alvaro Pignaton que, em artigo do mesmo ano, sustentou que "a partir de 1906/1907 São Paulo começa a superar o Rio de Janeiro como principal centro industrial do país" e que tal fenômeno teria ocorrido "principalmente entre 1909/1913" (Pignaton 1977:149). Versiani (1993:579) e Levy (1994:205), por seu turno, veem a Primeira Guerra como o ponto a partir do qual a supremacia industrial paulista teria se estabelecido.

Conforme salientado, a base empírica sobre a qual se assentam todas as avaliações anteriores e seus respectivos esforços de datação do início do predomínio da produção industrial paulista repousam sobre as mesmas fontes — o levantamento realizado pelo Centro Industrial do Brasil em 1907 e o Censo Industrial de 1920, referente ao ano de 1919. Nota-se, ademais, que todos os autores, sem exceção, tomam como unidades de análise comparativa o Distrito Federal e o *estado* de São Paulo, valendo-se da discriminação dos resultados de ambos os levantamentos segundo unidades da Federação.

Pode-se questionar, porém, se tal comparação é a que mais faz sentido do ponto de vista do debate. Afinal, está-se a contrastar dados referentes a um município (o Rio de Janeiro) com os de um *estado* da Federação cuja população era de 3,5 a 4 vezes superior.[160] Na ausência de dados de produção industrial, número de trabalhadores, capital empregado etc. ao nível de municípios no período em questão, uma comparação mais razoável deveria envolver, seguindo Villela e Suzigan (1973: tabela V.8, p. 171), uma unidade combinando os resultados relativos ao Distrito Federal e o então estado do Rio de Janeiro. Este último, não custa lembrar, não incluía a cidade de mesmo nome, mas abrigava municípios com importante atividade industrial, a exemplo de Niterói, Petrópolis, Campos dos Goytacazes e, a partir dos anos 1940, parte da Baixada Fluminense.[161]

Os dados relativos ao agregado "DF + estado do Rio" podem, de forma mais apropriada, ser comparados com os referentes ao estado de São Paulo. Mas note-se que, ainda assim, trata-se de unidades com populações bem diferentes: com efeito, em 1907 a população do estado de São Paulo era cerca de 50% superior à soma da população do Distrito Federal e do estado do Rio de Janeiro; em 1940, duas vezes maior.

Tendo em mente tais diferenças, na tabela 3.7 são exibidos os dados originais (em termos absolutos) de valor da produção industrial entre 1907 e 1950, bem como em base *per capita* e em relação ao número de operários fabris (dando uma ideia da produtividade média dos trabalhadores) para diferentes unidades geográficas.

Tabela 3.7
Valor da produção industrial no Distrito Federal, estado do Rio de Janeiro e estado de São Paulo, 1907-50

	Censo de 1907				
	Valor da Produção (em contos)	População	Operários	Valor da Produção *per capita* (em 1$000)	Valor da Produção / Operário (em 1$000)
DF	218.345	811.443	34.856	269	6.264
RJ	56.002	1.114.763	13.632	50	4.108
DF + RJ	274.347	1.926.206	48.488	142	5.658
SP	118.087	2.927.167	24.186	40	4.882
(DF + RJ) /SP	**232,3%**	**65,8%**	**200,5%**	**353,1%**	**115,9%**

	Censo de 1920				
	Valor da Produção (em contos)	População	Operários	Valor da Produção *per capita* (em 1$000)	Valor da Produção / Operário (em 1$000)
DF	666.276	1.157.873	56.229	575	11.849
RJ	184.161	1.559.371	16.794	118	10.966
DF + RJ	850.437	2.717.244	73.023	313	11.646
SP	986.110	4.592.188	83.998	215	11.740
(DF + RJ) /SP	**86,2%**	**59,2%**	**86,9%**	**145,7%**	**99,2%**

	Censo de 1940				
	Valor da Produção (em contos)	População	Operários	Valor da Produção *per capita* (em 1$000)	Valor da Produção / Operário (em 1$000)
DF	2.654.850	1.764.141	91.873	1.505	28.897
RJ	860.725	1.847.857	45.483	466	18.924
DF + RJ	3.515.575	3.611.998	137.356	973	25.595
SP	7.109.143	7.180.316	254.771	990	27.904
(DF + RJ) /SP	**49,5%**	**50,3%**	**53,9%**	**98,3%**	**91,7%**

	Censo de 1950				
	Valor da Produção (em Cr$ 1.000)	População	Operários	Valor da Produção *per capita* (em Cr$)	Valor da Produção / Operário (em Cr$)
DF	15.035.336	2.377.451	133.223	6.324	112.858
RJ	6.430.027	2.297.194	68.695	2.799	93.603
DF + RJ	21.465.363	4.674.645	201.918	4.592	106.307
SP	51.443.074	9.134.423	456.671	5.632	112.648
(DF + RJ) /SP	41,7%	51,2%	44,2%	81,5%	94,4%

Fontes: Elaboração própria com base em dados de valor da produção industrial e número de operários em Centro Industrial do Brasil (1909) e Censos Industriais de 1920, 1940, 1950 e 1960. População dos estados do Rio de Janeiro e São Paulo em 1907 em IBGE. Anuário estatístico do Brasil (s.d.a); população do Distrito Federal conforme apurada no Censo de 1906. Para os demais anos, IBGE, Censos Demográficos de 1920, 1940 e 1950.

Como se percebe, os resultados a que se chega quando se expressam os valores da produção industrial em termos *per capita* se prestam a uma cronologia distinta da habitual no tocante à perda de liderança industrial da cidade do Rio de Janeiro em favor do estado de São Paulo. Numa comparação estrita da produção/habitante no Distrito Federal e no estado de São Paulo, aquela se mostra superior, pelo menos, até 1949.[162] Tomando-se o agregado "Distrito Federal + Estado do Rio", a diferença a favor de São Paulo em 1939 é irrisória (2%), aumentando para pouco menos de 20% em 1949.

Comparando-se, alternativamente, a produtividade média dos operários, o quadro muda pouco: níveis 30% superiores na cidade do Rio com relação ao estado de São Paulo em 1907 e equiparáveis daí até 1949. O contraste daquele indicador entre São Paulo e o agregado "DF + Estado do RJ" descreve padrão semelhante.

Em suma — e à luz dos resultados exibidos na tabela 3.7 —, conclui-se que a perda da liderança industrial da cidade do Rio de Janeiro para o estado de São Paulo não foi tão precoce como comumente aceito na literatura especializada.[163]

Não apenas a datação do início da perda de hegemonia da indústria carioca é objeto de debate, como também as razões da "ultrapassagem" paulista. Hipótese aventada por Cano (1985:294) ligando tal declínio à crise do café no Vale do Paraíba já foi devidamente rechaçada por pressupor forte correlação entre as duas atividades, algo que não existiu na fase de implantação do setor industrial na cidade do Rio e tampouco quando do início de seu declínio relativo (Guarita 1986:51-53).[164] Entre as muitas variáveis que teriam se combinado para levar à gradual perda de hegemonia do setor industrial carioca no plano nacional estavam os custos de energia elétrica, de mão de obra e de frete ferroviário.[165]

As séries de dados mobilizadas nesta seção indicam que — assim como a economia brasileira — a do Rio de Janeiro viveu o mesmo processo de *boom* inicial, seguido de crise e recuperação lenta no quinquênio após o fim da Grande Guerra. Na sequência, o que se viu foi, igualmente, expansão do nível de atividade econômica na cidade, tal como capturado, por exemplo, no movimento de entrada de navios no seu porto e na arrecadação do Imposto Predial. Tal trajetória foi, possivelmente, estimulada por expansão, em igual período, do volume de crédito adiantado pelos bancos da cidade (gráfico 3.13). Comportamento ligeiramente diverso, na década de 1920, parece ter tido a indústria de transformação carioca, cujo valor da produção cresceu, em média, em ritmo mais lento do que o verificado entre 1907 e 1919.

A Era Vargas, 1930-45

A narrativa "canônica" em torno do comportamento agregado da economia brasileira durante a Grande Depressão e nos anos subsequentes foi estabelecida por Furtado (1959: caps. 30 a 32). Resumidamente, a crise mundial, segundo aquele autor, incidiu sobre uma economia nacional que já vinha desacelerando desde 1929 em função da crise do setor cafeeiro. A partir de uma combinação de forte desvalorização do mil-réis (advinda do fechamento da Caixa de Estabilização em um contexto de grande déficit em transações correntes) com política fiscal de natureza keynesiana, envolvendo a compra e subsequente queima da oferta excedente de café, logrou-se sustentar a demanda agregada, agora voltada para o mercado interno. Como resultado, operou-se aquilo que o autor denominou de "deslocamento do centro dinâmico" da economia brasileira, momento a partir do qual os impulsos ao crescimento passariam a ser dados, crescentemente, pelo mercado doméstico, ao invés do setor exportador.

Gráfico 3.14
Taxa de crescimento do produto real
do Brasil, 1930-47 (em %)

Fonte: Elaboração própria a partir de dados em IBGE (1990: tabelas 4.1 e 4.2, p. 101).

As estimativas do crescimento do produto real realizadas por Haddad e reproduzidas no gráfico 3.14 retratam o que foi um impacto relativamente moderado da crise internacional sobre a economia brasileira, bem como a rapidez da recuperação na década de 1930. Entre 1929 e 1939, o produto real cresceu cerca de 50% e a produção industrial 100%[166] — esta última impulsionada por nova onda de substituição de importações.[167]

Ao longo do período da Segunda Guerra (1939-45), o produto real cresceu em média 3,3% a.a., sendo negativamente afetado pelo desempenho da agricultura.[168] Em um primeiro momento, as exportações brasileiras foram negativamente atingidas pelo conflito, resultando em perda de mercados na Europa central sem correspondente compensação, antes de 1941, nas vendas aos países aliados.[169] Já o desempenho do setor industrial durante o conflito foi caracterizado, entre 1939-42, por crescimento mais lento, afetado pelas dificuldades de obtenção de bens de capital e insumos industriais do exterior. Uma vez adaptada ao novo contexto de restrição às importações, a indústria apresentaria expansão anual média de 9,9% entre 1942-45, taxa semelhante à verificada nos anos de 1933 a 1939 (Abreu, 1990:94).

Dada a carência de estimativas do comportamento agregado da economia da cidade do Rio de Janeiro entre 1930 e 1945, cabe ao pesquisador valer-se de fragmentos de evidências estatísticas que, complementadas por informação de natureza qualitativa, permitam conjecturas em bases ligeiramente mais firmes.

Alguns indicadores, cobrindo parte da década de 1930, já foram exibidos. Por exemplo, os impactos da Depressão e da subsequente redução dos fluxos de comércio do Brasil com o exterior aparecem na série de tonelagem dos navios que entraram no porto do Rio entre 1929 e 1937. Após atingir um pico de 12,6 milhões de toneladas em 1929, o indicador recua até 1932 e sobe levemente a partir daí (gráf. 3.11). Em 1937 — e não obstante uma economia que havia crescido significativamente no quinquênio anterior —, as entradas de navios ainda se situavam em patamar inferior ao alcançado ao final dos anos 1920, o que é compatível com o fenômeno generalizado de retração dos fluxos internacionais de comércio que se prolongaria ainda por um par de décadas.

Em consonância com o comportamento da movimentação portuária, a arrecadação (a preços constantes) da Alfândega do Rio pouco se alterou entre 1933 e 1939 — situando-se em torno de 480 mil contos —, após experimentar queda nos anos iniciais da década (gráfico 3.15).

Já a receita do Imposto Predial no Rio de Janeiro em termos *per capita* e a preços constantes (gráfico 3.12) descreve um pico em 1931 e que não será atingido novamente no restante da década.[170] Se não chega a caracterizar uma contração da economia carioca, sugere, ao menos, menor dinamismo comparativamente ao desempenho da economia nacional exibido no gráfico 3.14. O número de falências decretadas na cidade, porém, caiu pela metade entre 1929-32 e 1933-37, sinalizando rápida recuperação da economia do Rio após os anos iniciais da crise.[171]

Gráfico 3.15
Rendas arrecadadas pela Alfândega do Rio de Janeiro, 1928-39 (em contos de réis de 1939)

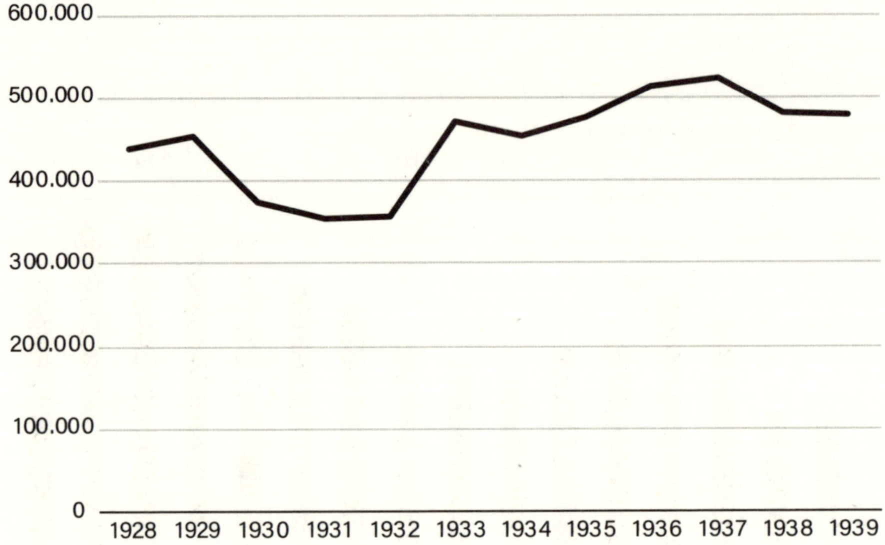

Fonte: Elaboração própria a partir de dados em PREFEITURA DO DISTRITO FEDERAL (1942:132).
Nota: Dados originais deflacionados pelo deflator implícito global em IBGE (1990: tabela 5.2, p. 177).

Conforme visto anteriormente, o esforço de arrecadação, pelo governo federal, do imposto de consumo deixou como subproduto um volume significativo de dados detalhados sobre o setor industrial do Brasil na primeira metade do século XX. Ao longo da década de 1930, o número de fábricas sujeitas ao pagamento do tributo no Rio de Janeiro aumentou cerca de 50% (passando de 3,9 mil em 1930 para 5,9 mil em 1939), à medida que era ampliada a gama de produtos taxados e que o próprio parque fabril da cidade se expandia.

À semelhança do registrado em outras séries de dados, entre 1929 e 1931 verificou-se ligeiro recuo da produção industrial no Rio sujeita ao recolhimento do imposto e crescimento subsequente, ainda que em ritmo longe de ser notável. Com efeito, entre 1928-30 e 1938-40, o valor real (isto é, descontada a variação dos preços) da produção industrial cresceu cerca de 52% em termos absolutos no Distrito Federal, contra expansão de 125% no Brasil como um todo. Contribuiu para desempenho tão contrastante o próprio crescimento da base industrial de regiões outrora importadoras de manufaturados fabricados na capital, a exemplo de Minas Gerais e Rio Grande do Sul (Lobo, 1978:857).

Gráfico 3.16

Valor da produção industrial no Distrito Federal sujeita ao imposto de consumo, 1925-40 (em 1$000 de 1939 *per capita*)

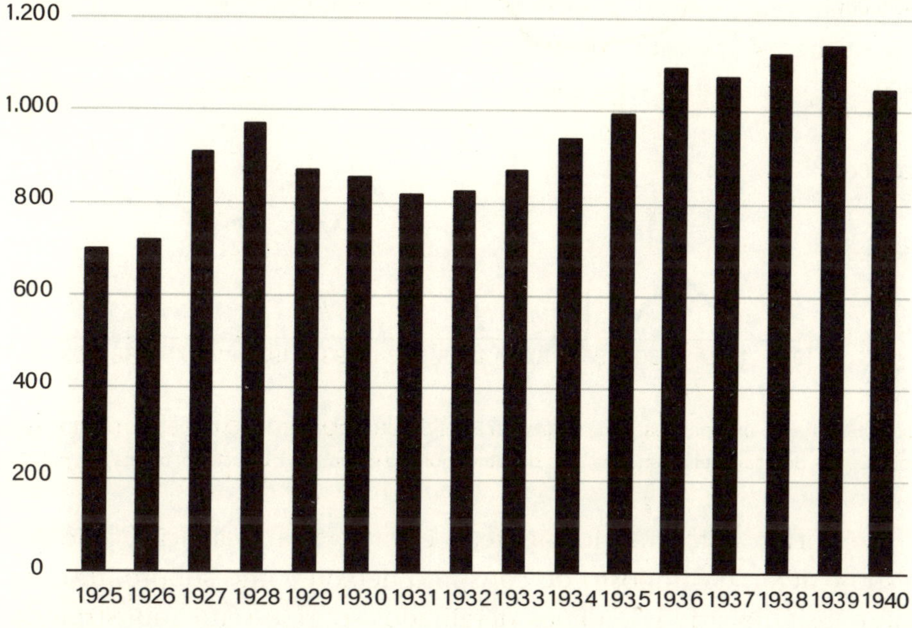

Fontes: Elaboração própria a partir de dados em Brasil (1933:60); BRASIL. Ministerio da Fazenda. Diretoria de Estatística Econômica e Financeira do Tesouro Nacional. *Quadros estatísticos...* (1930-1937:153; 1933-1942:52).

Notas: Dados originais a preços correntes deflacionados pelo deflator implícito do setor industrial em IBGE (1990: tabela 5.2, p. 177).

População do Rio para os anos intercensitários obtida por interpolação considerando taxa de crescimento constante entre dois censos seguidos.

Não são muitas as evidências estatísticas que permitam aferir qual teria sido o impacto da Segunda Guerra sobre a economia do Rio. O que se sabe é que o número de falências decretadas na cidade caiu pela metade entre 1940-42 e 1943-45,[172] o que sugere comportamento expansionista da economia da cidade análogo ao observado para o produto real agregado (e o da indústria) do Brasil durante o conflito (gráfico 3.14). Trajetória ligeiramente distinta é descrita pela série de receita por habitante arrecadada pelo governo do Distrito Federal: estável em termos reais entre 1939 e 1941, cresceu cerca de 25% até 1943/44 e recuou no ano seguinte (gráfico 3.17).[173]

Gráfico 3.17
Receita arrecadada pelo governo do Distrito Federal, 1939-59
(em Cr$ de 1944 *per capita*)

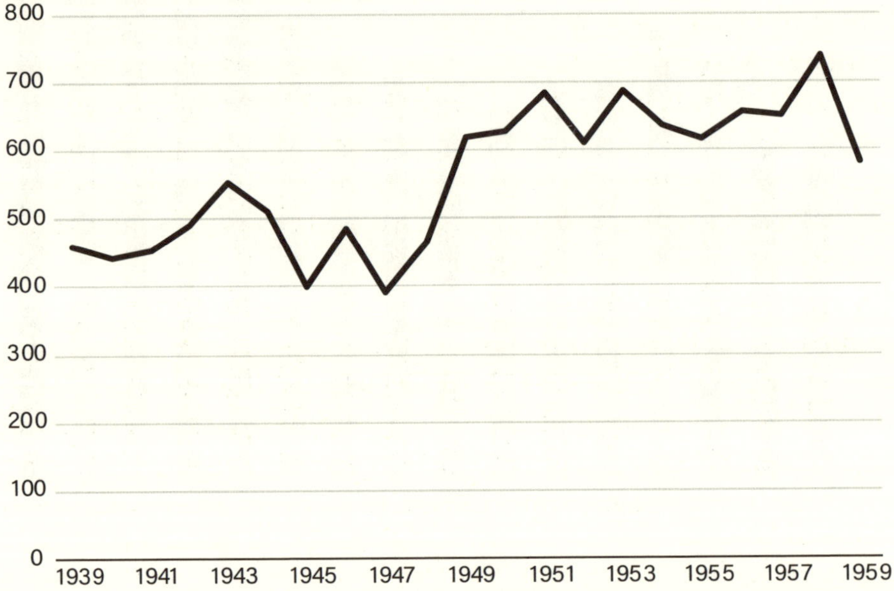

Fontes: Elaboração própria a partir de dados em PREFEITURA DO DISTRITO FEDERAL. *Estatísticas do Distrito Federal* (1950:123; 1955:71); e IBGE (1961:92).
Notas: Valores nominais para o período 1939-44 deflacionados pelo deflator implícito global em IBGE (1990: tabela 5.2, p. 177); para demais anos, pelo Índice de Preços ao Consumidor da Cidade do Rio de Janeiro em IBGE (1990: tabela 5.4, p. 179-185).
População do Rio para os anos intercensitários obtida por interpolação considerando taxa de crescimento constante entre dois censos seguidos.

O aumento do volume arrecadado entre 1940 e 1943 pode estar relacionado com vasto programa de obras promovido pelo governo Henrique Dodsworth, com impactos positivos sobre o nível de atividade econômica na capital. Entre as intervenções promovidas pela municipalidade no período de mais de oito anos em que Dodsworth esteve à frente do governo estão a urbanização da Esplanada do Castelo e adjacências (onde seriam construídas as sedes de diversos ministérios do governo federal), a construção das avenidas Brasil e Presidente Vargas e, na Zona Sul, a abertura do Corte de Cantagalo e implantação do Jardim de Allah (Reis, 1977:110-111).

Tomando-se o conjunto do período 1930-45, pode-se afirmar que, tal como no caso do Brasil como um todo, a Crise de 1930 não se manifestou de forma tão intensa sobre a economia carioca. Em termos nominais, houve, é verdade, queda entre 1929 e 1932 do rendimento da Alfândega da cidade, mas em parte resultante da deflação experimentada no triênio. A partir daí, ela volta a subir — tanto em termos nominais como ajustada pela inflação —, chegando em 1939 a um patamar ligeiramente superior ao alcançado 10 anos antes. Mais do que um indicador do comportamento do nível de atividade econômica na cidade, tal trajetória parece refletir, antes de tudo, o encolhimento dos fluxos internacionais de comércio na década de 1930.

A arrecadação do Imposto Predial, por seu turno, atingiu um pico nominal em 1931, recuou nos dois anos seguintes, mas retomou sua trajetória ascendente em 1934. Ao final da década, já se situava em nível cerca de 50% acima do de 1929. Já o valor da produção dos setores industriais sujeitos ao pagamento do Imposto de Consumo no Distrito Federal caiu cerca de 10% entre 1928 e 1931 para crescer continuamente — embora em ritmo mais lento do que no Brasil como um todo — até o final da década.

A receita anual de impostos municipais constitui uma das poucas séries de estatísticas relativas à economia da cidade do Rio durante a Segunda Guerra. Conforme visto no gráfico 3.17, o valor arrecadado cresceu cerca de 20% em termos reais e *per capita* entre 1939 e 1943, para cair a partir daí. Em 1945, a arrecadação tributária da prefeitura do Distrito Federal situava-se em nível real *per capita* cerca de 13% abaixo da alcançada em 1939.

Em suma, o conjunto reconhecidamente heterogêneo e incompleto de dados discutido leva a crer que a economia da cidade do Rio de Janeiro — tal como a do Brasil — sofreu relativamente pouco com a Crise de 1930. No restante da década, contudo, aparenta ter crescido a taxas mais lentas que o país como um todo. Quanto ao período da Segunda Guerra, a evidência estatística aqui apresentada — em particular, a série de receita tributária municipal — é consistente com lento crescimento econômico.

A economia do Rio de Janeiro entre 1945 e 1960

Na passagem da década de 1960 para 1970, o Centro de Contas Nacionais do Ibre divulgou estimativas detalhadas de, entre outros, o PIB do Brasil segundo as óticas do produto, renda e despesa, índices de produto real setorial, conta-corrente do governo e conta de transações com o exterior (Contas nacionais do Brasil — novas estimativas, 1969; Contas nacionais do Brasil — atualização, 1971). Adicionalmente, publicou estimativas da renda interna segundo ramos de atividade (agricultura, indústria e serviços) ao nível de unidades da Federação para 1939 e o período 1947-68.

Os resultados das estimativas do Centro de Contas Nacionais referentes à cidade do Rio de Janeiro (designada na publicação como "Guanabara") aparecem no gráfico 3.18 conjuntamente com o comportamento da renda interna do Brasil em igual período, permitindo, pela primeira vez, uma comparação mais direta das trajetórias de ambas as economias. Em benefício da consistência, os dados de renda interna do Brasil foram retirados da mesma fonte.

Um primeiro olhar revela que, em apenas quatro dos 13 anos da série, a taxa de crescimento anual da renda estimada do Rio superou a do Brasil. Tomando-se o período como um todo, a renda interna da capital federal (transformada em estado da Guanabara em 1960) cresceu pouco menos de 90%, contra expansão de 136% da economia brasileira. Medida em termos *per capita*, aumentou 1,7% a.a., em média, no Rio, e 3,7% no Brasil, sinalizando um desempenho da economia carioca bem abaixo daquele experimentado pelo país como um todo durante a Era de Ouro do nacional-desenvolvimentismo. Ao final, a participação do Rio de Janeiro na renda nacional recuou de cerca de 14,5% em 1947 para 12% em 1960.

Gráfico 3.18
Taxa de crescimento anual da renda da cidade do Rio de Janeiro e do Brasil, 1948-60 (em %)

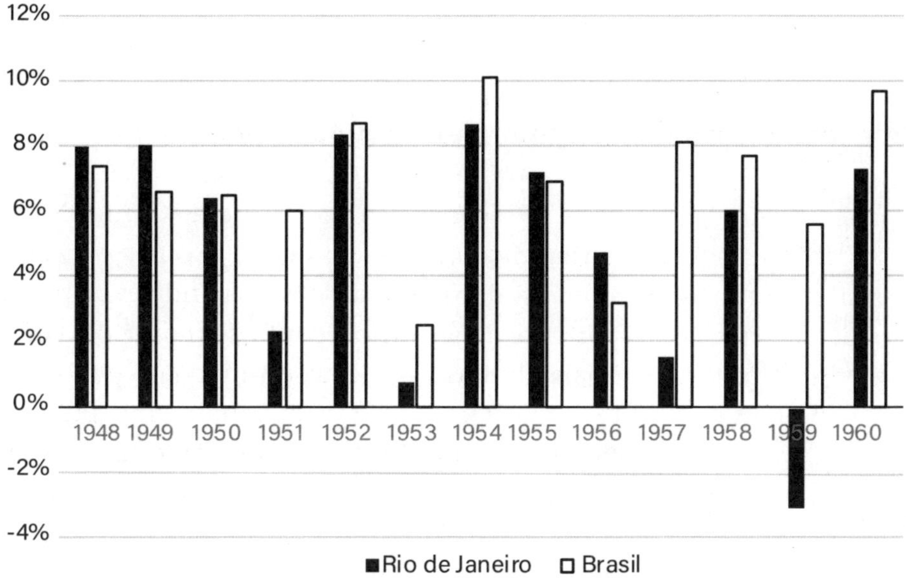

Fonte: Elaboração própria a partir de dados originais de renda e deflator implícito em Contas nacionais do Brasil — atualização (1971).

À semelhança dos Censos Demográficos realizados durante a Primeira República, os levantamentos feitos entre 1940 e 1960 também permitem um olhar sobre a distribuição da força de trabalho (no caso presente, indivíduos com 10 anos ou mais de idade) da cidade do Rio de Janeiro — agora segundo o ramo da atividade principal exercida.

Entre os setores que empregavam na cidade do Rio de Janeiro mais de 10% do total dos indivíduos recenseados nos três levantamentos, sobressaem a administração pública, indústria de transformação, comércio de mercadorias e os serviços domésticos remunerados.[174] A despeito de empregarem número crescente de trabalhadores — sobretudo entre 1940 e 1950 —, tais setores não eram capazes de absorver contingentes cada vez maiores de imigrantes do interior, levando a aumento da informalidade na capital (Fischer, 2008:54-55).

Tabela 3.8

Pessoas de 10 anos ou mais de idade na cidade do Rio de Janeiro, segundo o ramo da atividade principal exercida — 1940, 1950 e 1960

	1940		1950		1960	
	Total	%	Total	%	Total	%
Agricultura, pecuária e silvicultura	n.d.	n.d.	17.938	1,8%	15.081	1,3%
Indústrias extrativas	n.d.	n.d.	6.463	0,7%	5.846	0,5%
Indústria de transformação	114.114	16,9%	177.103	17,8%	164.459	14,5%
Construção civil	33.908	5,0%	66.606	6,7%	64.110	5,7%
Serviços ind. de utilidade pública	11.578	1,7%	20.212	2,0%	18.683	1,6%
Comércio de Mercadorias	107.056	15,8%	123.526	12,4%	157.248	13,9%
Comércio de imóveis e valores mobiliários, crédito etc.	31.830	4,7%	25.683	2,6%	41.082	3,6%
Serviços domésticos remunerados	70.118	10,4%	102.604	10,3%	126.105	11,1%
Transportes, Comunicações e armazenagem	66.705	9,9%	89.949	9,1%	109.333	9,7%
Atividades sociais	15.972	2,4%	38.177	3,8%	47.028	4,2%
Administração pública[a]	106.712	15,8%	144.631	14,6%	188.349	16,6%
Outras atividades	119.050	17,6%	179.322	18,1%	195.363	17,2%
	677.043	100,0%	992.214	100,0%	1.132.687	100,0%

Fontes: Elaboração própria a partir de dados em IBGE, Censos Demográficos de 1940, 1950 e 1960.
Notas: "a" inclui, além de Serviços Administrativos, Governamentais, Legislativo e Justiça, as classes Ensino e Assistência Médico-Hospitalar públicos, Defesa Nacional e Segurança Pública. Para o ano de 1940, considerou-se como pertencente ao setor público metade dos trabalhadores da classe Assistência Médico-Sanitária.
Total não inclui a categoria de atividades não compreendidas nos demais ramos, atividades mal definidas ou não declaradas.

A tabela 3.8 revela ligeiro declínio, entre 1950 e 1960, do número de trabalhadores que declararam estar empregados na indústria de transformação e na construção civil no Rio de Janeiro, servindo de indício de que a economia carioca não experimentou, naquela década, o dinamismo vivido pela economia brasileira de forma geral.

Tabela 3.9
Repartição da renda interna da cidade do Rio de Janeiro e do Brasil por setores de atividade econômica, 1939-60 (em % do total)

	Rio de Janeiro				Brasil			
	1939	1947	1955	1960	1939	1947	1955	1960
Agricultura	**1,4%**	**1,5%**	**1,1%**	**1,2%**	**28,5%**	**31,7%**	**29,7%**	**27,4%**
Indústria	**24,4%**	**18,9%**	**21,8%**	**17,3%**	**18,8%**	**16,6%**	**21,5%**	**21,6%**
Serviços								
Comércio	20,5%	21,9%	19,2%	14,9%	19,6%	19,2%	15,9%	14,8%
Interm. financeiros	10,8%	8,1%	9,3%	12,8%	4,9%	4,7%	5,5%	6,7%
Transp. e comunicação	8,4%	11,2%	9,7%	10,1%	6,3%	6,9%	5,9%	6,0%
Governo	12,0%	16,2%	15,9%	20,1%	6,6%	7,2%	6,8%	8,0%
Aluguéis	7,5%	5,6%	7,2%	6,4%	3,8%	3,0%	3,3%	2,8%
Outros	15,1%	16,6%	15,7%	17,2%	11,4%	10,8%	11,4%	12,6%
	74,2%	79,6%	77,1%	81,5%	52,6%	51,7%	48,8%	51,0%
Total	**100,0%**	**100,0%**	**100,0%**	**100,0%**	**100,0%**	**100,0%**	**100,0%**	**100,0%**

Fonte: Elaboração própria a partir de dados de renda interna em Contas nacionais do Brasil — atualização (1971).
Nota: Proporções para o Brasil calculadas exclusive o Rio de Janeiro.

A estimativas de renda das diferentes unidades da Federação efetuadas pelo Centro de Contas Nacionais da FGV envolvem desagregação segundo os principais setores de atividade econômica. Em uma comparação entre a estrutura da economia carioca e a brasileira entre 1939 e 1960 (tabela 3.9), confirma-se o já conhecido papel marginal desempenhado pelo setor agropecuário na cidade, em uma época em que ele ainda respondia por cerca de 30% do PIB do Brasil. Igualmente constatada é a progressiva perda de importância relativa do setor secundário na capital federal (em que pese alguma recuperação entre 1947 e 1955); em 1960, a cidade já seria menos "industrializada"[175] do que o Brasil como um todo. Em compensação, a economia do Rio veria reforçar o peso do setor governamental e da intermediação financeira. Com relação àquele, é digno de nota o aumento de mais de 4 p.p. na sua participação no total da renda da cidade verificado entre 1939 e 1947, refletindo o conhecido crescimento da ação estatal em várias áreas da economia e da sociedade brasileira durante o Estado Novo.[176]

A fim de se ter uma visão mais acurada do comportamento da economia da cidade no período que se estende da Segunda Guerra a 1960, a desagregação anterior pode ser complementada por informações trazidas pelos censos econômicos (agrícola, industrial, serviços e comércio) realizados no período.

Tabela 3.10

Número, área e pessoal ocupado nos estabelecimentos agropecuários do município do Rio de Janeiro, 1939-59

	1939	1949	1959
Estabelecimentos	7.994	5.266	6.258
Pessoal Ocupado	17.168	16.386	19.937
Área (ha)	48.578	41.331	46.781

Fontes: IBGE. Censos Agrícolas de 1940, 1950 e 1960.

O Censo de 1940 contou pouco menos de 8 mil estabelecimentos agropecuários no Distrito Federal, empregando cerca de 17,2 mil indivíduos (tabela 3.10). Do total de unidades, em torno de 90% possuía área inferior a 10 hectares. O valor da produção, por sua vez, foi estimado em Cr$ 51,6 milhões. Na prática, um valor 10 vezes superior em termos reais[177] ao apurado em 1919. Ao que tudo indica, tal salto se deveu à expansão do cultivo de banana e laranja nos limites da cidade. Tal fato não passou desapercebido pelos representantes comerciais do consulado britânico do Rio que, em relatório referente a 1935, notam o estímulo recebido, pela agricultura brasileira, do grande aumento das vendas para o exterior da produção dessas duas culturas. Acrescentam, ainda, que a maior parte dos frutos cítricos exportados pelo país provinha do Distrito Federal e dos estados do Rio e de São Paulo.[178]

A fase de maior crescimento da produção da banana no Rio se deu na década de 1940, quando o número de cachos colhidos passou de 9,3 milhões para 13 milhões; em igual intervalo, o número de touceiras dobrou. Já o pico da produção de laranja na cidade foi atingido antes: em 1939, foram colhidos 13 milhões de centos da fruta, volume que caiu para 7,6 milhões de centos 10 anos depois.[179] Em 1959, a produção de laranja equivalia a metade de seu volume em 1939; no caso da banana, ⅓ a menos do que o colhido 10 anos antes.

Os Censos de 1950 e 1960 não trazem informações sobre o valor da produção agropecuária, dificultando o esforço de se medir mais precisamente o tamanho do setor primário na cidade do Rio. Em termos das três variáveis constantes da tabela 3.10 — número de estabelecimentos, pessoal ocupado e área —, percebe-se, entre 1939 e 1949, ligeiro declínio em todas elas e aumento igualmente modesto na década seguinte.

Já a evolução da estrutura industrial do Rio de Janeiro no período 1939 a 1959 pode ser vista na tabela 3.11, com dados retirados dos Censos Industriais. Os gêneros industriais — uma das divisões em que o IBGE então divulgava os dados do setor — foram agrupados nas chamadas categorias de uso, que permitem uma apreciação de natureza mais qualitativa daquela estrutura.

Em 1939, os principais gêneros industriais da cidade do Rio de Janeiro permaneciam sendo aqueles ligados à produção de bens de consumo não duráveis; em particular, as indústrias de produtos alimentares e têxtil, reunindo, conjuntamente, cerca de ⅓ do valor da transformação industrial (VTI)[180] e proporção um pouco maior do total de operários.[181] Dez anos mais tarde, o gênero têxtil ainda respondia por 13,1% do VTI e empregava 27,5 mil operários (1/5 do total) em 88 unidades fabris na cidade. O gênero produtos alimentares, por sua vez, experimentou um retrocesso relativamente ao levantamento de 1940, com queda tanto no número de operários empregados como do VTI, que recuou 15% em termos reais.[182]

Tabela 3.11
Repartição do valor da transformação industrial por categoria de uso: município do Rio de Janeiro e Brasil — 1939, 1949 e 1959 (em % do total)

	1939		1949		1959	
	RJ	Brasil	RJ	Brasil	RJ	Brasil
Produção de bens de consumo não duráveis	61,7%	65,6%	71,3%	62,3%	59,1%	47,0%
Produção de bens intermediários	28,4%	22,0%	17,0%	22,4%	21,9%	26,2%
Produção de bens duráveis e de capital	9,9%	12,4%	11,6%	15,3%	19,1%	26,8%
	100,0%	**100,0%**	**100,0%**	**100,0%**	**100,0%**	**100,0%**

Fontes: Elaboração própria a partir de IBGE. Censos Industriais de 1940, 1950 e 1960.
Nota: Indústrias produtoras de bens de consumo não duráveis incluem os seguintes gêneros: mobiliário, farmacêutica, perfumaria, têxtil, vestuário, produtos alimentares, bebidas, fumo, editorial e gráfica e diversas; bens intermediários: minerais não metálicos, madeira, papel e papelão, borracha, couros e peles, química e matérias plásticas; bens de consumo durável e de capital: metalúrgica, mecânica, material elétrico e de comunicação, e material de transporte.

O valor da transformação da indústria carioca em 1959 foi estimado em pouco mais de Cr$ 56 bilhões, configurando crescimento real de 57,5% relativamente a 1949.[183] De acordo com o Censo de 1960, nenhum gênero de indústria na cidade do Rio respondia por mais de 10% do VTI total. O setor têxtil ainda empregava o maior número de operários (pouco menos de 20% do total), e era responsável, junto com as indústrias de produtos farmacêuticos e produtos alimentares, por cerca de ¼ do total do VTI naquele ano.

Comparação com informações obedecendo à mesma agregação para a indústria brasileira como um todo permite considerações adicionais a respeito da estrutura e da trajetória do setor industrial da cidade do Rio entre 1939 e 1959 (tabela 3.11).

Em 1939, a estrutura industrial do Rio e do Brasil ainda era dominada pelo setor produtor de manufaturados leves, em geral envolvendo tecnologia fabril mais simples. Mas já havia atingido uma participação relativamente significativa a produção de bens intermediários no total do VTI, indicando um avanço da industrialização do país em comparação a seus estágios iniciais nas primeiras décadas da Primeira República.[184]

O setor produtor de bens de capital ainda respondia por parcela pequena do valor da transformação tanto no Rio como no Brasil em 1939, aumentando ligeiramente seu peso em ambos os casos ao longo da década de 1940. Chegado o Censo Industrial de 1960, porém, o que se nota é uma participação maior de tais setores (normalmente dotados de tecnologia mais complexa) no Brasil do que na cidade do Rio. Igual discrepância é vista no tocante à categoria de bens intermediários, relativamente mais importante no conjunto do país do que no Rio. A contrapartida dessas duas tendências é um "inchaço" do grupo de indústrias produtoras de bens de consumo não duráveis no Rio, revelando uma estrutura industrial que, comparada à do Brasil de forma geral, era mais tradicional, menos sofisticada.

As primeiras pesquisas de âmbito nacional sobre o terciário (comércio e serviços) só foram efetuadas em 1940, reunindo informações do setor que, como dito, respondia pela maior parte do emprego e da renda da economia da cidade do Rio de Janeiro. Os principais resultados do Censo Comercial dizem respeito ao número de estabelecimentos, pessoal ocupado e receita (ou vendas) segundo os diferentes ramos. Entre estes, o que tinha — por ampla margem — maior peso no Rio era o comércio de mercadorias, reunindo os setores varejista (o mais importante em termos do número de estabelecimentos e pessoal ocupado), atacadista (com o maior volume de vendas) e misto.[185]

Em 1939, o comércio de mercadorias empregava pouco mais de 72 mil indivíduos no Distrito Federal, número que ultrapassaria 100 mil em 1949, com crescimento *grosso modo* equivalente do número de estabelecimentos comerciais entre os dois levantamentos (tabela 3.12). Em 1959, foram contados pouco mais de 20 mil estabelecimentos comerciais na cidade, empregando cerca de 111 mil trabalhadores.

Entre 1939 e 1949, o valor das vendas do comércio de mercadorias aumentou 85% em termos reais,[186] enquanto a população carioca cresceu, em igual período, 35%. Já entre 1949 e 1959, o que se verifica é uma queda de 6,5% (em termos reais) do valor das vendas do comércio do Rio de Janeiro, em meio à expansão de quase 40% da população da cidade. Tal resultado é em parte devido ao desempenho particularmente adverso do setor no ano de 1959, mas também reflete mudanças estruturais mais profundas no setor relacionadas com o desempenho do comércio atacadista.

Tabela 3.12

Número de estabelecimentos, pessoal ocupado e receita do setor comercial do município do Rio de Janeiro, 1939-59

	1939			1949			1959		
	Estab.	Pessoal Ocupado	Receita (em Cr$ milhões)	Estab.	Pessoal Ocupado	Receita (em Cr$ milhões)	Estab.	Pessoal Ocupado	Receita (em Cr$ milhões)
Comércio de mercadorias									
Varejo	11.900	38.695	1.490	15.835	59.056	10.589	17.178	69.146	757.556
Atacado	1.149	18.721	4.390	4.114	48.802	30.252	2.865	41.892	124.854
Misto	1.391	14.794	1.924	n.d.	n.d.	n.d.	n.d.	n.d.	n.d.
	14.440	**72.210**	**7.804**	**19.949**	**107.858**	**40.841**	**20.043**	**111.038**	**882.410**
Atividades auxiliares do comércio	747	4.259	161	1.967	10.900	935	1.652	10.968	7.866
Mercado de crédito	194	6.606	503	293	14.838	3.280	n.d.	n.d.	n.d.
Com. de imóveis e valores mobiliários	375	3.085	317	650	3.272	2.330	n.d.	n.d.	n.d.
	15.756	**86.160**	**8.785**	**22.859**	**136.868**	**47.386**	**21.695**	**122.006**	**890.276**

Fontes: IBGE. Censos do Comércio, 1940, 1950 e 1960.

Notas: Dados de receita dos setores de Comércio de Mercadorias e Comércio de Imóveis e Valores Mobiliários referem-se a vendas.

n.d. = dado não disponível.

Gráfico 3.19

Volume de vendas ("giro comercial") realizadas na cidade do Rio de Janeiro, 1939-59 (em Cr$ de 1944 *per capita*)

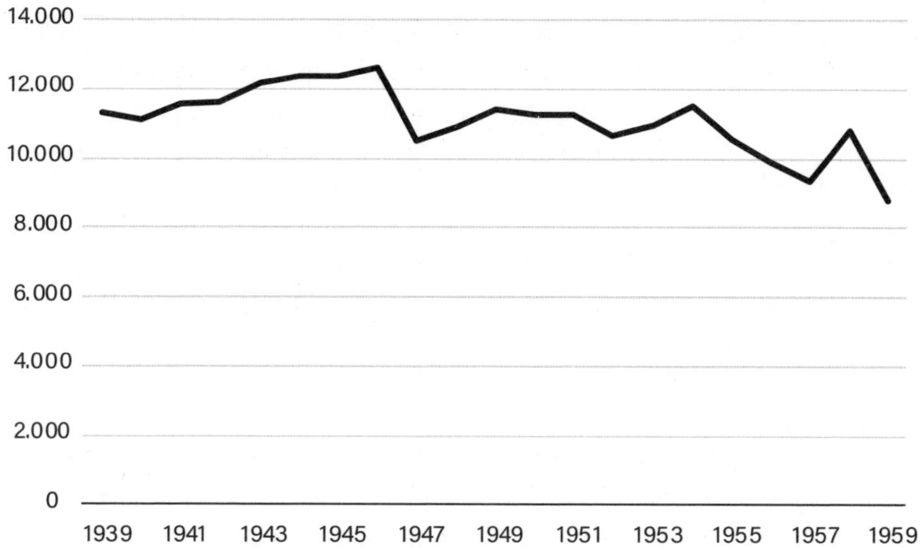

Fontes: Elaboração própria a partir de dados em PREFEITURA DO DISTRITO FEDERAL. *Estatísticas do Distrito Federal* (1950:76); IBGE. Diretoria de Estatística Municipal. *Anuário...* (1949-53:132; 1952-56:131); e IBGE (1961:72).

Notas: Volume de vendas calculado a partir da arrecadação do Imposto sobre Vendas e Consignações. Dados originais para o período 1939-43 deflacionados pelo deflator implícito do PIB em IBGE (1990: tabela 5.2, p. 177); para demais anos, Índice de Preços ao Consumidor da Cidade do Rio de Janeiro, calculado pela FGV, em IBGE (1990: tabela 5.14, p. 263-266). População do Rio para os anos intercensitários obtida por interpolação considerando taxa de crescimento constante entre dois censos consecutivos.

O gráfico 3.19, trazendo dados do "giro comercial" por habitante no Distrito Federal — calculado a partir de estatísticas de arrecadação do Imposto sobre Vendas e Consignações —, mostra uma tendência declinante daquele indicador ao longo de toda a década de 1950. Já o *nível* alcançado pelo "giro" em 1959 — cerca de 30% inferior em termos *per capita* e reais (isto é, ajustados pela inflação) ao apurado ao final da Segunda Guerra — traduz uma perda de importância do comércio atacadista carioca como fornecedor para outras unidades da Federação no período.[187]

Com efeito, enquanto o valor das vendas do varejo da cidade do Rio aumentou 36% em termos reais entre 1949 e 1959, *caiu* 20% no comércio atacadista, responsável por aproximadamente 70% do valor total das vendas do comércio carioca neste último ano. A uma expansão, no varejo, de 8,4% no número de estabelecimentos e de 17,1% no pessoal ocupado entre 1949 e 1959 correspondeu, no comércio atacadista, retração de 30% e 14%, respectivamente, nos mesmos indicadores.

Finalmente, o setor de serviços também passou a ser objeto de investigação mais detalhada a partir de recenseamento levado a efeito em 1940. Foram quatro as classes de serviços em que os resultados foram agrupados. Tal como no caso do Censo Comercial, a tabela 3.13 limita-se a reunir dados sobre o número de estabelecimentos, pessoal ocupado e receita. Mais ainda, mudanças na classificação e cobertura do censo de 1960 dificultam uma comparação de seus resultados com os dos dois censos anteriores.

O que se nota é o domínio das atividades ligadas aos serviços de alojamento e alimentação na cidade, empregando o maior contingente (exceto em 1949) e responsável pelo maior volume de receitas. Estas aumentaram 64% em termos reais entre 1939 e 1949, ritmo superado pela classe atividades de confecção e reparação, cujas receitas mais que dobraram no período.

Considerando-se as quatro classes de serviços discriminadas na tabela 3.13, comuns aos três recenseamentos, verifica-se um crescimento real (ajustado pelo Índice de Custo de Vida da cidade do Rio) das receitas de 72% entre 1939 e 1949. Já entre 1949 e 1959 houve *queda* real de 5% desse indicador, o que aponta — tal como os dados de vendas do comércio ou receita do governo do Distrito Federal vistos anteriormente — para o pouco dinamismo da atividade econômica na cidade do Rio nos anos 1950.

Tomados em conjunto, os resultados dos censos econômicos realizados em 1950 e 1960 apontam no sentido de uma economia carioca que aparentava dar sinais de estar "ficando para trás". Exemplo disso, entre 1949 e 1959, o valor da transformação da indústria do Rio aumentou 13,2% em termos reais e *per capita*;[188] ao mesmo tempo, cresceu 59,9% no Brasil. Em igual período, as vendas do comércio (também em termos reais e por habitante) caíram 32,8% no Rio e apenas 2,6% no Brasil.

Tabela 3.13

Número de estabelecimentos, pessoal ocupado e receita do setor de serviços do município do Rio de Janeiro, 1939-59

	1939			1949			1959		
	Estab.	Pessoal Ocupado	Receita (em Cr$ milhões)	Estab.	Pessoal Ocupado	Receita (em Cr$ milhões)	Estab.	Pessoal Ocupado	Receita (em Cr$ milhões)
Atividades em servs. de alojam. e alim.	4.314	21.925	325	5.157	26.332	1.506	6.352	24.644	9.507
Idem de confecção e reparação	4.621	17.150	152	6.825	27.764	967	2.654	9.936	3.022
Serviços e ofícios de higiene pessoal	1.709	5.376	27	1.718	5.885	126	1.820	5.698	796
Ativ. em teatros, diversões e radiodifusão	208	3.245	105	210	4.980	351	155	3.677	1.596

Fontes: IBGE. Censos dos Serviços, 1940, 1950 e 1960.

Nota: Dados do Censo de 1960 não estritamente comparáveis com os de 1940 e 1950 devido a mudanças na classificação e inclusão de outras classes e gêneros de serviços não pesquisados nos levantamentos anteriores.

Indo além, se as estimativas de crescimento da renda interna ou da arrecadação tributária *per capita* nos anos imediatamente após o término da Segunda Guerra indicam uma economia que crescia a taxas respeitáveis no Rio, o mesmo não se deu entre 1950 e 1960. Nesse período, a arrecadação deixa de exibir tendência de crescimento (gráfico 3.17) e a renda real *per capita* cresce 8,9% — em contraste com expansão no Brasil estimada em pouco mais de 39%.[189] Como consequência, de 14,5% da renda nacional em 1950 (e 16,8% em 1939), a economia da cidade chegava em 1960 respondendo por 12% do total.[190]

Em suma, o conjunto da evidência empírica discutida nesta seção denota o que se pode designar como uma primeira manifestação de "divergência" do desempenho da economia carioca em relação à economia nacional na década de 1950.[191]

4

DA GUANABARA AO SÉCULO XXI, 1960-2020

Ao longo das seis décadas cobertas pelo presente capítulo, conviveram o apogeu do modelo de crescimento econômico voltado para dentro com a subsequente abertura da economia brasileira ao exterior, iniciada nos anos 1990. Ao mesmo tempo, a história econômica do período seria indelevelmente marcada pela progressiva perda de controle sobre a inflação até que a estabilização fosse alcançada a partir do Plano Real, em 1994.

No plano político, o período 1960-75 foi dos mais instáveis da história: à breve presidência de Jânio Quadros (janeiro a agosto de 1961) seguiu-se a crise que cercou a posse de seu vice, João Goulart. A "solução" parlamentarista adotada entre setembro de 1961 e janeiro de 1963, por sua vez, não foi capaz de dissipar as crescentes tensões entre o governo Goulart e seus opositores, culminando em sua deposição pelo golpe civil-militar de março de 1964. Após três anos de um governo (Castelo Branco) de tendências mais liberais no campo econômico, assiste-se à reorientação da política econômica em um sentido mais intervencionista, coincidindo com "fechamento" político do regime a partir do Ato Institucional nº 5, na presidência Costa e Silva.

A sucessão de Costa e Silva por Médici (após breve período de governança sob uma Junta Militar) daria continuidade aos "anos de chumbo" do regime, agora embalados por uma economia em ritmo de forte expansão. Era o chamado "milagre econômico", que perduraria até o advento do primeiro Choque do Petróleo, em fins de 1973. A passagem do governo Médici para Ernesto Geisel, por seu turno, deu início a lento processo de distensão política acompanhado de aposta redobrada no crescimento econômico liderado pelo Estado, na chamada "marcha forçada"[192] representada pelo Segundo Plano Nacional de Desenvolvimento (II PND). Tratou-se da culminação do processo de industrialização substitutiva de importações no país, após o que praticamente internalizou-se por completo a produção de bens de capital e insumos industriais e foi ampliada significativamente a oferta doméstica de energia.

O custo da estratégia de reação não recessiva ao choque de petróleo foi um aumento significativo do endividamento externo do país e início do descontrole inflacionário, prenunciando dois dos maiores desafios da década de 1980, a crise da dívida e a hiperinflação.[193]

Os anos 1990 representam momento decisivo na história econômica do país, quando se conjugaram maior abertura comercial e financeira com estabilização da inflação. Ao mesmo tempo — e com o benefício da visão retrospectiva —, agora se percebe que foi também ao final do século XX que começaram a se manifestar os sinais de que a economia brasileira se deparava com dificuldades estruturais de fazer avançar consistentemente a produtividade agregada — e, portanto, da renda *per capita* –, sintoma daquilo que viria a ser caracterizado como a "armadilha da renda média".

As duas primeiras décadas do século XXI estão delimitadas por dois grandes choques em escala global: a crise decorrente dos ataques terroristas de 11 de setembro de 2001 e o início da pandemia da Covid-19. Na primeira metade do período, coincidindo, *grosso modo*, com os dois mandatos do presidente Lula, a economia brasileira logrou crescer a taxas ligeiramente superiores às verificadas nos anos 1990, tendo se beneficiado de uma melhora expressiva dos termos de troca dos países primário-exportadores. Entre 2011 e 2020, por outro lado, verificou-se clara desaceleração da economia, fruto não apenas do fim do "superciclo das *commodities*" como de erros de gestão da política econômica.

Em linhas gerais, a economia do Rio de Janeiro acompanhou os ritmos da economia brasileira entre 1960, ano em que perdeu para Brasília a condição de capital federal, e meados da década de 1990. De início, alguma desaceleração na primeira metade dos anos 1960, seguida de crescimento vigoroso até a recessão dos primeiros anos da década de 1980. De meados dos anos 1980 até 1990, a economia do Rio experimentaria renovada — e curta — fase de expansão até que a crise decorrente do fracassado Plano Collor inaugurasse período de quase duas décadas de recuo da renda *per capita* na cidade. Novo surto de crescimento seria alimentado pelas obras que preparariam o Rio para sediar os Jogos Olímpicos de 2016, mas cujos efeitos se esgotariam em 2013/14. A partir daí, dá-se nova retração da economia, em linha com fenômeno a nível nacional.

Neste capítulo, o acompanhamento da trajetória da economia do Rio de Janeiro (e do Brasil) ao longo de períodos mais curtos e com maior nível de detalhe torna-se possível pela maior disponibilidade de informações estatísticas. Aos resultados dos censos econômicos, produzidos até 1985, somam-se outras pesquisas realizadas pelo IBGE,[194] estimativas de PIB municipal efetuadas por diversos órgãos, e séries de dados de registros administrativos como a Relação Anual de Informações Sociais (Rais) e o Cadastro Geral de Empregados e Desempregados (Caged).

O capítulo está organizado em quatro seções. Na primeira, analisa-se a evolução da economia da cidade do Rio de Janeiro nos 15 anos em que constituiu o estado da Guanabara. O período 1975-2000, cobrindo o período áureo do modelo de crescimento liderado pelo Estado e sua subsequente derrocada, é examinado em seguida. A terceira seção trata das duas primeiras décadas do século XXI, quando se alternaram períodos de estagnação/recuo da renda *per capita* da cidade com crescimento e, a partir de 2014, queda significativa daquele indicador.

As primeiras referências no debate público a um "esvaziamento econômico" da cidade do Rio de Janeiro surgiram em meio à *malaise* econômica e política vivida no início dos anos 1960. Passados 60 anos, o tema permanece (ou, ao menos, deveria estar) na ordem do dia. A partir do que foi apresentado nas três seções anteriores, a quarta seção do capítulo realiza um balanço da evidência disponível e, com base nela, procura datar o início do referido fenômeno (aqui definido como uma tendência de menor crescimento da renda por habitante do Rio relativamente ao Brasil). Adicionalmente, analisa seus determinantes "próximos" em termos de diferenças no ritmo de acumulação de fatores de produção e aumentos da produtividade no Rio de Janeiro e no Brasil. Já conjecturas acerca dos determinantes "últimos" de tal "esvaziamento" estão reservadas para o Epílogo.

A economia do estado da Guanabara, 1960-75

A década de 1960 constitui divisor de águas na história econômica da cidade do Rio de Janeiro, em parte resultante da mudança de maior importância representada pela transferência da capital do país para Brasília a 21 de abril de 1960. Com tal medida — e após quase dois séculos em que fora o centro político e administrativo do Brasil —, a cidade perdia o *status* de Distrito Federal e tornava-se mais um estado da Federação, a Guanabara.

A transferência da capital do Brasil para o Planalto Central estava prevista nas constituições de 1891, 1934 e 1946 e ausente da "Polaca" (de 1937). Uma vez consumada a mudança, nascia nova unidade federativa, o estado da Guanabara. Tendo ao longo de sua curta existência de 15 anos quatro governantes — pela ordem, Sette Câmara (1960), Carlos Lacerda (1960-65), Negrão de Lima (1965-71) e Chagas Freitas (1971-75) —, seus limites territoriais eram rigorosamente idênticos aos que correspondiam ao antigo Distrito Federal (ver o anexo 1 para uma discussão). Sua população, segundo o Censo de 1960, era de 3,3 milhões de habitantes, número que alcançaria 4,3 milhões em 1970 e cerca de 4,7 milhões em 1975.

Os anos 1960 iniciaram-se ainda sob a influência do Plano de Metas do governo Juscelino Kubitschek, na forma de taxas de crescimento do PIB da ordem de 9,4% e 8,6% em 1960 e 1961, respectivamente.[195] A partir de então e até 1967, observa-se queda pela metade no ritmo de expansão da economia brasileira, fruto de uma combinação de fatores de natureza estrutural (a exemplo de um menor ritmo de investimento após as pesadas inversões observadas durante o Plano de Metas) e conjuntural (instabilidade política aliada aos impactos recessivos de planos de estabilização[196] adotados nos governos João Goulart e Castelo Branco).

Gráfico 4.1
Brasil: taxa de crescimento do PIB, 1960-80 (em %)

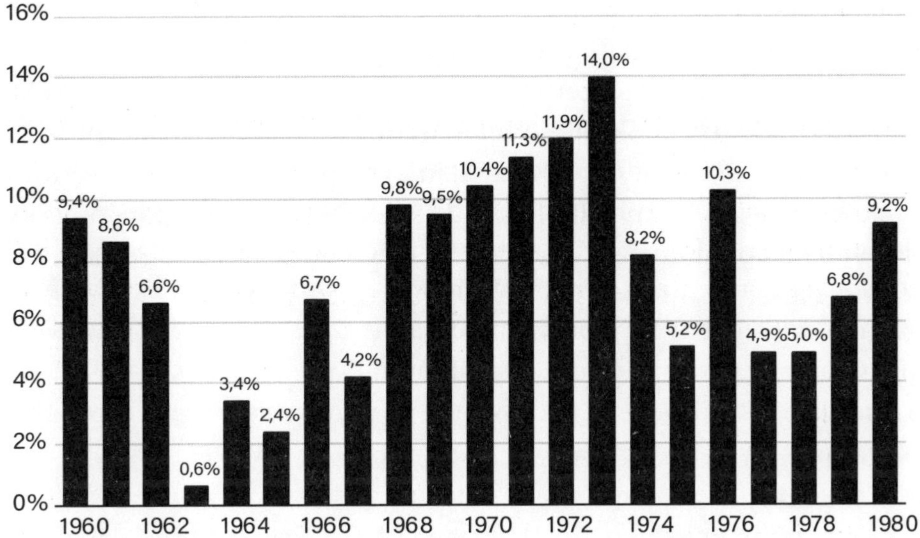

Fonte: IBGE (2003).

O comportamento da economia brasileira nos anos do "milagre econômico" destaca-se na série exibida no gráfico 4.1 sob a forma de taxa média de expansão do PIB da ordem de 11,1% a.a. entre 1968 e 1973, com o crescimento chegando a 14% neste último ano. O caráter excepcional desse período, valendo-lhe a alcunha de miraculoso, seria dado pela combinação de ritmo elevado de crescimento do produto, balanço de pagamentos em equilíbrio e inflação sob controle (ao menos, pelos padrões da época, em aproximadamente 20% anuais, em média).

Na sequência do primeiro Choque do Petróleo, coincidindo com a transição do governo Médici para Geisel, o ritmo de expansão da economia brasileira sofreu desaceleração, mas ainda se manteve em patamares consideráveis. Um legado adicional do governo Geisel — com consequências diretas sobre a política e a economia da cidade do Rio de Janeiro — seria a sua promoção do processo de fusão dos estados da Guanabara e do Rio de Janeiro, consumado em 1974/75.[197] A partir de então, a cidade passaria à condição de município[198] da capital do estado homônimo, situação que prevalece até os dias atuais.

Infelizmente, a avaliação do comportamento agregado da economia da cidade do Rio de Janeiro (estado da Guanabara) entre 1960 e 1975 é dificultada pela menor disponibilidade de dados, à qual se somam números díspares encontrados na literatura.

Estimativa da renda interna das diversas unidades da Federação realizada pelo Centro de Contas Nacionais do Ibre — à época oficialmente encarregado do cálculo do PIB e balanço de pagamentos, entre outros — abarca apenas os anos de 1947 a 1968. Seus resultados para o período 1960-68 apontam para um crescimento acumulado de 4,3% a.a., em média, da renda interna da Guanabara, contra expansão da renda do Brasil de 5,2% anuais, em média.

Gráfico 4.2
Renda interna da cidade do Rio de Janeiro, 1960-68
(var. % anual)

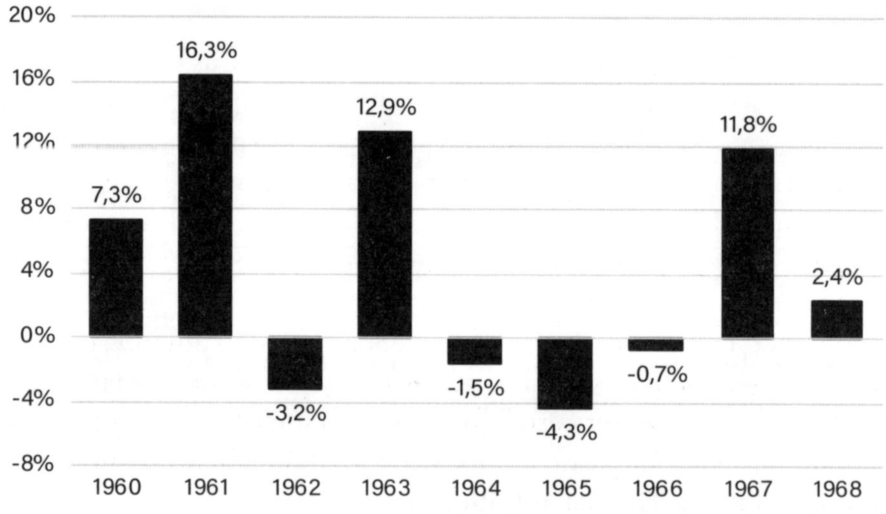

Fonte: Elaboração própria a partir de dados de renda interna e deflator implícito em Contas nacionais do Brasil — atualização (1971).

De acordo com as estimativas em Contas Nacionais do Brasil — atualização (1971), entre 1961 e 1965 a renda interna na Guanabara cresceu 3,7% a.a., em média, em termos reais, contra expansão de 4,8% a.a. no Brasil. Exame dos dados anuais estimados pelo Ibre, contudo, revela comportamento atípico da renda da cidade do Rio de Janeiro em alguns anos (gráfico 4.2). Assim, a taxa de crescimento de 16,3% em 1961 supera em muito o aumento estimado pela mesma fonte na renda interna real do Brasil naquele ano (12,9%) e mais ainda a taxa "oficial" de crescimento do PIB (8,6%). Igualmente destoante é a expansão de 12,9% da renda interna do Rio em 1963; para aquele ano em particular, o Ibre estimou aumento de 2,4% na renda real do Brasil.

Uma possível razão para resultados que aparentemente exageram o ritmo de crescimento da renda interna da Guanabara em 1961 e, sobretudo, 1963 é o comportamento da renda do setor Governo. Respondendo por cerca de 20% do total da economia do estado na década de 1960, a renda daquele ramo, segundo o Centro de Contas Nacionais, teria apresentado crescimento real de 35% em 1961 e de 29% em 1963.[199] Neste último ano, também influenciou no resultado agregado a expansão estimada em 25,9% da renda do ramo Comércio, responsável por aproximadamente 15% da renda interna da Guanabara na década de 1960.

Uma possível consequência do desencontro entre as fontes estatísticas quanto à evolução do PIB da cidade foi que as apreciações dos contemporâneos acerca do estado da economia do Rio de Janeiro não coincidiam. Assim, na Mensagem de 1965 enviada à Assembleia Legislativa, o governador Lacerda asseverou que "[...] a visão global da economia brasileira, em 1963, apresenta aspecto desolador que reflete os prejuízos causados ao País por uma administração inoperante, incompetente e irresponsável" (Estado da Guanabara, 1965b: s.p.). Mais adiante, pondera que "[...] a Guanabara sentiu os reflexos dessa desordem. Mas, apesar disto, conseguiu manter certo ritmo de crescimento que, embora, inferior ao de sua população, demonstrou a vitalidade da economia do Estado" (Estado da Guanabara, 1965b:s.p.).

Entre as evidências mobilizadas por Lacerda em apoio ao quadro de dificuldades que relata estavam a queda, em 1963, de 9,3% do consumo industrial de energia elétrica, de 15,1% no movimento de carga no porto do Rio de Janeiro (-44,3% no caso do comércio de cabotagem ex-combustíveis), bem como recuo do número de imóveis comercializados naquele ano na Guanabara. No sentido inverso, a *Mensagem à Assembléia* destaca o elevado número de sociedades anônimas fundadas no estado em 1963, bem como o valor das emissões de capital (ainda que reconhecendo que cerca de 60% deste correspondesse a companhias de economia mista criadas pelo governo da Guanabara).[200]

Procedendo a um balanço de sua gestão, em outro documento de 1965, Lacerda sustentou que "[...] não é exagero afirmar que o programa de investimento direto do Governo Estadual e sua política econômica promocional permitiram ao Estado uma melhoria da sua posição relativa no conjunto da economia nacional" (Estado da Guanabara, 1965a:29). Referia-se, assim, às muitas realizações do governo do estado, envolvendo, entre outros, a construção de novas escolas, obras de infraestrutura viária, ampliação do sistema de abastecimento de água e construção de moradias populares (Perez, 2007:114-115 e cap. V). Financiadas em boa medida com recursos próprios (entre os quais receita do Imposto sobre Vendas e Consignações, cuja alíquota foi aumentada de 4% para 5%), foram realizadas em sua maior parte por órgãos da administração indireta do estado da Guanabara (Perez, 2007:143-144).

Pesquisa contemporânea traça um quadro mais pessimista do comportamento da economia do Rio de Janeiro na primeira metade dos anos 1960. Em estudo realizado pela firma de consultoria Astel a pedido do governo Negrão de Lima e amplamente citado na literatura, os autores mantêm que o produto real *per capita* da Guanabara teria caído 23,1% entre 1961 e 1964 (Estado da Guanabara, 1967:1.26). Considerando-se que, nesse intervalo, a população do estado cresceu cerca de 8%, implicaria queda de aproximadamente 15% da renda real no quadriênio — resultado bem diverso da *expansão* de 25% segundo as estimativas publicadas em Contas nacionais do Brasil — atualização (1971).

Analisando período ligeiramente diverso (1962-66), os autores daquele trabalho sustentam que o setor responsável por contração do produto real da Guanabara — por eles estimada em 8,9% naquele quadriênio — seria a indústria.[201] Tal afirmativa não parece compatível com os números dos próprios autores que, à p. 2.15 do documento, afirmam ter havido queda de 10,9% no produto real industrial naquele período. Considerando-se que o setor secundário respondia à época por aproximadamente 20% da economia guanabarina, tal queda resultaria em contração de cerca de 2% na economia do estado, "explicando", assim, pouco mais que 1/5 do recuo agregado por eles postulado.[202]

Foi no contexto de desaceleração do ritmo de crescimento da economia brasileira e carioca (neste caso, manifestando-se, como visto no capítulo 3, desde a década de 1950) que surgiu, pela primeira vez, a tese de um "esvaziamento econômico" da cidade. Ainda que identificando um esvaziamento da economia da Guanabara que qualificou como "relativo" (isto é, envolvendo queda do PIB e do PIB *per capita* daquele estado comparativamente ao desempenho da economia brasileira entre 1960 e 1964), o *Diagnóstico preliminar da Guanabara* conclui que o fenômeno traduzia "dificuldades conjunturais" e não crise de longo prazo (Estado da Guanabara, 1967:1.20-1.26).

Tom bem mais alarmante apareceria em artigo de Diane Lisbona publicado no *Jornal do Brasil* de 4 e 5 de maio de 1970 intitulado "Dez anos de estado não salvam economia do Rio". Para a autora, caso o governador da Guanabara não determinasse as reais vocações do estado, o Rio "não mais conseguiria recuperar o terreno perdido nos últimos 20 anos" e seria "uma nova Ouro Preto, capital durante o ciclo do ouro e que hoje não passa de uma cidade belíssima [...], mas impraticável para a vida do dia a dia, do homem que deseja progredir, ganhar dinheiro e se desenvolver".

Se a avaliação precisa dos ritmos efetivamente seguidos pela economia carioca na década de 1960 é prejudicada por estimativas desencontradas da renda da Guanabara, não parece haver dúvida quanto à configuração da estrutura produtiva daquele estado. Conforme visto anteriormente, o setor secundário respondia, em média, por cerca de 20% da renda da economia da cidade do Rio de Janeiro, o terciário (comércio e serviços), por quase 80%; e a agropecuária, por uma parcela pouco significativa. Tratava-se de composição do PIB não muito diferente daquela existente no início do século XX, caracterizada no capítulo 3 como refletindo uma "hipertrofia" do terciário.

Não obstante tal estrutura produtiva, algumas das principais medidas de política tomadas pelos sucessivos governos da Guanabara visando combater o presumido "esvaziamento" econômico do Rio de Janeiro objetivaram desconcentração *industrial* do espaço urbano. Com isso, pretendia-se estimular o estabelecimento de novas plantas industriais na Zona Oeste da cidade, desafogando a Zona Norte que, desde a década de 1920, passara a abrigar a maioria das unidades fabris cariocas (Abreu, 1997:80).[203]

Plano diretor (Plano Doxiadis) contratado pelo governador Lacerda, em 1964, identificaria o eixo Leste-Oeste da cidade como "espinha dorsal do desenvolvimento interno" ao ligar o Centro ao que, esperava-se, seria um novo complexo industrial no bairro de Santa Cruz (Bandeira de Mello, 2023:13). Na mesma linha de descentralização espacial da cidade incluem-se o Plano Lúcio Costa, de 1969, para a urbanização da região de baixada localizada entre a Barra da Tijuca, o Pontal de Sernambetiba e Jacarepaguá, e o novo regulamento de zoneamento da cidade aprovado no ano seguinte (Santos, 2003:154-155). O documento *Diretrizes do Governo da Guanabara*, de 1971, sintetizava o espírito de tais iniciativas ao propor uma "ocupação racional do território", ou seja, sua expansão em direção à Zona Oeste da cidade (Motta, 2000:137-138).

Em 1967 — já no governo Negrão de Lima —, a Companhia Progresso Industrial da Guanabara (Copeg), criada pelo governo da Guanabara em 1961 para fomentar o desenvolvimento industrial no novo estado, contratou estudos de viabilidade para a implantação de um distrito industrial em Santa Cruz. Em 1973, o espaço seria finalmente ativado e a ele iriam se somar, ao longo da década de 1970, outros cinco distritos industriais igualmente localizados na Zona Oeste da cidade (Damas, 2008: cap. 3; Osorio, 2005:157-163).[204]

Conforme notado anteriormente, as evidências disponíveis não autorizam afirmar com certeza qual teria sido a trajetória experimentada pela economia da Guanabara, ano a ano, na década de 1960 em sua totalidade. Contudo, os resultados dos censos econômicos realizados pelo IBGE em 1960 e 1970 permitem análise do comportamento daquela economia ao longo do decênio (11 anos, na realidade) como um todo e segundo as principais classes de atividade (tabela 4.1).

Tabela 4.1
Indicadores selecionados da indústria de transformação na cidade do Rio de Janeiro, 1959-85

	1959	1970	1975	1980	1985
Estabelecimentos	5.324	7.940	8.068	7.105	8.903
Pessoal ocupado	176.608	224.029	283.331	273.905	318.024
Valor da transformação industrial (em Cz$ milhões de março/1986)	15.028,7	31.037,3	57.876,9	65.472,5	58.975,1

Fonte: Elaboração própria a partir de dados em IBGE. Censos Industriais — Guanabara 1960 e 1970 e Rio de Janeiro 1975, 1980 e 1985.
Nota: Valores originais em preços correntes deflacionados pelo IGP-DI.

Entre 1959 e 1970, o número de estabelecimentos da indústria de transformação do Rio de Janeiro aumentou quase 50%, ao passo que o pessoal ocupado total cresceu cerca de 30%. Mais significativo ainda, em igual período o valor da transformação industrial (VTI) (uma *proxy* para o valor adicionado no setor) mais do que dobrou em termos reais, configurando taxa de crescimento médio anual de significativos 6,8%. Ao mesmo tempo, a taxa de crescimento do valor da transformação industrial no Brasil como um todo foi da ordem de 7,3% anuais em média. Em outras palavras, um desempenho marginalmente superior ao da indústria carioca e que torna menos sustentável a avaliação pessimista do desempenho da economia da Guanabara contida em Estado da Guanabara (1967).[205]

Além de ter se expandido a um ritmo bastante razoável ao longo da década de 1960 (ainda que de forma seguramente errática, com determinados anos apresentando mau desempenho), a indústria de transformação da cidade do Rio de Janeiro experimentou um processo de sofisticação equiparável ao vivido pelo setor industrial no país como um todo. Exemplo disso, a participação do setor produtor de bens duráveis e de capital carioca no total do valor da transformação industrial passou de 19,1% para 25,1% entre 1959 e 1970, ao passo que igual indicador avançou de 26,8% para 32,0% no Brasil (tabela 4.2).

Tabela 4.2
Repartição do valor da transformação industrial por categoria de uso: cidade do Rio de Janeiro e Brasil, 1959-85 (em %)

	Rio de Janeiro					Brasil				
	1959	1970	1975	1980	1985	1959	1970	1975	1980	1985
Bens Não Duráveis	59,0	53,6	48,5	42,2	44,1	47,0	42,6	35,9	35,0	33,8
Bens Intermediários	21,9	21,3	21,6	22,8	24,3	26,2	25,4	28,6	27,9	30,8
Bens Duráveis e de Capital	19,1	25,1	29,9	35,0	31,6	26,8	32,0	35,5	37,1	35,4
	100,0	**100,0**	**100,0**	**100,0**	**100,0**	**100,0**	**100,0**	**100,0**	**100,0**	**100,0**

Fontes: Elaboração própria a partir de IBGE. Censos Industriais do Brasil, Guanabara e do estado do Rio de Janeiro; Prefeitura do Rio de Janeiro (1993: tabela 4.12.16, p. 425).

Tabela 4.3
Indicadores selecionados do setor de serviços na cidade do Rio de Janeiro, 1959-85

	1959	**1970**	**1975**	**1980**	**1985**
Estabelecimentos	15.611	23.842	24.439	32.498	29.322
Pessoal ocupado	63.056	117.062	205.929	294.964	274.303
Receita (em Cz$ milhões de mar/86)	6.493,5	14.530,7	39.853,5	65.913,1	46.348,3

Fonte: Elaboração própria a partir de dados em IBGE, Censo dos Serviços — Guanabara 1960 e 1970 e Rio de Janeiro 1975, 1980 e 1985.
Nota: Valores originais em preços correntes deflacionados pelo IGP-DI.

O quadro traçado pelo comportamento do setor industrial do Rio de Janeiro na década de 1960 repete-se no setor terciário (serviços e comércio), responsável por cerca de 80% da renda gerada na cidade. Segundo o Censo dos Serviços, entre 1959 e 1970 houve um aumento de quase 100% no número de empregados no setor (tabela 4.3). Ao mesmo tempo, o valor real das vendas cresceu a uma taxa média anual de 7,6%, ou seja, a ritmo superior ao registrado no país em igual período (6,9% a.a.).

No caso do setor de comércio, também se verificou, entre 1959 e 1970, aumento do número de empregados (54%) e do valor real das vendas — 87%, ou 5,9% a.a., em média (tabela 4.4). Contudo, neste último indicador, o desempenho do comércio no Brasil foi superior (crescimento de 8,5% anuais em média). Ainda no tocante ao setor comercial carioca, destaca-se o comportamento contrastante do ramo do varejo e do atacado; enquanto o varejo respondia, em 1959, por pouco mais de um terço das vendas na cidade, em 1970 as vendas daquele segmento já equivaliam às do setor atacadista (tabela 4.4).[206] Trata-se de aprofundamento de tendência à qual se aludiu no capítulo 3 no contexto da estagnação do volume do chamado "giro comercial" na década de 1950 e que já refletia a perda de importância do setor atacadista do comércio do Rio enquanto supridor de mercados em outras unidades da Federação.

Estima-se que entre 1970 e 1975 o produto interno bruto da Guanabara tenha se expandido a uma taxa anual média de 8,6%[207] — muito próxima, portanto, daquela apresentada pela economia brasileira no período.[208] No caso específico da indústria carioca, seu desempenho no quinquênio que inclui o período do "milagre econômico" foi notável — expansão real do VTI de 13,3%, em média, ao ano entre 1970 e 1975 (tabela 4.1), contra crescimento de 16,6% anuais no Brasil. Em termos de sua distribuição segundo as categorias de uso, o peso do setor produtor de bens de consumo duráveis e de capital alcançou 29,9% — aumento de 10 p.p. em relação a 1959 (tabela 4.2).

A receita do setor de serviços em igual período cresceu à impressionante taxa média de 22,4% ao ano em termos reais (tabela 4.3), embora abaixo da alcançada pelo setor no Brasil — 31% anuais.[209] Já as vendas do comércio carioca cresceram a ritmo inferior às receitas do setor de serviços no período 1970 a 1975 (13,9% anuais, em média). Desta feita, porém, com desempenho relativamente melhor do comércio atacadista, cuja participação no total das vendas recuperou parte do terreno perdido na década de 1960 (tabela 4.4).

Tabela 4.4
Indicadores selecionados do setor do comércio na cidade do Rio de Janeiro, 1959-85

	1959			1970		
	Varejo	Atacado	Total	Varejo	Atacado	Total
Estabelecimentos	17.178	2.865	20.043	27.844	3.514	31.358
Pessoal ocupado	69.146	41.892	111.038	128.676	42.394	171.070
Índice de vendas reais (1959 = 100)	100	100	100	246	150	187
% Total de vendas	37,8%	62,2%	100,0%	49,9%	50,1%	100,0%
	1975			**1980**		
	Varejo	Atacado	Total	Varejo	Atacado	Total
Estabelecimentos	24.022	3.289	27.311	27.958	3.137	31.095
Pessoal ocupado	154.720	45.265	199.985	182.515	45.390	227.905
Índice de vendas reais (1959 = 100)	416	322	357	474	332	386
% Total de vendas	44,0%	56,0%	100,0%	46,4%	53,6%	100,0%
	1985					
	Varejo	Atacado	Total			
Estabelecimentos	26.161	2.825	28.986			
Pessoal ocupado	217.412	38.534	255.946			
Índice de vendas reais (1959 = 100)	342	151	223			
% Total de vendas	57,9%	42,1%	100,0%			

Fontes: Elaboração própria a partir de dados em IBGE. Censos Comerciais de 1960, 1970, 1975 e 1980; Prefeitura do Rio de Janeiro (1993: tabela 4.3.14, p. 440).
Nota: Valores originais de vendas a preços correntes convertidos a preços constantes pelo IGP-DI.

A economia da cidade do Rio de Janeiro, 1975-2000

A segunda metade da década de 1970, conforme notado na introdução ao presente capítulo, foi diretamente impactada pelo primeiro Choque do Petróleo e, na sequência, pela decisão do governo Geisel de reagir a ele com base em uma estratégia de fomento ao crescimento econômico financiada por capitais externos (os chamados "petrodólares"). Com isso, teve continuidade a trajetória de crescimento da economia brasileira, ainda que a taxas inferiores às alcançadas durante o "milagre" (gráfico 4.1).

De acordo com estimativas do Ipea, a economia da cidade do Rio de Janeiro (agora tornada capital do estado do mesmo nome) cresceu a uma taxa média anual de 6,2% entre 1975 e 1980. Assim como no caso do Brasil, taxa inferior, também, à registrada no quinquênio anterior, mas ainda respeitável e refletindo a continuidade observada no crescimento da economia brasileira ao longo do governo Geisel e nos dois anos iniciais do governo Figueiredo.

Diante desses números, fica mais difícil sustentar que a fusão dos estados da Guanabara e do Rio de Janeiro foi prejudicial — ao menos no curto prazo — do ponto de vista do dinamismo da economia carioca.

Uma dimensão, porém, em que claramente a cidade perdeu a partir do processo de fusão foi a *tributária*, ponto muito pouco enfatizado na literatura.[210] De fato, ao deixar de ser um estado da Federação em 1975 (a Guanabara), a cidade do Rio de Janeiro igualmente deixou de reter toda a arrecadação do Imposto sobre Circulação de Mercadorias (ICM) efetuada em seu território. A partir de então, esses recursos passaram para as mãos do estado do Rio, que os ratearia entre seus diversos municípios (inclusive a própria capital, é claro). Nessa transição, contudo, o volume de recursos do ICM à disposição da cidade caiu sensivelmente, inaugurando um novo patamar muito abaixo daquele existente antes de 1975.

Tendo respondido, entre 1970 e 1973,[211] por 78,8%, em média, da receita tributária da Guanabara e 66,7% da receita total,[212] a partir da Fusão a arrecadação por habitante do ICM caiu 78% em termos reais entre aquele quadriênio e o período 1975-78.[213]

Na falta de dados de receita total do município do Rio de Janeiro para o período 1975-78, não foi possível calcular o peso que, nesse período, tiveram as receitas tributárias. Contudo, série estatística reunindo dados de arrecadação dos principais tributos da prefeitura no período (além do ICM repassado pelo estado, o ISS, o IPTU e duas taxas municipais — Taxa sobre Serviços Diversos e Taxa de Iluminação Pública) revela queda real (isto é, ajustada pela inflação) de 57% da arrecadação por habitante do município entre 1970-73 e 1975-78 (gráfico 4.3).[214] Trata-se de prova indiscutível dos impactos negativos do processo de Fusão sobre as finanças do governo do município do Rio, reduzindo significativamente sua capacidade de ofertar bens públicos importantes como educação e infraestrutura urbana, por exemplo.

Gráfico 4.3
Receita do ICM na cidade do Rio de Janeiro, 1970-80
(em Cz$ de mar/1986 *per capita*)

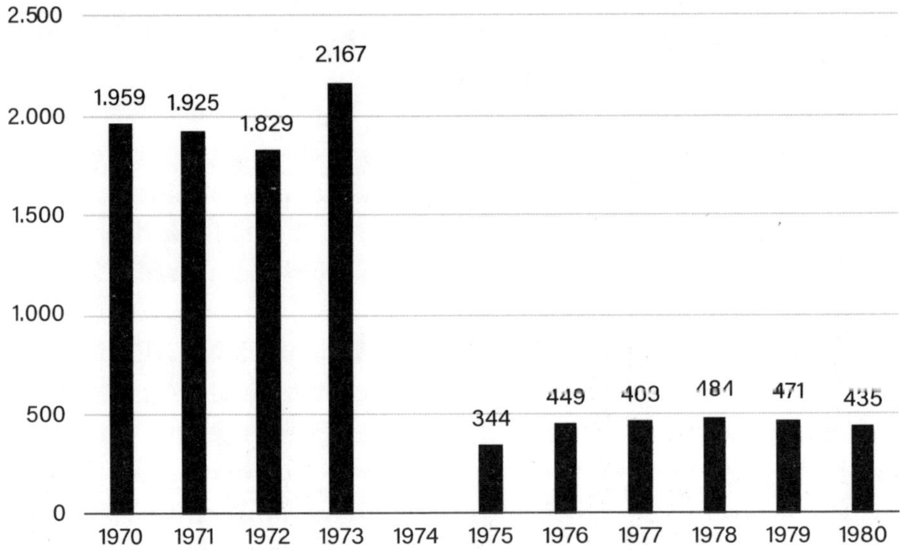

Fontes: Elaboração própria a partir de dados de receita do ICM em ESTADO DA GUANABARA. Secretaria de Planejamento e Coordenação Geral. *Anuário estatístico do estado da Guanabara* (1973; 1974) e Prefeitura do Rio de Janeiro (1985). População em IBGE, Censos Demográficos 1970 e 1980. População para os anos intercensitários estimada por interpolação supondo taxa de crescimento constante entre os dois censos.
Nota: Valores originais em preços correntes deflacionados pelo IGP-DI.

Já em termos dos grandes setores da economia, o quinquênio imediatamente posterior à Fusão revela clara diferença nas trajetórias seguidas pela indústria de transformação carioca e a brasileira: enquanto naquela o valor da transformação exibiu aumento de apenas 13% entre 1975 e 1980 (tabela 4.1), igual indicador experimentou avanço de 56% no Brasil. Quanto às diferentes categorias de uso, o valor da transformação industrial nos gêneros produtores de bens duráveis e de capital apresentou desempenho relativamente melhor que a média da indústria do Rio de Janeiro, levando-o a responder por cerca de ⅓ do VTI total em 1980 (tabela 4.2).

No tocante ao setor terciário da economia da cidade, nota-se trajetória marcadamente distinta dos serviços comparativamente ao comércio entre 1975 e 1980. Com efeito, o valor real das receitas do setor de serviços do Rio de Janeiro aumentou em média 10,6% anuais, contra expansão real de apenas 1,5% a.a. nas vendas do comércio (tabelas 4.3 e 4.4). No caso do Brasil, o desempenho em ambos os setores no período foi igualmente baixo: taxa de crescimento real média dos mesmos indicadores de, respectivamente, 2,6% a.a. e 0,4% a.a.

Gráfico 4.4

Brasil: taxa de crescimento do PIB, 1980-2000 (em %)

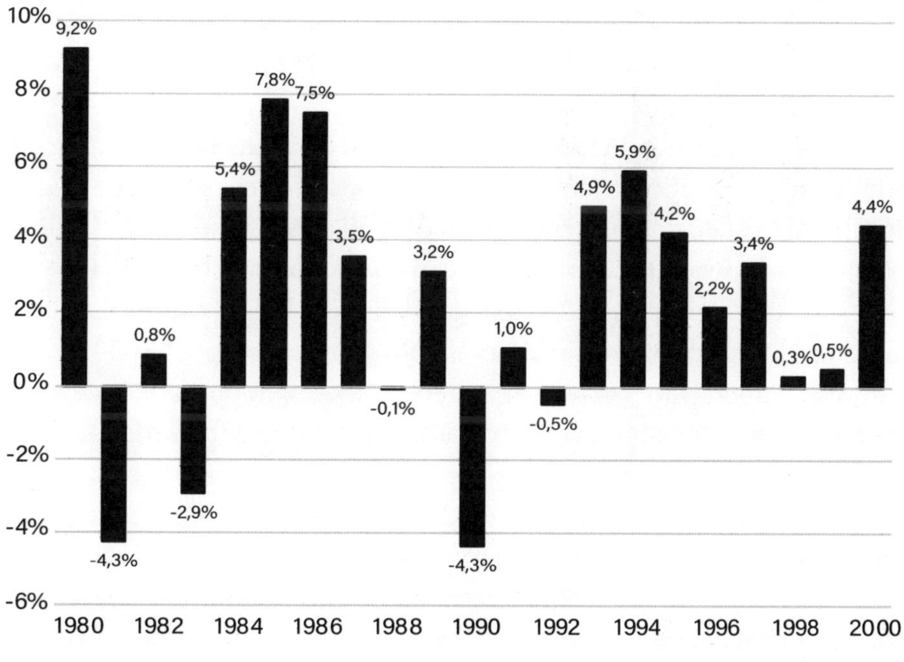

Fontes: IBGE (2003); Ipeadata.

Do ponto de vista do comportamento da renda *per capita*, a década de 1980 foi, de fato, "perdida" no Brasil. Para um crescimento médio anual da população estimado em 2,1%, a economia brasileira cresceu apenas 1,6% a.a. em média entre 1980 e 1990 (gráfico 4.4). Em outras palavras, uma queda da renda *per capita*. Tal desempenho da taxa média encobre o que foi, na prática, uma forte recessão no período 1981-83, à qual se seguiram quatro anos de expansão econômica na virada dos governos Figueiredo para Sarney. No restante da década, o fracasso de uma sucessão de planos de estabilização traduziu-se em trajetória errática da economia, culminando com a forte contração do nível de atividade vivida em 1990 no rastro do Plano Collor I.

Em linhas gerais, a experiência da cidade do Rio de Janeiro repetiu esse padrão. Estima-se que seu PIB tenha literalmente "andado de lado" no período, compreendendo duas fases: uma contração de 8% na primeira metade da década, seguida de expansão de 8,8% na segunda.[215] Sua população, nesse tempo, cresceu em ritmo muito inferior à do país (0,7% a.a. *versus* 1,9% em média), daí resultando queda do PIB *per capita* da ordem de 7% na década de 1980.[216]

Dois indicadores adicionais confirmam o quão atingida foi a economia da cidade do Rio de Janeiro pela crise nos primeiros anos da década de 1980: a taxa de desemprego aberto da Região Metropolitana do Rio de Janeiro[217] e a área das construções licenciadas no município do Rio.

A série de desemprego aberto calculado pelo IBGE (gráfico 4.5) apresenta os valores mais elevados para a RMRJ no período 1980-84 (média de 7,5%), superando, inclusive, aqueles que seriam apurados no início da década de 1990, ainda com a mesma metodologia (que iria ser modificada em 2002), em meio à recessão vivida no governo Collor.

Já o comportamento da série de dados da área das construções licenciadas no município do Rio de Janeiro (incluindo tanto as residenciais como as dos setores industrial e comercial) exibe os efeitos defasados da crise econômica, com a área total caindo de uma média de aproximadamente 5,5 milhões de m^2 anuais entre 1980 e 1983 para montantes que, até o final dos anos 1990, jamais ultrapassariam os 3,3 milhões de m^2 (gráfico 4.6). Nesse caso, parece refletir não apenas fatores relativos à falta de crédito imobiliário em meio à elevada inflação do período como também o pouco dinamismo econômico que se instaurara no município a partir do início da década de 1980.

Gráfico 4.5
Taxa de desemprego aberto na Região Metropolitana do Rio de Janeiro, 1980-2000 (em %)

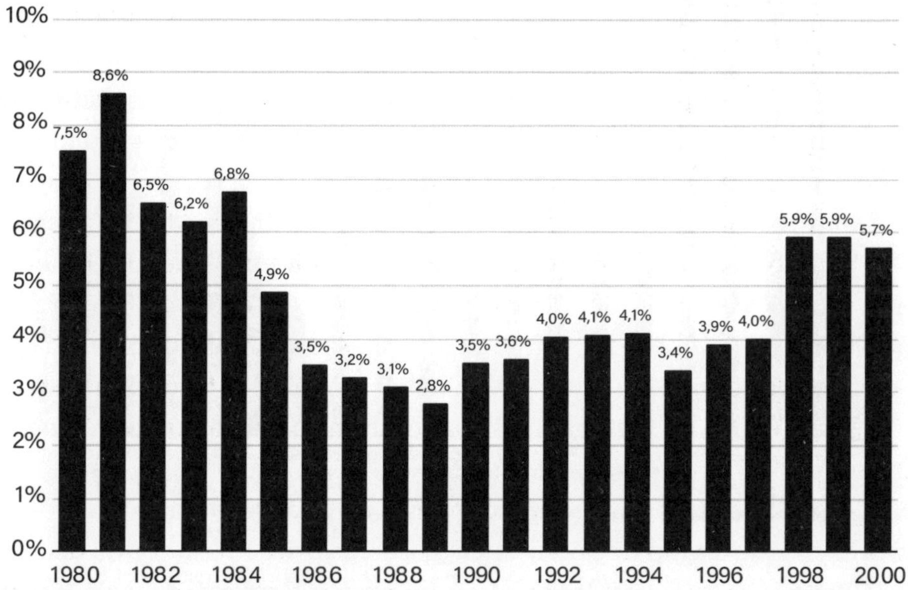

Fonte: IBGE. Pesquisa Mensal de Emprego.

Os últimos censos econômicos, realizados pelo IBGE em 1985, trazem informações que detalham um pouco mais a extensão da crise vivida pela economia do Rio de Janeiro nos cinco primeiros anos da década de 1980. Assim, constata-se que o valor da transformação industrial no município recuou 10% em termos reais entre 1980 e 1985 (tabela 4.1), ao passo que, mesmo em meio à recessão de 1981-83, cresceu 11,5% no país. A queda do VTI no Rio de Janeiro foi mais pronunciada entre os gêneros produtores de bens duráveis e de capital que, com isso, retomaram sua participação no total alcançada em 1975 — cerca de ⅓ (tabela 4.2).

Gráfico 4.6
Área das construções licenciadas no município do Rio de Janeiro, 1980-98 (em 1.000 m²)

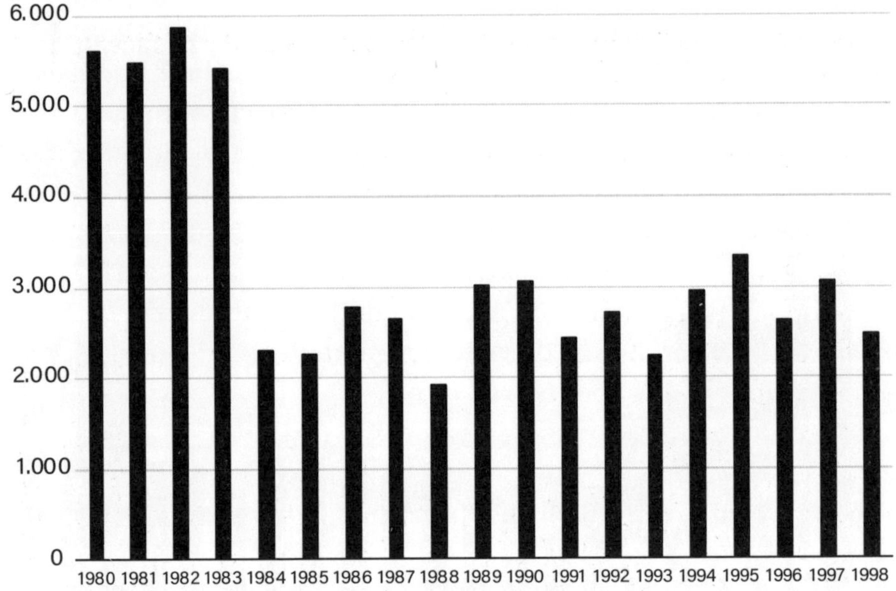

Fonte: Prefeitura do Rio de Janeiro (1998: tabela 8.1.1, p. 555).

Comparação dos resultados do setor terciário na cidade do Rio e no Brasil, tal como apurados pelos Censos dos Serviços e do Comércio, também revela diferença — para pior — no comportamento da economia carioca. Assim, entre 1980 e 1985, a receita do setor de serviços — cabe repetir, com peso desproporcionalmente maior na economia da cidade — caiu 30% em termos reais (tabela 4.3), ante recuo de 14% no Brasil em igual período. O desempenho comparado é ainda mais desfavorável para a economia do Rio no caso do indicador do valor real de vendas do comércio, que apresentou queda de 42% na cidade, contra 9% no Brasil. O valor real das vendas do varejo carioca registrou recuo de 28% (-12% no Brasil) na primeira metade da década de 1980 (tabela 4.4) e, no atacado, de impressionantes 55%, ante a queda de apenas 5% no país como um todo.

Na história econômica do Brasil, a década de 1990 comporta um óbvio "antes e depois", dado pelo êxito do Plano Real, de 1994, em pôr fim a uma longa história de perda de controle sobre o processo inflacionário. Igualmente importante, ainda que de percepção menos imediata, foi a mudança, iniciada ainda no governo Collor, na orientação geral da economia brasileira no sentido de maior integração à economia global.

A taxa média anual de crescimento do PIB do Brasil na última década do século XX foi de cerca de 2,6% (gráfico 4.4), ritmo muito aquém das taxas observadas antes da crise da década de 1980. Por outro lado, trata-se de crescimento experimentado, na segunda metade dos anos 1990, em contexto de inflação em níveis "civilizados".

De acordo com as estimativas do PIB produzidas pelo Instituto Pereira Passos e o IBGE, o produto real do município do Rio de Janeiro cresceu pouco menos de 5% na década de 1990, ritmo bem abaixo da expansão do PIB do Brasil (29,3%) e ligeiramente inferior ao da população da cidade em igual período (7%).

Gráfico 4.7
Índice do Produto Interno Bruto do município do Rio de Janeiro, 1985-2000 (base: 1985=100)

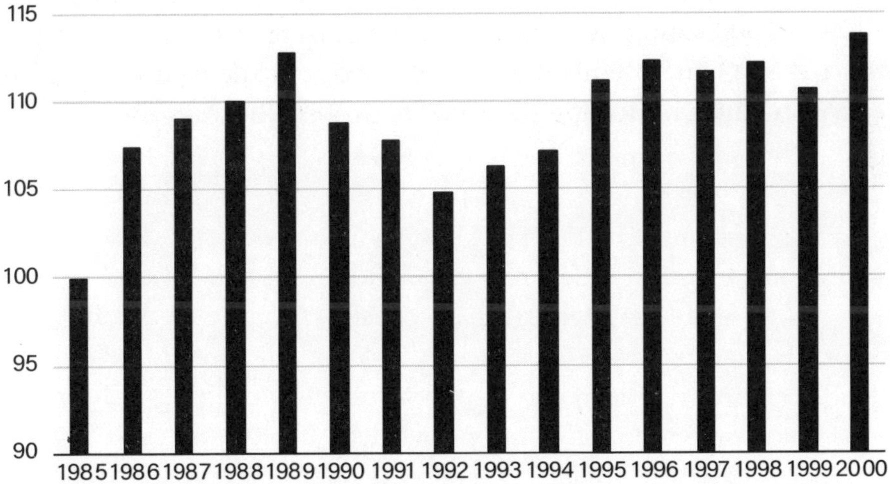

Fontes: Instituto Municipal de Urbanismo Pereira Passos e IBGE (2001: tabela A13, p. 58).

Série de produto real do município do Rio com maior desagregação, calculada pelo Instituto Pereira Passos, confirma o desempenho sofrível da economia da cidade entre 1990 e 1998. A queda verificada no início da década, em meio aos efeitos recessivos do Plano Collor I, foi sentida com maior intensidade pela indústria de transformação, cuja produção em 1992 foi 10% inferior à de 1990 (tabela 4.5). A leve recuperação subsequente da produção industrial carioca perderia fôlego a partir de 1996, possivelmente como resultado da apreciação cambial verificada no primeiro mandato do presidente Fernando Henrique Cardoso, combinada com a maior concorrência estrangeira sofrida pelo setor a partir da abertura comercial iniciada em 1990.

Entre as três classes de atividade econômica, os serviços registraram o melhor desempenho entre 1990 e 1998 na cidade. Ainda assim, o produto real do setor cresceu apenas 8% no período (tabela 4.5). O ramo de atividade mais dinâmico daquela classe foi o de comunicações, com produção real, em 1998, 35% acima dos níveis de 1990. Destaca-se, também, o desempenho dos serviços industriais de utilidade pública (incluídos no setor secundário), cuja produção real cresceu 28,9% no período.

De acordo com a Pesquisa Industrial Mensal do IBGE, a produção física da indústria de transformação do Rio de Janeiro recuou 13,5% entre 1992 e 2000, com queda particularmente notável em 1992 — 11,4% (gráfico 4.8). O quadriênio 1996-99 foi igualmente de recuo significativo (15%) naquele indicador, pelas razões expostas anteriormente.

Tabela 4.5

Índice do produto real do município do Rio de Janeiro segundo classes e ramos de atividade, 1985-98 (base: 1985=100)

	1985	1986	1987	1988	1989	1990	1991	1992	1993	1994	1995	1996	1997	1998
Total	**100,0**	**108,3**	**109,8**	**110,8**	**113,7**	**109,5**	**108,7**	**105,5**	**107,0**	**108,0**	**111,9**	**113,2**	**112,4**	**113,0**
Agropecuária	100,0	105,3	110,2	136,0	164,5	171,2	143,3	141,9	142,6	137,9	151,0	125,1	152,4	150,8
Indústria	100,0	116,2	117,0	118,9	121,9	108,2	108,7	101,8	104,3	103,2	108,1	107,9	103,3	102,8
Transformação	100,0	119,0	119,1	119,4	124,3	107,4	108,4	96,0	101,9	102,9	108,0	104,5	97,7	96,4
Construção Civil	100,0	110,5	112,4	119,7	116,5	108,1	107,2	115,9	108,9	100,6	104,0	113,1	108,7	108,4
Siup*	100,0	106,4	110,7	111,9	115,0	117,3	117,6	116,0	114,2	114,9	123,0	126,5	143,7	151,2
Serviços	100,0	103,7	105,6	105,9	108,6	109,9	108,4	107,4	108,4	110,6	113,9	116,3	117,6	118,8
Comércio	100,0	108,3	112,4	116,8	123,4	126,0	120,1	114,7	118,5	122,2	128,8	132,6	136,9	138,5
Transportes	100,0	108,9	107,3	94,9	99,1	98,6	96,8	90,8	85,2	90,3	100,1	108,5	110,0	110,1
Comunicações	100,0	96,3	95,3	101,7	110,2	134,2	146,5	159,5	165,9	176,6	176,0	169,6	164,5	182,6
Aluguéis	100,0	101,7	103,5	105,2	107,0	108,7	108,7	112,2	115,3	116,7	118,1	119,6	121,3	122,7
Governo	100,0	99,2	99,6	100,0	100,0	99,7	99,0	99,0	99,1	99,2	99,4	99,6	99,8	100,0
Outros	100,0	103,7	107,3	109,9	111,5	111,6	110,3	110,2	112,2	113,2	115,2	117,0	118,0	118,2

Fonte: Prefeitura do Rio de Janeiro (1998: tabela 10.1.6, p. 628-629).

Nota: * Serviços Industriais de Utilidade Pública.

Gráfico 4.8
Taxa de variação do índice de produção física da indústria de transformação do município do Rio de Janeiro, 1992-2010 (em %)

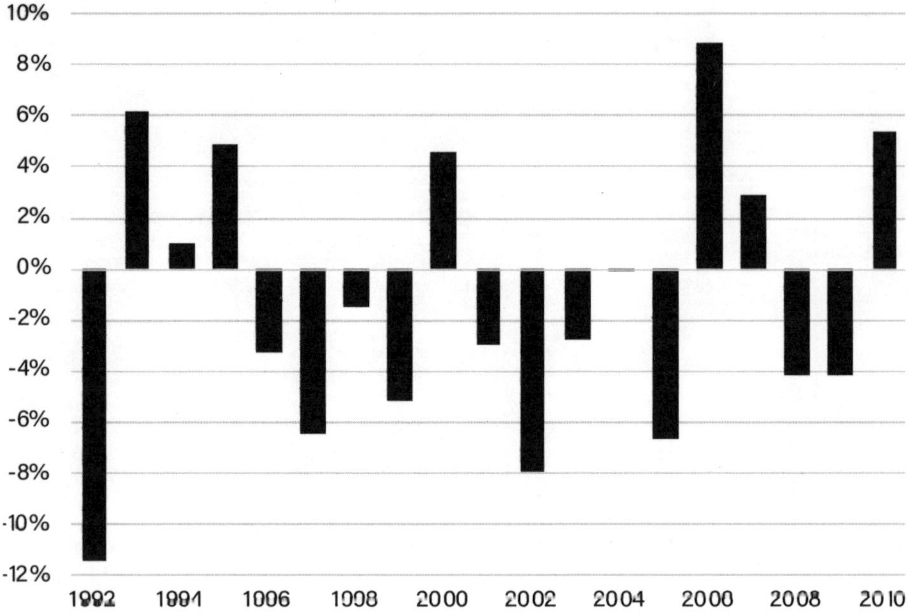

Fontes: Datario, com base em dados de IBGE. Pesquisa Industrial Mensal — Produção Física.

Desagregando esses resultados ao nível das diferentes categorias de uso da indústria de transformação, constata-se, em 2000, um índice de produção física no setor de bens de capital do Rio de Janeiro de apenas ⅓ do que era em 1991 (tabela 4.6). Enquanto, em 2000, a produção física de bens intermediários apresentava índice igual ao de 1991, a de bens de consumo duráveis recuara mais de 25% na década de 1990 e a de não duráveis cerca de 8%. Cumpre destacar, ainda, que as quedas mais acentuadas experimentadas pela indústria produtora de bens de capital e bens de consumo duráveis se concentraram no período pós-1996, sendo da ordem de 52% e 47,5%, respectivamente.

Tabela 4.6

Índice de Produção Física da Indústria de Transformação no município do Rio de Janeiro, por categoria de uso,
1991-2000 (base: 1991=100)

	1991	1992	1993	1994	1995	1996	1997	1998	1999	2000
Bens de capital	100,0	91,8	99,8	93,1	95,0	75,7	57,1	50,1	36,5	36,2
Bens intermediários	100,0	89,1	94,0	98,1	101,2	97,0	92,1	93,5	94,3	100,1
Bens de consumo	100,0	86,5	92,8	90,1	96,6	98,8	95,3	91,2	84,5	91,8
Duráveis	100,0	53,5	62,8	85,4	115,2	139,2	101,5	38,0	64,0	73,1
Não duráveis	100,0	86,8	93,1	90,2	96,5	98,4	95,3	91,6	84,6	91,9

Fonte: IBGE. Pesquisa Mensal da Indústria — Produção Física — PIM-PF.

A estagnação vivida pela economia do Rio de Janeiro na década de 1990 foi acompanhada de queda de 13% no volume de empregos formais na cidade. Em termos setoriais, chama atenção o recuo de 50% no número de empregos formais na indústria de transformação carioca entre 1990 e 2000 (tabela 4.7). A perda de 100 mil postos de trabalho naquele setor entre 1990 e 1995 é prova cabal dos efeitos recessivos do Plano Collor I, ao passo que novo recuo até 2000 parece decorrer, conforme sugerido anteriormente, da combinação de câmbio apreciado e maior concorrência de importados na segunda metade da década.

Em meio à queda do número de trabalhadores formais na cidade nos anos 1990, o volume de emprego no setor de serviços aumentou cerca de 10%; em 2000, os serviços já respondiam por pouco menos da metade de todos os empregos formais no Rio, em contraste com um peso de 38% em 1990. Expansão ligeiramente menor foi registrada no setor do comércio (aumento de 7,4% nos empregos formais), que, em 2000, reunia 15,2% do total dos empregos (12,3% em 1990).

Tabela 4.7

Distribuição dos empregos formais no município do Rio de Janeiro por setor de atividade, 1985-2020

	1985	1990	1995	2000	2005	2010	2015	2020
Indústria de transformação	310.794	301.976	208.128	150.053	148.322	188.182	177.443	128.340
Construção civil	80.563	74.681	78.738	57.018	58.812	123.202	158.392	80.934
Comércio	244.315	245.828	258.310	264.046	318.408	390.620	417.721	354.489
Serviços	785.100	760.614	791 554	834.971	931.719	1.143.855	1.282.571	1.078.235
Administração pública	470.650	420.405	412 569	393.337	392.166	455.074	433.338	381.972
Outros	60.140	193.208	76.125	33.493	34.258	47.678	51.253	50.245
	1.951.562	**1.996.712**	**1.825.424**	**1.732.918**	**1.883.685**	**2.348.611**	**2.520.718**	**2.074.215**

	1985	1990	1995	2000	2005	2010	2015	2020
Indústria de transformação	15,9%	15,1%	11,4%	8,7%	7,9%	8,0%	7,0%	6,2%
Construção civil	4,1%	3,7%	4,3%	3,3%	3,1%	5,2%	6,3%	3,9%
Comércio	12,5%	12,3%	14,2%	15,2%	16,9%	16,6%	16,6%	17,1%
Serviços	40,2%	38,1%	43,4%	48,2%	49,5%	48,7%	50,9%	52,0%
Administração pública	24,1%	21,1%	22,6%	22,7%	20,8%	19,4%	17,2%	18,4%
Outros	3,1%	9,7%	4,2%	1,9%	1,8%	2,0%	2,0%	2,4%
	100,0%	**100,0%**	**100,0%**	**100,0%**	**100,0%**	**100,0%**	**100,0%**	**100,0%**

Fonte: Elaboração própria a partir de dados da Relação Anual de Informações Sociais (Rais).

Nota: "Outros" incluem os setores de extrativa mineral, serviços industriais, agropecuária, caça e pesca e a categoria "Outros/Ignorado" da Rais.

Dadas as diferenças nos salários pagos nos diversos setores de atividade, o desempenho heterogêneo do emprego acaba por ter, é claro, amplas implicações sobre a renda agregada da economia. Segundo a Rais, em 2002/03 a remuneração média mensal dos trabalhadores da indústria de transformação do Rio de Janeiro era cerca de 25% superior à do setor de serviços e quase o dobro daquela vigente no comércio. Recebiam as remunerações mais elevadas os trabalhadores formais da indústria extrativa mineral (18,44 SM) e os empregados nos serviços industriais de utilidade pública (8,25 SM).

Tabela 4.8
Distribuição setorial do valor adicionado no município do Rio de Janeiro e Brasil, 1985 e 2000 (em % do total)

	Rio de Janeiro		Brasil	
	1985	2000	1985	2000
Agropecuária	**0,3**	**0,1**	**11,2**	**7,5**
Indústria	**43,5**	**31,0**	**43,8**	**40,3**
Extrativa Mineral	-	-	3,3	3,0
Transformação	24,1	12,8	32,3	25,2
Construção Civil	8,6	5,6	5,6	8,7
Siup	10,8	12,6	2,6	3,3
Serviços	**56,3**	**68,9**	**45,0**	**52,3**
Comércio	7,6	7,1	10,6	9,1
Transportes	5,6	6,0	2,8	2,1
Comunicações	3,6	7,1	1,0	2,6
Financeiros (*)	-	-	13,2	5,2
Governo	18,8	16,9	9,1	15,7
Aluguéis	4,4	11,1	5,3	12,9
Outros	16,4	20,8	3,1	4,7
Total	**100,0**	**100,0**	**100,0**	**100,0**

Fonte: Medeiros Jr. (2003: tabela 1, p. 3).
Nota: (*) Não foram computados na renda interna da cidade do Rio de Janeiro por terem apresentado renda negativa.

A perda de cerca de 5% dos postos de trabalho na administração pública na cidade entre 1990 e 2000 foi mais moderada que o recuo global nos empregos formais no período (13%). Tendo em vista a remuneração média mais elevada dos trabalhadores daquele setor — historicamente importante na economia carioca e à época responsável por pouco mais de 20% dos empregos formais —, acabou tendo efeito atenuador sobre o comportamento da renda agregada no Rio na década de 1990.

Chegado o final do século XX, a economia do Rio de Janeiro apresentava uma estrutura marcadamente diferente daquela existente 15 anos antes e, também, distinta da do Brasil (tabela 4.8). O setor secundário da economia carioca, nesse intervalo, assistiu a recuo de 13 p.p. de participação no valor adicionado e, dentro dele, a indústria de transformação perderia metade de seu peso no total da economia da cidade. Em contrapartida, a "hipertrofia" do terciário seria acentuada, com o setor de serviços passando a responder por pouco mais de ⅔ do valor adicionado em 2000, contra proporção de 52% no Brasil naquele ano.[218]

A economia do Rio de Janeiro no século XXI, 2000-20

O PIB do Brasil cresceu 41,9% entre 2000 e 2010, isto é, a uma taxa média anual de 3,6% (gráfico 4.9). Tal resultado decorreu, em certa medida, do impulso dado às economias primário-exportadoras pela crescente demanda por *commodities* por parte de uma economia chinesa em franca expansão,[219] ao qual se somaram diversas políticas de estímulo à demanda doméstica seguidas nos governos do presidente Lula.

Já o desempenho da economia brasileira no período 2011-20 foi muito ruim, registrando expansão acumulada do PIB de meros 1,3%, o que, em meio a crescimento populacional da ordem de 6%, configura queda da renda *per capita*. Para tanto, combinaram-se problemas de ordem estrutural característicos de uma economia que parece encontrar-se na chamada "armadilha da renda média" (e, com isso, depara-se com dificuldades em fazer a produtividade crescer de forma sustentada no tempo), erros de política econômica no segundo governo Lula e durante o primeiro mandato da presidente Dilma Rousseff e, ao final da década, a eclosão da pandemia de Covid-19.

Gráfico 4.9
Brasil: taxa de crescimento do PIB, 2000-20 (em %)

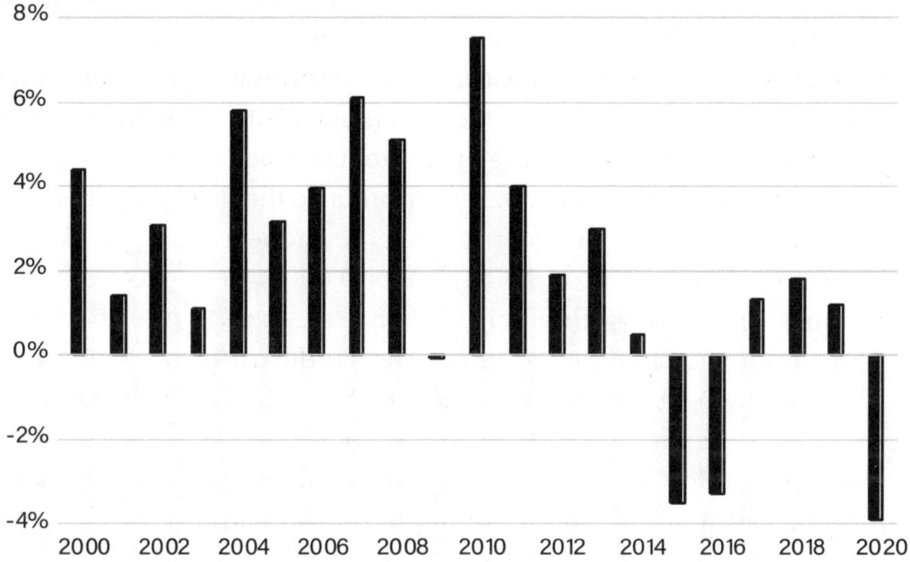

Fonte: Ipeadata.

Tomando-se os períodos demarcados pelos sucessivos mandatos presidenciais da época, a taxa de crescimento média do PIB do Brasil ao longo da primeira década do século revela uma trajetória crescente: média de 2,2% anuais ao final do segundo governo FHC (2001/02), 3,5% no primeiro governo Lula (2003-06) e 4,6% no segundo (2007-10).[220] Após desaceleração (para 2,2% anuais em média) do ritmo de crescimento econômico no primeiro mandato de Dilma Rousseff seguiu-se contração significativa do PIB em 2015/16, em meio ao processo que levaria ao *impeachment* da presidente da República. Entre 2017 e 2019, período compreendido pelo governo Temer e início do mandato do presidente Bolsonaro, a economia brasileira cresceu a ritmo lento, até que o choque da epidemia de Covid-19 provocou nova contração (-3,3%) do PIB em 2020.

O nível de atividade econômica no Rio de Janeiro pouco se alterou entre 2002 e 2006 (gráfico 4.10), em contraste com crescimento acumulado do PIB do Brasil de cerca de 15% em igual intervalo.[221] A partir daí, teve início a trajetória de crescimento que, ao cabo de sete anos, acumularia expansão de 26,6%, ritmo ligeiramente abaixo do registrado, entre 2006 e 2013, pela economia brasileira (30,7%).

Gráfico 4.10
Índice do PIB do município do Rio de Janeiro a preços constantes, 2002-20 (base: 2002=100)

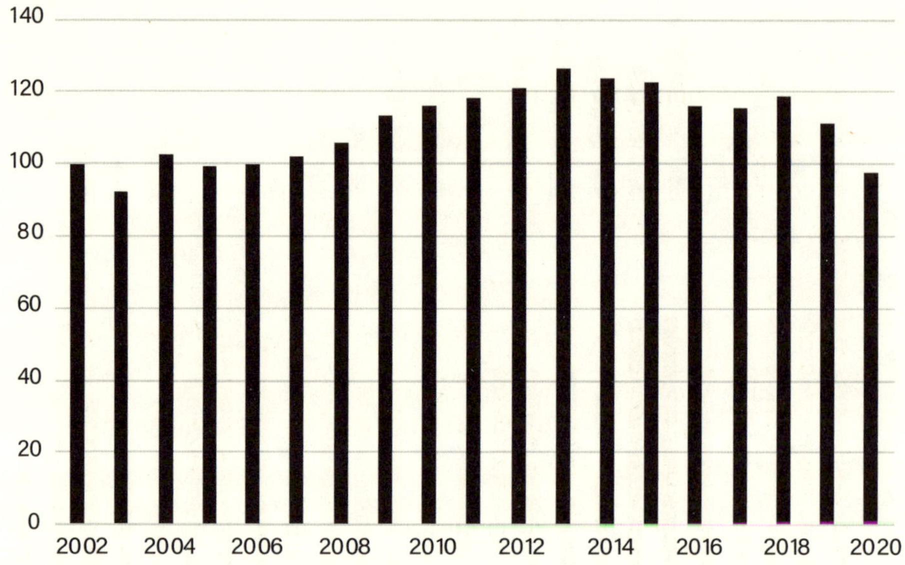

Fonte: Elaboração própria a partir de dados em Ipeadata, Contas Regionais.
Nota: PIB calculado a preços de mercado.

A escolha do Rio, em 2009, como sede dos Jogos Olímpicos de 2016 e o vasto conjunto de obras realizadas nos anos seguintes visando adequar a infraestrutura da cidade para receber o evento trouxeram impactos claramente positivos para sua economia. Estimados em cerca de R$ 40 bilhões, os investimentos estiveram concentrados majoritariamente no período 2011-15, resultando em queda pela metade da taxa de desocupação na cidade (de 8,1% para 4,2%), ao passo que o indicador se mantinha estável no Brasil; o rendimento médio real, por sua vez, aumentou 16,5% no período, contra crescimento de apenas 1,2% na média do país como um todo (Rocha, 2017:7-12).

Com base no método de controle sintético, Rocha et al. (2018:16-18) estimaram que, na ausência dos Jogos Olímpicos, o PIB da cidade do Rio teria sido 7,5% menor em 2011-15. A crise econômica vivida pelo Brasil nesse período, combinando desaceleração do PIB e mais inflação, não se manifestou na cidade, onde ela foi atenuada e seus impactos retardados. Após atingir um pico em 2013, o PIB real do Rio de Janeiro recuaria no restante da década, acumulando contração de 11,8% até 2019, seguida de queda de 12,3% no ano seguinte.[222]

Gráfico 4.11
Índice do VTI no município do Rio de Janeiro a preços constantes, 1996-2020 (base: 1996=100)

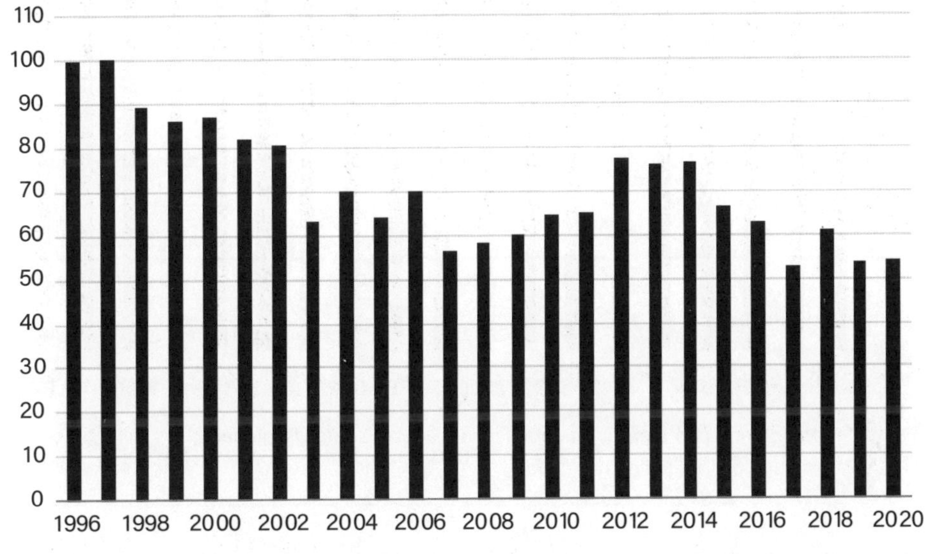

Fonte: Elaboração própria a partir de tabulação especial da Pesquisa Industrial Anual do IBGE.
Nota: Dados referentes ao estrato certo da indústria, correspondente às unidades de maior porte em termos de faturamento e número de empregados.
Valores originais em preços correntes convertidos em preços constantes pelo IGP-DI.

Estatísticas ao nível setorial permitem olhar mais detalhado sobre o comportamento da economia carioca nas duas primeiras décadas do século XXI. Assim, a Pesquisa Industrial Anual realizada pelo IBGE (trazendo informações a respeito das maiores unidades industriais dos municípios brasileiros — o chamado "estrato certo") revelou queda de 17%, entre 2000 e 2007, no número de estabelecimentos (unidades locais) e de 19% no pessoal ocupado total da indústria de transformação do Rio. O VTI, por sua vez, era 35% inferior em termos reais em 2007 do que o apurado em 2000 (gráfico 4.11).[223]

Tal como verificado para a economia do Rio como um todo, a indústria de transformação da cidade experimentou expansão entre 2007 e 2012, beneficiada que foi pelos investimentos realizados para receber os Jogos Olímpicos de 2016. Nesse intervalo, o valor da transformação industrial cresceu 36,7% em termos reais. A partir daí, porém, o que se nota é queda de mais de 40% no número de unidades locais industriais de maior porte na cidade e no pessoal ocupado total; o VTI, por sua vez, recuou 30% em termos reais, atingindo, em 2020, patamar 38% abaixo do existente no início do século (tabela 4.9).

Tabela 4.9

Indicadores selecionados da indústria de transformação no município do Rio de Janeiro, 1996-2000

	1996	**2000**	**2005**	**2010**	**2015**	**2020**
Número de unidades locais	1.082	907	783	841	681	476
Pessoal ocupado total	137.358	110.585	90.082	104.376	97.220	68.898
Valor da transformação industrial (em R$ milhões de 2020)	40.247	35.098	25.823	26.107	26.766	21.829

Fonte: Elaboração própria a partir de IBGE, tabulação especial da Pesquisa Industrial Anual.
Nota: Dados referentes ao estrato certo da indústria, correspondente às unidades de maior porte em termos de faturamento e número de empregados.
Valores originais em preços correntes convertidos para preços de 2020 pelo IGP-DI.

O comportamento do valor adicionado do setor industrial carioca no sentido amplo das Contas Nacionais (isto é, incluindo os serviços industriais de utilidade pública, a construção civil e a indústria extrativa mineral) descreve trajetória distinta da apresentada pelo VTI da indústria de transformação, sugerindo comportamento superior das demais atividades que compõem o setor secundário: oscilação sem tendência definida até 2008, expansão de 30% até 2013 e novo recuo até o final da década, situando-se, em 2020, em nível 30% abaixo do verificado em 2002 (gráfico 4.12).

Gráfico 4.12
Índice do valor adicionado do setor secundário no município do Rio de Janeiro a preços constantes, 2000-20 (base: 2000=100)

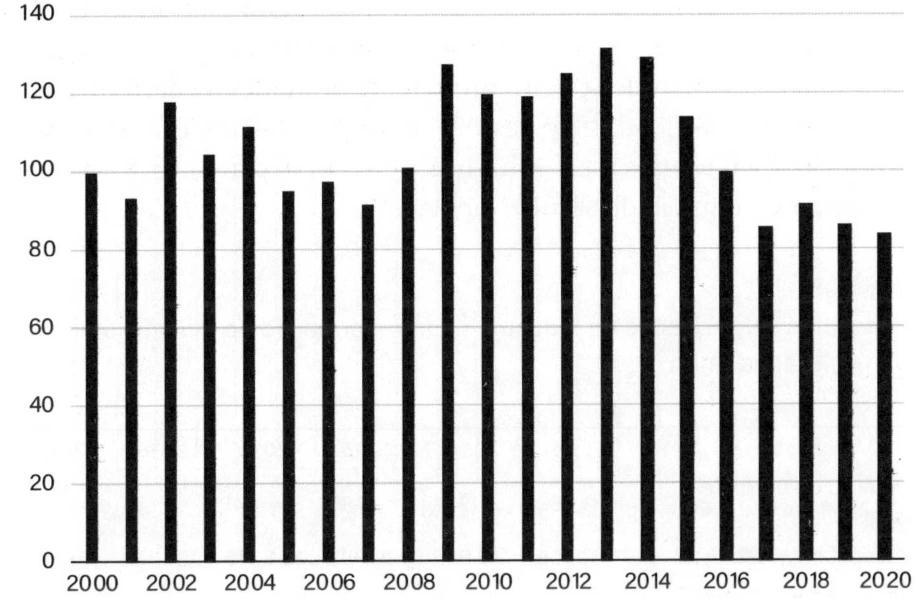

Fonte: Elaboração própria a partir de dados de valor adicionado a preços de 2010 em Ipeadata, Contas Regionais.
Nota: As atividades deste setor compreendem a indústria de transformação e extrativa mineral, construção civil e serviços industriais de utilidade pública.

A exemplo da indústria, o setor terciário da economia da cidade do Rio de Janeiro também experimentou queda entre 2002 e 2007; a partir daí, deu início a fase de crescimento até 2014, apresentando expansão acumulada do valor adicionado de 26% nos serviços providos por agentes privados e 17,4% naqueles ofertados pela administração pública (gráfico 4.13).[224] A queda subsequente de 16% em termos reais até 2020 foi proporcionalmente maior entre os serviços privados mas, ainda assim, bem abaixo do recuo verificado no valor adicionado industrial em igual período.

Gráfico 4.13
Índice do valor adicionado do setor terciário no município do Rio de Janeiro a preços constantes, 2000-20 (base: 2000=100)

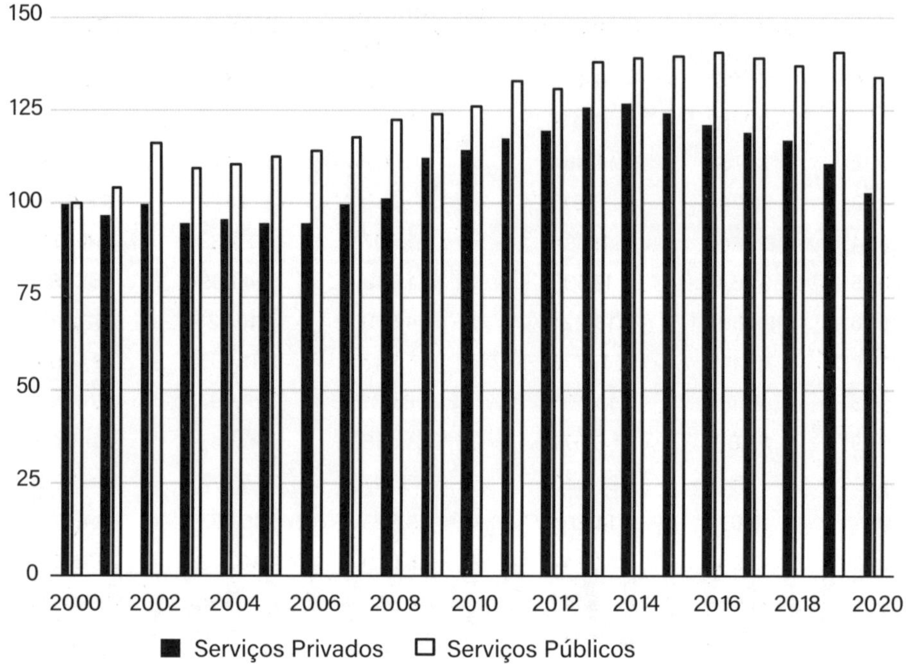

Fonte: Elaboração própria a partir de dados de valor adicionado a preços de 2010 em Ipeadata, Contas Regionais.
Nota: Serviços públicos incluem administração, defesa e saúde públicas e seguridade social.

O saldo de admissões e desligamentos no mercado de trabalho formal do Rio de Janeiro, apurado pelo Caged, foi amplamente favorável entre 2000 e 2014, não registrando um ano sequer de resultado negativo (isto é, um total de demissões superior ao de admissões). De 2015 a 2019, contudo, as demissões no Rio de Janeiro superaram as admissões em cerca de 293 mil postos de trabalho. Entre os setores da economia, a indústria de transformação foi desproporcionalmente afetada. Embora respondesse por não mais de 6-7% do total dos empregos formais na cidade à época (tabela 4.7), dali saíram 16% das demissões líquidas registradas pelo Caged (tabela 4.10).

Tabela 4.10
Saldo de admissões e desligamentos no município do Rio de Janeiro, por setor da economia, 2000-19

	Serviços	Comércio	Indústria de transformação	Outros	Total
2000	25.251	6.445	3.268	786	**35.750**
2001	20.162	7.119	-4.004	-1.884	**21.393**
2002	12.788	14.354	-1.112	-291	**25.739**
2003	20.743	7.613	-839	1.422	**28.939**
2004	28.440	18.194	5.507	2.432	**54.573**
2005	37.647	17.583	1.948	4.609	**61.787**
2006	29.694	13.224	4.579	10.721	**58.218**
2007	49.196	17.778	5.807	11.405	**84.186**
2008	41.183	13.306	8.661	20.997	**84.147**
2009	29.831	8.577	2.085	11.047	**51.540**
2010	61.944	23.043	13.517	7.972	**106.476**
2011	48.076	14.204	6.923	15.475	**84.678**
2012	30.945	9.144	6.670	16.313	**63.072**
2013	21.539	6.143	2.566	-154	**30.094**
2014	17.178	1.748	-1.865	-369	**16.692**
2015	-38.911	-12.851	-17.061	-11.461	**-80.284**
2016	-68.196	-8.301	-15.215	-50.768	**-142.480**
2017	-33.149	-6.715	-8.639	-11.046	**-59.549**
2018	1.735	1.108	-2.666	-3.910	**-3.733**
2019	-6.535	3.814	-3.393	-727	**-6.841**

Fonte: Datario com base em dados do Caged.
Nota: Dados referentes aos trabalhadores do setor formal da economia.

Combinando-se as informações acerca da evolução no tempo do estoque de empregos nos diversos setores da economia e o respectivo rendimento médio de seus empregados chega-se ao volume de salários e outras remunerações pagos.

Gráfico 4.14

Índice do volume real de salários e outras remunerações pagos no município do Rio de Janeiro, por setor da economia, 2006-20 (base: 2006=100)

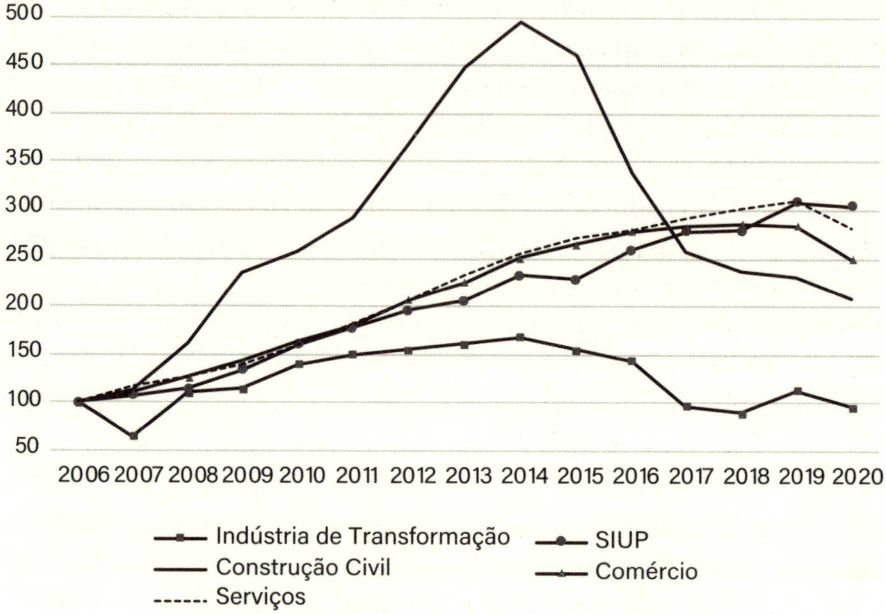

Fonte: Elaboração própria a partir de dados de IBGE. Cadastro Central de Empresas (Cempre).
Nota: Valores originais em preços correntes deflacionados pelo IGP-DI.

Conforme se nota do gráfico 4.14, os setores da indústria de transformação e da construção civil na cidade do Rio de Janeiro se mostraram mais sensíveis ao ciclo econômico do que os demais, tendo o índice atingido um pico em 2014 e queda, respectivamente, de 47% e 53% daí até 2018. Já o volume de salários e outras remunerações pagos aos trabalhadores continuaria a crescer até 2018 no comércio carioca e 2019 (isto é, em meio à contração da economia do Rio) no setor de serviços amplo e nos serviços industriais de utilidade pública.

Um balanço do período 1960-2020

Na primeira sessão deste capítulo foi destacado que desde, pelo menos, os anos 1960 o tema do "esvaziamento econômico" da cidade do Rio de

Janeiro suscita discussões nos meios políticos, técnicos e acadêmicos. Uma das maiores dificuldades encontradas pelos participantes desse debate reside na própria definição do que venha a ser esse "esvaziamento". Tratar-se-ia de participação decrescente do PIB da cidade no total nacional? Uma (improvável) queda sustentada do PIB do Rio? Um recuo relativo da renda *per capita*, considerando-se taxas diferentes de crescimento populacional na cidade do Rio e no Brasil como um todo?

Passadas seis décadas desde que a temática da decadência econômica do Rio foi pela primeira vez aventada, acumulou-se um volume razoável de explicações/hipóteses sobre o fenômeno.[225] O que se pretende aqui é contribuir para esse debate por meio de um esforço que, assumidamente, não é de interpretação, mas, sim, de quantificação e datação do processo por meio do qual a economia da cidade do Rio de Janeiro passou a dar mostras de perda de dinamismo. Para tanto, séries de renda *per capita* do Rio de Janeiro e do Brasil cobrindo, com lacunas, o período 1960 a 2020 permitem comparar o desempenho relativo de ambas as economias desde a mudança da capital do país para Brasília — fenômeno apontado por muitos como marco inicial do dito "esvaziamento".

Lamentavelmente, no caso do Rio de Janeiro, as estimativas disponíveis trazem valores anuais do PIB da cidade em base contínua apenas para os períodos 1960-68 e 1999-2020. Para os anos intermediários, o que há são estimativas feitas pelo Ipea, a partir de metodologia desenvolvida em Reis et al. (2015), para alguns anos entre 1970 e 1996.

As estimativas dos *níveis* de renda *per capita* do Rio de Janeiro em intervalos quinquenais para o período 1970-96 constantes da base do Ipeadata destoam significativamente — para mais — daquelas calculadas por outros órgãos para os anos imediatamente anteriores (1968) e posteriores (1999), tornando sua precisão questionável. Não obstante, as taxas de crescimento implícitas na série do Ipea parecem plausíveis, sendo consistentes com os dados dos censos econômicos de 1970 a 1985 e com os índices do PIB do Rio de Janeiro referentes ao período 1985 a 2000 calculados pelo Instituto Municipal de Urbanismo Pereira Passos e o IBGE.

Diante disso, uma forma de se tentar datar o início do "esvaziamento" econômico do Rio envolve comparar as taxas de crescimento real da renda por habitante da cidade e do país como um todo.[226] No caso do PIB do Brasil, foi usada a série "oficial" mais recente corrigida pela revisão proposta por Bacha et al. (2023) que, como visto, reduziu em 1 p.p. as taxas anuais de crescimento estimadas até 1966 e em 1,5 p.p. aquelas referentes ao período 1966-80.

Os resultados aparecem no gráfico 4.15. A fim de facilitar a interpretação dos movimentos ao longo das seis décadas, adotou-se como base 100 o ano de 1959.

Gráfico 4.15
Índice do PIB real *per capita* do município do Rio de Janeiro e do Brasil, 1960-2020 (base: 1959=100)

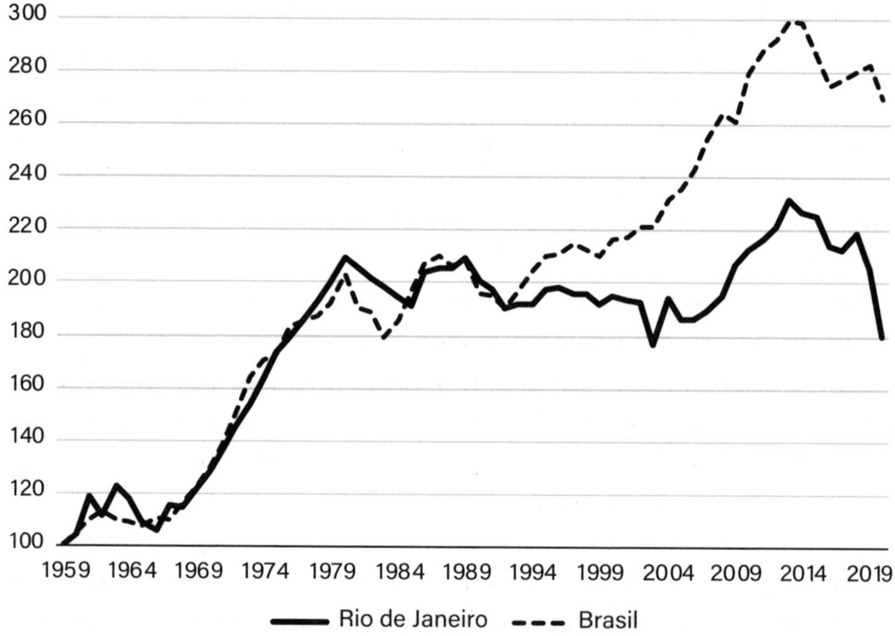

Fonte: Elaboração própria a partir de dados de PIB municipal em Contas nacionais do Brasil — atualização (1971) para os anos 1960-68; para o período 1970-85, Ipeadata, Contas Regionais; de 1985-2000, Ipeadata e Instituto Municipal de Urbanismo Pereira Passos e IBGE (2001); de 2000 a 2020, Ipeadata. Taxa de crescimento do PIB do Brasil em Ipeadata corrigida segundo revisão proposta em Bacha et al. (2023). Dados de população em IBGE, Censos Demográficos; para os anos intercensitários, via interpolação.
Notas: Valores do PIB do Rio de Janeiro para o período 1960-68 originalmente em preços correntes convertidos para preços constantes pelo deflator implícito do PIB do Brasil. Para os anos de 1969 e 1970, supôs-se crescimento do PIB do Rio de Janeiro equivalente ao do Brasil.

O que se verifica no gráfico 4.15 são taxas de crescimento da renda *per capita* do Rio e do Brasil *grosso modo* semelhantes de 1960 até meados dos anos 1970; no restante da década, a economia carioca aparenta crescer a taxa ligeiramente superior à do Brasil em termos *per capita*.[227] Já a década de 1980 foi igualmente "perdida" em ambos os casos, com as economias do Rio e do Brasil registrando recuo da renda por habitante de magnitude semelhante (6,7% e 3,5%, respectivamente).

Enquanto a economia brasileira esboçou ligeiro crescimento na primeira metade dos anos 1990, a renda *per capita* do Rio permaneceu praticamente estagnada. A partir de meados daquela década, processa-se de forma mais nítida uma divergência nas respectivas trajetórias de crescimento. Assim, a renda por habitante no Brasil apresentou lenta expansão no período que vai da segunda metade dos anos 1990 ao início dos anos 2000, seguido de crescimento mais acelerado daí até 2013. No caso da cidade do Rio, por outro lado, percebe-se tendência declinante da série iniciada ao final da década de 1980 e que se estende até 2007, configurando cerca de 20 anos de estagnação/leve recuo daquele indicador. A partir de então, tem-se o "efeito Olimpíadas" até 2012/13 e, tal como no caso do indicador para o Brasil, nova queda de 2014 em diante.

Pelo critério da taxa de variação do PIB *per capita*, portanto, as evidências indicam um descolamento da trajetória de crescimento da economia do Rio de Janeiro em relação à média do Brasil iniciado em algum ponto em meados dos anos 1990. Entender as razões para tal divergência constitui desafio analítico muito mais complexo do que o exercício de datação efetuado até aqui.

Ponto de partida útil para se analisar os fatores explicativos do desempenho comparativamente pior da economia carioca é a distinção, consagrada pelos trabalhos de Angus Maddison (1995), entre os determinantes "próximos" e "últimos" do crescimento econômico. No primeiro grupo estão as variáveis que se prestam mais à quantificação e que são utilizadas, por exemplo, em exercícios de contabilidade do crescimento. Tipicamente, tais exercícios partem da definição do aumento do produto como resultante de uma combinação de acumulação de fatores de produção (capital físico, trabalho e capital humano) e ganhos de produtividade, e, a partir daí, procuram medir a contribuição relativa de cada variável na "explicação" da variação da renda (ou produtividade) em determinado momento.

Já os determinantes "últimos" são aqueles responsáveis por maior ou menor acumulação de fatores de produção ou ganhos/perdas de produtividade de uma economia. De mensuração em alguns casos mais complexa, incluem fatores como instituições, geografia, comércio, cultura etc.

Na falta de séries históricas de medidas de estoque de capital físico ou humano para a economia do Rio de Janeiro, o máximo que se pode inferir em termos da evolução dos fatores de produção à disposição de sua economia envolve olhar para o comportamento do número potencial de trabalhadores na cidade entre 1960 e 2020 (aqui definido como indivíduos com idade entre 15 e 64 anos) e compará-lo com igual indicador para o Brasil. Os resultados encontram-se no gráfico 4.16.

Gráfico 4.16

Proporção dos indivíduos com idade entre 15 e 64 anos no total da população: município do Rio de Janeiro e Brasil, 1960-2022

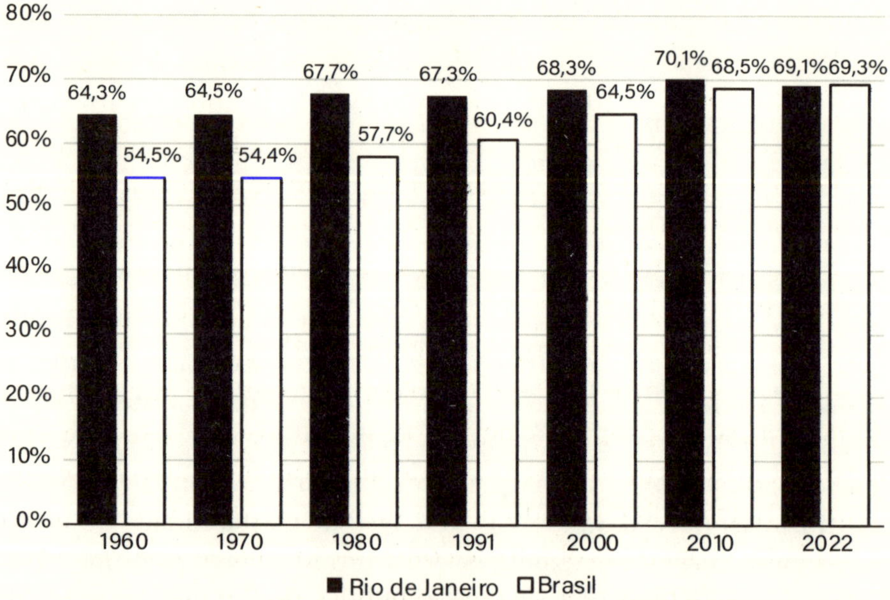

Fonte: Elaboração própria a partir de IBGE. Censos Demográficos; PNAD.

Chama atenção no gráfico 4.16 a proporção muito superior à do Brasil, até o final do século XX, da população carioca no grupo de idade potencialmente ativo na economia, em parte um reflexo da atração que a cidade ainda exercia sobre imigrantes em idade laboral. Em princípio, tal "bônus demográfico" deveria conferir à economia do Rio de Janeiro uma vantagem do ponto de vista de melhor desempenho relativamente ao Brasil como um todo, mas não é isso que se viu nas décadas de 1960 e 1970 (em que a renda *per capita* das duas economias expandiu-se em ritmo semelhante) ou na de 1980 (quando caiu em ambas). A discrepância observada na trajetória de crescimento das duas economias, como se vê no gráfico 4.15, iria se tornar manifesta na segunda metade dos anos 1990 e ao longo das duas primeiras décadas do século XXI, período em que a proporção da população em idade ativa do Brasil se aproxima da apresentada pelo Rio de Janeiro.

Se o gráfico 4.16 dá uma medida da fração da população potencialmente engajada em atividades laborais, a "qualidade" desta mão de obra pode ser aproximada pelos anos de escolaridade de diferentes faixas etárias da população. Os censos demográficos de 1960, 1970 e 1980 trazem informação sobre os anos de estudos das pessoas de cinco anos e mais de idade e o de 2000 para a população de 10 anos e mais. Dados equivalentes para os anos posteriores, baseados na PNAD, referem-se à população de 14 anos e mais de idade. Para efeito de comparação ao longo do período 1960 a 2015, calculou-se a proporção da população da faixa etária relevante (cinco, 10 ou 14 anos e mais, a depender do ano) da cidade do Rio de Janeiro e do Brasil com, ao menos, oito anos de estudo.[228] Os resultados encontram-se no gráfico 4.17.

Como se nota, entre 1960 e 2000, o contraste entre o Rio e o Brasil é significativo, com a proporção de pessoas do grupo etário relevante com ao menos oito anos de estudo na cidade superior em 15-20 p.p. à média nacional. Trata-se de resultado pouco surpreendente, dada a natureza das unidades geográficas objeto de comparação (cidade × país), ao qual se soma a considerável rede de ensino público do Rio que, ao longo da história republicana, foi capital do país, unidade da Federação e capital de estado. A diferença, a favor do Rio, no indicador de escolaridade é ainda visível no século XXI, ainda que menos pronunciada.

Gráfico 4.17

Proporção de indivíduos com oito anos de estudo ou mais na população: município do Rio de Janeiro e Brasil, 1960-2015 (em % de grupos etários específicos)

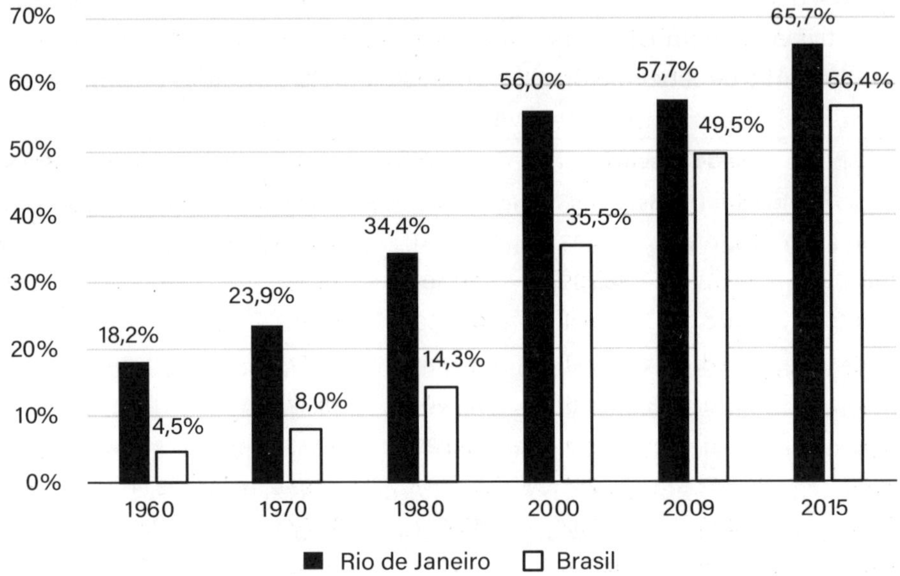

Fonte: Elaboração própria a partir de dados em IBGE. Censos Demográficos de 1960, 1970 e 1980; para os demais anos, IBGE, PNAD.

As consequências econômicas de tal medida (reconhecidamente imperfeita) de capital humano devem se traduzir em maior produtividade do trabalho no Rio de Janeiro comparativamente à média nacional. E é isso, efetivamente, o que se constata. A tabela 4.11 traz estimativas de produtividade dos setores secundário (indústria de transformação, extrativa mineral, construção civil e serviços industriais de utilidade pública) e terciário (serviços diversos, comércio e administração pública) do Rio de Janeiro e Brasil para anos selecionados entre 1960 e 2020.

Tendo por base as estimativas da renda do Brasil e das diversas unidades da Federação produzidas pelo Ibre e a distribuição da população economicamente ativa segundo os setores da economia apurada pelos Censos Demográficos de 1960 e 1970, estima-se que em 1960 os trabalhadores da Guanabara eram, em média, 20% mais produtivos que a média nacional no setor secundário e 30% no terciário. Oito anos depois, tal diferença aumentou para 40% em ambos os setores da economia.

Tabela 4.11
Produtividade do trabalho nos setores secundário e terciário da economia: cidade do Rio de Janeiro e Brasil, 1960-2020 (em R$ de 2010)

	Rio de Janeiro		Brasil		Rio de Janeiro / Brasil	
	Indústria	Serviços	Indústria	Serviços	Indústria	Serviços
1960	26.741	31.493	22.651	25.178	1,18	1,25
1968	29.173	36.228	20.401	26.497	1,43	1,37
1980	n.d.	n.d.	66.258	53.882	-	-
1985	n.d.	n.d.	69.681	50.225	-	-
1990	n.d.	n.d.	49.401	39.427	-	-
1996	n.d.	n.d.	43.879	40.961	-	-
2000	96.842	76.263	45.352	37.977	2,14	2,01
2005	91.810	67.932	43.432	35.877	2,11	1,89
2010	77.425	66.518	45.217	39.929	1,71	1,67
2015	68.325	67.797	38.282	41.266	1,78	1,64
2020	75.475	68.202	44.672	40.342	1,69	1,69

Fontes: Elaboração própria a partir de dados de valor adicionado setorial em Contas nacionais do Brasil — atualização (1971) para os anos 1960 e 1968; para os demais anos, Ipeadata. Pessoal ocupado em IBGE. Censos Demográficos 1960, 1970 e 1980; PNAD; Rais.
Notas: Produtividade do trabalho em 1968 calculada com base no pessoal ocupado em 1970, apurado pelo Censo Demográfico.
Valores originais deflacionados pelo deflator implícito do PIB do Brasil.

Para o período 1980 a 1996, optou-se por não incluir os valores da produtividade do trabalho no Rio de Janeiro baseados em estimativas da renda setorial produzidas pelo Ipea, tendo em vista provável superestimação. No caso do Brasil, verificou-se aumento da produtividade da indústria até 1985 e recuo subsequente; no setor de serviços, o valor adicionado por trabalhador caiu continuamente entre 1980 e 1996.

Os dados de renda tanto para o Rio de Janeiro como o Brasil referentes aos anos entre 2000 e 2020 foram estimados pelo IBGE e, portanto, são consistentes entre si. Em 2000, o valor adicionado produzido por um trabalhador carioca[229] seria duas vezes superior à média nacional no setor terciário e 114% maior no secundário. Tais diferenças vêm se reduzindo nas últimas duas décadas, mas, em 2020, ainda eram de 70% em favor dos trabalhadores do Rio de Janeiro nos dois setores.

Recapitulando agora os principais resultados reunidos nesta seção, foi visto que a taxa de crescimento da renda por habitante do Rio de Janeiro apresentou comportamento semelhante à da renda *per capita* do Brasil até meados dos anos 1970 e aumentou marginalmente no restante daquela década. Nos anos 1980, verificou-se ligeiro recuo do indicador no Rio e no Brasil.

A partir da primeira metade da década de 1990, observa-se uma divergência entre as duas séries, com a renda por habitante no Rio apresentando estagnação/leve declínio até meados dos anos 2000, seguida de crescimento durante os anos em que a cidade se preparou para receber os Jogos Olímpicos. De 2014 em diante, a renda *per capita* do Rio tornou a cair em termos reais, chegando em 2017-19 a um nível cerca de 45% superior à do país.

Ao longo de todo este período de seis décadas a população em idade laboral (de 15 a 64 anos de idade) da cidade foi proporcionalmente maior do que no Brasil. A diferença em 1960 era da ordem de 10 p.p., caindo para 4 p.p. em 2000 até chegar à igualdade (compreendendo pouco menos de 69% da população em ambos os casos) em 2020. Dito de outra forma, durante muito tempo a cidade experimentou um "bônus demográfico" que — potencialmente, ao menos — favoreceria o crescimento de sua economia.

Em relação à qualidade da força de trabalho, foi calculada a proporção de determinados grupos da população (a depender da fonte de dados) com oito anos ou mais de instrução. Os resultados revelaram diferença significativa (variando de 15 a 20 p.p.) a favor da cidade do Rio até 2000. Desde então e até 2015, a proporção maior no Rio em relação à média brasileira reduziu-se pela metade e chegou a 10 p.p.

Por fim, foi estimada a produtividade do trabalho nas duas unidades (Rio de Janeiro e Brasil) para anos selecionados — mais uma vez, ditados pela disponibilidade de dados nas fontes primárias — segundo os dois setores principais da economia carioca, o secundário e o terciário. Foi constatado que, no início da década de 1960, as diferenças a favor do Rio eram da ordem de 20% a 40% no indicador de valor adicionado/trabalhador, mas que chegaram a cerca de 100% em ambos os setores em 2000. Em 2015, um trabalhador da cidade do Rio era menos produtivo do que em 2000 — tanto no setor industrial como no de serviços — mas, ainda assim, cerca de 70% mais produtivo que o trabalhador médio do Brasil naqueles dois setores.

Combinando-se os resultados anteriores — e à guisa de síntese —, a coexistência de maior proporção da população em idade ativa e melhor "qualidade" dos trabalhadores (tal como capturada pelo seu nível de escolaridade) resultou nas últimas décadas em maior produtividade do trabalho no Rio de Janeiro relativamente à média nacional e, com isso, maior *nível* de renda por habitante.

Contudo, a diferença em favor do Rio de Janeiro em todos esses indicadores vem se estreitando nas últimas décadas,[230] revelando dinamismo inferior até ao de uma economia nacional que há tempos demonstra dificuldade de crescer e, com isso, escapar da chamada "armadilha da renda média". Tal como no caso do país como um todo, as razões para esse decepcionante desempenho da economia do Rio de Janeiro devem ser buscadas nos chamados determinantes "últimos" do crescimento, situados no campo das instituições, cultura, qualidade da governança etc.[231]

EPÍLOGO

Tendo percorrido cerca de 450 anos da história econômica da cidade do Rio de Janeiro, é chegado o momento de procurar sintetizá-la em algumas poucas páginas. O desafio consiste em resumir trajetória longa e multifacetada envolvendo região que, por cerca de dois séculos a partir da fundação do seu núcleo urbano, revestiu-se de importância relativamente menor no contexto da América portuguesa, mas que, na sequência, assumiria proeminência sem paralelo na história brasileira. A posição desfrutada pelo Rio no topo da hierarquia urbana do país tampouco duraria indefinidamente, dando origem a processo de perda de centralidade política e econômica iniciado na segunda metade do século XX e que perdura até hoje.

Ponto de partida natural para este esforço de resumo é a dimensão populacional da história da cidade, tal como discutida no anexo 2: de algumas centenas de habitantes espremidos na várzea situada entre o Pão de Açúcar e o morro Cara de Cão em 1565, chegado o ano de 2022, a cidade computava cerca de 6,2 milhões de habitantes em região metropolitana reunindo pouco mais do que o dobro desse quantitativo. No caminho inverso, os limites da cidade original, conforme estabelecidos em 1567 por Mem de Sá, foram reduzidos quase pela metade ao longo dos séculos até alcançar a superfície atual de aproximadamente 1.200 km^2. A história desse fenômeno de "encolhimento" espacial da cidade é analisada em detalhe no anexo 1.

A expansão demográfica do Rio de Janeiro veio acompanhada de significativo crescimento econômico. Mais tímido de início, ganhou impulso a partir da consolidação do setor produtor de açúcar no século

XVII. Foi no século XVIII, contudo, que a cidade viu ganhar forma sua função de núcleo urbano central dentro da América portuguesa, papel que se veria reforçado no século XIX em paralelo à própria construção do Estado-nação e atingiria seu ápice no século seguinte. Em algum momento no pós-Segunda Guerra tal primazia dentro da rede urbana brasileira seria perdida a favor da cidade de São Paulo.

Uma forma de se organizar a discussão em torno da trajetória seguida pela economia da cidade do Rio ao longo de séculos é recorrendo à ideia de determinantes "últimos" (ou "fundamentais") do crescimento econômico, introduzida ao final do capítulo 4. Entre os fatores responsáveis em última instância por maior acumulação de fatores produtivos e ganhos de eficiência (os determinantes "próximos" do crescimento econômico), os pesquisadores tendem a privilegiar a geografia, o comércio e instituições/cultura. Todos esses elementos impactaram, direta ou indiretamente, a história econômica da cidade.

Para efeitos analíticos, a literatura especializada distingue a geografia de primeira natureza (física) daquela que resulta da posição de determinada cidade relativa a outros centros urbanos, ou de segunda natureza. No primeiro grupo estão incluídos atributos diversos, a exemplo de presença de cursos d'água, fertilidade do solo, regime de chuvas, recursos minerais etc. A chamada geografia de segunda natureza, por seu turno, diz respeito a elementos como infraestrutura, aglomerações urbanas preexistentes e potencial econômico. Ao alterarem os custos de transação no espaço, tais fatores ajudam a determinar as decisões locacionais dos agentes econômicos e, portanto, o surgimento e eventual crescimento de cidades (Caruana-Galizia, Hashino e Schulze, 2021).

Não resta dúvida de que em sociedades pré-industriais a geografia física tem um papel decisivo na localização de cidades e o caso do Rio de Janeiro corrobora plenamente essa ideia. Fundado às margens de ampla baía com águas calmas, generoso calado e na qual desaguam dezenas de rios, localiza(va)-se, ainda, relativamente mais próximo dos limites meridionais da linha de Tordesilhas, tornando sua ocupação por ordem da Coroa portuguesa em meados do século XVI desejável também do ponto de vista estratégico-militar.

Ainda com relação às dotações naturais da região em que a cidade foi implantada, destaca-se sua adequação (e a de sua hinterlândia imediata) para o cultivo da cana-de-açúcar em termos, por exemplo, de solo, regime de sol e de chuvas, e possibilidade de escoamento da produção por meio de rios e da baía de Guanabara. Sua localização iria favorecer, ainda, um papel ativo, conforme visto no capítulo 1, no comércio ligando a América portuguesa à costa ocidental da África e à região platina, e por onde circulavam metais preciosos, escravizados e mercadorias diversas. Geografia física e comércio, portanto, atuando como determinantes fundamentais do crescimento da economia carioca.

Com os primeiros achados de ouro no interior da América portuguesa, a localização geográfica do Rio iria uma vez mais favorecer o crescimento da cidade. Na qualidade de maior centro urbano então existente em relativa proximidade das minas, naturalmente consolidou-se como ponto por excelência de escoamento do ouro, entrada de imigrantes que rumavam ao interior e distribuição de escravizados e manufaturados de toda a ordem serra acima. Para esse papel de ligação entre a costa e o sertão, contribuiu a construção de estradas de rodagem que não apenas reduziram o custo de transporte como ajudariam, no século seguinte, na penetração de região desbravada para dar origem ao cultivo de café. Começavam a se manifestar, assim, os efeitos da chamada geografia de segunda natureza sobre a dinâmica econômica da cidade.

Os primeiros passos na história do cultivo em maior escala de café no Brasil se deram na cidade do Rio de Janeiro, confirmando novamente a influência da geografia na localização de atividades econômicas. A quadra histórica era a virada do século XVIII para XIX, na chamada Era das Revoluções. Uma delas, em particular, acabou tendo importantes repercussões sobre a história da cidade — a francesa. A revolução em São Domingos foi consequência direta dos eventos desencadeados em 1789 na metrópole, dando origem à primeira revolta escrava em grande escala nas Américas e convulsionando o até então maior produtor de café do mundo. Foi no contexto de preços internacionais do produto excepcionalmente elevados diante da menor oferta que se intensificou a produção de café no Rio, desde 1763 sede do Vice-Reino de Portugal.

Aqui entra o segundo desdobramento da Revolução Francesa e guerras napoleônicas com impactos duradouros na trajetória de crescimento demográfico e econômico da cidade — a transmigração da Corte portuguesa para o Rio, precedida em um mês pela Abertura dos Portos.

Conforme discutido no capítulo 2, passados os efeitos (negativos) imediatos do conflito internacional sobre a economia carioca, o que se viu foi intensificação dos fluxos comerciais e maior atração de mão de obra imigrante — tanto livre como escravizada — para o Rio. O resultante crescimento populacional, acompanhado de diversificação das atividades econômicas na cidade, favoreceu as economias de aglomeração. Daí em diante, o Rio de Janeiro iria se firmar como principal ofertante de uma gama crescente de bens e serviços para todos os cantos do Império (pós-1822), e igualmente consumidora de mercadorias provenientes de vários pontos do globo. Para tanto, concorriam não apenas o seu movimentado porto — origem e destino de embarcações de longo curso e de cabotagem — como também uma malha ferroviária que passaria a ligar a capital às províncias vizinhas.

No seu entorno mais imediato, a migração (e subsequente ampliação em larga escala) da atividade de cultivo do café na direção do médio Vale do Paraíba — região que iria se tornar, no período imperial, principal centro produtor do grão — dependeu de infraestrutura de transportes (estradas, tropas de mulas e, na segunda metade do século XIX, ferrovias) e serviços financeiros, comerciais, legais etc. típicos de um centro urbano que se adensava e sofisticava. Constata-se, assim, o papel de forças econômicas como amplificadoras das vantagens iniciais da geografia de primeira natureza, com regiões próximas a mercados robustos e em crescimento favorecendo a implantação de setores sensíveis a economias de escala e para elas atraídos (Caruana-Galizia, Hashino e Schulze, 2021:350-352).

Foi assim que atividades diversas, além daquelas mais diretamente ligadas à cafeicultura, se desenvolveram na capital do Império, a exemplo do comércio de atacado, varejo de luxo, teatros, clubes, jornais, restaurantes, instituições de ensino, livrarias etc., todas elas ajudando a reforçar a condição do Rio de Janeiro de principal cidade do país. Não apenas seu centro político e administrativo, mas também maior porto, centro financeiro, comercial e manufatureiro, polo de atração de imigrantes nativos e estrangeiros e que, quando do primeiro censo demográfico (1872), já contava com cerca de 275 mil habitantes.

Proclamada a República, a população da cidade já ultrapassava o meio milhão de habitantes, número que iria mais que dobrar até 1920.

A essa altura, como se viu no capítulo 3, já se estabelecera como principal centro industrial do Brasil, complementando uma estrutura econômica que, na falta de um setor agropecuário mais significativo, era enviesada na direção do comércio e da prestação de serviços, no que pode ser considerada uma "hipertrofia" do terciário.

A partir da Revolução de 1930 e, mais ainda, do advento do Estado Novo, a economia brasileira iria voltar-se cada vez mais para dentro, tendo no Estado importante agente direcionador desse processo. Data desta época fenômeno que Enders (2000:245) designa como "nacionalização" da cidade do Rio de Janeiro, tornada síntese do país. Abrigando uma burocracia federal que se avolumaria significativamente na Era Vargas, as "luzes" da capital atraíram para ela não apenas atenção internacional como imigrantes de todo o Brasil.

O período compreendido *grosso modo* entre 1930 e 1960 configurou possivelmente o apogeu da centralidade do Rio dentro da rede urbana do país, verdadeiros "anos dourados" da cidade. Principal porta de entrada do Brasil, provia serviços sofisticados e servia de sede para empresas públicas e privadas, nacionais e estrangeiras. Na qualidade de capital federal, abrigava representações diplomáticas e ainda se mantinha como importante centro financeiro e industrial.

Paradoxalmente, como enfatizado por Loureiro (2006) e Hermann (2014), foi justamente nesse período áureo da cidade que se deu o emparelhamento da capital paulista dentro da hierarquia urbana do país. Não por acaso, foi na década de 1950 que São Paulo se tornou a cidade mais populosa do Brasil, posição que o Rio mantivera por cerca de 150 anos. Adicionalmente, estimativas da renda *per capita* das duas cidades indicam, também, uma ultrapassagem de São Paulo ocorrendo entre 1949 e 1959 (Ipeadata, Contas Regionais).

A literatura frequentemente aponta a perda de importância do parque industrial carioca no conjunto do setor secundário brasileiro, bem como sua concentração em setores menos dinâmicos, produtores de bens de consumo não duráveis (conforme discutido nos capítulos 3 e 4) como fatores que contribuíram para o menor dinamismo econômico da cidade nas últimas décadas. É possível que haja um grau de verdade nessa assertiva, ainda que, como mostra a experiência, por exemplo, de Boston e Nova York, o fenômeno da desindustrialização de cidades não implique necessariamente retrocesso econômico (Glaeser, 2011:41-43).

Um fator possivelmente mais importante para entender a perda de centralidade do Rio de Janeiro é apontado por trabalhos no campo da economia regional que enfatizam a falta de uma base econômica regional que pudesse ser polarizada pelo seu núcleo (Loureiro, 2006:89; 98; Hermann 2014:75). Com efeito, cercado de uma periferia pobre, o Rio foi privado dos benefícios de economias de aglomeração que poderiam resultar em maior especialização produtiva e ganhos de comércio (Osorio, Rego e Versiani, 2017).

O contraste aqui com a experiência paulista é notável. A região metropolitana de São Paulo — igualmente sofrendo um processo de desindustrialização nas últimas décadas (Diniz e Crocco, 1996) — conta com um entorno em parte constituído por diversas cidades com significativo parque industrial ou atividade agrícola, além de população com elevado poder aquisitivo. Tais características permitem que as economias de aglomeração se sobreponham às deseconomias comuns a megalópoles de seu tamanho e, com isso, sustentar o dinamismo econômico do núcleo central.

Para muitos, a transferência da capital do país para Brasília, em 1960, teria sido o "marco zero" da perda de centralidade da cidade do Rio de Janeiro ou, em termos menos rigorosos, de seu "esvaziamento" econômico. Não há dúvida de que a mudança de parte importante da burocracia federal e da sede de empresas estatais e autarquias diversas impactou negativamente a economia da cidade ao privá-la de contingente importante de profissionais bem remunerados, bem como de inúmeros prestadores de serviços privados à máquina pública.

Contudo — e conforme documentado no capítulo 4 —, em termos estritamente econômicos não houve descontinuidade clara no ritmo de expansão do nível de atividade na cidade nos anos 1960. Após uma década (1950) em que, de fato, a economia do Rio cresceu a taxa inferior à do Brasil, do início dos anos 1960 ao início dos 1990 a cidade acompanhou, em linhas gerais, a trajetória da economia do país: crescimento médio elevado nos anos 1960 e 1970 e recuo da renda *per capita* na década de 1980.

Trajetórias divergentes de crescimento da renda *per capita* do Rio e do conjunto do país, como visto no capítulo 4, só ficariam evidentes na década de 1990. Mas isso não implica desconsiderar impactos mais sutis, com efeitos de percepção mais a longo prazo, da perda de sua condição de capital federal.

Neste sentido, conceito útil para esforço de se buscar as raízes mais profundas da perda de centralidade da cidade é o de *capitalidade*. Proposto originalmente pelo ex-prefeito de Roma e historiador da arte Giulio Argan, denota a característica de uma cidade que representa, nas palavras de Motta (1997:2), a "unidade e síntese da nação". São as chamadas cidades-capitais, entendidas como "[...] lugar da política e da cultura, núcleo da sociabilidade intelectual e da produção simbólica, representando, cada uma a sua maneira, o papel do foco da civilização, núcleo da modernidade, teatro do poder e lugar da memória" (Motta 2001b:24). O Rio de Janeiro foi (é) esse lugar.

O resultado dessa característica da cidade do Rio é uma cultura política singular que levou eleitores e seus representantes a historicamente voltarem os olhos para as grandes questões nacionais e, mesmo, internacionais, em detrimento das locais. Os possíveis malefícios para a cidade decorrentes dessa sua faceta teriam ficado explicitados uma vez consumada a transferência da capital federal para Brasília e criado o estado da Guanabara. Sobre este último, Osorio (2005) destaca sua institucionalidade ambígua, combinando uma lógica nacional hegemônica e uma local minoritária, o que teria prejudicado a qualidade da reflexão de políticos e da sociedade civil sobre os desafios que se colocavam para o Rio de Janeiro dali em diante. Mais ainda, retardou a percepção, por parte desses atores, da quebra da dinâmica institucional trazida pela mudança da capital para o Planalto Central (Osorio e Versiani, 2015:83-84).

A tal efeito de sua capitalidade iriam se somar as cassações promovidas no Rio de Janeiro pelo regime militar, degradando sensivelmente a qualidade de suas lideranças. Com isso, foi franqueado o caminho para a ascensão e subsequente consolidação, em nível local e regional, de práticas políticas de natureza mais clientelística, constituindo marco institucional com efeitos nocivos de duração mais longa sobre a trajetória econômica da cidade e do estado do Rio de Janeiro (Osorio, Rego e Versiani, 2017).

Em entrevista concedida ao Centro de Pesquisa e Documentação de História Contemporânea do Brasil (FGV CPDOC) em 1993, Francisco de Melo Franco, último secretário de Planejamento do governo da Guanabara, desabafou, em tom apaixonado, que "O Rio de Janeiro faz parte da história mundial. Como pode ser um município como outro qualquer?" (apud Motta, 2000:155). Decididamente, o Rio jamais será um município qualquer. Como visto ao longo do livro, sua história econômica (e política) é muito peculiar no contexto do Brasil, lançando uma longa sombra que condiciona (sem determinar, é claro) tanto seu agora como possibilidades futuras.

AGRADECIMENTOS

Ao longo dos mais de dois anos consumidos na elaboração desta história econômica da cidade do Rio de Janeiro, contei com a generosidade de inúmeros colegas de profissão e amigos, que se dispuseram a me ajudar de variadas maneiras.

Conversas mantidas logo no início da pesquisa com Nelson Senra, Mauro Osório e Sergio Besserman Vianna ajudaram-me a decidir com maior precisão os caminhos a seguir.

Em momentos diversos, vieram a meu socorro Afonso Graça Filho, Angelo Carrara, Carlos E. Valencia Villa, Christian Lynch, Felipe Mandarino, Fernando Veloso, Jaqueline Lima, José Luis Cardoso, Kaori K. Flexor, Maria Isabel Chrysostomo, Maria Regina Celestino de Almeida, Paulo Knauss e Paulo Leal de Menezes, que, ora compartilhando comigo material bibliográfico ou estatístico, ora esclarecendo pontos específicos nas respectivas áreas de especialidade, me permitiram reduzir as chances de incorrer em equívocos.

A equipe de profissionais da Biblioteca Mario Henrique Simonsen — em particular, Ligia Alves Cruz — demonstrou inesgotável boa vontade na localização de material bibliográfico fundamental para a elaboração do texto.

Fabio Pesavento gentilmente forneceu os dados brutos de arrecadação das dízimas da Alfândega do Rio de Janeiro que possibilitaram a elaboração do gráfico 1.10. Sou grato igualmente a Thales Z. Pereira, que cedeu, para meu uso no capítulo 2, série inédita de inflação na cidade do Rio de Janeiro nas décadas de 1850 e 1860.

A redação do capítulo 4 beneficiou-se enormemente da leitura atenta e comentários recebidos de Fabio Giambiagi, Fernando Holanda de Barbosa Filho e Samuel Pessoa. João Hallak Neto, por sua vez, ajudou-me a navegar o processo de solicitação de tabulações especiais junto ao IBGE, indispensáveis para o acompanhamento da evolução da economia carioca no período mais recente.

Tão logo decidi, no primeiro trimestre de 2022, escrever este livro, contei com o incentivo entusiasmado de alguns amigos. Carlos Gabriel Guimarães, como sempre, foi de uma generosidade sem igual na sugestão de referências bibliográficas e no envio de material diverso. Gabriel leu e comentou, ainda, os dois primeiros capítulos, pelo qual sou muito grato.

Marcelo S. Pinho, amigo de 40 anos, encontrou tempo para ler parte do texto e fazer sugestões de modificação "cirúrgicas", características do leitor ideal que é: atento e exigente. Marly S. da Motta e Teodoro Koracakis, por seu turno, leram versões preliminares do manuscrito na íntegra. Suas muitas observações ao longo do caminho melhoraram em muito tanto a forma como o conteúdo do texto final, minorando sensivelmente a quantidade de erros remanescentes.

Analfabeto digital confesso, eu não seria capaz, por conta própria, de preparar as mais de 100 figuras reunidas no livro. Para sua confecção, tive a ajuda indispensável de dois excelentes ex-alunos de graduação, Vinicius Hector P. Ferreira e Nicholas Alves Ribeiro. Ao longo de dois anos, Vinicius elaborou e reelaborou inúmeras versões das tabelas e gráficos. Suas enormes paciência, competência e boa vontade não serão esquecidas. Já Nicholas procedeu a primoroso levantamento bibliográfico e estatístico sem o qual eu não teria concluído o capítulo 4 no prazo desejado. Sou grato ainda a Thiago José Parintins pela ajuda prestada na melhoria da qualidade das imagens dos mapas constantes do anexo 1.

Marcelo de Paiva Abreu, professor, orientador de minha dissertação de mestrado e coautor, aceitou prontamente o convite que lhe fiz para prefaciar o livro, o que muito me honra. Marieta de Moares Ferreira, diretora executiva da Editora FGV, abraçou de imediato a proposta do livro. Da mesma forma, Rubens P. Cysne, diretor da Escola Brasileira de Economia e Finanças – (FGV EPGE), instituição a que pertenço há mais de duas décadas, aprovou, sem hesitar, a concessão de apoio financeiro à edição da obra. Deixo aqui registrados meus sinceros agradecimentos a ambos.

Minha maior gratidão, porém, é reservada à Beatriz e à Isabel que, por mais de dois anos, tiveram que suportar um marido e pai mais rabugento do que de costume. Ao dedicar este livro às duas, espero estar compensando uma fração da chateação causada.

SOBRE O AUTOR

André A. Villela é economista graduado pela Universidade Federal do Rio de Janeiro (UFRJ) e mestre pela Pontifícia Universidade Católica do Rio de Janeiro (PUC-Rio). Obteve o grau de PhD em história econômica pela Universidade de Londres (London School of Economics and Political Science). É autor de livros e artigos científicos publicados no Brasil e no exterior tratando da história econômica do Brasil, com ênfase na política macroeconômica do período imperial. Desde 2000 é professor assistente da Escola Brasileira de Economia e Finanças (FGV EPGE), onde leciona disciplinas na área de história econômica no programa de graduação em economia.

NOTAS

1 Ver o anexo 2 para uma discussão mais detalhada acerca da evolução histórica da população do Rio de Janeiro.

2 Para os contemporâneos e igualmente em parte da literatura acadêmica, há dúvidas quanto aos limites territoriais precisos da cidade do Rio de Janeiro e da capitania do mesmo nome. Ver, por exemplo, Santos (2015) e Jacques (1966), com este último chegando a afirmar que "a Capitania do Rio de Janeiro (em 1763) era realmente a cidade de S. Sebastião do Rio de Janeiro". Trata-se, é claro, de impossibilidade lógica, pois implicaria aceitar que municípios fundados antes daquela data — a exemplo de Angra dos Reis, Paraty, Cabo Frio e Campos dos Goytacazes — faziam parte da *cidade* do Rio de Janeiro. Para Cintra (2016:78), ao final do século XVII "já se considerava de fato a capitania do Rio de Janeiro como possuindo um território muito mais amplo do que a cidade", no que é apoiado por Fridman (2010: 104, nota 3), para quem "o território da Capitania Real do Rio de Janeiro [...] definia-se pela área delimitada entre Cabo Frio e a vila de Santo Antônio de Sá; pelo litoral, de Cabo Frio a Angra dos Reis e, pelo interior, até o rio Paraíba do Sul, perfazendo 23 léguas de norte a sul e 24 léguas de leste a oeste".

3 As estimativas de população aqui apresentadas estão em Carrara (2014), no qual estão referenciadas as fontes originais de cada um dos autores citados.

4 Presume-se que se trata de índios "pacificados", vivendo em proximidade dos habitantes de origem europeia.

5 Citado em Coaracy (1965:131). Conforme discutido no anexo 1, a extensão territorial da cidade do Rio de Janeiro à época colonial superava em muito os atuais cerca de 1.200 km^2 que delimitam o município do Rio, vindo a abarcar áreas presentemente compreendidas em outros municípios do estado.

6 Segundo a prática moderna, ao longo do texto reservar-se-á a designação de "carioca" para se referir à *cidade* do Rio de Janeiro, ao passo que

"fluminense" será tomado como gentílico da capitania/província/estado do Rio.

7 Trata-se de resultado do conhecido modelo de Evsey Domar. Para uma discussão detalhada tendo por objeto de estudo a experiência brasileira, Lago (1988).

8 Para uma discussão, Oliveira (2014:205 e segs.) e Garcia (2014).

9 Para uma elaboração deste argumento, Fragoso (2000; 2024).

10 Ver, a respeito, Fragoso (2001:31-33).

11 Com relação ao crescente poder político e fiscal desfrutado pela cidade do Rio de Janeiro — e sua Câmara Municipal em particular — a ponto de lhe ser concedido por d. João IV, em 7 de junho de 1647, o título de "Leal", ver Bicalho (1998:5-7). Ao receber tal título, a Câmara do Rio ganhava o direito, na ausência do alcaide-mor, de ter as "chaves da Cidade", isto é, de governá-la. Legislação portuguesa compilada e anotada (1856:1.647).

12 A lenta construção desta centralidade da capitania do Rio de Janeiro no âmbito do Brasil meridional foi processo que se iniciara no século XVI, quando da criação, pela primeira vez, da chamada "repartição do Sul", englobando as capitanias do Rio, São Vicente e Espírito Santo, com jurisdição exercida pelo Rio sobre as demais. Para uma discussão deste processo de crescente protagonismo, que atravessaria os séculos XVII e XVIII (e iria se prolongar pelos períodos imperial e republicano), Gouvêa e Bicalho (2013). Para o caso específico da fundação da Colônia do Sacramento pelos fluminenses, Almeida e Oliveira (2014). Na mesma linha, Lessa (2000:67-69) vê "no Prata e na prata" a origem da centralidade do Rio.

13 Silva (1990:183-184), por exemplo, indica crises de subsistência no Rio de Janeiro em 1660 e 1668 e, já no contexto do início do *rush* aurífero, 1698 e 1702. Coaracy (1965) menciona a ocorrência de epidemias de varíola na cidade nos anos de 1643, 1662 e 1694.

14 Para piorar, os dados de preços estão discriminados conforme o tipo do produto (se branco ou mascavado), ao passo que as informações sobre produção física se referem genericamente a "açúcar". Ver Abreu (2010: v. 2, p. 56-57 e 63).

15 Revolta liderada por elementos da elite pernambucana contra o domínio holandês e que se estendeu de 1645 a 1654.

16 Para as agruras fiscais da capitania, onerada por excessiva taxação da parte da metrópole e, como consequência, palco de sucessivas revoltas, Figueiredo (2004).

17 Ver, também, Carrara (2008). Comportamento semelhante ao descrito pelos contratos de arrematação da cobrança dos dízimos reais é exibido pelo valor anual dos contratos de "pescaria da baleia", atividade eco-

nômica importante na cidade do Rio entre meados do século XVII e meados do XVIII. Para mais detalhes, ver Pesavento (2013:36-46). Valor dos contratos de arrematação em Pesavento (2013: quadro 4, p. 41).

18 Nas palavras de Maria F. Bicalho (2003:317), "[...] constitui-se, a partir da descoberta e exploração das minas e da fundação e defesa da Colônia do Sacramento, uma nova, ampliada e importante 'região colonial', que tinha como sede a cidade-porto do Rio de Janeiro".

19 França (2008:81-82). Com relação ao número de escravizados enviados às minas a partir do Rio de Janeiro, as estimativas variam de cerca de 2.300/ano entre 1715-27 a 5-6 mil nas primeiras décadas do século XVIII. Ver, respectivamente, Florentino (1997:37) e Cardoso e Araújo (1992:91).

20 Para efeito de comparação, a receita da dízima da alfândega do Rio de Janeiro em 1712 foi de cerca de 50 contos. Carrara et al. (2022: apêndice A, figura A2). Sobre as invasões francesas de 1710/11, Fleiuss (1928:103-115).

21 Estimativas de produção de ouro em Pinto (1979: tabela 5, p. 114). Valores em Costa et al. (2013: anexo n. 2), referem-se à média anual das entradas de ouro em Lisboa, respectivamente, em 1750-55 e 1795-99.

22 Note-se as diferentes unidades em que estão expressos os dados dos gráficos 1.4 e 1.5 (respectivamente, médias anuais e total quinquenal).

23 Ver o anexo 2 para uma elaboração.

24 A população de Salvador em 1799 foi estimada em 40,9 mil habitantes. Ver Venancio (2013: tabela 1, p. 12). O crescimento da população carioca ao longo do século refletiu-se, entre outras coisas, no aumento das rendas derivadas de aluguéis e foros recebidas pela Ordem de São Bento. Tais rubricas representavam, em média, cerca de um terço do total arrecadado pelos beneditinos entre meados dos anos 1720 e o final do século. Ver Lisanti (1983:768).

25 Ver, entre outros, Sampaio (2003), Pesavento (2013; 2018), Pesavento e Marques (2020) e Carrara et al. (2022).

26 Ver Gil (2021:124-125). Pesavento e Marques (2020:7-8) reconhecem tal limitação da documentação original, que deixa de fora diversas operações de crédito feitas "debaixo da palavra".

27 A fiscalidade nas principais capitanias da América portuguesa no século XVIII é discutida em Paiva (2016). Para o caso específico da alfândega do Rio de Janeiro, seu funcionamento interno e sistemática de cobrança das dízimas na primeira metade do Setecentos, Fernandes (2019: caps. 2 e 3) e Cardoso (2020).

28 A primeira pauta contendo os preços imputados às mercadorias importadas no Rio de Janeiro data de 1700, sendo substituída por uma nova em 1766, com vigência até 1799, quando entrou em vigor pauta

"reformada". A promulgação de sucessivas pautas de importação decorria da necessidade de se atualizar os preços das mercadorias, cuja defasagem prejudicava a arrecadação da dízima. A atualização — para maior — dos preços de diversos artigos fica clara na comparação das pautas de 1766 e 1799. Ver Santos (1993: anexo 3).

29 Para tanto, pode ter contribuído a retenção, na colônia, de maior volume de moedas nacionais de ouro no último quartel do século. Trata-se do estoque de moedas de ouro que deixaram de ser enviadas à Metrópole. Ver a respeito Lima e Sousa (2017:48-49).

30 Este total corresponde à soma de novos engenhos erguidos nas regiões produtoras de Guaratiba, Maricá, Irajá e Niterói. Ver Machado (2020: tabela 1.5, p. 78).

31 Da mesma forma, a expansão do setor açucareiro fluminense ao final do século XVIII pode ter contribuído para o aumento da receita fiscal da capitania do Rio de Janeiro, que, no quinquênio 1795-1800, superou à da Bahia e, por larga margem, a efetuada em Minas Gerais. Ver Guimarães (2009b).

32 Ao final do século XVIII, a população dos municípios do interior — pela ordem de sua fundação, Angra dos Reis, Cabo Frio, Paraty, Campos dos Goytacazes, Macacu e Magé — totalizava cerca de 78,6 mil indivíduos, ou 45% do total de 176,4 mil residentes da capitania do Rio de Janeiro. Eram 81,9 mil os escravos na capitania, distribuídos entre 44,1 mil na cidade do Rio de Janeiro e 37,7 mil nos demais municípios. Ver: Memorias publicas e economicas... (1884:27-29). Para os ajustes realizados nos números indicados nesta fonte, ver o anexo 2.

33 Trata-se de título de seção do capítulo de Dauril Alden na coletânea sobre a história da América Latina organizada por Leslie Bethell. Ver Alden (1987:310-336). Na mesma linha, Arruda (1980).

34 A respeito das considerações de ordem estratégica — em especial, defesa da cidade do Rio de Janeiro contra invasões estrangeiras e disputa territorial ao sul do continente com os espanhóis — que teriam influenciado a decisão de se transferir a sede do vice-reinado, Bicalho (2006:214-220). Na contramão de certo consenso historiográfico, Silva (2012) não enxerga tal transferência como refletindo o sentido de *capitalidade* do Rio de Janeiro, preferindo relativizar a significância do ato em si tendo em vista o protagonismo efetivamente exercido por Lisboa em assuntos de maior interesse que diziam respeito a suas possessões imperais.

35 Para uma discussão detalhada do renascimento agrícola fluminense, Pesavento (2013: cap. 2). As atribulações do vice-rei na tentativa de estimular a produção de anil e cochonilha e a criação do bicho da seda no Rio de Janeiro estão em: Relatorio do marquez de Lavradio... (1843:468-475).

36 É verdade que a arrecadação da dízima das alfândegas também deve crescer em razão de aumento no *preço* (e não necessariamente no volume) atribuído às mercadorias importadas. Tal efeito, provavelmente, se fez presente nos anos imediatamente seguintes à adoção de novas pautas de valores das mercadorias importadas, em 1766 e 1799.

37 Ver, a respeito, Prado (2022).

38 A expansão da produção e das exportações agrícolas no período foi, ainda, facilitada pelo baixo preço dos escravos no período. Ver Florentino (1997:757-758).

39 Para evidências de expansão da economia colonial como um todo na virada do século XVIII para o XIX, Pedreira (2000).

40 Na mesma linha, Bauss (1977), especialmente cap. 3.

41 Para uma elaboração, Bohorquez (2020a; 2020b). Para o papel da cidade do Rio de Janeiro como principal entreposto para o comércio de e para Minas Gerais, Bergad (1999:10-12).

42 O setor comercial de produção de alimentos na capitania do Rio de Janeiro ao final do século XVIII é discutido em Pedroza (2014:409 e segs.).

43 Para a atuação destes comerciantes de "grosso trato" na primeira metade do século XVII, Sampaio (2001).

44 As contribuições clássicas são Fragoso (1992) e Fragoso e Florentino (1998). A preeminência dos traficantes cariocas no comércio transatlântico de escravos também é destacada por Florentino (2009). Revelando ceticismo quanto ao efetivo controle exercido por agentes cariocas sobre aquele tráfico, Bohorquez (2019) chama atenção para a natureza transimperial e global daquele comércio, com a participação decisiva de agentes da Metrópole e da Ásia no seu financiamento, na produção e na comercialização de artigos utilizados na troca por escravizados no continente africano. Na mesma linha, Menz (2012).

45 Mais do que isso, a primeira fonte, a cargo de oficiais do governo, baseia-se em pesquisa mais extensa dos estabelecimentos comerciais da cidade do que os levantamentos realizados pessoalmente por Nunes, tornando a cobertura daquelas, provavelmente, mais completa. Bauss (1977:126-127).

46 Para uma análise da atividade artesanal na cidade do Rio de Janeiro ao final do período colonial, Lima (2008).

47 As exceções são os serigueiros, que trabalhavam com fios de seda, e tintureiros.

48 Exercício econométrico confirma a influência de fatores internos, como o volume de crédito ou o nível de atividade econômica na capitania de Minas Gerais — tanto no período de auge da mineração como posteriormente —, e externos (preços internacionais do açú-

car) no desempenho econômico da região do Rio de Janeiro no século XVIII. Ver Pesavento e Marques (2020). Vale notar que os autores utilizam como *proxy* para a atividade econômica no Rio de Janeiro o valor *per capita* da arrecadação da dízima da alfândega de seu porto. Trata-se de variável dependente do fluxo de importações de mercadorias destinadas a uma área que abrangia muito mais que aquela cidade.

49 Para a maior importância relativa dos episódios de "encolhimento" para a compreensão do fenômeno do crescimento econômico no passado mais remoto, ver Broadberry e Wallis (2017).

50 Este último indício de recuperação econômica é, reconhecidamente, mais frágil, pois nada diz sobre o volume de produção de açúcar.

51 Tendo por base A. Balbi, Taunay (1939:110) afirma terem saído em 1796, "da Guanabara para o Reino", 8.485 arrobas de café, volume que alcançaria 82,2 mil arrobas em 1806. Já Bauss (1977:104-105), baseando-se nas "Balanças de Comércio", informa que em 1800 as exportações de café pelo porto do Rio somaram 180.976.400 réis; dada a cotação de 4.400 réis/arroba naquele ano, o volume teria sido de 41,1 mil arrobas.

52 Para uma avaliação das diversas ações da Intendência da Polícia com vistas a "civilizar" a cidade e torná-la compatível com o *status* de sede da corte de uma monarquia europeia, Carvalho (2008) e Schultz (2008: cap. 6). As dificuldades de abastecimento de gêneros alimentícios no Rio de Janeiro quando da vinda da Família Real e seu séquito são discutidas em Lenharo (1993:34-35). Já Bergad (1999:26-27) destaca as oportunidades abertas para criadores e fazendeiros de Minas Gerais satisfazerem um mercado urbano em expansão na Corte.

53 Mineralogista inglês que visitou o Brasil entre 1808 e 1810, John Mawe (1812:96) avaliou serem os preços de aluguéis residenciais no Rio à época tão elevados quanto em Londres. Sobre a atuação de comerciantes britânicos na defesa da chamada Conservatória (direitos jurídicos de extraterritorialidade aos cidadãos britânicos no Brasil) e da tarifa *ad valorem* de 15% — ambas confirmadas pelos Tratados de 1810 —, Guimarães (2009a).

54 Omitem-se na tabela 2.1 as informações referentes a 1811 e 1821 por incluírem alguns meses apenas.

55 A estas despesas somam-se aquelas relativas à assunção, por parte do governo do Brasil, de dívidas contraídas por Portugal. Para um tratamento detalhado da dimensão fiscal do processo de independência do Brasil e posterior queda do regime de d. Pedro I, Cariello e Pereira (2022).

56 Um efeito adicional da política monetária joanina foi a expulsão das moedas de ouro e de prata da circulação, processo este agravado pelos

crescentes déficits no balanço de pagamentos em que o Brasil incorria. Para uma elaboração, Lima (2022).

57 Para a atuação do primeiro Banco do Brasil durante as duas décadas em que esteve em funcionamento (1808-29), Cardoso (2010) e Gambi (2022). Conforme mostra Moura Filho (2010:21-23), entre 1827 e 1830, a taxa de câmbio do mil-réis em relação à libra esterlina sofreu um dos maiores desvios em relação à taxa de longo prazo, em meio à crise de liquidação do primeiro Banco do Brasil.

58 Diante das queixas quanto ao elevado preço e baixa qualidade da carne comercializada na cidade, a Intendência procurou promover melhorias na infraestrutura de comunicações (estradas) e armazenamento, bem como a liberalização do seu comércio, historicamente controlado por um cartel de atravessadores. Ver Linhares (1979:162-163).

59 Trata-se, conforme explicado no anexo 2, da população aproximada das freguesias centrais do Rio de Janeiro em 1808, mas não do município como um todo.

60 Citado em Sinder (2021:10).

61 Para o papel do Arsenal de Marinha na atividade de construção naval no período joanino, Cabral (2009:86-87).

62 Nas palavras de um autor, em 1831 "o comércio [no Rio de Janeiro] ficou totalmente paralisado. Não havendo tranquilidade, deixava de existir a confiança e, portanto, o crédito... Um desastre". Ver Morales de los Rios Filho (2000:274).

63 Entre as embarcações incluídas na coluna "Outros" da tabela 2.2, destacam-se as originárias da Suécia e Sardenha, em um total de 330 e 319, respectivamente. Provenientes de Buenos Aires/Montevidéu entraram no porto do Rio, entre 1821 e 1837, 263 navios, número superior ao de embarcações vindas da Dinamarca, Holanda e Hamburgo/Bremen (225, em média).

64 Para o protagonismo assumido pelo mercado dos EUA a partir da abolição das tarifas de importação sobre o café brasileiro entre 1828 e 1832, Absell (2020).

65 Durante a maior parte do século XIX, a unidade-padrão de exportação de café era a saca de cinco arrobas e as séries estatísticas adotavam ora o número de sacas exportadas, ora o volume total de arrobas. Optou-se aqui por converter tais números para o padrão moderno de sacas de 60 kg.

66 Neste quinquênio, com importações excepcionalmente elevadas em função da esperada cessação legal do tráfico, prevista para acontecer em 1831.

67 Dados para 1836 em Sturz (1837:100). Valores referentes a 1837, expressos em francos franceses, em Say (1839:319), convertidos para libras esterlinas à taxa de 25,4 francos/£.

68 Ver anexo 2.

69 Cabe notar que não se tratou de um aumento ininterrupto das exportações totais e cafeeiras, como se vê nos gráficos 2.6 e 2.7. Exemplo disso foi a queda experimentada em ambas as séries ao final dos anos 1840, explicada pelo principal diário da época como decorrente das revoluções ocorridas na Europa em 1848, "que não podiam deixar de influir desastrosamente sobre a nossa prosperidade". *Jornal do Commercio*, 14 jan. 1849. Supplemento, p. 6.

70 Preços do café na década de 1840 em Taunay (1939: v. 3, p. 30). Dados originariamente em arrobas convertidos para sacas de 60 kg. Preços do café na década de 1850 em Sweigart (1987: tabela E2, p. 302).

71 Para a estimativa da população total do Rio de Janeiro em 1849, ver o anexo 2. Proporção de escravos (37,9%) em Karasch (2000: tabela 3.1, p. 108).

72 Em aparente alusão aos efeitos da abolição do tráfico, o *Jornal do Commercio* (edição de 13 de janeiro de 1853, p. 1) afirmava que "[...] a tendência dos espíritos para os melhoramentos materiais auxiliada pela abundância de capitais trouxeram a organização de várias companhias destinadas à realização daqueles desejos".

73 Segundo estimativa contemporânea, com a Lei Eusébio de Queirós, o montante outrora empregado naquela atividade faria "refluir ao país" mais de 16 mil contos. Ver: Relatorio da Commissão encarregada... (1865:24).

74 O autor estima que o valor da importação (ilegal) de cerca de 335 mil escravos pelo Brasil entre 1841 e 1850 equivalia a 28% das importações legais do país no mesmo período. Alencastro (1997).

75 Para uma análise do surto bancário dos anos 1850, Villela (2020: cap. 2). Ao contrário dos demais, o Mauá, MacGregor era organizado como sociedade simples e não uma sociedade por ações. Um estudo detalhado da atuação dessa casa é o de Guimarães (1997).

76 Para o papel dos comissários na ligação entre o setor bancário do Rio de Janeiro e os fazendeiros de café no interior, Sweigart (1987).

77 Para o vigor do mercado de crédito privado na cidade do Rio de Janeiro antes mesmo da formação dos primeiros bancos comerciais, Penna (2021) e Penna e Almico (2022).

78 A queda abrupta no volume de crédito concedido em meados de 1853 é aparente apenas e decorre do descompasso entre os dados publicados pelo Banco do Brasil (de Mauá), que só existem até maio de 1853, e pelo Banco Commercial do Rio de Janeiro — até dezembro daquele ano. O terceiro Banco do Brasil, resultante da fusão entre os dois bancos, só passaria a operar em abril de 1854, momento em que seus empréstimos passam a figurar na série exibida no gráfico 2.8.

79 O relatório de Monteiro saiu publicado nas páginas do *Jornal do Commercio* entre os dias 22 de janeiro e 7 de fevereiro de 1853; infelizmente, sem incluir as diversas tabelas que acompanhavam o original. Para estas, recorreu-se a Lobo (1978).

80 Adicionalmente, Soares (1860:215) menciona a presença de 58 engenhos de açúcar na Corte em 1852. Já em "Memória" escrita anos antes, o conde de Gestas reporta a existência no Rio, entre outras, de fábricas de sabões e velas, papel e papelão e de três "estabelecimentos importantes de fundição de ferro e cobre..." (Aymar, 1837:80).

81 Segundo o relatório de Candido Borges Monteiro, havia, adicionalmente, 991 oficiais (artesãos) na cidade naquele ano, sendo em maior número os alfaiates (133), marceneiros (130) e os barbeiros (105). Lobo (1978: tabela 3.24, p. 282-283).

82 Sinder (2023: gráfico 14, p. 204-205). Em contraste, Lobo (1978: tabela 3.38) relacionou 1.050 "fábricas" na cidade em 1860 — o *dobro* do número identificado por Sinder (2023).

83 Em se tratando especificamente dos tecidos de algodão britânicos, contudo, a Tarifa Alves Branco não foi capaz de provocar queda nas importações do Brasil e, neste sentido, estimular a produção nacional. Para uma discussão, Pereira (2021).

84 O conceito de "revolução industriosa" é empregado pelos estudiosos da história de diversas economias pré-industriais para denotar fenômeno envolvendo maior participação e esforço (menos lazer, portanto) dos membros da família em processos produtivos regulados pelo mercado com vistas a adquirirem bens e serviços igualmente ofertados em um mercado em expansão. Para um tratamento clássico, De Vries (2008).

85 Para tal, certamente contribuiu, no Município da Corte, a forte expansão de crédito exibida no gráfico 2.8.

86 Conclui o autor que a concentração existente no comércio importador e as relações clientelísticas que mantinha com as casas de atacado permitiam o controle dos preços dos alimentos no mercado da Corte e em parte explicam a "carestia" vivida na década de 1850. Graça Filho (1991:99-100). Para o confronto entre a Câmara Municipal, tendente a uma abordagem mais paternalista de regulação do mercado, e o governo imperial em torno da questão do abastecimento e da alta dos preços de gêneros alimentícios naquela década, Souza (2012).

87 Ver Valencia Villa (2020) para uma análise das operações deste importante segmento do mercado bancário do Império em meados do século XIX.

88 *Jornal do Commercio*, 7 jan. 1864, Supplemento, p. 7.

89 A série de comércio exterior do Rio de Janeiro a partir da qual foi elaborado o gráfico 2.7 exagera o valor total da importação de merca-

dorias e, em menor grau, exportações daquele porto. Isto porque dos cerca de 70,6 mil contos importados em 1863/64, 15,4 mil consistiam em moedas de ouro e prata (Soares, 1865: v. 2, p. 24), representativas de fluxos de capitais e não propriamente mercadorias. Entre 1846/47 e 1867/68, o Brasil importou mais de 140 mil contos em moedas metálicas, a maior parte das quais através do porto carioca. Para uma discussão, Lago (1982).

90 Pereira (2024) estima a inflação no período de 1861/62 a 1866/67 em pouco menos de 6%, implicando queda do valor real da arrecadação dos impostos "peculiares do município" ligeiramente superior à exibida no gráfico 2.10. Os balanços da receita e despesa do Império trazem estatísticas discriminadas das rendas "peculiares do município" apenas até o exercício de 1866/67.

91 O número de fábricas em 1870 é uma média daquelas levantadas pela autora para os anos de 1867 e 1873. Conforme já indicado em nota anterior, a série apresentada por Lobo (1978), baseada no *Almanak Laemmert* e frequentemente repetida na literatura, padece de clara superestimação do número de fábricas localizadas na cidade, posto que abarca, em seu total, casos em que a fonte inclui outros tipos de estabelecimentos. Embora não seja caso isolado, a contagem do número de fábricas de relógio existentes no Município da Corte em 1864 é reveladora desse tipo de distorção. De acordo com a autora (Lobo, 1978:302), elas seriam 82 naquele ano. Na realidade, vê-se que, à página 688 da edição de 1864, o *Almanak* consigna 82 estabelecimentos sob a rubrica de "Lojas de Relógios de Algibeira e de Parede, e Relojoeiros". Não resta dúvida de que a esmagadora maioria de tais estabelecimentos não consistia em fábricas.

92 O caso da categoria "costureiras" é notório, pois não permite identificar se dizia respeito a profissional trabalhando por conta própria ou empregado de uma fábrica, por exemplo. Já o número elevado de pessoas classificadas como "artistas" sugere que podem estar incluídos aí, sobretudo, artesãos.

93 De acordo com o Censo de 1872, seriam pouco mais de 55 mil os profissionais, livres e escravos, engajados em "serviços domésticos" na Corte. Trata-se, claramente, de exagero decorrente da impossibilidade de se separar aqueles indivíduos efetivamente dedicados àquele ofício das donas de casa. Atendendo a procedimento seguido por Merrick e Graham (1979:151), adotou-se para 1872 a mesma proporção, existente em 1920, de trabalhadoras naquela categoria no total da população feminina da cidade — 10,5%. O censo de 1920 definiria pela primeira vez a população economicamente ativa em termos da "atividade principal" dos indivíduos. Merrick e Graham (1979:151).

94 Tamanho crescimento populacional e da atividade econômica exigia consumo crescente de energia, parte da qual sob a forma de carvão vegetal. O combustível era utilizado, entre outros, nas residências, meios de transporte (ferrovias a vapor) e em diversos processos fabris, a exemplo de fundições, manufaturas de vidro, artefatos de metal etc. As florestas do maciço da Pedra Branca abrigavam centenas de carvoarias no século XIX, responsáveis por atender parte da demanda energética do Município da Corte. Ver, a respeito, Oliveira e Fraga (2016).

95 Valor total das exportações de café do porto do Rio de Janeiro obtido a partir de dados de exportações em sacas de 60 kg multiplicados por preços médios (em mil-réis) em Sweigart (1987: tabela E2, p. 302).

96 A tendência deflacionária verificada no último quartel do século XIX foi, como já dito, fenômeno mundial, comumente designado como a "Grande Depressão" de 1873-1896. O Retrospecto Commercial do Jornal do Commercio de 1878 já alertava para "[...] a crise econômica por que estão passando há cinco anos todos os mercados do mundo (e que) tem despertado a atenção dos homens pensadores que, na investigação das causas desse estado já assustador, empregam o mais louvável zelo." Retrospecto Commercial do Jornal do Commercio (1878:3).

97 Autor contemporâneo estimou que apenas o aglomerado de estaleiros localizados no Rio de Janeiro no início dos anos 1880 empregava mais de 3 mil operários. Citado em Goularti Filho (2011:320).

98 Cristopher C. Andrews, cônsul dos Estados Unidos no Rio de Janeiro entre 1882 e 1885, estimou em 2 mil as operárias empregadas nos estabelecimentos fabris da cidade à época. Muito provavelmente, refere-se a unidades produtivas de todos os tamanhos, incluindo pequenas oficinas. Andrews (1887:39).

99 Sou grato a Marcelo S. Pinho por este ponto.

100 Ver Suzigan (2000), Apêndice 3, p. 404. Para as origens do setor têxtil algodoeiro no Município da Corte e região vizinha, Soares (2015).

101 Às fábricas têxteis devem ser acrescentados, também, os grandes moinhos de trigo (Rio Flour Mills e Moinho Fluminense) e a Companhia Cervejaria Brahma, fundados na Corte ao final do Império. Ver Suzigan (2000:202-203, 231).

102 Suzigan (2000). Sweigart (1987:206) encontrou evidências da atuação de comissários de café e suas firmas como acionistas das grandes empresas têxteis formadas na cidade e província do Rio de Janeiro nos anos 1880. Já Levy (1994:151) destaca a participação de comerciantes do setor de importação e exportação (de tecidos, sobretudo) no capital das principais empresas têxteis cariocas ao final do Império.

103 A rigor, a transformação do antigo Município da Corte em Distrito Federal só ocorreria após a promulgação da Constituição de 1891. Com

a transferência da capital do país para Brasília, em 1960, a cidade perderia esse *status*.

104 Tal instabilidade iria se manifestar, por exemplo, na sucessão de 19 administradores (entre efetivos e interinos) à frente do governo da cidade no período que vai da Proclamação da República à posse do Prefeito Pereira Passos, em 1902. Ver Reis (1977).

105 O fenômeno do Encilhamento é tratado em detalhes, entre outros, por Levy (1977), Franco (1983) e Schulz (2008). Como já estabelecido pela historiografia, o Encilhamento não se resumiu a especulação financeira. Seus impactos positivos sobre a atividade industrial são destacados, entre outros, por Stein (1957), Fishlow (1972) e Villela e Suzigan (1973).

106 Vale notar que Jeffrey Needell, em sua conhecida história cultural da cidade no período em tela, data o efetivo início da Belle Époque carioca em 1898, no governo Campos Sales, possivelmente em vista da enorme instabilidade política e econômica em que o Rio se viu envolto na primeira década republicana. Ver Needell (1993:39 e segs).

107 Em seu art. 3º, a Constituição de 1891 estabeleceu, ainda, que uma zona de 14,4 mil km^2 no planalto central passaria a pertencer à União com vistas à futura instalação da capital do país. Quando isso ocorresse, o Distrito Federal (cidade do Rio de Janeiro) se tornaria um estado da Federação. Ver Freire (2000: cap. 2).

108 Pelo artigo 26º da Constituição de 1946, a nomeação do prefeito do Distrito Federal permanecia como prerrogativa do presidente da República, sendo a Câmara, com funções legislativas, eleita pela população. A única ocasião em que o prefeito do Distrito Federal não foi indicado pelo presidente da República se deu em abril de 1935, quando Pedro Ernesto Baptista retornou ao cargo que exercera entre 1931 e 1934. Desta feita, eleito pela Câmara dos Vereadores, ficando à frente do Executivo municipal por pouco menos de um ano.

109 Ver, a respeito, Mahar (1970: cap. IV).

110 Noronha Santos (1913:228-229) e Mahar (1970: tabela 2, p. 91). Em boa medida como resultado da mobilização das elites paulistas, a partir da Constituição de 1891 a cobrança do imposto de exportação passou à competência dos estados da Federação, resultando em receitas significativas para São Paulo, de onde viria parcela crescente do café embarcado pelo Brasil no período. Em contrapartida, tais recursos assumiriam papel marginal para o erário do Distrito Federal, limitando-se às receitas arrecadadas com a incidência do imposto sobre vendas para o exterior de couro processado no Matadouro de Santa Cruz.

111 O resumo que se segue baseia-se, entre outros, em três referências consagradas sobre o período: Franco (1983), Fritsch (1988) e Schulz (2008).

112 A oferta de moeda no conceito de M2 (equivalente à soma de papel-moeda em poder do público e depósitos à vista e a prazo nos bancos comerciais), ajustada pela variação dos preços, mais do que dobrou entre 1889 e 1891. Ver Triner (2000: tabela A.10, p. 214).

113 A cidade do Rio veria duas ondas de quebras de bancos no início do período republicano, uma em 1892 e a outra em 1900/01. Triner (2000:69-72). Para a queda da participação dos depósitos bancários na oferta monetária em ambos os períodos, veja-se Triner (2000: figura 3.3, p. 43). O resultado combinado dessas duas crises foi captado pelo Retrospecto Commercial do Jornal do Commercio ao indicar que o número de bancos do Rio de Janeiro que publicaram balanços passou de 68 para 10 entre 1891 e 1906, com um volume conjunto de capital neste último ano correspondente a 1/9 do que era 15 anos antes. Retrospecto Commercial do Jornal do Commercio (1907:79-80).

114 Para a conexão entre a crise na Argentina e o Encilhamento, Triner e Wandshneider (2005).

115 Não por acaso, a década de 1890 foi palco de diversos protestos populares no Rio de Janeiro contra os altos preços dos alimentos. Ver Meade (1989:244-245). Deve-se ressaltar que muitos artigos de consumo alimentar à época eram importados, a exemplo do trigo, vinho, azeite, manteiga, bacalhau etc., e que, portanto, encareciam à medida que o mil-réis se desvalorizava.

116 Eram elas as freguesias de Irajá, Jacarepaguá, Campo Grande, Inhaúma, Guaratiba, Santa Cruz, Ilha do Governador e Paquetá.

117 Em paralelo, como nota o mesmo autor, tinha início o fenômeno da integração física da Baixada Fluminense à cidade do Rio, movimento impulsionado pelas primeiras iniciativas de saneamento da região durante a Presidência Nilo Peçanha (1909/10). Abreu (1997:81).

118 Em 2023, foi publicada proposta de revisão das estimativas de Haddad para o índice do produto real do Brasil para o período 1900-47 e dos dados oficiais de PIB estimados pela FGV, relativos aos anos de 1947 a 1980 (Bacha et al., 2023). Em ambos os casos, os autores reviram para baixo a taxa média de crescimento do produto: menos 0,8 p.p. ao ano, em média, entre 1900 e 1919, e menos 0,6 p.p. ao ano, em média, entre 1919 e 1947. Para o período 1947-80, o *haircut* é maior, da ordem de 1,2 p.p. ao ano, em média. Note-se que a revisão proposta pelos autores não inclui qualquer reparo à tendência do comportamento agregado da economia exibida pelas séries estimadas por Haddad, apenas às taxas médias de crescimento nos diversos subperíodos.

119 É verdade que a arrecadação tributária também pode aumentar em determinado ponto do tempo como resultado da majoração de alíquotas ou melhorias no sistema de coleta. No caso do Imposto Predial,

por incidir sobre o valor dos imóveis urbanos, o volume arrecadado também era influenciado por fatores outros, como a própria taxa de juros (um dos determinantes do investimento imobiliário) e variáveis que afetam o valor da terra, a exemplo da existência de infraestrutura urbana, leis de zoneamento etc.

120 Trata-se de uma manifestação do chamado efeito Olivera-Tanzi, segundo o qual a arrecadação de impostos em termos reais cai na presença de inflação e de receitas não indexadas.

121 Retrospecto Commercial do Jornal do Commercio (1896:3).

122 Para Benchimol (1992:258-259), uma possível razão para o aumento da arrecadação, que se somaria aos movimentos de expansão urbana e valorização dos imóveis mencionados, seria dada pela reforma da legislação do Imposto Predial decretada no início da gestão do prefeito Pereira Passos, em 1903. Tudo indica, porém, que, em seus pontos principais (isto é, a base de incidência e as respectivas alíquotas), o Decreto no 432, de 10 de junho de 1903, reformando o regulamento do Imposto Predial, reafirmou o que já havia sido determinado em dois decretos de 1897. Neles, a cobrança do imposto — até então restrita à zona central e a áreas 6.600 m (uma légua) além desta — foi alargada para a zona dita suburbana da cidade. Da mesma forma, as alíquotas estipuladas no decreto de 1903 eram as mesmas previstas nos decretos anteriores. Não se pode descartar, contudo, a possibilidade de aperfeiçoamentos na metodologia de cobrança do imposto e do aparato administrativo encarregado daquela tarefa a partir do decreto de 1903 terem contribuído para o aumento verificado na sua arrecadação.
Os decretos de 4/1/1897 e de 10/6/1903 encontram-se reproduzidos na *Gazeta de Notícias* nas edições, respectivamente, de 8 de janeiro de 1897 (p. 2) e de 11 de junho de 1903 (p. 3). A sanção do prefeito à resolução do Conselho Municipal instituindo a cobrança do imposto em freguesias suburbanas à taxa de 6% aparece em curta nota à p. 3 na edição de 1º de janeiro de 1898 daquele mesmo diário.

123 Wileman (s.d.:516). Com efeito, a cidade só viria a apresentar novamente coeficientes de mortalidade superiores a 30/1.000 habitantes por ocasião da epidemia da Gripe Espanhola, em 1918.

124 A arrecadação da Alfândega do Rio de Janeiro (e, em menor grau, a de outros portos brasileiros) seria dada em garantia ao Funding Loan de 1898.

125 A chamada Tarifa (aduaneira) Murtinho, promulgada em 1900, ficaria em vigor até o final da Primeira República, tendo sofrido diversas alterações quanto à parcela dos direitos de importação que deveria ser paga "em ouro". Para um resumo da sistemática de cobrança dos impostos de importação no período, ver Villela (2000: apêndice).

126 Sobre as mudanças observadas na natureza do comércio através do porto do Rio de Janeiro no início da República, Lamarão (1991:141 e segs.).

127 Ver Brasil (1906:163-169). Em 1905, as exportações do porto de Manaus chegaram a superar levemente as efetuadas a partir do Rio. Brasil (1906).

128 A rigor, a proporção era menor, pois os dados disponíveis se referem apenas às exportações de café a partir do Rio de Janeiro e de Santos. Ver Bacha e Greenhill (1992: tabela 2.14, p. 389).

129 Não obstante, conforme lembra Melo (1993:66), o porto carioca iria se manter como o segundo maior exportador mundial de café.

130 Uma limitação óbvia de tal série é a ausência de qualquer indicador do *tamanho* das sociedades comerciais envolvidas.

131 Segundo Benchimol (1992:231), em 1904, o Rio de Janeiro experimentou uma recessão econômica "e a falência de muitos estabelecimentos, sobretudo comerciais, desempregou centenas de operários que foram engrossar os contingentes disponíveis para as obras públicas".

132 Na síntese proposta por Delgado de Carvalho (1990:96), foram três os principais pontos da ação governamental no período: "o ponto comercial, com as obras do Porto, o ponto higiênico, com a reorganização da Saúde Pública e o ponto estético e prático, com a remodelação da cidade".

133 A literatura sobre as reformas urbanísticas do Rio de Janeiro na gestão Pereira Passos é considerável. Um conjunto de contribuições nas décadas de 1980 e 1990 ajudou a consolidar uma visão crítica dos efeitos das reformas sobre a população mais pobre da cidade, enfatizando um viés "higienista" das intervenções, sobretudo em se tratando das obras viárias e de embelezamento urbanístico. Nesta linha, veja-se, entre outros, Benchimol (1992) e Abreu (1997), originalmente publicado em 1987. Para uma visão distinta da natureza das ações da prefeitura Pereira Passos sobre o tecido urbano, enxergando-as mais como refletindo o desejo de integração do território da cidade, guiado por um espírito de "modernização conservadora", Azevedo (2016).

134 Em 1913, o *quantum* importado pelo Brasil aumentou 10% em relação a 1912 e cerca de 40% sobre a média do quinquênio 1908-12.

135 Caso se aceite a revisão proposta por Bacha et al. (2023), tais taxas cairiam para 2,9% e 1,4%, respectivamente.

136 Este e o próximo parágrafo baseiam-se em Fritsch (1988: caps. 4 a 6).

137 Ao que tudo indica, trata-se de série que dá continuidade a levantamento originalmente realizado pela Diretoria de Estatística Comercial daquele ministério e publicado em Affonseca Junior (1920).

138 Com efeito, entre os itens que compunham a cesta de consumo que servia de base ao cálculo daquele índice (ao menos até 1919) estavam chá, leite condensado, luz elétrica e as despesas com dois "criados", artigos fora do universo de consumo da esmagadora maioria da população à época. Affonseca Junior (1920:p. 15-16).

139 Para Conniff (1975:6-8), parte da prosperidade vivida pela economia do Rio de Janeiro nos anos 1920 teria sido de natureza "artificial", estimulada por gastos do governo federal. Os salários mais altos vigentes na capital e as obras de infraestrutura, ao atraírem imigrantes de estados próximos, estimularam investimentos na indústria e, de maneira geral, a atividade econômica na cidade. Um retrato fascinante da efervescência cultural vivida na capital federal nos anos 1920 é oferecido em Castro (2019).

140 Tal categoria profissional predominava largamente nos anúncios de jornal da época no Rio de Janeiro, em que trabalhadores se ofertavam ou eram requisitados. Vale ressaltar, ademais, que tais serviços eram exercidos não apenas nas residências particulares, mas também nos setores de comércio e serviços, a exemplo de hotéis, bares e restaurantes. Ver, a respeito, Lima (2016:65-68).

141 Na falta de descriminação, no censo de 1890, do sexo dos indivíduos segundo a profissão declarada, adotou-se para aquele ano uma proporção de mulheres no total da categoria "serviços domésticos" equivalente à média daquela observada em 1872 e 1906 — 75%.

142 Estimativa de valor adicionado setorial em 1920 na cidade do Rio de Janeiro publicada na base de dados do Ipeadata — infelizmente, sem detalhamento da fonte original ou da metodologia empregada — aponta para um peso do setor primário no total de 0,2%, 25,2% da indústria e 74,6% do setor de serviços. Dentro deste último, os serviços governamentais aparecem como responsáveis por 17,9% do valor adicionado total naquele ano.

143 Para uma interpretação do subúrbio carioca no início do século XX como "fronteira aberta" para a ocupação territorial e implantação/expansão de atividades econômicas diversas, inclusive a produção agropecuária, Santos (2009: cap. 2).

144 A comparação entre os dois levantamentos é dificultada por envolverem universos de produtores rurais distintos — horticultores em 1907 e agricultores/criadores em 1920. Ainda assim, a diferença do número de estabelecimentos pesquisados nos dois anos (912 em 1907 contra mais de 2 mil no censo de 1920), bem como o fato de o deflator implícito do setor agrícola ter acumulado variação de quase 100% entre os dois levantamentos, lançam dúvidas sobre os números apurados pelo inquérito conduzido pelo governo municipal em 1907. Para o deflator implícito do setor agrícola, IBGE (1990: tabela 5.2, p. 177).

145 Santos e Mendonça (1986: quadro 4, p. 15). Vale enfatizar que tais percentagens se referem às *importações* de alimentos do Distrito Federal. Mesmo na falta de estimativas do consumo anual dos mesmos no Distrito Federal, é razoável supor que a produção local não atendesse mais que uma parcela marginal da demanda da cidade.

146 Este breve resumo do levantamento de 1907 baseia-se em IBGE (1990:365-366).

147 Proporções calculadas a partir de dados em Centro Industrial do Brasil (1909:37).

148 Os dados da tabela 3.3 foram retirados do volume III da publicação original do Centro Industrial do Brasil que, além do setor fabril, investigou também as "indústrias" (como eram chamadas à época as atividades econômicas) extrativa, agrícola e de transportes. Ver Centro Industrial do Brasil (1909). Lobo identificou três outras publicações reunindo os resultados — para o Distrito Federal — do levantamento de 1907. Compilação dos dados nas referidas fontes resultou em tabela no segundo volume de seu livro (Lobo, 1978:572-576) trazendo informações sobre 1.101 estabelecimentos industriais na cidade. A diferença à primeira vista grande em relação ao universo de 662 estabelecimentos retratado na tabela 3.3 é aparente: o número de operários constantes do quadro compilado pela autora não é sequer 5% superior, sugerindo que os estabelecimentos que não constam da publicação do Centro Industrial do Brasil eram unidades de porte muito pequeno (menos de três operários em média).

149 Para as origens do setor e sua concentração espacial na região portuária da cidade, Mantuano (2018).

150 Este breve histórico do imposto de consumo está baseado em Pereira e Pereira (2001:17-21) e Brasil (1933:v-xxvi). Pela ordem, bebidas, fumo, tecidos e fósforos eram os setores responsáveis pela maior parte da arrecadação do imposto, em uma proporção que passou de 69% em 1912 para mais de 90% em 1929. Ver Pereira e Pereira (2001: tabela 18, p. 18) e Brasil (1933:xiv).

151 Estima-se que no início da década de 1930 tal proporção já seria de "mais de 50%". Brasil (1933:vi). Em 1939, o valor da produção dos setores taxados pelo imposto foi de Cr$ 12.105 milhões, representando pouco mais de 77% do valor da produção da indústria de transformação (Cr$ 15.705 milhões) apurado pelo Censo de 1940. Ver BRASIL. Ministerio da Fazenda. Diretoria de Estatística Econômica e Financeira do Tesouro Nacional. *Quadros estatísticos*... (1945:51).

152 Os dados referentes a 1929 aparecem em tabela "perdida" em meio à publicação *O Brasil actual* (Brasil, 1930) sem maior elaboração. Infelizmente, as variáveis indicadas nas fontes primárias não foram rigorosa-

mente as mesmas, o que impede uma análise mais completa dos indicadores da indústria carioca ao longo de todo o período 1907 a 1929.

153 Considerando-se não apenas os setores que passaram a ser taxados somente a partir dos anos 1930, como o fato de que alguns dos ramos industriais que mais cresceram naquela década — a exemplo do siderúrgico e mecânico — não estavam sujeitos ao recolhimento do imposto de consumo.

154 Ou seja, 954.934/0,72. Valendo-se de fontes semelhantes, mas com base em metodologia ligeiramente distinta, Freitas Filho (1986:50-51) chegou à estimativa do valor da produção industrial do Distrito Federal em 1930 de 1.259.811 contos. Considerando-se o recuo havido na produção industrial e na economia em geral em 1930, comparativamente a 1929, configura resultado não muito dissimilar do que se propõe aqui.

155 Exercício idêntico com dados do estado de São Paulo resulta em crescimento real do valor da produção industrial de 4,6% a.a., em média, entre 1929 e 1939, consistente com a consolidação daquela unidade da Federação como principal centro manufatureiro do país em termos absolutos.

156 A rigor, o desempenho da indústria carioca já se mostrava aquém da média do país desde 1914-17, conforme revelado por índices de produção física agregada estimados por Guarita (1986:87-94).

157 Valores a preços correntes deflacionados pelo deflator implícito da indústria em IBGE (1990: tabela 5.2, p. 177).

158 Lago et al. (1979: quadro II.7, p. 27-32). Entre 1911 e 1919, foram fundadas 97 empresas do setor de máquinas, oficinas mecânicas e fundições no estado de São Paulo. Ver Marson (2012: tabela 5, p. 64). O crescimento do setor durante a Primeira Guerra deveu-se, em parte, à criação de pequenas oficinas dedicadas a consertar máquinas importadas, mas que não sobreviveram ao término do conflito. Marson (2012: cap. 2).

159 Ver, do mesmo autor, Cano (1985:304-305). Ponto semelhante já havia sido feito por Villela e Suzigan (1973:171) com base na mesma evidência estatística — a participação do Distrito Federal e do estado de São Paulo no total do valor da produção industrial e do emprego do Brasil em 1907 e 1919. Para os autores, durante a década de 1920 "processou-se o deslocamento crescente da localização industrial da área do antigo Distrito Federal [...] e Estado do Rio de Janeiro para o Estado de São Paulo". Villela e Suzigan (1973:171).

160 Segundo Lamarão (1997:337-338), argumento idêntico já teria sido feito por Paul Singer em obra de 1974 (*Desenvolvimento econômico e evolução urbana*).

161 Para uma resenha da produção acadêmica versando sobre a história da industrialização fluminense, Freitas Filho, Campos e Brandão (2024).

162 De acordo com o Censo de 1960, em 1959 o valor da produção industrial *per capita* em São Paulo seria 50% superior ao da então Guanabara. Tomando por base a série de valor adicionado industrial municipal que consta da base de dados do Ipeadata, este já seria 40% maior em termos *per capita* na *cidade* de São Paulo comparativamente ao Distrito Federal em 1920. Tal diferença teria se reduzido para 24% em 1939 e alcançou 95% em 1949. Infelizmente, não se dispõe de informações que detalhem como essa série de valor adicionado industrial ao nível de município foi construída.

163 Ver, na mesma linha, Hermann (2014:78-79).

164 Ver Leopoldi (1986) para uma crítica às interpretações "paulistocêntricas" das origens da indústria no Rio.

165 Para uma resenha do debate, Gomes e Ferreira (1988:8-21).

166 IBGE (1990: tabela 4.1, p. 101, e tabela 7.4, p. 384). Adotando-se a revisão proposta por Bacha et al. (2023), a taxa de crescimento do produto real cairia para pouco mais de 40% entre 1929 e 1939.

167 Para o papel dos sucessivos ciclos de investimento industrial no Brasil, seguidos de aumento da produção via substituição de importações, Fishlow (1972) e Versiani e Versiani (1975). Em se tratando da rápida e vigorosa recuperação da produção industrial na década de 1930, cumpre ressaltar o ciclo de investimentos na indústria ocorrido na segunda metade dos anos 1920, sem o qual o "deslocamento" enfatizado por Furtado dificilmente teria ocorrido na extensão em que se deu. Tais investimentos, em um contexto de economia ainda aberta ao final da Primeira República, sugerem a existência — *antes* da crise de 1930 — de impulsos domésticos à produção industrial, com isso retirando um pouco do caráter de descontinuidade abrupta implícita na narrativa furtadiana. Para este ponto, ver Suzigan (2000) e Versiani (1987).

168 Abreu (1990:94-95). Taxa de crescimento do produto real calculada a partir de dados em IBGE (1990: tabela 4.2, p. 101). Caso se aceite o *haircut* proposto por Bacha et al. (2023) para o período 1919-47, a taxa média cairia para 2,7% a.a.

169 Este parágrafo baseia-se em Abreu (1990).

170 Não foi encontrado o dado de arrecadação daquele imposto em 1938.

171 IBGE. Diretoria de Estatística Municipal. *Anuário...* (1939: tabela IX, p. 214).

172 PREFEITURA DO DISTRITO FEDERAL. *Estatísticas do Distrito Federal* (1950:120).

173 Representando de 20-25% do total da renda ordinária da municipalidade no período, o Imposto sobre Vendas e Consignações — um impos-

to *estadual*, nota-se — suplantara em importância o Imposto Predial. Até 1955, a alíquota do IVC na cidade do Rio de Janeiro era de 2,7%, aumentando para 4% a partir de 1956. Ver Perez (2007:302). O IVC fora transferido da União (onde era denominado de Imposto sobre Vendas Mercantis) para os estados pela Constituição de 1934. Pereira e Pereira (2001:27).

174 Não se inclui aqui as Outras Atividades, categoria heterogênea que reúne, entre outros, trabalhadores do setor financeiro e profissionais liberais.

175 Lembrando que, nas Contas Nacionais, o setor industrial inclui, além da indústria de transformação, a extrativa mineral, a construção civil e os serviços industriais de utilidade pública.

176 Agradeço a Marly Motta por chamar minha atenção para este detalhe.

177 Considerando-se o deflator implícito da agricultura, que variou cerca de 80% no período. Ver IBGE (1990: tabela 5.2, p. 177). Série de valor adicionado setorial por município, divulgada pelo site do Ipeadata, aponta no mesmo sentido: peso da agropecuária no total da economia do Rio de Janeiro que teria passado de 0,2% em 1920 para 1,2% em 1939, recuando a partir daí.

178 Great Britain (1936:102). Com relação especificamente à produção de banana no Distrito Federal, vale notar que no trabalho clássico de Magalhães Corrêa sobre o "sertão carioca", originalmente publicado na *Revista do IHGB* em 1933, o "bananeiro" (responsável pelo cultivo, colheita e transporte da fruta) figura como a única categoria profissional cuja atividade principal se liga explicitamente à agricultura na região. Ver Corrêa (1936:137-146).

179 Censos Agrícolas de 1940, 1950 e 1960. Para Galvão (1962:176), o "ciclo da laranja" na cidade do Rio de Janeiro, concentrado no distrito de Campo Grande, teria sido interrompido pela eclosão da Segunda Guerra e a consequente perda dos mercados externos.

180 O valor da transformação industrial aproxima-se do conceito de valor adicionado e corresponde à diferença entre o valor da produção e despesas realizadas com as operações industriais, a exemplo de gastos com matérias-primas, componentes, embalagens, combustíveis etc. IBGE (1990:370).

181 O elevado peso do setor químico em 1939 é atribuível à inclusão, naquele ano, da produção de artigos posteriormente classificados nos gêneros de perfumaria, sabões e velas, produtos farmacêuticos e matérias plásticas.

182 Dados originais a preços correntes deflacionados pelo Índice de Custo de Vida da cidade do Rio de Janeiro em IBGE (1990: tabela 5.3, p. 177).

183 Valores originais expressos em preços correntes deflacionados pelo Índice Geral de Preços, calculado pela FGV, IBGE (1990: tabela 5.11, p. 227-229).

184 Dito isso, cumpre notar que a categoria bens intermediários se encontra superdimensionada no Censo de 1940, devido à inclusão, dentro do gênero química, de setores industriais subsequentemente incluídos entre os não duráveis (produtos farmacêuticos e perfumaria, sabões e velas).

185 Esta última categoria de estabelecimento comercial é discriminada apenas no Censo de 1940.

186 Valores originais em preços correntes deflacionados pelo Índice de Custo de Vida do Rio de Janeiro em IBGE (1990: tabela 5.3, p. 177).

187 Tal fenômeno já tinha sido detectado em estudo de 1969 coordenado pelos geógrafos Lysia Bernardes e Pedro Geiger, intitulado "Mapa econômico da Guanabara". Ver a respeito Osorio (2005:241-242).

188 O lento crescimento do valor da transformação da indústria do Rio de Janeiro nos anos 1950 *pari passu* a desempenho igualmente sofrível da economia carioca como um todo parece refletir sua forte dependência do mercado local, característica do parque fabril da cidade identificada por Martins (1970).

189 De acordo com a série "oficial", o PIB *per capita* do Brasil teria crescido 30,4% na década de 1950, ou 2,7% a.a. em média; caso se adote a revisão proposta por Bacha et al. (2023), 1,7% anuais.

190 Percentuais calculados a partir de dados em Contas nacionais do Brasil — atualização (1971).

191 Semelhante avaliação já figurava em estudos contemporâneos. Veja-se, por exemplo, Magalhães (1961) e Martins (1970).

192 A expressão ficaria consagrada a partir da publicação da influente análise de Castro e Souza (1985).

193 Ao leitor interessado em uma análise mais detalhada do comportamento da economia e da política econômica no Brasil no período, recomenda-se a leitura de Abreu (org., 2014) e Giambiagi et al. (2016).

194 A exemplo da Pesquisa Nacional por Amostra de Domicílios (PNAD), Pesquisa Industrial Anual (PIA), Pesquisa Industrial Mensal — Produção Física (PIM-PF) e Pesquisa Mensal de Emprego (PME).

195 Lembrando que, segundo Bacha *et al.* (2023), as taxas anuais de crescimento do PIB do Brasil entre 1947 e 1966 deveriam ser revistas para baixo, em média, em 1 p.p.; para o período 1966-80, o *haircut* sobe para 1,5 p.p.

196 Respectivamente, Plano Trienal e Plano de Ação Econômica do Governo (Paeg).

197 A fusão foi decretada pelo presidente Geisel em 1º de julho de 1974 e implantada a 1º de março de 1975. Para as raízes históricas da ideia

de fusão da cidade do Rio com a "velha província" do mesmo nome, Evangelista (1998:18 e segs.). A atuação direta das lideranças locais/regionais da Guanabara e do estado do Rio em favor da fusão — contrariamente à interpretação de que o processo teria resultado exclusivamente de ato de força do governo militar — é detalhada em Ferreira e Grynszpan (2000). Já a disputa entre os grupos políticos da cidade e do estado do Rio em torno do comando do estado saído da fusão (com a capital na cidade do Rio e não mais em Niterói), Ferreira (1999).

198 Enquanto o governador interino da Guanabara, Sette Câmara, foi indicado pelo presidente Juscelino Kubitschek, Carlos Lacerda e Negrão de Lima foram eleitos pelo voto popular, algo inédito na história da cidade do Rio de Janeiro. Chagas Freitas, por sua vez, foi eleito governador do estado da Guanabara pela Assembleia Legislativa. Entre 1975 e 1985, o prefeito da cidade do Rio de Janeiro seria indicado pelo governador do estado. Em 1985, Saturnino Braga tornou-se o primeiro prefeito eleito diretamente na história do município do Rio de Janeiro.

199 Dados originais em Cr$ correntes convertidos para preços constantes com base no deflator implícito do PIB do Brasil.

200 Apontando na mesma direção, o número de títulos protestados e de falências/concordatas na Guanabara também caiu entre 1960/62 e 1963. Ver Estado da Guanabara (1965b:31).

201 Na definição adotada pelas Contas Nacionais, isto é, considerando não apenas a indústria de transformação, mas também a extrativa mineral, construção civil e os serviços industriais de utilidade pública.

202 Seja como for, o quadro de crise e recessão traçado pelo estudo conflita com as estimativas de 1971 do Ibre, segundo as quais no período 1962-66 a renda real da indústria da Guanabara teria crescido 21,5%.

203 Para Osorio (2005:256-257), à luz da importância relativamente menor do setor secundário na economia da Guanabara, a aposta em uma política industrial por parte dos governos Lacerda e Negrão de Lima seria sintoma de "falta de foco".

204 Para Damas (2008:125-126), o objetivo de desconcentração espacial da atividade industrial no Rio de Janeiro não teria sido alcançado ao final do século XX, com ⅔ dos imóveis industriais do município ainda concentrados na Área de Planejamento 3 (Zona Norte).

205 Ponto semelhante quanto ao bom desempenho da economia carioca na década de 1960 já havia sido feito, entre outros, por Osorio (2005:23) e Hermann (2014:85-86).

206 Tal fenômeno já fora destacado por Centro Industrial do Rio de Janeiro (1969:17 e 46).

207 Ver Ipeadata, Contas Regionais. O cálculo do produto interno bruto ao nível dos municípios envolve ratear entre os diversos setores de

suas respectivas economias (com base em informações coletadas por censos, cadastros, pesquisas e registros administrativos diversos) o valor adicionado gerado na economia do estado em que estão localizados. Para uma discussão sobre a metodologia de cálculo das séries de PIB do município do Rio de Janeiro, ver Santiago (2008).

208 A taxa média de crescimento do PIB do Brasil com base nas estatísticas oficiais seria de 9,9% a.a.; considerando-se, contudo, o *hairtcut* de 1,5 p.p. proposto pela revisão de Bacha et al. (2023), chega-se a ritmo semelhante ao do crescimento da economia da Guanabara entre 1970 e 1975 estimado pelo Ipea e disponível na base do Ipeadata.

209 Infelizmente, as alterações promovidas ao longo dos anos pelo IBGE na apresentação dos resultados do Censo dos Serviços segundo as diferentes classes impedem comparações no tempo a um nível de detalhamento mais "fino".

210 Motta (2000:155) é uma das poucas exceções.

211 Não foram encontrados dados das finanças do estado da Guanabara para o ano de 1974.

212 Neste período, a receita tributária correspondeu, em média, a 84,6% da receita total da Guanabara.

213 A criação do estado da Guanabara, em 1960, não trouxe alteração significativa na estrutura de arrecadação do governo da cidade do Rio de Janeiro, com o Imposto sobre Vendas e Consignações (IVC) mantendo seu peso médio em torno de ¾ da receita tributária. Já a instituição, em 1965, do ICM, em substituição ao IVC, veio acompanhada de elevação real de cerca de 50% da receita daquele imposto estadual entre 1962-64 e 1967-69. Para tanto, contribuiu não apenas o maior nível de atividade econômica ao final da década de 1960 como a mudança na natureza dos dois impostos. Diferentemente do IVC, cobrado "em cascata" e apenas sobre a produção industrial, o ICM era um imposto sobre o valor adicionado incidente sobre todos os setores econômicos.

214 Calculado a partir de dados em prefeitura do Rio de Janeiro (1985:295).

215 Chega-se a tal resultado combinando-se duas estimativas calculadas a partir de metodologias diversas, a saber: para a primeira metade da década, os resultados para o município do Rio obtidos a partir de metodologia desenvolvida em Reis et al. (2005) e disponibilizados na base do Ipeadata; já o crescimento estimado do PIB carioca na segunda metade dos anos 1980 tem como fonte série em Instituto Municipal de Urbanismo Pereira Passos e IBGE (2001).

216 A percepção de crise econômica, possivelmente mais intensa entre a população carioca naquela década, foi por certo influenciada pelo episódio de decretação da falência da cidade em setembro de 1988, ao qual se seguiu a renúncia do prefeito Saturnino Braga.

217 À época, o cálculo da taxa de desemprego aberto era realizado para as maiores regiões metropolitanas do país. Em 1980, a população do município do Rio de Janeiro (5,1 milhões de habitantes) correspondia a pouco mais da metade da população da RMRJ (9 milhões).

218 Em alguma medida, tal avanço na participação do setor terciário na economia carioca reflete vantagens comparativas da cidade em atividades não industriais, tal como revelado em Corseuil e Pessôa (2002). O maior peso do setor de serviços, contudo, não impediu a perda da liderança do mercado carioca na atividade de intermediação financeira, em processo iniciado ainda nos anos 1960. Ver, a respeito, Cysne (1996), Loureiro (2006) e Pinheiro (2012).

219 Entre 2002 e 2010, os termos de troca (isto é, a relação entre os preços dos produtos exportados e os importados) do Brasil acumularam crescimento de 26%.

220 Esta divisão é para efeitos meramente expositivos. É claro que o desempenho da economia durante determinado mandato presidencial decorre não apenas de medidas eventualmente tomadas (ou não) naquele período, como também, entre outros fatores, do quadro herdado do governo anterior e das condições da economia internacional.

221 A série de PIB real a preços de mercado divulgada pelo Ipeadata tem início apenas em 2002. Série desativada naquela mesma base de dados mostra estagnação da economia do Rio de Janeiro em 2000/01.

222 O contraste entre o impacto da pandemia de Covid-19 sobre as economias carioca e brasileira é gritante (recuo do PIB de 12,3% e 3,3% em 2020, respectivamente), podendo estar refletindo menor precisão das estimativas do PIB municipal como também peculiaridades da economia da cidade ou de sua reação àquela crise sanitária que mereceriam pesquisa mais aprofundada no futuro.

223 Em paralelo, observou-se, no período 1996-2006, mudança na estrutura industrial da cidade, com atividades como fabricação de produtos químicos, produção de artigos de borracha e plástico e fabricação de produtos alimentícios e bebidas aumentando sua participação no total do VTI. No sentido inverso, o segmento de edição, impressão e reproduções — historicamente importante no Rio de Janeiro — teve seu peso reduzido de 21,2% para 15,5% do VTI total no período. Ver Medeiros Jr. e Medina (2008:7-9).

224 Entre 2000 e 2020, o valor adicionado dos serviços oferecidos pelo setor privado na cidade do Rio de Janeiro correspondeu, em média, a 80% do total do setor.

225 Veja-se, por exemplo, Estado da Guanabara (1967), Dain (1990), Osorio (2005), Urani (2008), Urani e Giambiagi (orgs., 2011), Hermann (2014) e Osorio, Rego e Versiani (2018).

226 Quanto às fontes de dados, foram usadas, pela ordem, Contas nacionais do Brasil — atualização (1971), para o período 1960-68, Ipeadata para os anos 1970, 1975, 1980 e 1985, Instituto Municipal Pereira Passos e IBGE (2001), cobrindo o período 1985 a 2000, e as estimativas divulgadas pelo IBGE (e reproduzidas na base de Contas Regionais do Ipeadata) englobando o século XXI. Na falta de dados anuais nas estimativas do Ipea para o período 1970 a 1985, adotou-se a hipótese de crescimento geométrico constante equivalente à raiz quinta do crescimento da renda real da cidade do Rio estimado entre os anos 1970 e 1975, 1975 e 1980, e 1980 e 1985. Instituto Municipal de Urbanismo Pereira Passos e IBGE (2001) traz índices (e não valores) do produto real agregado e setorial para a cidade do Rio em bases trimestrais e anuais. A partir dos índices anuais, foram calculadas as taxas de crescimento que deram origem à parte da série do gráfico 4.15 referente ao período 1986-2000.

227 Tal resultado é possivelmente ilusório e produto das diferenças entre as metodologias de cálculo do PIB do Rio de Janeiro usadas pelo Ipea e pelo IBGE. Com efeito — e conforme visto anteriormente —, a economia brasileira apresentou desempenho superior à carioca entre 1975 e 1980 em termos de variáveis como receita real do setor de serviços, vendas do comércio e VTI.

228 A escolha por oito anos de estudo decorreu exclusivamente da disponibilidade de informações nas fontes de dados originais.

229 Dados de emprego setorial provêm, no caso do Rio de Janeiro, da Rais; para o Brasil, da PNAD.

230 No caso do indicador de população em idade ativa tal diferença deixou de existir, refletindo estágios distintos da transição demográfica em que se encontram a cidade e o país.

231 Ver, nesta linha, Camargo (2010).

232 Até a década de 1970 ainda persistia alguma controvérsia em torno de quem, quando e onde exatamente fora fundada a cidade do Rio de Janeiro. Desde então, é ponto pacífico que Estácio de Sá a fundou em 1º de março de 1565 em uma várzea situada no sopé do morro Cara de Cão (São João), no bairro da Urca atual. Sobre essas e outras polêmicas que cercavam a história da cidade, Abreu (2002). A localização precisa da fundação da cidade do Rio e de seu povoamento original encontra-se em Barreiros (1970). Já Brandão (2015) considera que a fundação da cidade do Rio por Estácio de Sá representou uma "anomalia" jurídica à luz das regras administrativas da época.

233 O *termo* constituía área de jurisdição municipal — fosse de uma vila ou cidade — dentro da qual se localizavam arraiais, núcleos de povoamento menores, surgidos geralmente de forma espontânea (Abreu,

2010: v. 1, p. 131). Sobre as múltiplas formas de apropriação do território no Brasil colonial, Abreu (2011).

234 Ver, a respeito, Bernardes (1995). Sobre as batalhas decisivas para o domínio português da Guanabara — e, mais amplamente, a rica história dos habitantes originais da região —, Silva (2021). O dia exato em que se deu a transferência da cidade é desconhecido, mas teria ocorrido em algum momento entre a data da vitória sobre os franceses em Paranapucu (fins de janeiro de 1567) e 11 de março daquele ano, em que há registro de ato oficial ocorrido já no novo sítio. Abreu (2010: v. 1, p. 148).

235 O autor se refere novamente a seis léguas "em quadra". Abreu (2010: v. 1, p. 223).

236 Outro especialista no tema, Paulo Santos, usa expressão semelhante ao denotar os limites territoriais da cidade estabelecidos no despacho de Mem de Sá: seis léguas "em raio". Ver Santos (2015a:96).

237 Áreas do semicírculo e do quadrado no mapa A1.2 calculadas com o uso do *software* QGIS sobre mapa do estado do Rio de Janeiro elaborado pelo IBGE (superfície de 43.750,425 km^2). Objetos tratados como elipsoides projetados em GRS 1980 (espg:7019); CRS do projeto: espg 4674. Da estimativa de área do semicírculo de 2.366 km^2 com base no mapa atual do estado do Rio de Janeiro foram subtraídos 95 km^2 correspondentes à área perdida pela baía de Guanabara para aterros desde 1500, conforme Amador (2013:277). Sou grato a Pedro Maia pelos cálculos e imagem que serviram de base ao mapa A1.2.

238 Sem fazer qualquer menção ao despacho de Mem de Sá e baseando-se em estimativa da área das freguesias que compunham o termo da cidade do Rio ao final do século XVIII, Martins Filho (1967) sustenta que a superfície total do município seria de "aproximadamente 10.000 quilômetros quadrados".

239 O "transbordamento" para além dos limites originais da cidade do Rio de Janeiro, passando pela fundação da cidade de Cabo Frio, em 1616, igualmente em terras vicentinas, está na origem da formação territorial da capitania do Rio de Janeiro, a partir da qual surgiriam a província e, posteriormente, estado homônimos. Para uma discussão, Cintra (2016) e Menezes et al. (2016).

240 As freguesias constituíam território submetido à jurisdição espiritual de um cura, que também exercia a administração civil (Fridman, 2009:95). Podiam ser do tipo "curatos", sediadas em capelas de visitação (nas quais o vigário se fazia presente de tempos em tempos a fim de ministrar os sacramentos aos fiéis), ou as "coladas", sediadas em igrejas matrizes, em que o vigário estava presente em caráter permanente (Abreu, 2010: v. 1, p. 348).

241 A data exata da fundação da vila de Santo Antonio de Sá, origem do município moderno de Cachoeiras de Macacu, ainda se reveste de alguma controvérsia. A própria Câmara Municipal de Macacu estabeleceu como data oficial o dia de 15 de maio de 1679. Conforme argumenta Cardoso (2016), contudo, as origens do município moderno remontam, efetivamente, à criação da vila de Santo Antônio de Sá em 5 de agosto de 1697.

242 Para detalhes, ver Seixas (2020). Em levantamento populacional realizado entre 1779 e 1789 na capitania do Rio de Janeiro, Magé já aparece como vila, não constituindo mais freguesia da cidade do Rio. Ver: Memorias publicas e economicas... (1884). Para um exame mais detalhado deste levantamento, ver o anexo 2.

243 Conforme discutido no anexo 2, o uso do termo "cidade" para designar ora as freguesias centrais do Rio de Janeiro, ora seu termo por inteiro, deu margem a muitos desencontros quando se procura documentar a evolução de sua população no período colonial.

244 Decreto de dezembro daquele ano restauraria a área do curato de Santa Cruz ao município do Rio de Janeiro.

245 Ver Instituto Histórico e Geográfico Brasileiro (1922:4).

246 A edição da *Chorographia* citada no *Diccionario historico* é a de 1910. Não foi possível determinar a data da primeira edição daquela obra; contudo, sabendo-se que uma quarta edição foi publicada em 1892, é quase certo que a primeira edição veio à luz ainda durante o período imperial. Sem que seja indicada a fonte da informação, Fridman (1999:262) adota os mesmos 1.892 km^2 informados pela *Chorographia* como correspondendo à área do Município da Corte.

247 No portal da Biblioteca Digital do Senado Federal o mapa consta como tendo sido elaborado "na década de 1870". Para Mollica (1961:610), seria de "mais ou menos o ano de 1883".

248 Isso porque a chamada Lei Orgânica do Distrito Federal (Lei nº 85, de 20 de setembro de 1892), em seu art. 1º, determinou que "o Distrito Federal, compreendendo o território do antigo Município Neutro, tem por sede a cidade do Rio de Janeiro e continua constituído em município". Da mesma forma, o art. 1º da Constituição do Estado da Guanabara, promulgada em 1961, estabeleceu que "o Estado da Guanabara, com o mesmo território do antigo Distrito Federal, reger-se-á por esta Constituição [...]". Com a fusão da Guanabara com o estado do Rio de Janeiro em 1974-75 e a transformação do Rio de Janeiro em capital daquela unidade da Federação, sua área deveria ser, por definição, *igual* à da antiga Guanabara, do Distrito Federal e do Município da Corte (exceto pelo *acréscimo* de algumas dezenas de quilômetros quadrados advindos de sucessivas obras de aterramento) — jamais 35% menor.

249 Estimativas em Mollica (1961:608).

250 A diferença de pouco mais de 4 km² entre as duas estimativas — separadas no tempo por cerca de 20 anos — pode ser atribuída a uma combinação de refinamento no método de cálculo com o próprio ganho de área terrestre do município vivenciado em período que assistiu, entre outros, a aterros que deram origem à avenida Brasil e à ilha do Fundão.

251 Tal estimativa foi mantida até a edição de 1974 do *Anuário estatístico do Brasil*, último ano em que a Guanabara era listada como uma das unidades da Federação.

252 Conforme explica Carrara (2014:2, nota 2), o uso de termos como "fogos" e "vizinhos" em fontes quinhentistas confunde os historiadores que, não obstante, tendem a arbitrar uma relação de 1:5, isto é, um "fogo" ou "vizinho" corresponderia a cinco indivíduos.

253 O barão do Rio Branco, em sua *Esquisse de l'histoire du Brésil*, adiciona, ainda, 100 escravos africanos aos números propostos por Anchieta para 1585. Ver Brasil (1895:ix).

254 Do total de pessoas "de confissão" do Bispado reportadas na tabela 3 em Carrara (2015:15) foram subtraídos 2.585 residentes nas freguesias de Cabo Frio, Campos dos Goytacazes, São João da Barra, Saquarema, Angra dos Reis e Paraty. A referida tabela não traz dados para a freguesia de São João de Meriti; no caso da freguesia de São Gonçalo, adotou-se a relação média (do Bispado) de 5,07 indivíduos de confissão/fogo indicada na tabela, perfazendo 1.268 indivíduos. O total de moradores da cidade do Rio em 1687 foi estimado pela divisão do número apurado de indivíduos "de confissão" por 0,80 e 0,75, considerando-se que as crianças menores de 10 anos de idade (e que, portanto, não eram "de confissão") representavam de 20 a 25% da população total.

255 Versão estendida da presente seção foi publicada em volume da revista *Acervo* dedicado à história econômica do Rio de Janeiro. Ver Villela (2024).

256 Dados os cuidados maiores empreendidos na sua preparação (incluindo a elaboração de questionários-padrão) e execução, reservar-se-á o termo "censo" para designar apenas os levantamentos populacionais realizados em 1849 e 1870. Os demais serão referidos, indistintamente, como "levantamentos", "arrolamentos" ou "contagens" populacionais.

257 Houve, ainda, uma contagem muito deficiente efetuada pela Polícia da Corte em 1834. Jamais publicada, chegou a um total de meros 97.599 habitantes na cidade. Ver Karasch (2000:107-111).

258 O Censo de 1872 não separou as freguesias do Rio de Janeiro entre urbanas e rurais. Consideraram-se aqui as urbanas como compreen-

dendo: Sacramento, São José, Candelária, Santa Rita, Santana, S. Antônio, Espírito Santo, Engenho Velho, S. Cristóvão, Glória e Lagoa. As demais compõem as freguesias rurais. Para a dificuldade inerente à classificação de freguesias em rurais ou urbanas, "da cidade" ou "fora da cidade", ou, ainda, "dentro de muros" *versus* "fora de muros", ver Santos (2009: cap. 3).

259 Conforme discutido mais adiante, o total da população rural apurada no levantamento de 1779-89 diverge das parcelas constituintes devido a erros na tabela original.

260 Os muitos erros de soma das parcelas da população que aparecem na tabela já haviam sido notados por Oliveira (2016:239).

261 Deve-se a Alden (1963) a designação de 1780 como o ano a que se referem os dados do *Mappa geral das cidades*.... O autor, porém, não informa como chegou a essa datação, não havendo na fonte original de que se valeu — o artigo de 1884 da *Revista do IHGB* — qualquer evidência nesse sentido.

262 Alden (1963:190-191) também afirma — sem que seja esclarecido como é que chegou a tal conclusão — ser "evidente" que os dados constantes do referido inquérito populacional não incluem homens com menos de 15 anos de idade e mulheres com idade inferior a 14 anos. Tal afirmativa é tanto mais questionável quando se lê nota ao final da tabela-resumo do levantamento (à página 29 do artigo da *RIHGB*) informando que nele estão "compreendidas todas as pessoas de diversos estados, sexos e idades [...]".

263 O número de quatro esquadrões em um regimento de cavalaria encontra-se em Schaumburg-Lippe (1789:5). Um autor coevo, Luís Gonçalves dos Santos (vulgo padre Perereca), fala, igualmente, de quatro regimentos estacionados no Rio de Janeiro em 1808, a saber: três de infantaria, um de artilharia e o (esquadrão) "de cavalaria". Ver Cariello e Pereira (2022:181-182). Para a média de 780 praças por regimento, ver: Memorias publicas e economicas... (1884:30).

264 Estimativa de cerca de 50 mil moradores (50.114) em 1808 aparece, entre outros, em Pizarro e Araújo (1822: t. VII, p. 146). Já memória escrita em 1829 fala em 54.255 moradores na "cidade" no Rio em 1808. Seu autor (desconhecido) seguramente se refere às freguesias urbanas da urbe. Ver Memoria estatistica... (1895:93).

265 John Mawe, mineralogista inglês que esteve no Brasil entre 1808 e 1810, estimou a população da cidade em cerca de 100 mil almas, com os "negros" constituindo a maior parcela. Ver Mawe (1812:97-98).

266 A data da entrega dos resultados do inquérito populacional aparece em carta reproduzida no "Mappa da população da Côrte..." (1870). Para o número de pessoas que acompanharam d. João VI em seu retor-

no a Portugal, Armitage (2011:68). Sou grato a Thales Z. Pereira pela indicação da fonte em que constava essa estimativa.

267 Irajá, Merity, Jacarepaguá, Lagoa, Engenho Velho, Inhaúma, Ilha do Governador, Campo Grande, Guaratiba, Pilar, Aguassú, Jacotinga e Marapicu.

268 Trata-se da aplicação da taxa de crescimento de 10,9% — conforme explicado anteriormente — sobre a população conjunta das 10 freguesias "perdidas", reportada pelo levantamento de 1779-80 em pouco mais de 20 mil habitantes.

269 Entre o levantamento de 1799 e o de 1821, foram criadas duas freguesias no Rio: originalmente considerada como "rural", a Lagoa (1809) foi desmembrada do território da freguesia de S. José, e Sant'Anna (1814) de terras até então pertencentes à freguesia "urbana" de Santa Rita.

270 Pelo "Mappa dos fogos, pessoas livres...", não fica claro se foram contados a tropa de linha e os moradores de claustros, seminários etc. Em suas *Memórias históricas*, monsenhor Pizarro estimou que esses dois grupos reuniriam, respectivamente, 5.632 e 800 indivíduos. Com isso, a população da cidade em 1821 pode ter alcançado cerca de 136,7 mil habitantes. Ver Pizarro e Araujo (1822: t. VII, p. 149).

271 Decreto de 15 de janeiro de 1833.

272 Adicionalmente, assistiu-se à criação da freguesia da Glória, a partir de desmembramento da freguesia de São José.

273 Dados de desembarques de escravos em Florentino (2009: tabela 2, p. 76). Imigração portuguesa em Nunes (1998:63-73).

274 O Censo de 1872 apurou um número médio de cerca de 8,9 moradores/casa no Rio de Janeiro.

275 A edição de 1851 do *Almanak Laemmert* traz, entre as páginas 231 e 240 do seu Supplemento, cópia integral das "Considerações geraes..."; estas foram igualmente publicadas na edição de 18 de dezembro de 1849 do *Jornal do Commercio*, "escondidas" nas páginas 3 e 4 daquele diário. Em nenhum dos dois casos foram publicadas as tabelas detalhadas com o resultado do Censo de 1849.

276 O texto introdutório elaborado por Haddock Lobo ("Considerações geraes...") e as tabelas estatísticas que formam o Censo de 1849 foram encontrados no Arquivo Nacional em 1988 por Thomas Holloway e reproduzidos na íntegra, acompanhados de um prefácio elaborado por aquele pesquisador e cópia da carta de transmissão enviada por Haddock Lobo ao ministro da Justiça (Eusébio de Queirós). Ver Holloway (2008).

277 A Santa Casa registrava óbitos ocorridos nas diversas instituições sob sua administração, além de conceder registros de óbitos a indivíduos falecidos em residências particulares ou outras instituições médico-

-hospitalares. Em média, registrou 44,1% dos óbitos ocorridos na cidade entre 1835-49 e pouco mais da metade neste último ano. Ver Sousa (2003:35-37).

278 Entre eles, Linhares e Levy (1973:128-130), Karasch (1985:142), Alencastro (1988: tabela III, p. 53), Marcílio (1993:56) e Soares (1988: apêndice estatístico, tabelas IV a IX).

279 Para as motivações que levaram à criação dos dois grandes cemitérios públicos da cidade (S. Francisco Xavier, no Caju, e S. João Batista, na então freguesia da Lagoa) em 1851, Rodrigues (2014).

280 Sobre a extrema gravidade do surto de febre amarela em 1873 (e outro em 1876), Chalhoub (1996:86-88).

281 E aqui todas as fontes — isto é, Lobo (1978), o *Relatório do Ministério dos Negócios do Império* e o *Annuario de estatistica...* (Prefeitura do Districto Federal, 1914) — coincidem.

282 A freguesia de Santo Antonio fora criada em setembro de 1854, desmembrada de territórios das de S. José, Sant'Anna e do Sacramento.

283 Tentativa de repetir o exercício realizado pela Comissão resultou em um número próximo ao do Censo sabidamente incompleto — 154,6 mil — e não os 188.158 por ela indicados.

284 Ver acima.

285 Para um exame detalhado deste levantamento, Senra (2006:322-333).

286 Graham e Hollanda Filho (1984: tabela 2.3, p. 19). Em termos absolutos, a migração líquida direcionada ao Rio de Janeiro também superou aquela que entrou no estado de São Paulo entre 1872 e 1890: 131,8 mil (68,3 mil estrangeiros e 63,5 mil brasileiros) *versus* 119,4 mil. Graham e Hollanda Filho (1984:29, tabela 2.5).

287 Para uma discussão, Senra (2023). Mesmo reconhecendo as limitações daquele censo, Graham e Hollanda Filho (1984: tabela 2.6, p. 32) estimam que a migração líquida total para a cidade do Rio de Janeiro entre 1890 e 1900 superou aquela verificada entre 1872 e 1890: teriam sido 137,8 mil os imigrantes, com o esmagador predomínio, desta feita, de nativos (brasileiros), representando 82% do total.

288 O formato atípico das figuras decorre do fato de ambos os levantamentos divulgarem seus resultados segundo faixas etárias de cinco anos até certo ponto (30 anos em 1872 e 40 anos no Censo de 1906) a partir do qual o intervalo passa a ser de 10 anos.

289 Graham e Hollanda Filho (1984: tabela 2.7, p. 47) estimam que a entrada líquida de imigrantes no Rio de Janeiro entre 1900 e 1920 totalizou cerca de 143,9 mil indivíduos, sendo 61,5% compostos de estrangeiros e 38,5% de brasileiros.

290 Martine (1972:204). Conforme argumenta o autor, caso se considere os filhos nascidos no Rio de Janeiro de migrantes de outros estados, as

estimativas da contribuição das migrações internas para o crescimento da população carioca nas décadas de 1940 (69,1%), 1950 (45,6%) e 1960 (39%) teriam que ser revistas para, respectivamente, 80%, 66% e 61%. Martine (1972:209-213).

291 É possível que esta queda tenha sido aparente, resultado de subnumeração quando da realização do Censo de 2022. Para as divergências entre os resultados daquele levantamento e as projeções feitas pelo IBGE nos anos precedentes, Faria (2023).

292 Disponível em: www.rio.rj.gov.br/dlstatic/10112/7629558/4336614/IndicadoresNascimentoeMortalidadeMRJ_2011_2021_MRJ.pdf. Acesso em: 7 maio 2024.

REFERÊNCIAS

Publicações oficiais

BRASIL. Ministerio da Agricultura, Industria e Commercio. Instituto de Expansão Commercial. *O Brasil actual — forças economicas — progressos*. Rio de Janeiro: [s.n.], 1930.

____. Ministerio da Agricultura, Industria e Commercio. Diretoria Geral de Estatistica. *Recenseamento do Brazil realizado em 1 de Setembro de 1920. Agricultura e industrias — Districto Federal*. Rio de Janeiro: Typ. da Estatistica, 1924a.

____. Ministerio da Agricultura, Industria e Commercio. Directoria Geral de Estatistica. *Recenseamento do Brazil realizado em 1 de setembro de 1920*: vol. II (2ª Parte) — Agricultura e industrias (Districto Federal). Rio de Janeiro: Typographia da Estatistica, 1924b.

____. Ministerio da Agricultura, Industria e Commercio. Directoria Geral de Estatistica. *Recenseamento do Brazil realizado em 1 de setembro de 1920*: vol. II (1ª Parte) — População do Rio de Janeiro (Districto Federal). Rio de Janeiro: Typographia da Estatistica, 1923.

____. Ministerio da Agricultura, Industria e Commercio. Directoria Geral de Estatistica. *Relatorio apresentado ao dr. Ildefonso Simões Lopes, ministro da Agricultura, Industria e Commercio pelo dr. José Luiz S. de Bu-*

lhões Carvalho, director geral de estatistica. Rio de Janeiro: Typographia da Estatistica, 1921.

____. Ministerio da Fazenda. Serviço de Estatistica Commercial. *Commercio exterior do Brazil — importação e exportação — movimento marítimo, cambial e do café da República dos Estados Unidos do Brazil em 1904.* Rio de Janeiro: Imprensa Nacional, 1906.

____. Ministerio da Fazenda. Diretoria de Estatística Econômica e Financeira do Tesouro Nacional. *Quadros estatísticos (resumo anual de estatísticas econômicas).* Rio de Janeiro: Tipografia de Estatística Econômica e Financeira, diversos anos.

____. Ministerio da Fazenda. *Balanço da receita e despeza do Imperio.* Rio de Janeiro: Typographia Nacional, diversos anos.

____. Ministério da Fazenda. *Proposta e relatorio apresentados á Assembléa-Geral Legislativa Pelo ministro e secretario d'Estado dos Negócios da Fazenda.* Rio de Janeiro: Typographia Nacional, diversos anos.

____. Ministerio da Industria, Viação e Obras Publicas. *Relatorio apresentado ao presidente da Republica dos Estados Unidos do Brazil pelo ministro de Estado dos negócios da industria, viação e obras publicas.* Rio de Janeiro: Imprensa Nacional, 1896.

____. Ministerio da Industria, Viação e Obras Publicas. Directoria Geral de Estatistica. *Recenseamento geral da Republica dos Estados Unidos do Brazil em 31 de dezembro de 1890 — Districto Federal (cidade do Rio de Janeiro).* Rio de Janeiro: Typographia Leizinger, 1895.

____. Ministério do Planejamento e Coordenação Geral. Fundação IBGE. Departamento de Censos. *Censo demográfico 1970, série regional*: vol. I, tomo XVII — Guanabara. Rio de Janeiro: IBGE, 1973.

____. Ministério do Planejamento, Orçamento e Gestão. IBGE. *Sinopse preliminar do censo demográfico 2000.* Rio de Janeiro: IBGE, 2001.

____. Ministerio do Trabalho, Industria e Commercio. Departamento Nacional de Estatistica. *Estatistica da produção industrial do Brasil (dos produtos sujeitos ao imposto de consumo arrecadado pelo governo federal), 1915-1929.* Rio de Janeiro: Typ. do Departamento Nacional de Estatistica, 1933.

____. Secretaria de Planejamento, Orçamento e Coordenação. Fundação IBGE. *Censo demográfico 1991* — Resultados do universo relativos às características da população e dos domicílios, n. 20 (Rio de Janeiro). Rio de Janeiro: IBGE, 1994.

DIRECTORIA GERAL DE SAUDE PUBLICA. *Annuario de estatistica demographo-sanitaria.* Rio de Janeiro: Imprensa Nacional, diversos anos.

ESTADO DA GUANABARA. Governador (1960-1965: Carlos Lacerda). *Mensagem à Assembléia Legislativa*: análise econômica, aspectos gerais, 1961-1965. Rio de Janeiro: Secretaria do Governo, 1965a.

____. Governador (1960-1965: Carlos Lacerda). *Mensagem à Assembléia Legislativa*: programa de govêrno para 1965. Rio de Janeiro: Secretaria do Governo, 1965b.

____. Secretaria de Economia. *Diagnóstico preliminar da Guanabara*. Rio de Janeiro: Departamento de Expansão Econômica, 1967. v. 1.

____. Secretaria de Estado de Governo. *Aspectos da geografia das indústrias no Rio de Janeiro*. Rio de Janeiro: Coordenação de Planos e Orçamento, 1969.

____. Secretaria de Planejamento e Coordenação Geral. *Anuário estatístico do estado da Guanabara*, diversos anos.

GODOY, Antonio T. de. *Relatorio do chefe de Policia da Corte*. Annexo D do Relatorio do Ministerio da Justiça. Rio de Janeiro: Typographia Nacional, 1857.

GREAT BRITAIN. Department of Overseas Trade. *Economic conditions in Brazil*. Londres: His Majesty's Stationery Office, 1936.

IBGE. *Produto Interno Bruto dos municípios*: ano de referência 2010. 3. ed. 2016. (Série Relatórios Metodológicos, v. 29).

____. *Produto Interno Bruto dos municípios*. 2. ed. 2008. (Série Relatórios Metodológicos, n. 29).

____. *Estatísticas do século XX*. Rio de Janeiro: IBGE, 2003.

____. *Estatísticas históricas do Brasil*: vol. 3 (séries econômicas, demográficas e sociais, 1550-1988). 2. Ed. Rio de Janeiro: IBGE, 1990.

____. *Estatísticas históricas do Brasil*: vol. 3 (séries econômicas, demográficas e sociais, 1550-1985). Rio de Janeiro: IBGE, 1987.

____. *Enciclopédia dos municípios brasileiros*: vol. XXIII (Distrito Federal). Rio de Janeiro: IBGE, 1960.

____. *Recenseamento geral do Brasil (1º de setembro de 1940). Série regional — Parte XVI — Distrito Federal — Censo demográfico (população e habitação). Censos econômicos (agrícola, industrial, comercial e de serviços).* Rio de Janeiro: Serviço Gráfico do IBGE, 1951.

____. *Recenseamento geral do Brasil (1º de setembro de 1940) — São Paulo — Censos econômicos — agrícola, industrial, comercial e de serviços*. Rio de Janeiro: Serviço Gráfico do IBGE, 1950.

____. *Anuário estatístico do Brasil*. Ano V — 1939-1940. S.l: s.n., s.d.a.

____. Conselho Nacional de Estatística. *Estados da Guanabara, Rio de Janeiro e São Paulo em números*. Rio de Janeiro: IBGE/CNE, 1961.

____. Conselho Nacional de Estatística. Serviço Nacional de Recenseamento. *Estado do Rio de Janeiro — Censos econômicos*. Rio de Janeiro: s. ed., 1956.

____. Conselho Nacional de Estatística. Serviço Nacional de Recenseamento. *Censo demográfico — Série regional, vol. XXIV, tomo 1 (Distrito Federal)*. Rio de Janeiro: IBGE, 1955.

____. Departamento do Censo. *Censo demográfico de 1960 — Série regional, vol. I, tomo XII, 2ª parte — Guanabara*. Rio de Janeiro: IBGE, s.d.b.

____. Diretoria de Estatística Municipal. *Anuário estatístico do Distrito Federal*, diversos anos.

____. Serviço Nacional de Recenseamento. *Censo agrícola de 1960 — Espírito Santo, Rio de Janeiro — Guanabara*. Rio de Janeiro: s.n., s.d.c.

____. Serviço Nacional de Recenseamento. *Censo comercial e de serviços de 1960 — Espírito Santo, Rio de Janeiro — Guanabara*. Rio de Janeiro: s.n., s.d.d.

INSTITUTO DE PESQUISA ECONÔMICA APLICADA (IPEADATA). *Dados macroeconômicos e regionais*. Disponível em: www.ipeadata.gov.br. Acesso em: 11 jul. 2023.

INSTITUTO MUNICIPAL DE URBANISMO PEREIRA PASSOS; IBGE. *O Produto Interno Bruto da cidade do Rio de Janeiro*: metodologia e séries de dados. Rio de Janeiro: IPP, 2001.

LEGISLAÇÃO portugueza compilada e annotada. Segunda série, 1640-1647. Lisboa: Imprensa de F. X. de Souza, 1856.

MAPPA da população da Côrte e provincia do Rio de Janeiro em 1821. *Revista Trimestral do Instituto Historico e Geographico Brazileiro*, t. 33, v. 40, pt. 1, p. 135-142, 1870.

MEMORIA estatistica do Imperio do Brazil. *Revista Trimestral do Instituto Historico e Geographico Brazileiro*, t. 58, parte 1, p. 91-98, 1895.

MEMORIAS publicas e economicas da cidade de São-Sebastião do Rio de Janeiro para uso do vice-rei Luiz de Vasconcellos por observação curiosa dos annos de 1779 até o de 1789. *Revista Trimestral do Instituto Historico e Geographico Brazileiro*, t. 47, v. 68, parte 1, p. 27-51, 1884.

PREFEITURA DO DISTRICTO FEDERAL. *Annuario de estatistica da cidade do Rio de Janeiro*: volume quinto. Rio de Janeiro: Officinas Graphicas Villas-Bôas & C., 1923-1924.

____. *Annuario de estatistica da cidade do Rio de Janeiro*: volume quarto. Rio de Janeiro: Officinas Graphicas Villas-Bôas & C., 1922.

____. *Annuario de estatistica municipal do Rio de Janeiro (Districto Federal)*: vol. II, 1910-1911. Rio de Janeiro: Villas-Boas & C., 1914.

____. *Notícia sobre o desenvolvimento da industria fabril no Districto Federal e sua situação actual*. Milão: Fratelli Treves, 1908.

PREFEITURA DO DISTRITO FEDERAL. Departamento de Geografia e Estatística. *Anuário estatístico do Distrito Federal* — Ano IX 1941. Rio de Janeiro: s.n., 1942.

____. Secretaria Geral do Interior e Segurança. Departamento de Geografia e Estatística. *Estatísticas do Distrito Federal*, diversos anos.

PREFEITURA DO RIO DE JANEIRO. *Anuário estatístico da cidade do Rio de Janeiro*: 1998. Rio de Janeiro: Instituto Municipal de Urbanismo Pereira Passos, 2000.

____. *Anuário estatístico da cidade do Rio de Janeiro*: 1992/93. Rio de Janeiro: Instituto de Planejamento Municipal, 1993.

____. *Informações básicas da cidade do Rio de Janeiro*: 1981/1984. Rio de Janeiro: Secretaria Municipal de Planejamento, 1985.

____. Secretaria Municipal da Casa Civil. Instituto Pereira Passos. *O Censo de 1906 do Rio de Janeiro*. Rio de Janeiro: Instituto Municipal de Urbanismo Pereira Passos, 2012.

RECENSEAMENTO do Brazil em 1872, vol. 5 (Município Neutro). Rio de Janeiro: Typographia Leuzinger, [1874?].

RELATORIO apresentado ao ministro e secretario d'Estado dos Negócios do Imperio pela Comissão encarregada da direcção dos trabalhos do arrolamento da população do Município da Corte. In: RELATORIO Apresentado á Assembléa Geral pelo Ministro e Secretario d'Estado dos Negocios do Imperio — 1870, Annexo C (Estatistica). Rio de Janeiro: Typographia Nacional, 1871.

RELATORIO da Commissão de Inquerito nomeada por Aviso do Ministerio da Fazenda, de 10 de outubro de 1859. [S.l.: s.d.].

RELATORIO da Commissão Encarregada pelo Governo Imperial por Aviso do Primeiro de Outubro e 28 de Dezembro de 1864, de proceder a um inquérito sobre as causas principais e accidentaes da crise do mez de setembro de 1864. Rio de Janeiro: Typographia Nacional, 1865.

RELATORIO do marquez de Lavradio, vice-rei do Rio de Janeiro, entregando o governo a Luiz de Vasconcellos e Souza, que o succedeu no Vice-Reinado. *Revista Trimestral do Instituto Historico e Geographico Brazileiro*, n. 16, p. 451-486, jan. 1843.

RELATORIO do presidente da Junta Central de Hygiene Publica em abril de 1873. Annexo D do Relatorio Apresentado á Assembléa Geral pelo

Ministro e Secretario d'Estado dos Negocios do Imperio — 1872. Rio de Janeiro: Typographia Nacional, 1873.

RESUMO total da população que existia no anno de 1779, compreendidas as quatro freguezias desta cidade do Rio de Janeiro, até o ultimo de dezembro do dito anno. Tambem dos que nascerão e fallecerão no mesmo anno de 1779. *Revista Trimestral do Instituto Historico e Geographico Brazileiro*, t. 21, p. 216-217, 1. trim. 1858.

RIO DE JANEIRO. Presidência do Estado. Governo Provisório. *Decreto n. 1, de 08 de maio de 1892*. Dá nova organização municipal e districtal ao Estado. Rio de Janeiro: [s.n.], 1892.

SILVA, Joaquim Norberto de S. e. *Investigações sobre os recenseamentos da população geral do Imperio e de cada provincia de per si tentados desde os tempos coloniaes até hoje*. Relatorio Apresentado á Assembléa Geral pelo Ministro e Secretario d'Estado dos Negocios do Imperio — 1869, Annexo D (Estatistica). Rio de Janeiro: Typographia Nacional, 1870.

Periódicos

Almanak Administrativo, Mercantil e Industrial da Corte e Provincia do Rio de Janeiro Organisado e Redigido por Eduardo Laemmert.

Correio Mercantil (Rio de Janeiro).

Diário do Rio de Janeiro.

Gazeta de Notícias (Rio de Janeiro).

Jornal do Brasil (Rio de Janeiro).

Jornal do Commercio (Rio de Janeiro).

Retrospecto Commercial do Jornal do Commercio (Rio de Janeiro).

Teses e dissertações

ADAMS, Alison A. *The Caixa Econômica*: a social and economic history of popular banking in Rio de Janeiro, 1821-1929. Tese (doutorado em história) — Harvard University, Cambridge, 2005.

AZEREDO, Daiane E. *Uma cidade fabril*: a inserção socioeconômica de oficinas e fábricas no espaço urbano do Rio de Janeiro entre 1830 e 1872. Tese (doutorado em história) — Universidade Federal Rural do Rio de Janeiro, Rio de Janeiro, 2022.

BAUSS, Rudolph W. *Rio de Janeiro*: the rise of late colonial Brazil's dominant emporium, 1777-1808. Tese (doutorado em história) — Tulane University, Nova Orleans, 1977.

BROWN, Larissa. *Internal commerce in a colonial economy*: Rio de Janeiro and its hinterland, 1790-1822. Tese (doutorado em história) — University of Virginia, Richmond, 1986.

CARDOSO, Grazielle C. *Normas e práticas da instituição alfandegária em tempos de mudança*: Rio de Janeiro e Salvador, 1700-1733. Tese (doutorado em história) — Universidade Federal do Estado do Rio de Janeiro, Rio de Janeiro, 2020.

CONNIFF, Michael L. *Rio de Janeiro in the Depression Era, 1929-1937*. Tese (doutorado em História) — Stanford University, Stanford, 1975.

DAMAS, Eduardo T. *Distritos industriais da cidade do Rio de Janeiro*: gênese e desenvolvimento no espaço industrial carioca. Dissertação (mestrado em geografia) — Universidade Federal Fluminense, Niterói, 2008.

FERNANDES, Valter L. *Império e colonização*: alfândegas e tributação em Portugal e no Rio de Janeiro (1700-1750). Tese (doutorado em história) — Universidade de São Paulo, São Paulo, 2019.

FREITAS FILHO, Almir P. *A industrialização no Rio de Janeiro — 1930/1945* (indústria e industriais no antigo Distrito Federal). Dissertação (mestrado em história) — Universidade Federal Fluminense, Niterói, 1986. 2 v.

GRAÇA FILHO, Affonso de A. *Os convênios da carestia*: crises, organização e investimentos do comércio de subsistência da Corte (1850-1880). Dissertação (mestrado em história) — Universidade Federal do Rio de Janeiro, Rio de Janeiro, 1991.

GUARITA, Marco Antonio R. *A indústria de transformação do Rio de Janeiro no início do século XX*. Dissertação (mestrado em economia) — Universidade Federal do Rio de Janeiro, Rio de Janeiro, 1986.

GUIMARÃES, Carlos Gabriel. *Bancos, economia e poder no Segundo Reinado*: o caso da Sociedade Bancária Mauá, MacGregor & Companhia (1854-1866). Tese (doutorado em história) — Universidade de São Paulo, São Paulo, 1997.

HERMANN, Bruno M. *Formação, declínio e inflexão*: reflexões sobre a centralidade da cidade do Rio de Janeiro. Tese (doutorado em economia) — Centro de Desenvolvimento e Planejamento Regional, Universidade Federal de Minas Gerais, Belo Horizonte, 2014.

LAMARÃO, Sérgio Tadeu de N. *A energia elétrica no parque industrial carioca, 1880/1920*. Tese (doutorado em história social) — Universidade Federal Fluminense, Niterói, 1997.

LIMA, Jeansley. *Normas e conflitos*: a efetivação do mercado de trabalho na cidade do Rio de Janeiro, 1888-1920. Tese (doutorado em história econômica) — Departamento de História, Universidade de São Paulo, São Paulo, 2016.

LOUREIRO, Ana Cláudia N. da S. *Rio de Janeiro*: uma análise da perda recente de centralidade. Dissertação (mestrado em economia) — Centro de Desenvolvimento e Planejamento Regional, Universidade Federal de Minas Gerais, Belo Horizonte, 2006.

MACHADO, Ana Paula S. R. *O governo dos engenhos no recôncavo da Guanabara (século XVIII)*. Tese (doutorado em história) — Universidade Federal Rural do Rio de Janeiro, Rio de Janeiro, 2020.

MAHAR, John. *Fiscal federalism in Brazil*. Tese (doutorado em economia) — University of Florida, Gainesville, 1970.

MARSON, Michel D. *Origens e evolução da indústria de máquinas e equipamentos em São Paulo, 1870-1960*. Tese (doutorado em economia) — Universidade de São Paulo, São Paulo, 2012.

MARTINS, Marco Antonio C. *A indústria de transformação da Guanabara*: fontes de crescimento no período 1948-1957. Perspectivas. Dissertação (mestrado em economia) — Escola de Pós-Graduação em Economia, Fundação Getulio Vargas, Rio de Janeiro, 1970.

NUNES, Rosana B. *Portuguese migration to Rio de Janeiro, 1822-1850*. Tese (doutorado em história) — University of Toronto, Toronto, 1998.

PAIVA, André Filippe de M. *O império da fiscalidade*: um estudo serial das conjunturas fiscais do Atlântico português (1720-1807). Dissertação (mestrado em história) — Universidade de São Paulo, São Paulo, 2016.

RYAN JR., Joseph J. *Credit where credit is due*: lending and borrowing in Rio de Janeiro, 1820-1900. Tese (doutorado em história) — University of California, Los Angeles, 2007.

SANTOS, Leonardo S. dos. *Cada qual no seu lugar*: a constituição do espaço rural na cidade do Rio de Janeiro, 1890-1940. Tese (doutorado em história) — Universidade Federal Fluminense, Niterói, 2009.

SILVA, Daniel Afonso da. *O enigma da capital*: a mudança do vice-reinado para o Rio de Janeiro em 1763. Tese (doutorado em história) — Universidade de São Paulo, São Paulo, 2012.

SILVA, Francisco C. Teixeira da. *Morfologia da escassez*: crises de subsistência e política econômica no Brasil Colônia (Salvador e Rio de Janeiro, 1680-1790). Tese (doutorado em história) — Universidade Federal Fluminense, Niterói, 1990.

SILVEIRA, Patrícia G. da. *A metrópole é aqui*: redes de abastecimento e o porto do Rio de Janeiro no comércio de cabotagem, 1799-1822. Dissertação (mestrado em geografia) — Universidade Federal do Rio de Janeiro, Rio de Janeiro, 2013.

SINDER, Matheus. *O nascimento da indústria no Brasil*: economia escravista, fábricas e capitalismo no século XIX (1808-1870). Dissertação (mestrado em história) — Universidade Federal Fluminense, Niterói, 2023.

SOARES, Luis Carlos. *Urban slavery in nineteenth-century Rio de Janeiro*. Tese (doutorado em história) — University College London, Londres, 1988.

Obras gerais

ABREU, Marcelo de P. (Org.) *A ordem do progresso*: dois séculos de política econômica no Brasil. Rio de Janeiro: Elsevier, 2014.

____. Crise, crescimento e modernização autoritária: 1930-1945. In: ____ (Org.) *A ordem do progresso*: cem anos de política econômica republicana. Rio de Janeiro: Campus, 1990.

____; LAGO, Luiz A. C. do; VILLELA, André A. *A passos lentos*: uma história econômica do Brasil Império. São Paulo: Edições 70, 2022.

ABREU, Mauricio de A. A apropriação do território no Brasil Colonial. *Cidades*, v. 8, n. 14, p. 539-568, 2011.

____. *Geografia histórica do Rio de Janeiro (1502-1700)*. Rio de Janeiro: Andrea Jakobson, 2010. 2 v.

____. O Rio de Janeiro quinhentista: debates e armadilhas. *Rio Urbano (Revista da Região Metropolitana do Rio de Janeiro)*, v. 1, n. 1, p. 42-51, 2002.

____. Construindo uma geografia do passado: Rio de Janeiro, cidade portuária, século XVIII. *Espaço e Tempo* (online), v. 4, n. 1, p. 13-25, 2000.

____. *Evolução urbana do Rio de Janeiro*. 3. ed. Rio de Janeiro: Iplanrio, 1997.

ABSELL, Christopher D. The rise of coffee in the Brazilian South-East: tariffs and foreign market potential, 1827-40. *The Economic History Review*, v. 73, n. 4, p. 964-990, 2020.

____; TENA-JUNGUITO, Antonio. Brazilian export growth and divergence in the Tropics during the nineteenth century. *Journal of Latin American Studies*, v. 48, n. 4, p. 1-30, 2016.

AFFONSECA JUNIOR, Léo de. *O custo de vida da cidade do Rio de Janeiro*. Rio de Janeiro: Imprensa Nacional, 1920.

ALDEN, Dauril. Late Colonial Brazil, 1750-1808. In: BETHELL, Leslie (Ed.) *The Cambridge history of Latin America*. Vols. 1 and 2. Selections — Colonial Brazil. Cambridge: Cambridge University Press, 1987.

____. The population of Brazil in the late eighteenth century: a preliminary study. *Hispanic American Historical Review*, v. 43, n. 2, p. 173-205, maio 1963.

ALENCASTRO, Luiz F. de. *O trato dos viventes*: formação do Brasil no Atlântico Sul. São Paulo: Companhia das Letras, 2000.

____. Vida privada e ordem privada no Império. In: NOVAIS, Fernando (Dir.). *História da vida privada no Brasil*: Império. Organização de Luiz Felipe de Alencastro. São Paulo: Companhia das Letras, 1997. v. 2. p. 11-93.

____. Proletários e escravos: imigrantes portugueses e cativos africanos no Rio de Janeiro, 1850-1872. *Novos Estudos Cebrap*, n. 21, p. 30-56, jul. 1988.

ALMEIDA, Carla M. de; OLIVEIRA, Mônica R. de. Conquista do Centro-Sul: fundação da Colônia de Sacramento e o "achamento" das Minas. In: FRAGOSO, João Luís R.; GOUVÊA, Maria de F. (Org.) *O Brasil colonial*: v. 2 (1580-1720). Rio de Janeiro: Civilização Brasileira, 2014. p. 267-334.

AMADOR, Elmo da S. *Baía de Guanabara*: ocupação histórica e avaliação ambiental. Rio de Janeiro: Interciência, 2013.

ANDREWS, Cristopher C. *Brazil*: its conditions and prospects. Nova York: D. Appleton & Co., 1887.

ARMITAGE, João. *História do Brasil*. Brasília: Ed. do Senado Federal, 2011.

ARRUDA, José J. de. À época dos vice-reis fluminenses: o novo padrão de colonização, diversificação e integração econômica. In: MAGALHÃES, Aline M.; BEZERRA, Rafael Z. (Coord.) *Os vice-reis no Rio de Janeiro*: 250 anos. Rio de Janeiro: Museu Histórico Nacional, 2015. p. 189-228.

____. *O Brasil no comércio colonial*. São Paulo: Ática, 1980.

AYMAR, Jacques-Marie (conde de Gestas). Memoria sobre o estado actual da industria na cidade do Rio de Janeiro, e lugares circumvisinhos. *O Auxiliador da Industria Nacional*, a. 5, n. 3, p. 72-84, 1837.

AZEVEDO, André N. de. *A grande reforma Urbana do Rio de Janeiro*: Pereira Passos, Rodrigues Alves e as ideias de civilização e progresso. Rio de Janeiro: Ed. PUC-Rio, 2016.

AZEVEDO, Aroldo de. Vilas e cidades do Brasil Colonial (ensaio de geografia urbana retrospectiva). *Terra Livre*, n. 10, p. 23-78, jan./jul. 1992.

BACHA, Edmar L.; GREENHILL, Robert. *150 anos de café*. Rio de Janeiro: Salamandra Editorial, 1992.

____; TOMBOLO, Guilherme A.; VERSIANI, Flávio R. Reestimating Brazil's GDP growth from 1900 to 1980. *Revista Brasileira de Economia*, v. 77, e132023, 2023.

BALBI, Adrien. *Essai statistique sur le Royaume de Portugal et d'Algarve comparé aux autres États de l'Europe*. Paris: Rey et Gravier, 1822.

BANDEIRA DE MELLO, Juliana O. O Plano Doxiadis e a capitalidade da Guanabara. *Acervo*, v. 36, n. 1, p. 1-19, jan./abr. 2023.

BARREIROS, Eduardo C. A cidade do Rio de Janeiro de sua fundação aos fins do século XVII. *Revista do Instituto Histórico e Geográfico Brasileiro*, v. 288, p. 199-209, jul./set. 1970.

____. *Atlas da evolução urbana da cidade do Rio de Janeiro*: ensaio. Rio de Janeiro: Instituto Histórico e Geográfico Brasileiro, 1965.

BEAUCHAMP, Alphonse de. *Histoire du Brésil depuis sa découverte en 1500 jusqu'en 1810*. Paris: Librairie d'Éducation et Jurisprudence d'Alexis Eymery, 1815. 3 v.

BEAUCLAIR, Geraldo. *Raízes da indústria no Brasil*. Rio de Janeiro: Studio F&S Editora, 1992.

BENCHIMOL, Jaime L. *Pereira Passos; um Haussmann tropical*: a renovação urbana da cidade do Rio de Janeiro no início do século XX. Rio de Janeiro: Secretaria Municipal de Cultura, Turismo e Esporte, 1992.

BERGAD, Laird W. *Slavery and the demographic and economic history of Minas Gerais, Brazil, 1720-1888*. Cambridge: Cambridge University Press, 1999.

BERNARDES, Lysia M. C. Função defensiva do Rio de Janeiro e seu sítio original. In: ____; SOARES, Maria Therezinha de. *Rio de Janeiro*: cidade e região. Rio de Janeiro: Prefeitura da Cidade do Rio de Janeiro, 1995. p. 15-20. (Coleção Biblioteca Carioca).

BICALHO, Maria Fernanda B. A cidade do Rio de Janeiro: políticas e fronteiras internas e internacionais, século XVIII. *Revista do Instituto Histórico e Geográfico Brasileiro*, v. 167, n. 432, p. 209-225, jul./set. 2006.

____. *A cidade e o império*: o Rio de Janeiro no século XVIII. Rio de Janeiro: Civilização Brasileira, 2003.

____. As câmaras municipais no império português: o exemplo do Rio de Janeiro. *Revista Brasileira de História*, v. 18, n. 36, p. 251-280, 1998.

BOHORQUEZ, Jesús. Linking the Atlantic and Indian oceans: Asian textiles, Spanish silver, global capital, and the financing of the Portuguese-Brazilian slave trade (c. 1760-1808). *Journal of Global History*, v. 15, n. 1, p. 19-38, 2020a.

____. Rio de Janeiro and the silver mining economy of Potosí: trans-imperial, global, and contractual approaches to South Atlantic markets (18th century). *Almanack*, n. 24, p. 1-53, 2020b.

____. Para além do Atlântico Sul: fundamentos institucionais e financeiros do tráfico de escravos do Rio de Janeiro em finais do século XVIII. *Revista de História*, n. 178, p. 1-43, 2019.

BONELLI, Regis. *Ensaios sobre política econômica e industrialização no Brasil*. Rio de Janeiro: Senai, 1996.

BOTELHO, Tarcísio R. A população da América portuguesa em finais do período colonial (1776-1822): fontes e estimativas globais. *Anais da História de Além-Mar*, n. 16, p. 80-106, 2015.

BOXER, Charles R. *A era de ouro do Brasil* (dores de crescimento de uma sociedade colonial). São Paulo: Companhia Editora Nacional, 1969.

BRANDÃO, Renato P. A fundação do Rio de Janeiro na ocupação régia do espaço vicentino. *Acervo*, v. 28, n. 1, p. 159-172, jan./jun. 2015.

BROADBERRY, Stephen; WALLIS, John J. Growing, shrinking and long run economic performance: historical perspectives on economic development. *NBER Working Paper*, n. 23.343, abr. 2017.

CABRAL, Diogo de C. Florestas e ribeiras no império português: o caso do Rio de Janeiro. *Revista do Arquivo Geral da Cidade do Rio de Janeiro*, n. 3, p. 77-94, 2009.

CAMARGO, José Márcio. O Rio como esfinge: os desafios — e caminhos — do Rio de Janeiro. In: PINHEIRO, Ivan de F. (Org.) *Rio de Janeiro*: cinco séculos de história e transformações urbanas. Rio de Janeiro: Casa da Palavra, 2010. p. 231-254.

CANO, Wilson. Padrões diferenciados das principais regiões cafeeiras (1850-1930). *Estudos Econômicos*, v. 15, n. 2, p. 291-306, maio/ago. 1985.

____. *Raízes da concentração industrial em São Paulo*. Rio de Janeiro; São Paulo: Difel, 1977.

CARDOSO, Ciro F.; ARAÚJO, Paulo Henrique da S. *Río de Janeiro*. Madri: Editorial Mapfre, 1992.

CARDOSO, José Luís. Lifting the continental blockade: Britain, Portugal and Brazilian trade in the global context of the Napoleonic Wars.

In: CAPPOLARO, Lucia; MCKLENZIE, Francine (Ed.), *A global history of trade and conflict since 1500*. Basingstoke: Palgrave Macmillan, 2013. p. 87-104.

____. Novos elementos para a história do Banco do Brasil: crônica de um fracasso anunciado. *Revista Brasileira de História*, v. 30, n. 59, p. 167-192, 2010.

CARDOSO, Vinícius M. Não criado, desmembrado ou emancipado. A atípica constituição de um município fluminense. *Revista de Trabalhos Acadêmicos Universo — São Gonçalo*, v. 1, n. 1, p. 274-291, 2016.

CARIELLO, Rafael; PEREIRA, Thales Z. *Adeus, senhor Portugal*: crise do absolutismo e a Independência do Brasil. São Paulo: Companhia das Letras, 2022.

CARRARA, Angelo A. A população do Brasil, 1570-1700: uma revisão historiográfica. *Tempo*, v. 20, p. 1-21, 2014.

____. Fiscalidade e conjunturas financeiras do Estado do Brasil, 1607-1718. In: SEMINÁRIO HERMES & CLIO, FEA/USP, 2008, São Paulo.

____ et al. The Brazilian economy during the Old Regime crisis (c. 1750-1807). *Revista de Historia Económica/Journal of Iberian and Latin American Economic History*, v. 41, n. 1, 119-146, 2022.

CARUANA-GALIZIA, Paul; HASHINO, Tomoko; SCHULZE, Max-Stephan. Underlying sources of growth: first and second nature geography. In: BROADBERRY, Stephen; FUKAO, Kyoji (Ed.) *The Cambridge economic history of the modern world, vol. I (1700 to 1870)*. Cambridge: Cambridge University Press, 2021. p. 339-368.

CARVALHO, José M. de. *Os bestializados*: o Rio de Janeiro e a República que não foi. 3. ed. São Paulo: Companhia das Letras, 1999.

CARVALHO, Marieta P. de. *Uma ideia ilustrada de cidade*: as transformações urbanas no Rio de Janeiro de d. João VI (1808-1821). Rio de Janeiro: Odisseia, 2008.

CASTRO, Antonio B. de. Brasil 1610: mudanças técnicas e conflitos sociais. *Pesquisa e Planejamento Econômico*, v. 10, n. 3, p. 679-712, dez. 1980.

____; SOUZA, Francisco Eduardo P. de. *A economia brasileira em marcha forçada*. Rio de Janeiro: Paz & Terra, 1985.

CASTRO, Rui. *Metrópole à beira-mar*: o Rio moderno dos anos 20. São Paulo: Companhia das Letras, 2019.

CATÃO, Luis A. V. A new wholesale price index for Brazil during the period 1870-1913. *Revista Brasileira de Economia*, v. 46, n. 4, p. 519-533, out./dez. 1992.

CAVALCANTI, Nireu. *O Rio de Janeiro setecentista*: a vida e a construção da cidade da invasão francesa até a chegada da Corte. Rio de Janeiro: Zahar, 2004.

CENTRO INDUSTRIAL DO BRASIL. *O Brasil — suas riquezas naturaes, suas industrias*: vol. III (industria de transportes, industria fabril). Rio de Janeiro: Officinas Graphicas M. Orosco & C., 1909.

CENTRO INDUSTRIAL DO RIO DE JANEIRO; FEDERAÇÃO DAS INDÚSTRIAS DO ESTADO DA GUANABARA. *A fusão dos estados da Guanabara e do Rio de Janeiro*. Rio de Janeiro: Fiega; Centro Industrial do Rio de Janeiro, 1969. v. 1.

CHALHOUB, Sidney. *Cidade febril*: cortiços e epidemias na corte imperial. São Paulo: Companhia das Letras, 1996.

CINTRA, Jorge P. A formação do território da capitania do Rio de Janeiro. *Acervo*, v. 29, n. 1, p. 67-81, jan./jun. 2016.

____. Reconstruindo o mapa das capitanias hereditárias. *Anais do Museu Paulista*, v. 21, n. 2, p. 11-45, jul./dez. 2013.

COARACY, Vivaldo. *O Rio de Janeiro no século XVII*. Rio de Janeiro: José Olympio, 1965.

CONTAS nacionais do Brasil — atualização. *Conjuntura Econômica*, v. 25, n. 9, p. 91-114, set. 1971.

CONTAS nacionais do Brasil — novas estimativas. *Conjuntura Econômica*, v. 23, n. 10, p. 53-91, out. 1969.

CORRÊA, Armando M. *O sertão carioca*. Rio de Janeiro: Imprensa Nacional, 1936.

CORSEUIL, Carlos Henrique; e PESSÔA, Samuel de A. Vantagens comparativas da cidade do Rio de Janeiro. *Texto para Discussão Ipea*, n. 900, ago. 2002.

COSTA, Leonor F.; ROCHA, Maria M.; SOUZA, Rita M. de. *O ouro do Brasil*. Lisboa: Imprensa Nacional; Casa da Moeda, 2013.

CYSNE, Rubens P. Rio de Janeiro e intermediação financeira. *Ensaios Econômicos EPGE*, n. 284, jul. 1996.

DAIN, Sulamis. Rio de todas as crises. *Estudos Iuperj*, n. 80, p. 1-8, dez. 1990.

DE VRIES, Jan. *The Industrious Revolution*: consumer behavior and the household economy, 1650 to the present. Cambridge: Cambridge University Press, 2008.

DEAN, Warren. Indigenous populations of the São Paulo-Rio de Janeiro coast: trade, aldeamento, slavery and extinction. *Revista de História*, n. 117, p. 3-25, 1984.

DELGADO DE CARVALHO, Carlos. *História da cidade do Rio de Janeiro*. 2. ed. Rio de Janeiro: Secretaria Municipal de Cultura, Turismo e Esporte, 1990.

DINIZ, Clélio C.; CROCCO, Marco Aurélio. Reestruturação econômica e impacto regional: o novo mapa da indústria brasileira. *Nova Economia*, v. 6, n. 1, p. 77-103, jul. 1996.

DOCUMENTOS officiaes ineditos relativos ao Alvará de 5 de janeiro de 1785, que extinguiu no Brasil todas as fabricas e manufacturas de ouro, prata, sedas, algodão, linho, lã, etc. *Revista do Instituto Histórico e Geográfico Brasileiro*, 2. ed., t. X, p. 213-240, 1870.

ENDERS, Armelle. *Histoire de Rio de Janeiro*. Paris: Fayard, 2000.

EVANGELISTA, Hélio de A. *A fusão dos estados da Guanabara e do Rio de Janeiro*. Rio de Janeiro: Arquivo Público do Estado, 1998.

EXTRATO do censo da população das capitanias do Rio de Janeiro e da ilha de Santa Catarina no ano de 1796. AHU-Rio de Janeiro, cx. 164, doc. 89/ AHU_ACL_CU_017, Cx. 160, D. 12026. Biblioteca Nacional Digital. Disponível em: http://resgate.bn.br/docreader/DocReader.aspx?bib=017_RJ_AV&pagfis=95085. Acesso em: 10 abr. 2023.

FARIA, Francisco P. Censo 2022: por enquanto, use com moderação. *Blog do Ibre*, 15 set. 2023. Disponível em: https://blogdoibre.fgv.br/posts/censo-2022-por-enquanto-use-com-moderacao#:~:text=N%C3%BAmeros%20do%20Censo%202022%20divergem,Pode%20ter%20havido%20subenumera%C3%A7%C3%A3o. Acesso em: 15 abr. 2024.

FERREIRA, João da C. *A cidade do Rio de Janeiro e seu termo*. Rio de Janeiro: Prefeitura da Cidade do Rio de Janeiro, [s.d].

FERREIRA, Marieta de M. A Fusão: chaguismo × amaralismo. In: SARMENTO, Carlos Eduardo (Org.) *Chagas Freitas*. Rio de Janeiro: Editora FGV; Alerj, 1999. p. 167-193.

____; GRYNSZPAN, Mario. A volta do filho pródigo ao lar paterno? A Fusão do Rio de Janeiro. In: FERREIRA, Marieta de M. (Coord.) *Rio de Janeiro*: uma cidade na história. Rio de Janeiro: Editora FGV, 2000. p. 117-137.

FIGUEIREDO, Luciano R. de Almeida. Equilíbrio distante: o Leviatã dos Sete Mares e as agruras da Fazenda Real na província fluminense, séculos XVII e XVIII. *Varia Historia*, n. 32, p. 144-175, jun. 2004.

FISCHER, Brodwin M. *A poverty of rights*: citizenship and inequality in twentieth-century Rio de Janeiro. Stanford: Stanford University Press, 2008.

FISHLOW, Albert. Origins and consequences of import substitution in Brazil. In: MARCO, Luis E. di (Ed.) *International economics and development*: essays in honor of Raúl Prebisch. Nova York; Londres: Academic Press, 1972. p. 311-365.

FLEIUSS, Max. *História da cidade do Rio de Janeiro (Districto Federal)*: resumo didactico. São Paulo: Melhoramentos, 1928.

FLORENTINO, Manolo. Tráfico atlântico, mercado colonial e famílias escravas no Rio de Janeiro, Brasil, c. 1790-c. 1830. *História: Questões & Debates*, n. 51, p. 69-119, jul./dez. 2009.

____. *Em costas negras*: uma história do tráfico de escravos entre a África e o Rio de Janeiro. São Paulo: Companhia das Letras, 1997.

FONSECA, Cláudia D. Rossios: formação e gestão do patrimônio fundiário municipal. In: ____. *Arraiais e Vilas d'el Rei*: espaço e poder nas Minas Gerais setecentistas [online]. Belo Horizonte: Editora UFMG, 2011. Humanitas series, p. 460-499. Disponível em: https://doi.org/10.7476/9788542303070. Acesso em: 13 abr. 2023.

FRAGOSO, João L. *A sociedade perfeita*: as origens da desigualdade social no Brasil. Rio de Janeiro: Contexto, 2024.

____. A formação da economia colonial no Rio de Janeiro e de sua primeira elite senhorial (séculos XVI e XVII). In: ____ et al. (Org.) *O Antigo Regime nos trópicos*: a dinâmica imperial portuguesa (séculos XVI a XVIII). Rio de Janeiro: Civilização Brasileira, 2001. p. 29-71.

____. A nobreza da República: notas sobre a formação da primeira elite senhorial do Rio de Janeiro (séculos XVI e XVII). *Topoi*, v. 1, n. 1, p. 45-122, 2000.

____. *Homens de grossa aventura*: acumulação e hierarquia na praça mercantil do Rio de Janeiro (1790-1830). Rio de Janeiro: Arquivo Nacional, 1992.

____; FLORENTINO, Manolo. *O arcaísmo como projeto*: mercado atlântico, sociedade agrária e elite mercantil no Rio de Janeiro, c. 1790-c. 1840. 3. ed. Rio de Janeiro: Sete Letras, 1998.

FRANÇA, Jean Marcel C. *Visões do Rio de Janeiro colonial*: antologia de textos (1531-1800). Rio de Janeiro: José Olympio, 2008.

FRANCO, Gustavo H. B. *Reforma monetária e instabilidade financeira durante a transição republicana*. Rio de Janeiro: BNDES, 1983.

FRANK, Zephyr L. *Dutra's world*: wealth and family in nineteenth-century Rio de Janeiro. Albuquerque: University of New Mexico Press, 2004.

FREIRE, Américo. *Uma capital para a República*: poder federal e forças políticas locais no Rio de Janeiro na virada para o século XX. Rio de Janeiro: Revan, 2000.

FREITAS FILHO, Almir P.; CAMPOS, Pedro Henrique P.; BRANDÃO, Rafael V. da M. A historiografia da industrialização fluminense: a renovação recente dos estudos sobre o desenvolvimento fabril no estado do Rio de Janeiro nos séculos XIX e XX. *Acervo*, v. 37, n. 2, maio/ago. 2024.

FREYCINET, Louis Claude de S. *Voyages autour du monde entrepris par ordre du roi*. Paris: Pillet Aîné, 1825. v. 1.

FRIDMAN, Fania. São Sebastião do Rio de Janeiro — séculos XVI e XVII. In: PINHEIRO, Ivan de F. (Org.) *Rio de Janeiro*: cinco séculos de história e transformações urbanas. Rio de Janeiro: Casa da Palavra, 2010. p. 77-107.

____. Freguesias fluminenses ao final do Setecentos. *Revista IEB*, n. 48, p. 94-106, mar. 2009.

____. *Donos do Rio em nome do rei*: uma história fundiária da cidade do Rio de Janeiro. Rio de Janeiro: Jorge Zahar Ed.: Garamond, 1999.

FRITSCH, Winston. *External constraints on economic policy in Brazil, 1889-1930*. Londres: Macmillan, 1988.

FURTADO, Celso. *Formação econômica do Brasil*. Rio de Janeiro: Fundo de Cultura, 1959.

GALVÃO, Maria do Carmo C. Aspectos da geografia agrária do sertão carioca. In: ASSOCIAÇÃO DOS GEÓGRAFOS BRASILEIROS. *Aspectos da geografia carioca*. Rio de Janeiro: Conselho Nacional de Geografia; IBGE, 1962.

GAMBI, Thiago F. R. A Independência e o banco, Brasil 1821-1829. *Revista USP*, n. 132, p. 125-148, jan./fev./mar. 2022.

GARCIA, Elisa F. Trocas, guerras e alianças na formação da sociedade colonial. In: FRAGOSO, João Luís R.; GOUVÊA, Maria de F. (Org.). *O Brasil colonial*: v. 1 (1443-1580). Rio de Janeiro: Civilização Brasileira, 2014. p. 317-355.

GIAMBIAGI, Fabio et al. *Economia brasileira contemporânea (1945-2015)*. 3. ed. Rio de Janeiro: Elsevier, 2016.

GIL, Tiago Luís. El crédito en economías de Antiguo Régimen: algunas questiones teóricas y reflexiones sobre la historiografia de la América portuguesa. *Revista de Historia Americana y Argentina*, v. 56, n. 1, p. 103-132, 2021.

GLAESER, Edward. *Triumph of the city*: how our greatest invention makes us richer, smarter, greener, healthier and happier. Nova York: Penguin, 2011.

GOMES, Ângela Maria de C.; FERREIRA, Marieta de M. Industrialização e classe trabalhadora no Rio de Janeiro: novas perspectivas de análise. Rio de Janeiro: FGV/CPDOC, 1988.

GOULART, Adriana da C. Revisitando a Espanhola: a gripe pandêmica de 1918 no Rio de Janeiro. *História, Ciências, Saúde — Manguinhos*, v. 12, n. 1, p. 101-142, jan./abr. 2005.

GOULARTI FILHO, Alcides. História econômica da construção naval no Brasil: formação de aglomerado e performance inovativa. *EconomiA*, v. 12, n. 2, p. 309-336, ago. 2011.

GOUVÊA, Maria de F.; BICALHO, Maria F. A construção política do território Centro-Sul da América portuguesa (1668-1777). *História, Histórias*, v. 1, n. 1, p. 23-45, 2013.

GRAHAM, Douglas H.; HOLLANDA FILHO, Sergio B. de. *Migrações internas no Brasil*: 1872-1970. São Paulo; Brasília, D.F.: Instituto de Pesquisas Econômicas/USP; CNPq, 1984.

GUIMARÃES, Carlos Gabriel. O Comitê de 1808 e a defesa na Corte dos interesses ingleses no Brasil. In: CARVALHO, José M. de; NEVES, Lucia Maria P. das (Org.) *Repensando o Brasil dos Oitocentos*: cidadania, política e liberdade. Rio de Janeiro: Civilização Brasileira, 2009a. p. 511-529.

____. O rendimento da capitania do ouro. *Revista do Arquivo Público Mineiro*, v. 45, n. 1, p. 118-129, jan./jun. 2009b.

HADDAD, Claudio. Crescimento do Produto Real Brasileiro - 1900/1947. *Revista Brasileira de Economia*, v. 29, n. 1, p. 3-26, jan./mar. 1975.

HOLLOWAY, Thomas H. Prefácio: Haddock Lobo e o recenseamento do Rio de Janeiro de 1849. *Boletim de História Demográfica*, a. XV, n. 50, jul. 2008.

HONORATO, Cezar; MANTUANO, Thiago. A economia da região portuária do Rio de Janeiro (1870-1900). *Nuevo Mundo Mundos Nuevos. Nouveaux mondes mondes nouveaux-Novo Mundo Mundos Novos-New world New worlds*, 2016.

INSTITUTO HISTÓRICO E GEOGRÁFICO BRASILEIRO. *Diccionario historico, geographico e ethnographico do Brasil*. Rio de Janeiro: Imprensa Nacional, 1922.

JACQUES, Paulino. Formação territorial e jurídica do estado da Guanabara. O Município Neutro. O Distrito Federal. *Revista de Direito da Procuradoria Geral da Guanabara*, n. 15, p. 3-21, 1966.

KARASCH, Mary. *A vida dos escravos no Rio de Janeiro (1808-1850)*. São Paulo: Companhia das Letras, 2000.

____. Rio de Janeiro: from colonial town to imperial capital (1808-1850). In: ROSS, Robert; TELKAMP, Gerard J. (Ed.) *Colonial cities*: essays on urbanism in a colonial context. Dordrecht: Martinus Nijhoff, 1985. p. 123-154.

LACAILLE, Nicolas Louis de. *Journal historique du voyage fait au Cap de Bonne-Espérance*. Paris: Guillyn, 1763.

LAGO, Luiz Aranha C. do. O surgimento da escravidão e a transição para o trabalho livre no Brasil: um modelo teórico simples e uma visão de longo prazo. *Revista Brasileira de Economia*, v. 42, n. 4, p. 317-369, out./dez. 1988.

____. Balança comercial, balanço de pagamentos e meio circulante no Brasil do Segundo Império: uma nota para uma revisão. *Revista Brasileira de Economia*, v. 36, n. 4, p. 489-508, out./dez. 1982.

____; ALMEIDA, Fernando L. de; LIMA, Beatriz M. F. de. *A indústria brasileira de bens de capital*: origens, situação recente, perspectivas. Rio de Janeiro: Editora da FGV, 1979.

LAMARÃO, Sérgio Tadeu de N. *Dos trapiches ao porto*: um estudo sobre a área portuária do Rio de Janeiro. Rio de Janeiro: Secretaria Municipal de Cultura, Turismo e Esporte, 1991.

LENHARO, Alcir. *As tropas da moderação*: o abastecimento da Corte na formação política do Brasil, 1808-1842. 2. ed. Rio de Janeiro: Secretaria Municipal de Cultura, Turismo e Esportes, 1993.

LEOPOLDI, Maria Antonieta P. Crescimento industrial, políticas governamentais e organização da burguesia: o Rio de Janeiro de 1844 a 1914. *Revista do Rio de Janeiro*, v. 1, n. 3, p. 53-73, maio/ago. 1986.

LESSA, Carlos. *O Rio de todos os Brasis* (uma reflexão em busca de autoestima). Rio de Janeiro: Record, 2000.

LEVY, Maria Bárbara. *A indústria do Rio de Janeiro através de suas sociedades anônimas*. Rio de Janeiro: Editora da UFRJ; Secretaria Municipal de Cultura do Rio de Janeiro, 1994.

____. *História da Bolsa de Valores do Rio de Janeiro*. Rio de Janeiro: IBMEC, 1977.

LIMA, Carlos Alberto M. *Artífices do Rio de Janeiro (1790-1808)*. Rio de Janeiro: Apicuri, 2008.

LIMA, Fernando C. Da moeda metálica ao papel-moeda: as transformações do meio circulante na construção do Império do Brasil (1808-1831). *História Econômica e História de Empresas*, v. 25, n. 1, p. 118-140, jan./abr. 2022.

____; SOUSA, Rita M. de. Production, supply, and circulation of national gold coins in Brazil (1703-1807). *America Latina en la Historia Económica*, v. 23, n.1, p. 38-65, jan./abr. 2017.

LINHARES, Maria Yedda L. *História do abastecimento*: uma problemática em questão. Brasília: BINAGRI, 1979.

____; LEVY, Maria Bárbara. Aspectos da história demográfica e social do Rio de Janeiro (1808-1889). In: MAURO, Frédéric (Org.). *L'histoire quantitative du Brésil de 1800 à 1930*. Paris: Éditions du CNRS, 1973. p. 123-142.

LISANTI, Luis. Estratégia de gestão: um exemplo, Rio de Janeiro/1620-1793. *Estudos Econômicos*, v. 13, n. esp., p. 763-769, 1983.

LOBO, Eulalia Maria L. *História do Rio de Janeiro (do capital comercial ao capital industrial e financeiro)*. Rio de Janeiro: IBMEC, 1978. 2 v.

LOBO, Eulalia Maria L. et al. Estudo das categorias socioprofissionais, dos salários e do custo de alimentação no Rio de Janeiro de 1820 a 1930. *Revista Brasileira de Economia*, v. 27, n. 4, p. 129-176, out./dez. 1973.

LUCCOCK, John. *Notes on Rio de Janeiro, and the Southern parts of Brazil*; taken during a residence of ten years in that country, from 1808 to 1818. Londres: Samuel Leigh, 1820.

MADDISON, Angus. *Monitoring the world economy, 1820-1992*. Paris: OCDE, 1995.

MAGALHÃES, João Paulo de A. (Dir.). A situação sócio-econômica do estado da Guanabara. *Desenvolvimento e Conjuntura*, n. 10, p. 5-52, out. 1961.

MALERBA, Jurandir. Sobre o tamanho da comitiva. *Acervo*, v. 21, n. 1, p. 47-62, jan./jun. 2008.

MANTUANO, Thiago. A região portuária segurou as pontas: as atividades metal-mecânica e de construção e reparo naval no porto do Rio de Janeiro (1868-1907). *Economia e Espaço*, a. VI, n. 12, 2018.

MARCÍLIO, Maria Luiza. Mortalidade e morbidade da cidade do Rio de Janeiro imperial. *Revista de História*, n. 127-128, p. 53-68, ago./dez./1992 a jan./jul./1993.

MARCONDES, Renato L. O evolver demográfico e econômico nos espaços fluminenses (1780-1840). *Estudos Econômicos*, v. 25, n. 2, p. 235-270, maio/ago. 1995.

MARQUESE, Rafael de B.; TOMICH, Dale. O Vale do Paraíba escravista e a formação do mercado mundial do café no século XIX. In: GRINBERG, Keila; SALLES, Ricardo (Org.). *O Brasil Imperial*: v. II (1831-1870). Rio de Janeiro: Civilização Brasileira, 2009. p. 339-383.

MARTINE, George. Natural increase and city growth: the case of Rio de Janeiro. *The International Migration Review*, v. 6, n. 2, p. 200-215, verão1972.

MARTINS, Luciana; ABREU, Mauricio de A. Paradoxes of modernity: imperial Rio de Janeiro, 1808-1821. *Geoforum*, v. 32, issue 4, p. 533-550, dez. 2001.

MARTINS FILHO, Enéas. O Rio de Janeiro, da descoberta do ouro ao tempo dos vice-reis. *Revista do Instituto Histórico e Geográfico Brasileiro*, v. 276, p. 40-57, jul./set. 1967.

MAWE, John. *Travels in the Interior of Brazil, particularly in the gold and diamond districts of that country, by authority of the prince regent of Portugal, including a voyage to the Rio de la Plata, and an historical sketch of the revolution of Buenos Ayres*. Londres: Longman, Hurst, Rees, Orme and Brown, 1812.

MEADE, Teresa. Living worse and costing more: resistance and riot in Rio de Janeiro, 1890-1917. *Journal of Latin American Studies*, v. 21, n. 2, p. 241-266, maio 1989.

MEDEIROS JR., Helcio de. A política econômica na cidade do Rio de Janeiro. *Coleção Estudos Cariocas*, n. 20031101, nov. 2003.

____; MEDINA, Mérida Alberta H. Indústria na cidade do Rio de Janeiro: estrutura e conjuntura recente". *Coleção Estudos Cariocas*, n. 20081203, dez. 2008.

MELLO, Evaldo C. de. *Olinda restaurada*: guerra e açúcar no Nordeste, 1630-1654. Rio de Janeiro: Topbooks, 1998.

MELO, Hildete P. de. O Rio de Janeiro e o mercado mundial de café (1890-1914). *Revista do Rio de Janeiro*, a. 1, n. 2, p. 65-71, jul./dez. 1993.

MENEZES, Paulo Márcio L. de et al. A evolução político-administrativa do estado do Rio de Janeiro. *Acervo*, v. 29, n. 1, p. 236-253, jan./jun. 2016.

MENZ, Maximiliano M. As "geometrias" do tráfico: o comércio metropolitano e o tráfico de escravos em Angola (1796-1807). *Revista de História*, n. 166, p. 185-222, jan./jul. 2012.

____. Centros e periferias coloniais: o comércio do Rio de Janeiro com Santos e Rio Grande (1808-1818). *Revista de História*, v. 154, n. 1, p. 251-266, 2006.

MERRICK, Thomas W.; GRAHAM, Douglas H. *Population and economic development in Brazil, 1800 to the present*. Baltimore; Londres: The Johns Hopkins University Press, 1979.

MOLLICA, Antonio. Limites entre o estado da Guanabara e o estado do Rio — os jesuítas e as obras hidráulicas nos campos de Santa Cruz. *Revista de Direito da Procuradoria Geral do Estado do Rio de Janeiro*, v. 10, p. 593-623, 1961.

MORALES DE LOS RIOS FILHO, Adolfo. *O Rio de Janeiro imperial*. 2. ed. Rio de Janeiro: Topbooks, 2000.

MOTTA, Marly S. da. O lugar da cidade do Rio de Janeiro na Federação brasileira: uma questão em três momentos. Rio de Janeiro: CPDOC, 2001a.

____. *Rio de Janeiro*: de cidade-capital a estado da Guanabara. Rio de Janeiro: Editora FGV, 2001b.

____. *Saudades da Guanabara*: o campo político da cidade do Rio de Janeiro (1960-75). Rio de Janeiro: Editora FGV, 2000.

____. Que será do Rio? Refletindo sobre a identidade política da cidade do Rio de Janeiro. *Tempo*, v. 4, p. 146-174, 1997.

MOURA FILHO, Heitor P. de. Câmbio de longo prazo do mil-réis: uma abordagem empírica referente às taxas contra a libra esterlina e o dólar (1795-1913). *Cadernos de História*, v. 11, n. 15, p. 9-33, 2. sem. de 2010.

NEEDELL, Jeffrey D. *Belle Époque tropical*: sociedade e cultura de elite no Rio de Janeiro na virada do século. São Paulo: Companhia das Letras, 1993.

NORONHA SANTOS, Francisco A. *Memoria acêrca dos limites do Districto Federal com o estado do Rio de Janeiro*. Rio de Janeiro: Imprensa Nacional, 1919.

____. *Chorographia do Districto Federal (cidade do Rio de Janeiro)*. 3. ed. Rio de Janeiro: Benjamin d'Aguila, 1913.

NUNES, Antonio D. Almanaque da cidade do Rio de Janeiro para o ano de 1792. *Revista do Instituto Histórico e Geográfico Brasileiro*, v. 266, p. 159-217, jan./mar. 1965a.

____. Almanaque da cidade do Rio de Janeiro para o ano de 1794. *Revista do Instituto Histórico e Geográfico Brasileiro*, v. 266, p. 218-290, jan./mar. 1965b.

____. Almanaque histórico da cidade de S. Sebastião do Rio de Janeiro. *Revista do Instituto Histórico e Geográfico Brasileiro*, v. 267, p. 93-214, abr./jun. 1965c.

O CENSO de 1906 do Rio de Janeiro. Rio de Janeiro: Instituto Municipal de Urbanismo Pereira Passos, 2012.

OLIVEIRA, João Pacheco de. Os indígenas na fundação da colônia: uma abordagem crítica. In: FRAGOSO, João Luís R.; GOUVÊA, Maria de F.

(Org.) *O Brasil colonial*: v. 1 (1443-1580). Rio de Janeiro: Civilização Brasileira, 2014. p. 167-228.

OLIVEIRA, Rogério R. de; FRAGA, Joana S. Fluxos de energia, matéria e trabalho na construção da paisagem do Rio de Janeiro do século XIX. In: FRANCO, José Luiz de A. et al. (Org.) *História ambiental*: territórios, fronteiras e biodiversidade. Rio de Janeiro: Garamond, 2016. v. 2, p. 35-54.

OLIVEIRA, Victor Luiz A. A zona oeste colonial e os mapas de população de 1797: algumas considerações sobre lavradores partidistas e produção agrária em Jacarepaguá, Campo Grande e Guaratiba no século XVIII. *Revista do Arquivo Geral da Cidade do Rio de Janeiro*, n. 10, p. 233-258, 2016.

OSORIO, Mauro. *Rio nacional rio local*: mitos e visões da crise carioca e fluminense. Rio de Janeiro: Editora Senac, 2005.

____; REGO, Henrique R. de Sá; VERSIANI, Maria Helena. Rio de Janeiro: trajetória institucional e especificidades do marco de poder. *Cadernos do Desenvolvimento Fluminense*, n. 12, p. 73-92, 1. sem. 2018.

____; VERSIANI, Maria Helena. História de capitalidade do Rio de Janeiro. *Cadernos do Desenvolvimento Fluminense*, n. 7, p. 75-90, 2015.

PEDREIRA, Jorge M. From growth to collapse: Portugal, Brazil, and the breakdown of the old colonial system (1760-1830). *Hispanic American Historical Review*, v. 80, n. 4, p. 839-864, 2000.

PEDROZA, Manoela. A roça, a farinha e a venda: produção de alimentos, mercado interno e pequenos produtores no Brasil Colonial. In: FRAGOSO, João Luís R.; GOUVÊA, Maria de F. (Org.). *O Brasil colonial*: v. 3 (1720-1821). Rio de Janeiro: Civilização Brasileira, 2014. p. 381-418.

PENNA, Clemente G. Penhoras judiciais, crédito e propriedade escrava na cidade do Rio de Janeiro, c. 1820-1860. In: LIMA, Henrique E.; SILVA JR., Waldomiro L. da; MAMIGONIAN, Beatriz G. (Org.). *Histórias da escravidão e pós-emancipação no Atlântico (séculos XVIII ao XX)*. São Leopoldo: Casa Leiria, 2021. p. 69-104.

____; ALMICO, Rita. Tudo que tem valor vira vale: economia e circulação de crédito no contexto da Independência. *História Econômica e História de Empresas*, v. 25, n. 1, p. 232-268, jan./abr. 2022.

PEREIRA, Lia A.; PEREIRA, Lia V. O setor público brasileiro — 1890/1945. *Texto para Discussão Ipea*, n. 845, nov. 2001.

PEREIRA, Thales Augusto Z. Prices in Imperial Brazil (1824-1889). 2024. Manuscrito.

____. Tarifas e o comércio têxtil entre o Brasil e a Grã-Bretanha (1808-1860). *Estudos Econômicos*, v. 51, n. 2, p. 311-342, abr./jun. 2021.

PEREZ, Maurício D. *Lacerda na Guanabara*: a reconstrução do Rio de Janeiro nos anos 1960. Rio de Janeiro: Odisséia Editorial, 2007.

PESAVENTO, Fábio. A conjuntura econômica atlântica durante o século xviii: o caso do Rio de Janeiro. In: WORKSHOP DE HISTÓRIA ECONÔMICA, 5./5TH BRAZILIAN ECONOMIC HISTORY WORKSHOP, 5TH, 16 e 17 ago. 2018, São Paulo.

____. *Um pouco antes da Corte*: a economia do Rio de Janeiro na segunda metade do Setecentos. Jundiaí: Paco Editorial, 2013.

____; MARQUES, André M. A conjuntura econômica fluminense durante o século xviii e sua interdependência interna e externa. In: encontro nacional de economia, 40º, 2020, Brasília.

PIGNATON, Alvaro Afonso G. Origens da industrialização no Rio de Janeiro. *Dados*, n. 15, p. 139-154, 1977.

PINHEIRO, Armando C. O setor financeiro fluminense. In: ____; VELOSO, Fernando (Org.). *Rio de Janeiro*: um estado em transição. Rio de Janeiro: Editora FGV, 2012.

PINHO, Homero de. A transformação do Distrito Federal em estado da Guanabara. *Revista de Direito da Procuradoria Geral do Estado do Rio de Janeiro*, v. 19, p. 1-25, 1961.

PINTO, Virgílio N. *O ouro brasileiro e o comércio anglo-português*. São Paulo: Cia. Editora Nacional, 1979.

PIZARRO E ARAUJO, Jozé de S. A. *Memorias historicas do Rio de Janeiro e das provincias annexas á jurisdição do vice-rei do Estado do Brasil*. Rio de Janeiro: Typographia de Silva, Porto, e C., 1822.

PRADO, Fabrício. Comércio luso-brasileiro no rio da Prata e a Independência do Brasil: continuidades e rupturas (1777-1824). *História Econômica e História de Empresas*, v. 25, n. 1, p. 62-93, jan./abr. 2022.

REGO, José P. *Esboço historico das epidemias que tem grassado na cidade do Rio de Janeiro desde 1830 a 1870*. Rio de Janeiro: Typograhia Nacional, 1872.

REIS, Arthur Cézar F. A província do Rio de Janeiro e o Município Neutro. In: HOLANDA, Sergio B. de (Dir.). *História geral da civilização brasileira*: t. 2 (O Brasil Monárquico), v. 2 — Dispersão e unidade. 5. ed. São Paulo: Difel, 1985. p. 315-352.

REIS, Eustáquio et al. O PIB dos municípios brasileiros: metodologia e estimativas, 1970-96. *Texto para Discussão Ipea*, n. 1.064, jan. 2005.

REIS, José de O. *O Rio de Janeiro e seus prefeitos*: evolução urbanística da cidade. Rio de Janeiro: Prefeitura da Cidade do Rio de Janeiro, 1977.

ROCHA, Glauter. A economia dos Jogos Rio 2016: bastidores e primeiros impactos. *Nota Técnica Diset/Ipea*, n. 37, jul. 2017.

____; HERTON, Ellery A.; CODES, Ana Luiza M. Impactos econômicos dos Jogos Rio 2016 no município e na região metropolitana do Rio de Janeiro. *Texto para Discussão Ipea*, n. 2.438, dez. 2018.

ROCHA PITTA, Sebastião da. *Historia da America portugueza desde o anno de mil e quinhentos*. Lisboa: Officina de Joseph Antonio da Sylva, 1730.

RODRIGUES, Claudia. A criação dos cemitérios públicos do Rio de Janeiro enquanto "campos santos" (1798-1851). *Revista do Arquivo Geral da Cidade do Rio de Janeiro*, n. 8, p. 257-278, 2014.

SAMPAIO, Antonio Carlos J. de. Fluxos e refluxos mercantis: centros, periferias e diversidade regional. In: FRAGOSO, João Luís R.; GOUVÊA, Maria de F. (Org.) *O Brasil colonial*: v. 2 (1580-1720). Rio de Janeiro: Civilização Brasileira, 2014. p. 379-418.

____. *Na encruzilhada do Império*: hierarquias sociais e conjunturas econômicas no Rio de Janeiro (c. 1650-c. 1750). Rio de Janeiro: Arquivo Nacional, 2003.

____. Os homens de negócio do Rio de Janeiro e sua atuação nos quadros do Império português (1701-1750). In: FRAGOSO, João L.; BICALHO, Maria F.; GOUVÊA, Maria de F. (Org.). *O Antigo Regime nos Trópicos*: a dinâmica imperial portuguesa (séculos XVI-XVIII). Rio de Janeiro: Civilização Brasileira, 2001. p. 73-105.

SANTIAGO, Gilda. Produto Interno Bruto municipal: conceituação, metodologia e análise para a cidade do Rio de Janeiro. *Coleção Estudos Cariocas*, n. 20081002, out. 2008.

SANTOS, Ana Maria dos; MENDONÇA, Sonia Regina de. Intervenção estatal e diversificação agrícola no estado do Rio de Janeiro (1888/1914). *Revista do Rio de Janeiro*, v. 1, n. 2, p. 7-17, jan./abr. 1986.

SANTOS, Angela M. S. P. *Economia, espaço e sociedade no Rio de Janeiro*. Rio de Janeiro: Editora FGV, 2003.

SANTOS, Corcino M. dos. *O Rio de Janeiro e a conjuntura atlântica*. Rio de Janeiro: Expressão e Cultura, 1993.

____. *Relações comerciais do Rio de Janeiro com Lisboa (1763-1808)*. Rio de Janeiro: Tempo Brasileiro, 1980.

SANTOS, Fabiano V. dos. A fundação da "cidade-capitania" do Rio de Janeiro e a Repartição do Sul: notas sobre administração colonial. *Cadernos do Desenvolvimento Fluminense*, n. 7, p. 5-20, jan./jun. 2015.

SANTOS, Paulo. *Formação de cidades no Brasil colonial*. 3. ed. Rio de Janeiro: Editora UFRJ/Iphan, 2015a.

SAY, Horace. *Histoire des relations commerciales entre la France et le Brésil, et considerations générales sur les monnaies, les changes, les banques et le commerce extérieur*. Paris: Guillaumin, 1839.

SCHAUMBURG-LIPPE, Guilherme de, conde. *Regulamento para o exercicio, e disciplina dos regimentos de cavalaria dos exercitos de Sua Magestade Fidelissima*. Lisboa: Regia Officina Typographica, 1789.

SCHULTZ, Kirsten. *Versailles tropical*: Império, monarquia e corte real portuguesa no Rio de Janeiro, 1808-1821. Rio de Janeiro: Civilização Brasileira, 2008.

SCHULZ, John. *The financial crisis of Abolition*. New Haven: Yale University Press, 2008.

SEIXAS, Antônio. Registros paroquiais da freguesia de Nossa Senhora da Piedade de Magé (séculos XVII-XIX). *Revista da Asbrap*, n. 27, p. 273-285, 2020.

SENRA, Nelson de C. O tesouro (quase) perdido do Censo de 1900. In: ____. *Pensando a informação estatística*: como um eterno aprendiz: uma seleção de ensaios. São Paulo: Scortecci, 2023.

____. Prefácio. In: O CENSO de 1906 do Rio de Janeiro. Rio de Janeiro: Instituto Municipal de Urbanismo Pereira Passos, 2012.

____. *História das estatísticas brasileiras*: v. 1 (Estatísticas desejadas, 1822-1889). Rio de Janeiro: IBGE, 2006.

SERRÃO, Joaquim V. *O Rio de Janeiro no século XVI*. 2. ed. Rio de Janeiro: Andrea Jakobson, 2008.

SEVCENKO, Nicolau. A capital irradiante: técnica, ritmos e ritos do Rio. In: ____ (Org.). *História da vida privada no Brasil*: República: da Belle Époque à era do rádio. São Paulo: Companhia de Bolso, 2021. p. 408-490.

SILVA, Camila B. da. Uma perspectiva atlântica: a circulação de mercadorias no Rio de Janeiro após a transferência da Corte portuguesa para o Brasil (1808-1821). *Navigator*, v. 8, n. 16, p. 21-34, 2012.

SILVA, Rafael F. da. *O Rio antes do Rio*. 5. ed. Belo Horizonte: Relicário, 2021.

SIMONSEN, Roberto C. *História econômica do Brasil*: 1500-1820. 4. ed. Brasília: Senado Federal, 2005.

SINDER, Matheus. A indústria escravista no Oitocentos: o caso das fábricas do Rio de Janeiro (1808-1850). In: CONGRESSO BRASILEIRO DE HISTÓRIA ECONÔMICA, XIV; CONFERÊNCIA INTERNACIONAL DE HISTÓRIA DE EMPRESAS, 15ª, Varginha, 2021. *Anais*...

SOARES, Luiz Carlos. A indústria na sociedade escravista: um estudo de fábricas têxteis na região fluminense (1840-1880). *Travesía*, v. 17, n. 1, p. 55-77, 2015.

____. A escravidão industrial no Rio de Janeiro do século XIX. In: CONGRESSO BRASILEIRO DE HISTÓRIA ECONÔMICA, V; CONFERÊNCIA INTERNACIONAL DE HISTÓRIA DE EMPRESAS, 6ª, Caxambu, 2003. *Anais*...

SOARES, Sebastião F. *Elementos de estatistica comprehendendo a theoria da sciencia e a sua applicação á estatistica commercial do Brasil*. Rio de Janeiro: Typographia Nacional, 1865. 2 v.

____. *Notas estatisticas sobre a producção agrícola e a carestia dos generos alimenticios no Imperio do Brazil*. Rio de Janeiro: Typographia de Villeneuve e Comp., 1860.

SOUSA, Irineu E. de, visconde de Mauá. *Exposição do visconde de Mauá aos credores de Mauá & C. e ao Publico*. Rio de Janeiro: J. Villeneuve & C, 1878.

SOUSA, Jorge Luis P. de. Anotação a respeito de uma fonte: os registros de óbitos da Santa Casa de Misericórdia do Rio de Janeiro. *Cadernos Saúde Coletiva*, v. 11, n. 1, p. 33-58, 2003.

SOUTHEY, Robert. *History of Brazil*. Londres: Longman, Hurst, Rees, and Orme, 1810. 3 v.

SOUZA, Joseane de; FRUTUOZO, José Victor de P. Rio de Janeiro: considerações sobre os processos de expansão urbana e interiorização do crescimento (1980-2010). *Urbe*. Revista Brasileira de Gestão Urbana, v. 10, n. 1, p. 124-139, jan./abr. 2018.

SOUZA, Juliana T. Deveres do Estado em tempos de carestia (Rio de Janeiro, 1850-1860). *Revista do Arquivo Geral da Cidade do Rio de Janeiro*, n. 6, p. 61-78, 2012.

STEIN, Stanley J. *The Brazilian cotton manufacture*: textile enterprise in an underdeveloped area, 1850-1950. Cambridge, MA: Harvard University Press, 1957.

STURZ, Johann J. *A Review financial, statistical, & commercial, of the Empire of Brazil and its resources*: together with a suggestion of the expediency and mode of admitting Brazilian and other foreign sugars into Great Britain for refining and exportation. Londres: Effingham Wilson, 1837.

SUMMERHILL, William R. *Inglorious revolution*: political institutions, sovereign debt, and financial underdevelopment in Imperial Brazil. New Haven; Londres: Yale University Press, 2015.

SUZIGAN, Wilson. *Indústria brasileira*: origem e desenvolvimento. São Paulo: Hucitec; Editora da Unicamp, 2000.

SWEIGART, Joseph E. *Coffee factorage and the emergence of a Brazilian capital market, 1850-1888*. Nova York; Londres: Garland, 1987.

TAUNAY, Affonso de E. *História do café no Brasil*. Rio de Janeiro: Departamento Nacional do Café, 1939-1941. 12 v.

TRINER, Gail D. *Banking and economic development: Brazil, 1889-1930*. Nova York: Palgrave, 2000.

____; WANDSHNEIDER, Kirtsen. The Baring Crisis and the Brazilian Encilhamento, 1889-1891: an early example of contagion among emerging capital markets. *Financial History Review*, v. 12, n. 2, p. 199-225, out. 2005.

URANI, André. *Trilhos para o Rio*: do reconhecimento da queda à reinvenção do futuro. Rio de Janeiro: Elsevier, 2008.

____; GIAMBIAGI, Fabio (Org.). *Rio*: a hora da virada. Rio de Janeiro: Campus, 2011.

VALENCIA VILLA, Carlos E. Microfinances in the Banking Houses of Rio de Janeiro in 1864. *Business History*, v. 62, n. 3, p. 509-535, 2020.

____; PEREIRA, Walter L. Capitales en trance: la deuda privada interna en Brasil en mediados del siglo XIX. *Tiempo & Economía*, v. 10, n. 1, p. 1-61, jan./jun. 2023.

VENANCIO, Renato. Antes da Corte: população e pobreza no Rio de Janeiro, c. 1763-c. 1808. *Antíteses*, v. 6, n. 11, p. 10-28, jan./jun. 2013.

VERSIANI, Flávio R. Imigrantes, trabalho qualificado e industrialização: Rio e São Paulo no início do século. *Revista de Economia Política*, v. 13, n. 4, p. 576-593, 1993.

____. *A década de 20 na industrialização brasileira*. Rio de Janeiro: Ipea; Inpes, 1987.

____; VERSIANI, Maria Teresa R. de O. A industrialização brasileira antes de 1930: uma contribuição. *Estudos Econômicos*, v. 5, n. 1, p. 37-63, 1975.

VIANA, Paulo F. Abreviada demonstração dos trabalhos da policia em todo o tempo que servio o desembargador do Paço Paulo Fernandes Viana. *Revista do Instituto Histórico e Geográfico Brasileiro*, t. LV, parte I, p. 373-380, 1892.

VIEIRA FAZENDA, José. *Antiqualhas e memórias do Rio de Janeiro*. Rio de Janeiro: Imprensa Nacional, 1921.

VILLELA, André A. Qual era a população da cidade do Rio de Janeiro entre 1779 e 1870? Novas estimativas. *Acervo*, v. 37, n. 2, maio/ago. 2024.

____. *The political economy of money and banking in Imperial Brazil, 1850-1889*. Londres: Palgrave Macmillan, 2020.

____. Tarifas de importação e câmbio na gênese da indústria brasileira, 1901-1928. *História Econômica e História de Empresas*, v. 3, n. 2, p. 27-46, 2000.

VILLELA, Annibal V.; SUZIGAN, Wilson. *Política do governo e crescimento da economia brasileira, 1889-1945*. Rio de Janeiro: Ipea; Inpes, 1973.

WALSH, Robert. *Notices of Brazil in 1828 and 1829*. Londres: Frederick Westley and A. H. Davis, 1830. v. II.

WILEMAN, Joseph P. (Comp. e Ed.). *The Brazilian year book — 1909*. Rio de Janeiro: The Offices of the Brazilian Year Book, [s.d.].

ANEXO 1

INVOLUÇÃO HISTÓRICA DOS LIMITES TERRITORIAIS DA CIDADE DO RIO DE JANEIRO

Em seu estudo minucioso dos cerca de 200 anos iniciais da formação socioeconômica e espacial do Rio de Janeiro, Mauricio Abreu chama atenção para o fato de que a ocupação *de jure* — ainda que não *de facto* — do território primitivo da cidade antecede sua própria fundação, a 1º de março de 1565.[232] Com efeito, como argumenta, ainda em 1564 Pedro Ferraz Barreto, locotenente de Martim Afonso de Souza, donatário da capitania de São Vicente, na qual o Rio de Janeiro estava localizado, concedeu pelo menos seis sesmarias a expedicionários que, meses mais tarde, se dirigiriam à Guanabara para enfrentar os franceses e seus aliados tamoios (Abreu, 2010: v. 1, p. 212).

Tal processo teria continuidade por iniciativa de Estácio de Sá que, já tendo fundado a cidade (e, cabe ressaltar, sem que os franceses e tamoios tivessem sido expulsos da região), iria conceder, ao menos, 60 sesmarias entre 1º de julho de 1565 e o final de 1566 em área que, pouco depois, viria formar o *termo*[233] da cidade do Rio de Janeiro. O mapa A1.1 traz indicação conjectural do local em que se situavam essas sesmarias, concedidas em 1565 e 1566, e suas respectivas áreas.

Uma vez vencidos os inimigos nas batalhas de Uruçumirim (no Outeiro da Glória) e Paranapucu (na Ilha do Governador atual), em janeiro de 1567, o governador-geral do Brasil, Mem de Sá, decidiu pela transferência do núcleo primitivo da cidade para localidade melhor localizada estrategicamente, no alto do morro de São Januário (futuramente conhecido como do Castelo).[234] A 16 de agosto daquele ano, emitiu despacho no qual, entre outras coisas, dava à cidade "seis léguas de termo em quadra" (Ferreira, s.d.:305).

Conforme nota Fonseca (2011:465), a expressão "em quadra" era frequentemente utilizada no período colonial para designar superfícies no caso de concessão de sesmarias de particulares, rossios, datas minerais etc. A demarcação da área concedida demandava que fosse eleito um ponto central (ou "pião") a partir do qual seriam feitas as medidas na direção de cada um dos pontos cardeais, sendo cravados marcos de pedra ou madeira a cada légua percorrida. No caso do termo da cidade do Rio de Janeiro, em tese ao menos, deveriam ser medidas (com o uso, em geral, de cordas de 50 braças, ou 110 m de extensão, e de uma bússola — "agulhão") três léguas na direção de cada um dos pontos cardeais. O limite final da medição constituiria o ponto médio de um dos lados de quadrado, lado este de seis léguas de extensão.

À primeira vista — e abstraindo-se do que deveriam ser as dificuldades práticas, à época, de se proceder a essas medições em terreno acidentado e, possivelmente, frequentado por nativos "hostis" —, a delimitação da área original da cidade do Rio de Janeiro não aparenta ser tarefa particularmente complexa: um espaço de 36 léguas quadradas tendo seu centro no morro do Castelo. Não obstante, mesmo alguns dos maiores estudiosos do tema podem se confundir na tentativa de visualizar a extensão da área efetivamente concedida por Mem de Sá para constituir o termo da cidade do Rio.

Um primeiro ponto potencial de dúvida surge com a definição de qual "légua" exatamente se trata ao tentar-se medir a área em questão. Conforme é sabido da literatura especializada, o valor da légua à época era expresso pelo número de léguas que cabem em um grau de latitude: 16 ⅔, 17 ½ ou 18 (Cintra, 2013:19-20). Considerando-se que a circunferência da Terra é de aproximadamente 40 mil km, cada um dos 360 graus em que o globo é dividido tem 111,11 km de largura; por conseguinte, as medidas de légua poderiam variar de 6,6 mil a 6,2 mil metros de extensão. Os estudiosos, em sua maioria, adotam a légua de 6.600 m (ou 3 mil braças) como referência ao estabelecer a área de sesmarias concedidas no período.

Abreu (2010: v. 1, p. 20) — tendo por base o texto do despacho de Mem de Sá de 1567 em que o governador-geral fala explicitamente em "seis léguas em quadra",[235] e adotando, como de costume, a légua de 6.600 m — afirma que o seu objeto de estudo (a cidade do Rio de Janeiro entre 1502 e 1700) constituía "[...] território [...] bastante exíguo para os padrões do século em que foi criado (restringindo-se) a uma área de cerca de 1.570 km² [...]". Neste ponto específico, o autor claramente incorreu em sério equívoco, ao estabelecer como superfície original da cidade do Rio de Janeiro uma área de $(6 \times 6{,}6 \text{ km})^2 = 1.570 \text{ km}^2$. Isso porque uma superfície em formato de quadrado com 39,6 km de lado só apresentaria tal área no caso de situar-se integralmente em um espaço continental, não banhado pelo mar. E este, é claro, não é o caso em tela, tendo em vista o "pião" estabelecido no morro do Castelo, localizado na borda da baía de Guanabara e a poucos quilômetros do oceano Atlântico. Inspeção visual do mapa A1.2 indica que um quadrado imaginário de 39,6 km de lado tendo ao centro o Castelo teria mais de metade de sua área ocupada pela baía e parte do Atlântico, resultando, portanto, em área terrestre efetiva inferior a 700 km² — menos de metade do que afirma Mauricio Abreu.

Em outras passagens de sua monografia, porém, o autor se refere a seis léguas "para todos os lados" (Abreu, 2010: v. 1, p. 238) ou, ainda, seis léguas "em roda" (Abreu, 2010: v. 1, p. 346).[236] Mais do que isso, na série de mapas "conjecturais" que elabora, no qual documenta meticulosamente o processo de apropriação do território da cidade e capitania do Rio de Janeiro, adota como representação dos limites do município - seguindo a praxe na literatura especializada - um semicírculo centralizado no Castelo e cujos extremos oeste, norte e leste alcançariam, respectivamente, o atual bairro de Campo Grande, o município de Petrópolis e a cidade de Maricá. Tal semicírculo teria uma área de aproximadamente 2.271 km²; na prática, 44,6% a mais do que afirma Abreu (2010) e cerca de 90% maior que a superfície atual do município do Rio de Janeiro (mapa A1.2).[237] [238]

Conforme se vê nos mapas A1.3 a A1.5, que reproduzem mapas "conjecturais" elaborados por Abreu (2010), desde o momento em que Mem de Sá estabeleceu o termo da cidade do Rio de Janeiro até o final do século XVII, assiste-se a um processo de concessão de sesmarias dentro e *fora* dos limites da urbe, no que eram terras da porção setentrional da capitania de São Vicente, às quais se somariam outras localizadas na capitania de São Tomé. Estava em curso, conforme detalha o autor, processo de interiorização do povoamento que, inicialmente, seguiu quatro eixos principais — no rumo norte, por terra firme, em direção ao atual município de Nova Iguaçu; através da baía de Guanabara e adentrando os diversos rios que nela desaguam, atingindo áreas no limite norte do recôncavo; a orla oriental da baía; e, finalmente, a região de Macacu (Abreu, 2010: v. 1, p. 218-221).[239]

Tendo em vista a sua baixa densidade demográfica, de início, a cidade do Rio de Janeiro comportou apenas uma freguesia,[240] ou paróquia, designada como de São Sebastião. Ao longo do século XVII, porém, diversos arraiais localizados dentro do termo da urbe foram alçados à condição de sedes de freguesias (Abreu, 2010:, v. 1, p. 348-352). Chegada a última década do Seiscentos, essas freguesias já eram em número de 22, em sua maioria sediadas em capelas curadas (mapa A1.6).

Tem início, então, lento processo de desmembramento do território original da cidade do Rio de Janeiro, com a elevação, a 5 de agosto de 1697, da freguesia de Santo Antonio de Cacerebu à condição de uma nova municipalidade, a vila de Santo Antonio de Sá.[241] Novo município seria estabelecido em 1789, quando a freguesia de Nossa Senhora da Piedade de Magé, criada em 1696 e localizada ao fundo da baía de Guanabara, foi elevada a sede da Vila de Magé.[242]

Carta da capitania do Rio de Janeiro em 1767 ilustra o alcance da ocupação do território fluminense no terceiro quarto do Setecentos (mapa A1.7), revelando espaço em que, subsequentemente, seriam criados diversos municípios cujas terras originalmente localizavam-se dentro do termo da cidade do Rio (Reis, 1985:318). Já planta da cidade do Rio de Janeiro, do início do Oitocentos, retrata o núcleo urbano da urbe, adotando acepção do termo "cidade" como correspondendo, exclusivamente, à sua área central (mapa A1.8).[243]

Chegado o século XIX, o processo de criação de novos municípios — e consequente perda de parte do território da cidade do Rio de Janeiro — iria se intensificar. Assim, uma sequência de alvarás promulgados entre 1814 e 1823 daria origem às vilas de Maricá (26/5/1814), Itaguahy (5/6/1818), Praia Grande (atual Niterói, em 10/5/1819), Paty do Alferes (28/8/1820) e Valença (17/10/1823). Em todos os casos, os novos municípios surgiam a partir do desmembramento de terras que, ao menos em parte, se originavam em freguesias até então localizadas no termo da cidade do Rio de Janeiro.

Subtração adicional do território da cidade do Rio de Janeiro viria com o Decreto de 15 de janeiro de 1833, durante a chamada Regência Trina, que promoveu nova divisão civil e judiciária da província do Rio de Janeiro. Em seu artigo 7º, elevou a povoação de Iguassú à condição de vila do mesmo nome, tendo em seu termo as freguesias de Iguassú, Inhomerim, Pilar, Santo Antonio de Jacutinga, S. João do Merity e parte da freguesia de Marapicu. Já pelo artigo 8º, ao termo da vila de Itaguahy (criada, como visto anteriormente, em 1818) era acrescido o curato da Fazenda Nacional de Santa Cruz.[244] A questão era assim arrematada pelo artigo 10º: "Do termo da cidade de S. Sebastião do Rio de Janeiro fica desanexado todo o território que lhe pertencia, e que na forma dos artigos sétimo e oitavo, passa a pertencer às vilas de Itaguahy e Iguassú".

A Lei nº 16, de 12 de agosto de 1834 (o chamado Ato Adicional), promoveu reformas na Constituição de 1824, entre as quais instituindo as Assembleias Legislativas Provinciais, em substituição aos antigos Conselhos Geraes. Em seu art. 1º, o Ato Adicional criou, ainda, o Município da Corte, sediado na cidade do Rio de Janeiro, e ao abrigo da autoridade da Assembleia da província homônima.

Os limites territoriais daquela nova entidade administrativa (o Município da Corte, ou Neutro) não foram estabelecidos formalmente em documento oficial algum. Na prática, seriam aqueles dados pela realidade de fato, ou seja, a área que subsistira após a sequência de ordens régias, alvarás e decretos que deram origem a novos municípios constituídos, ao menos parcialmente, de território originalmente localizado no termo da cidade do Rio de Janeiro. A realidade que se apresentava transparece na *Carta topographica de parte da provincia do Rio de Janeiro e do Municipio Neutro*, de 1854, em que a cidade do Rio de Janeiro vê-se circundada de municípios constituídos por terras que outrora compunham seu termo (mapa A1.9).

Não são muitas as estimativas contemporâneas da área compreendida pelo território do Município da Corte. O *Diccionario historico, geographico e ethnographico do Brasil*, editado pelo IHGB, traz quadro contendo três estimativas realizadas no período imperial.[245] A primeira tem como fonte uma *Carta geral do Brasil*, datada de 1863, e indica uma área de 1.394 km^2. Desconhece-se, contudo, qual seria esse mapa, considerando ainda que apenas em 1875 seria publicada a *Carta do Imperio do Brasil*, organizada pela Commissão da Carta Geral sob a presidência do general Henrique de Beaurepaire-Rohan.

A segunda provém do conhecido *Atlas do Imperio do Brazil*, organizado por Candido Mendes de Almeida em 1868, em que é oferecido o número de 32 léguas quadradas (equivalente a 1.394 km², admitindo-se uma légua de 6.600 m) para a área do Município da Corte. A terceira estimativa é devida à *Chorographia do Brasil*, de Alfredo Moreira Pinto, e indica uma área de 1.892 km².[246] A essas três estimativas pode-se acrescentar aquela constante do *Mappa do Municipio Neutro*, editado por Laemmert & Co., em que se informa uma área de 1.015,44 km² (mapa A1.10).[247]

Tem-se, em resumo, quatro fontes Oitocentistas diferentes com indicação de uma superfície total do Município da Corte que varia em uma amplitude significativa, de um mínimo de 1.015,44 km² a um máximo de 1.892 km².

Ao que tudo indica, o número mais baixo — que subestima a área da cidade do Rio de Janeiro — decorre do próprio traçado dos limites territoriais adotado pelo *Mappa do Municipio Neutro*. Em particular, uma área ao norte do Município da Corte e ao sul do rio Pavuna (na divisa atualmente com o município de São João de Meriti) e outra a oeste do rio Guandu, no limite com o município de Itaguaí, ali constam como pertencendo à província do Rio de Janeiro. Essa delimitação, como se verá adiante, estaria na origem de litígio de longa duração opondo (depois da Proclamação da República) o estado do Rio de Janeiro e o Distrito Federal, arrastando-se por décadas, com ganho de causa do município do Rio de Janeiro.

Por sua vez, a estimativa intermediária, constante do *Atlas* elaborado por Candido Mendes, exagera o tamanho do território do Município da Corte, tendo em vista as poucas alterações — para mais — que ele sofreria até alcançar os cerca de 1.200 km² atuais. Pela mesma razão, os 1.892 km² propostos pela *Chorographia do Brasil*, de Moreira Pinto, não se sustentam minimamente ao irem abertamente contra a lógica.[248]

A incerteza quanto à efetiva extensão territorial da cidade do Rio de Janeiro ganharia contornos mais dramáticos com a passagem do Decreto nº 1, de 8 de maio de 1892, do governo do estado do Rio de Janeiro, em que se dava nova organização municipal e distrital àquela unidade da Federação (Rio de Janeiro, 1892:142-160). Ao detalhar, em lei, os limites em que estavam compreendidos os municípios de Itaguahy e Iguassú, tomava como incontestes aqueles indicados no *Mappa do Municipio Neutro*, elaborado por Laemmert & Co. (Mollica, 1961:610). Teria início, então, litígio entre o estado do Rio de Janeiro e o Distrito Federal — e, na sequência, do estado do Rio de Janeiro com o estado da Guanabara e o município do Rio de Janeiro — envolvendo territórios com superfície estimada em 94 km^2 (ao norte, nas imediações dos rios Pavuna/Meriti) e 48 km^2 (na Zona Oeste, na região do rio Guandu).[249]

Conforme argumenta Mollica (1961) — e, antes dele e com profusão de detalhes, Vieira Fazenda (1921) e Noronha Santos (1919) —, a reivindicação do estado do Rio de Janeiro não se sustentava minimamente, sendo inevitável o ganho da causa por parte do município carioca. Não obstante, mesmo um reconhecido especialista no tema fez coro às reivindicações fluminenses ao afirmar, em texto de trabalho cartográfico precioso, que

> o território do MUNICÍPIO NEUTRO [maiúsculas no original] era bem menor do que o do atual Estado da Guanabara, já que não incluía as áreas a oeste do Rio Guandú, até o Rio da Guarda ou Itaguaí, e ao norte da linha entre a confluência do Rio da Prata com o Guandu-Mirim e o Rio Meirinho, compreendida pelas encostas sul da Serra de Gericinó e as terras baixas ao sul do Rio Pavuna (Barreiros, 1965: prancha 15].

Infelizmente, Eduardo C. Barreiros, autoridade inconteste, não oferece qualquer indicação de fonte documental em que tal afirmativa se sustenta (o mapa preparado por Barreiros é aqui reproduzido sob o número mapa A1.11).

O *Mappa do Districto Federal (cidade do Rio de Janeiro)*, de autoria de Olavo Freire e datado de 1911, revela imagem familiar aos olhares do século XXI (comparar mapa A1.12 e mapa A1.13). Nele é apresentada estimativa de uma superfície de 1.116,6 km^2 para a cidade, número idêntico ao que consta do *Annuario de estatistica municipal do Rio de Janeiro* (Prefeitura do Districto Federal, 1910-1911:2). Já a edição de 1923/24 do *Annuario de estatistica da cidade do Rio de Janeiro* (Prefeitura do Districto Federal, 1923-1924: v. V, p. 51) reporta uma superfície total "com a área conquistada pelas primeiras obras do cais do Porto executadas depois de 1902" de 1.163,9 km^2. A publicação contrasta, ainda, tal número com os 1.116,6 km^2 de área "oficialmente computada" em 1906 "antes da revisão do cálculo", sem indicar quando exatamente tal revisão teria ocorrido.

A edição de 1939 do *Anuário estatístico do Distrito Federal* (Prefeitura do Districto Federal, 1939:4) traz estimativa de uma superfície da cidade do Rio de Janeiro ligeiramente superior — 1.167 km^2. Em nota de rodapé, informa que tal cálculo fora feito "sobre a planta do Distrito Federal levantada pelo serviço aerofotográfico, na escala de 1:50.000". Igual valor (1.167 km^2) ainda constava da edição de 1960 da *Enciclopédia dos municípios brasileiros* (IBGE, 1960: v. XXIII — Distrito Federal, p. 3) e do *Anuário Estatístico do Estado da Guanabara* 1959/60 (Estado da Guanabara, 1959-1960:4).[250]

Ao longo da década de 1960, o *Anuário estatístico do Brasil*, publicado pelo IBGE, indicava sistematicamente área do estado da Guanabara de 1.356 km^2 — superior em mais de 15% às estimativas oficiais do governo do Rio de Janeiro. Apenas na sua edição de 1967 ficou esclarecido que tal número se referia à área total da cidade, incluindo suas águas internas. A área terrestre do Rio, de acordo com aquele órgão federal, seria de 1.171 km^2.[251]

Nas edições de 1971 e 1974 do *Anuário estatístico da Guanabara*, a área da cidade do Rio de Janeiro é estimada em 1.187,87 km^2 — cerca de 20 km^2 a mais do que o reportado na edição de 1959/60 do mesmo *Anuário*. A publicação da Prefeitura intitulada *Informações básicas da cidade do Rio de Janeiro — 1981/1984* (Prefeitura do Rio de Janeiro, 1985), por sua vez, retoma o número de 1.171 km^2. Já as edições de 1992/93 e 1998 do *Anuário estatístico da Cidade do Rio de Janeiro* trazem, ambas, estimativas de área terrestre de 1.255,28 km^2. A diferença de mais de 80 km^2 em relação aos números anteriormente divulgados pelas publicações oficiais da cidade jamais poderia ser explicada exclusivamente por obras de aterramento ocorridas na década de 1980 (Linha Vermelha e urbanização da favela da Maré, por exemplo).

Atualmente, o Instituto Pereira Passos adota como estimativa da área da cidade do Rio de Janeiro 1.204,15 km^2. A diferença em relação aos 1.182,296 km^2 calculados pelo IBGE e registrados em Resolução de 5/10/2002 deve-se ao uso de metodologias e bases cartográficas distintas por parte dos dois órgãos. Independentemente das diferenças, ambas dão a medida do processo de involução da área da cidade, reduzida a cerca de metade do que fora originalmente estabelecido no despacho de 1567 de Mem de Sá.

Mapa A1.1

Sesmarias concedidas no recôncavo da Guanabara, 1565/66

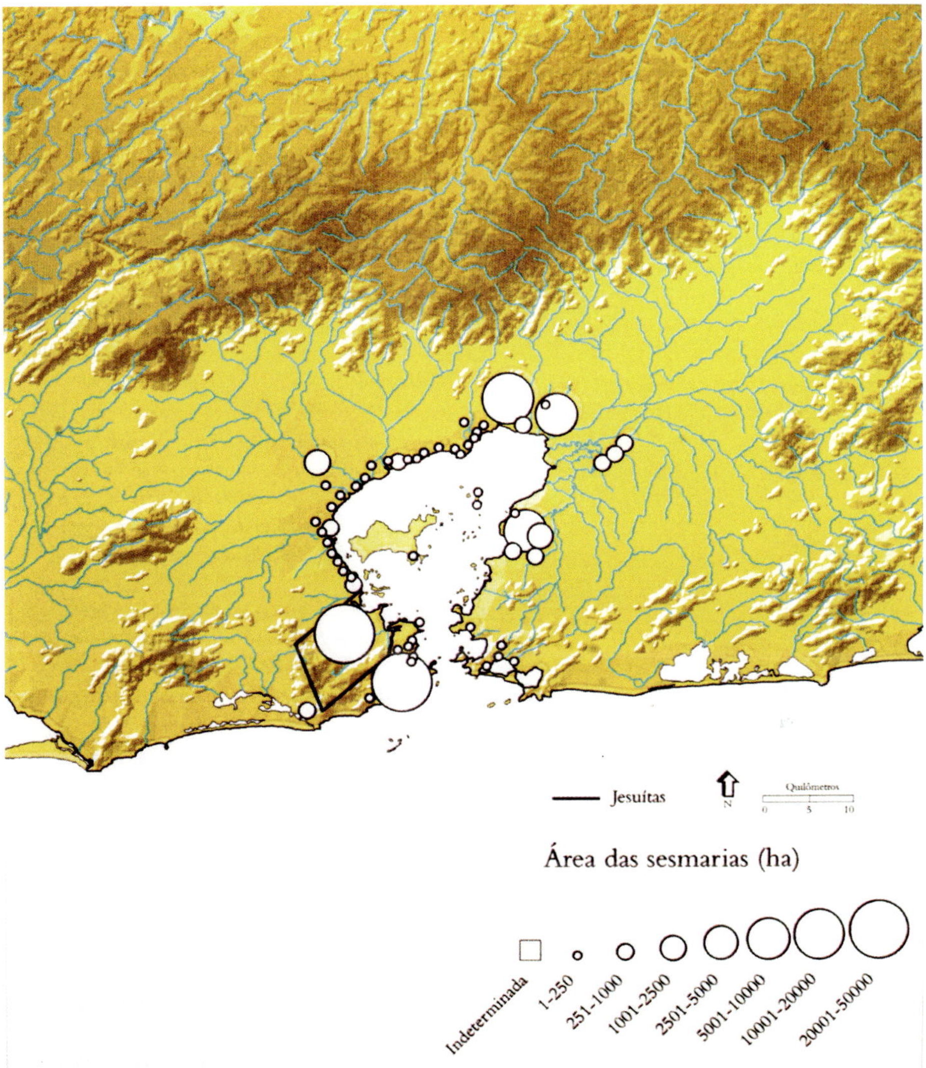

Fonte: Abreu (2010: v. 1, p. 213).

Mapa A1.2

Área do "termo" da cidade do Rio de Janeiro segundo o despacho de 1567 de Mem de Sá

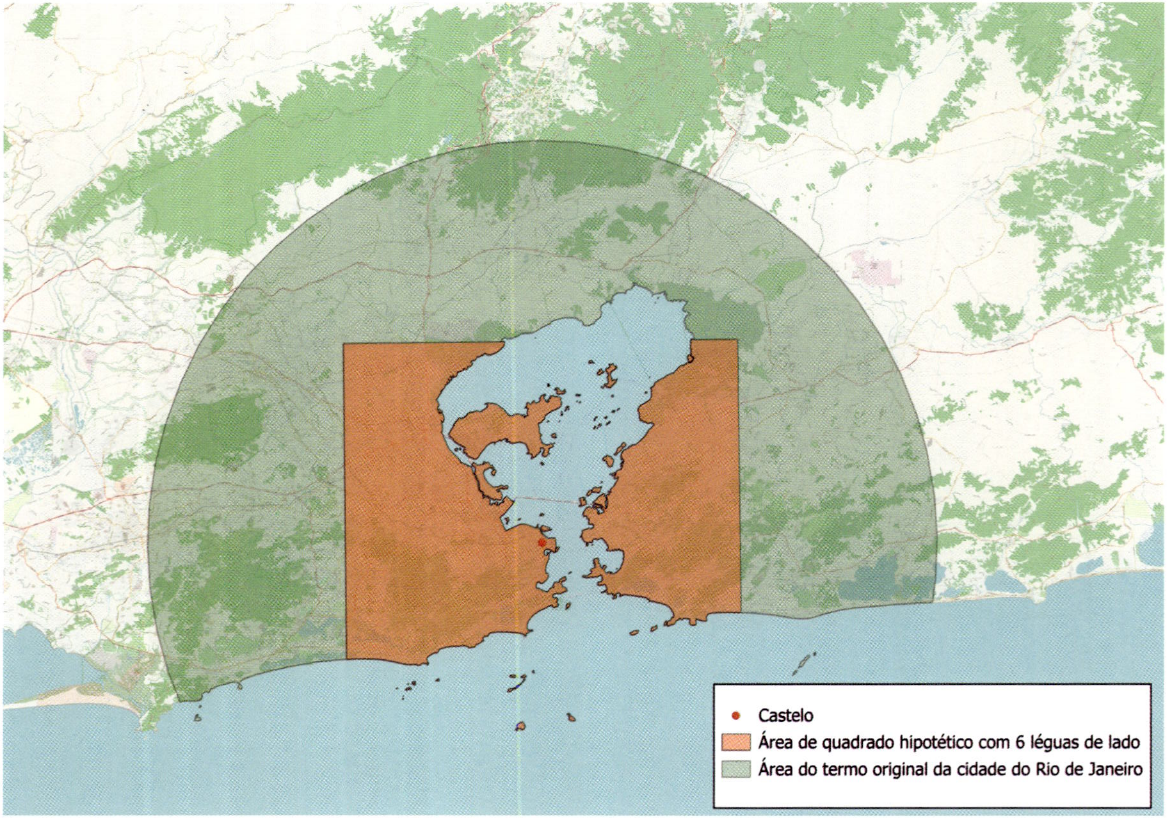

Fonte: Elaboração do autor.

Mapa A1.3

Sesmarias concedidas na capitania real do Rio de Janeiro, 1567-75

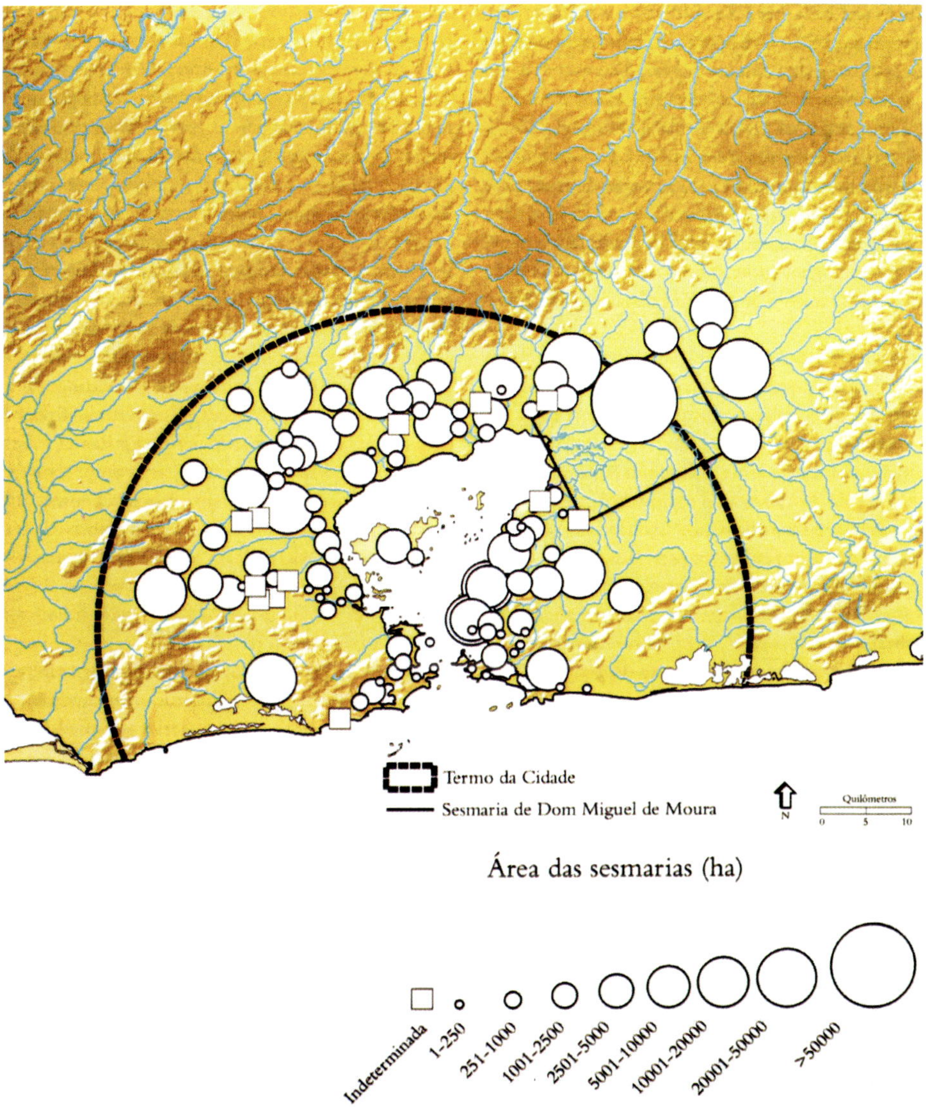

Fonte: Abreu (2010: v. 1, p. 219).

Mapa A1.4

Sesmarias concedidas na capitania real do Rio de Janeiro, 1601-50

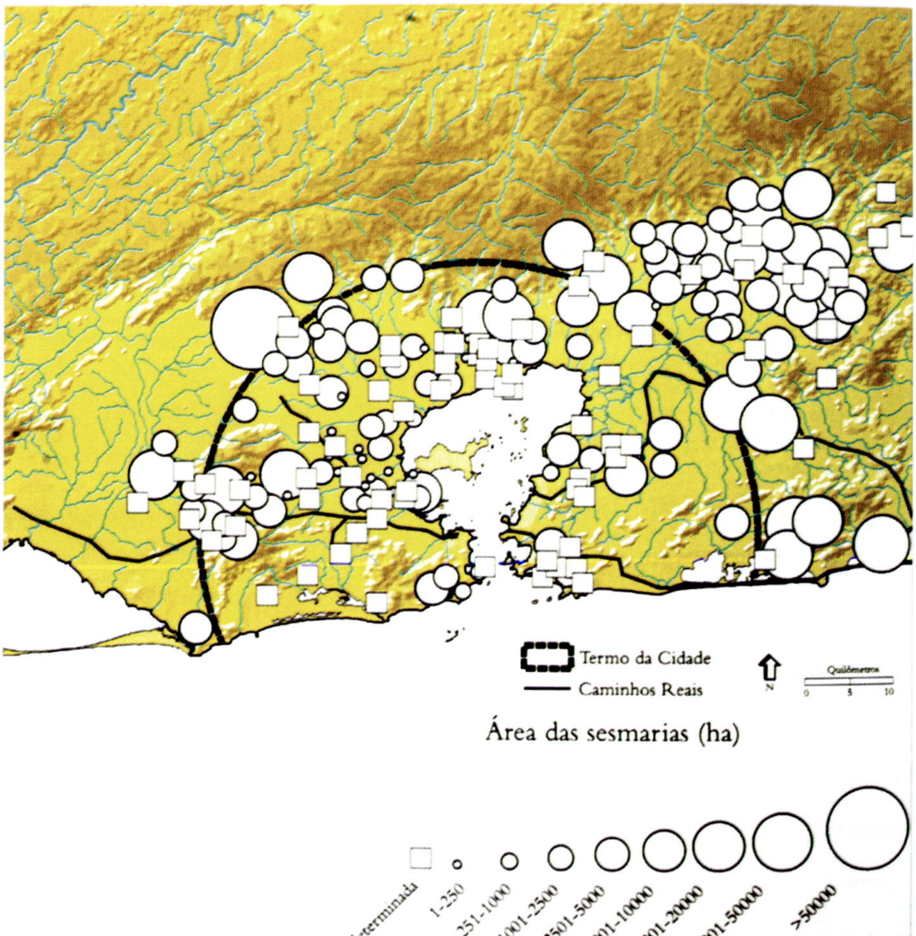

Fonte: Abreu (2010: v. 1, p. 226).

Mapa A1.5

Sesmarias concedidas na capitania real do Rio de Janeiro, 1651-1700

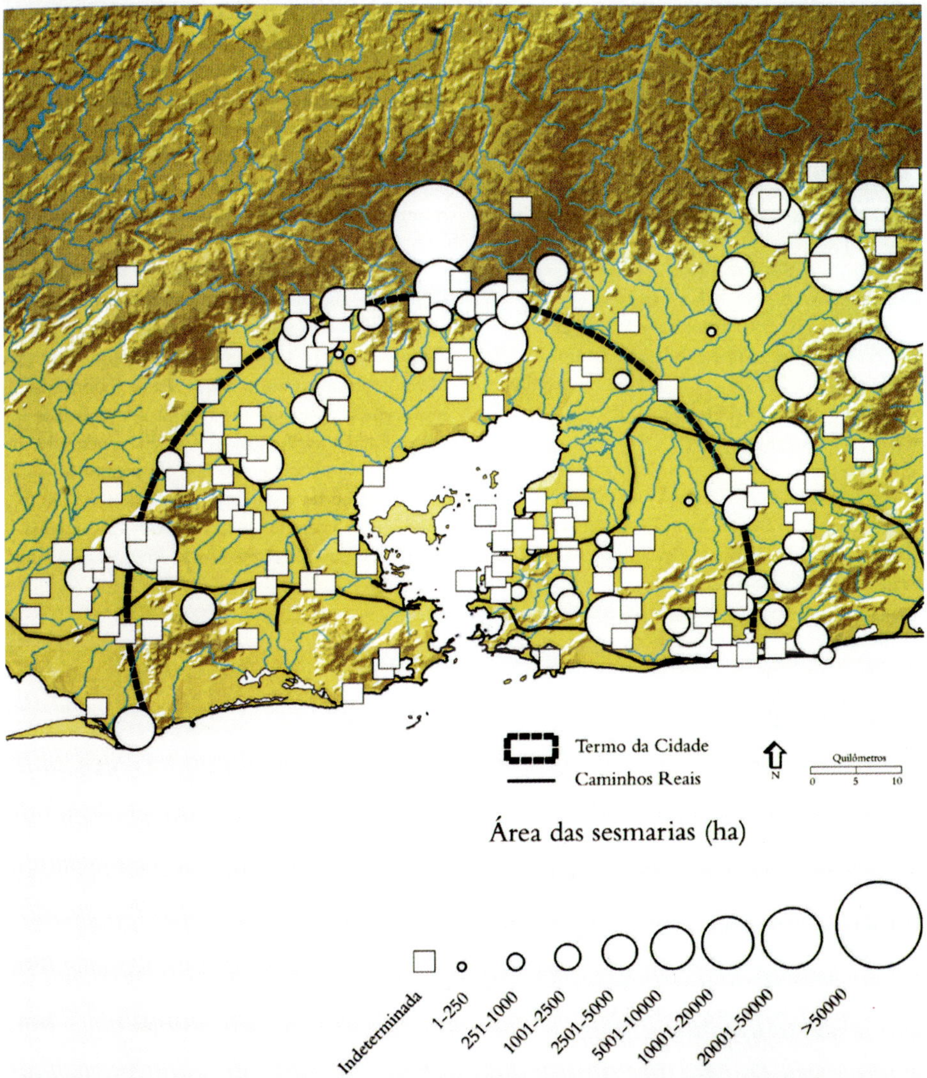

Fonte: Abreu (2010: v. 1, p. 229).

Mapa A1.6

Freguesias da cidade do Rio de Janeiro (final do século XVII)

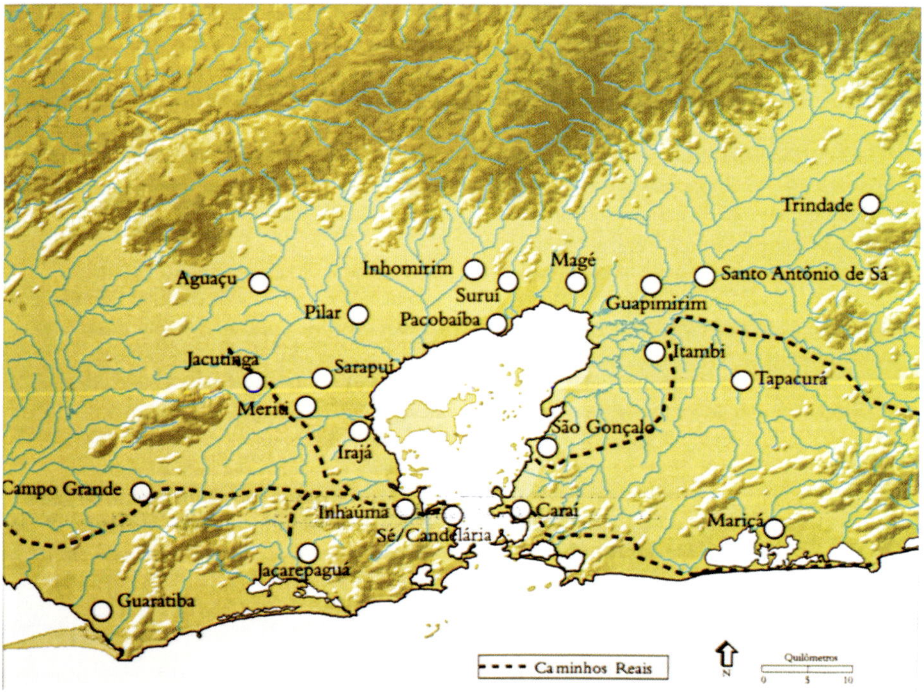

Fonte: Abreu (2010: v. 1, p. 353).

Mapa A1.7

Carta topographica da capitania do Rio de Janeiro em 1767

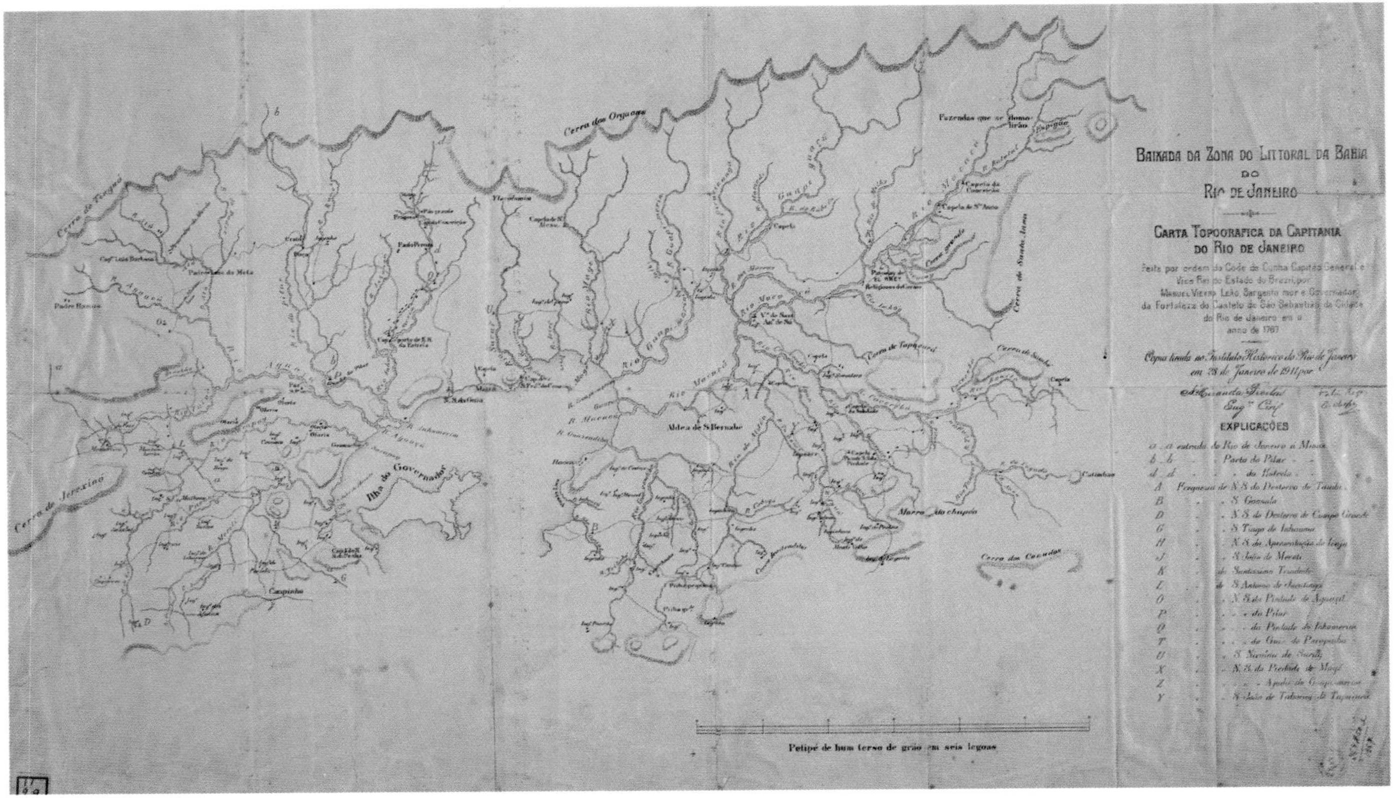

Fonte: Acervo Serviço de Patrimônio da União (SPU). Disponível em: https://memoria-spu.gestao.gov.br/acervo-historico/carta-topografica-da-capitania-do-rio-de-janeiro-1767/.

Mapa A1.8

Planta da cidade de S. Sebastião do Rio de Janeiro levantada por ordem de Sua Alteza Real

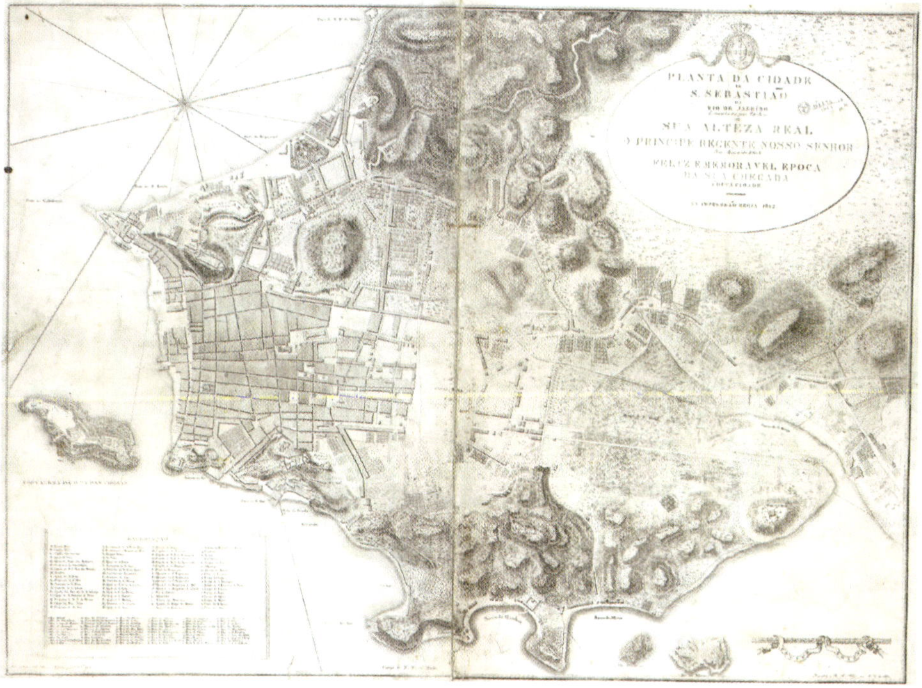

Fonte: Acervo Fundação Biblioteca Nacional — Brasil. Disponível em: https://objdigital.bn.br/objdigital2/acervo_digital/div_cartografia/cart177686/cart177686.html.

Mapa A1.9

Carta topographica de parte da provincia do Rio de Janeiro e do Municipio Neutro (1854)

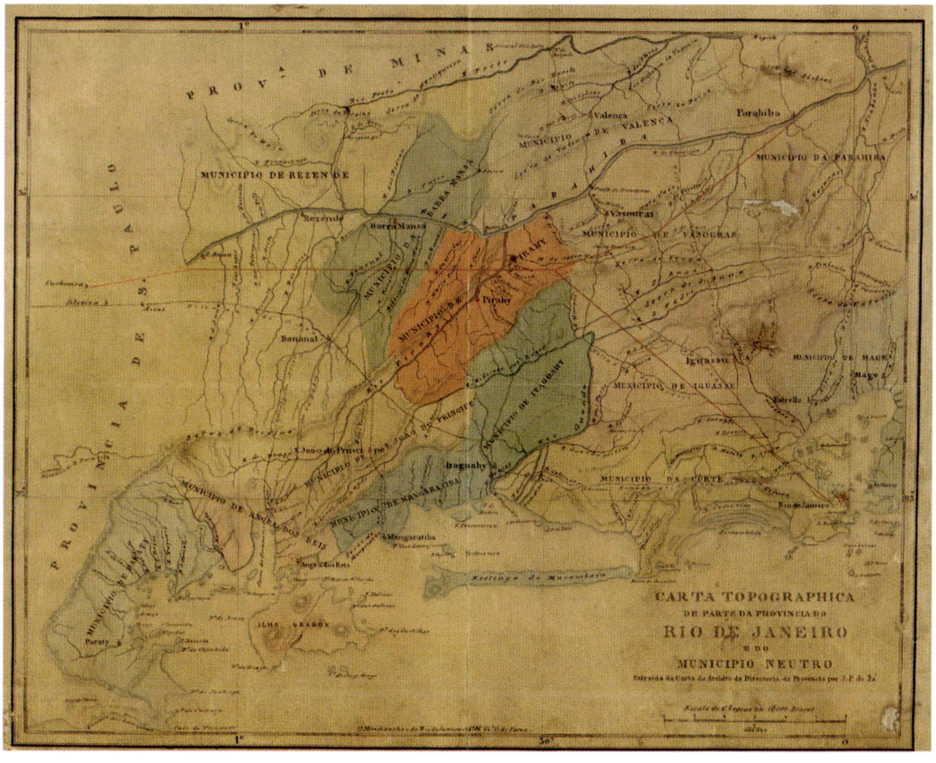

Fonte: Acervo Fundação Biblioteca Nacional — Brasil. Disponível em: https://objdigital.bn.br/objdigital2/acervo_digital/div_cartografia/cart534323/cart534323.html.

Mapa A1.10

Mappa do Municipio Neutro

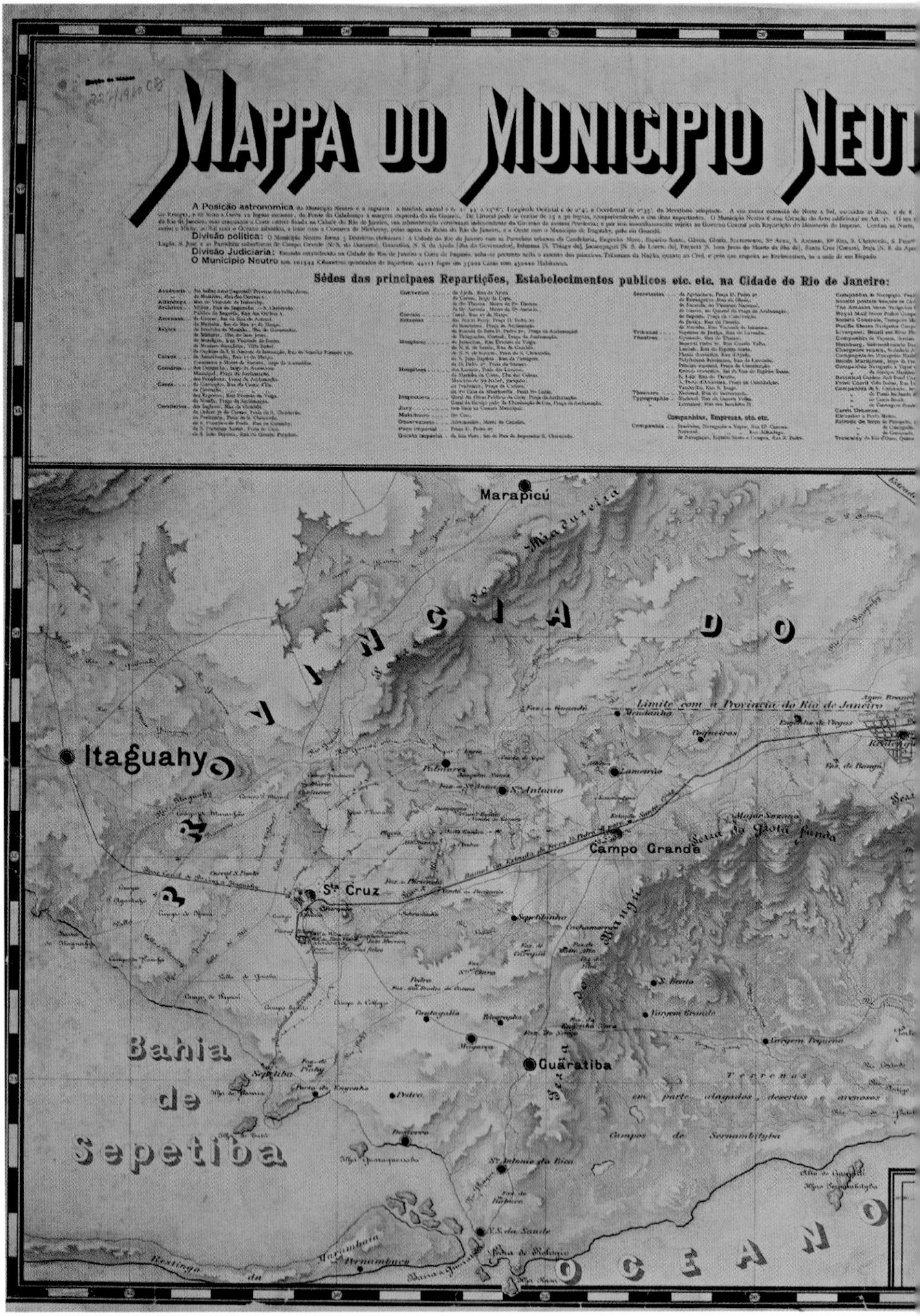

Fonte: Acervo Biblioteca Digital do Senado Federal. Disponível em: https://www2.senado.leg.br/bdsf/handle/id/242547.

Inhomerim
MAGÉ
Conceição
Suruhy
Pilar
Estrella
N. S. dos Remedios
Mauá
N. S. da Guia
BAHIA
DO
RIO
DE
JANEIRO
Mirity
B. J. do Monte
Paquetá
N. S. da Ajuda
Ilha do Governador
Irajá
N. S. da Penha
Inhauma
S. Gonçalo
S. Lourenço
NICTHEROY
Jurujuba
Jacarepaguá
Santa Cruz
Itaipú
ATLANTICO
Convenções
Escala de 1 : 75000
CIDADE
Villa
Parochia
Capella
Povoação
Estrada de Ferro
Editores-Proprietarios
LAEMMERT E Cia, RIO DE JANEIRO
PELAGO DA TRINDADE

Mapa A1.11

Mapa do estado da Guanabara

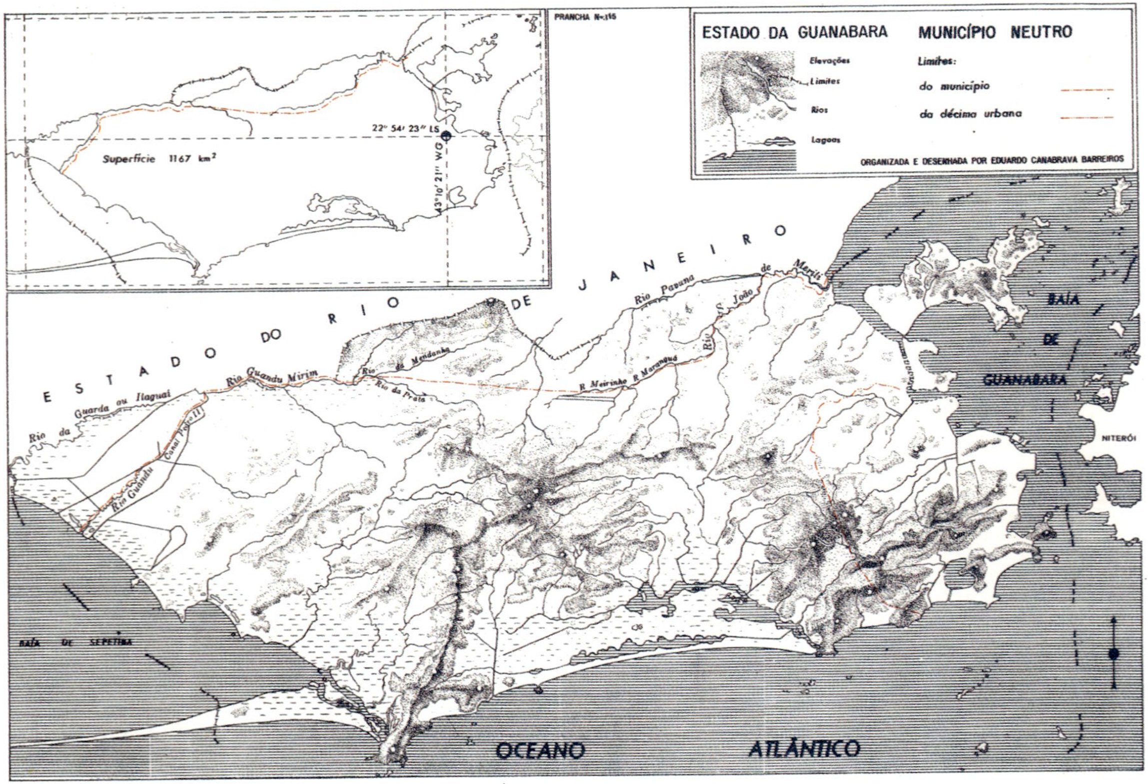

Fonte: Barreiros (1965: prancha n. 15).

Mapa A1.12

Mappa do Districto Federal (cidade do RJ) por Olavo Freire

Fonte: Acervo Fundação Biblioteca Nacional — Brasil. Disponível em: https://objdigital.bn.br/objdigital2/acervo_digital/div_cartografia/cart177671/cart177671.html.

Mapa A1.13

Mapa da Cidade do Rio de Janeiro 2023

Fonte: Datario. Disponível em: www.data.rio/documents/046ece6cc9b7499698535e4daa9974c6/explore.

Baía de Guanabara
Oceano
Atlântico
N
W
E
S

ANEXO 2

EVOLUÇÃO POPULACIONAL DO RIO DE JANEIRO

O período colonial e o império do impressionismo

Devem-se a cronistas contemporâneos as primeiras estimativas da população da cidade do Rio de Janeiro. Pero de Magalhães Gândavo, por exemplo, estimou em 140 o número de "fogos" na cidade em 1570 (após, portanto, sua transferência para o morro do Castelo), o que corresponderia a cerca de 700 habitantes.[252]

Note-se que tal estimativa não leva em conta a totalidade do termo original da cidade do Rio de Janeiro (calculado no anexo 1 em pouco menos de 2,3 mil km^2), mas sim seu núcleo urbano, e tampouco a população nativa. Silva (2021:103) estima conservadoramente a população tupinambá em 80 mil indivíduos antes da fundação da cidade. Já Dean (1984) sugere uma densidade de nove indivíduos tupinambás/km^2 no litoral do Rio de Janeiro à época do contato com os europeus. Tomando-se uma superfície de planícies da ordem de 2.000 km^2 (equivalente à área original estimada da cidade líquida da superfície dos maciços da Tijuca e da Pedra Branca), resultaria em população de aproximadamente 18 mil nativos, o que parece muito pouco à luz da mortandade que se seguiu a este primeiro contato.

Para Fernão Cardim, seriam 150 os fogos (para uma população de 750 indivíduos) na cidade em 1583, aos quais o padre José de Anchieta acrescentaria 3 mil índios "pacificados" no ano de 1585.[253] Para cerca de 1590, Francisco Soares propõe uma população de 280 fogos (ou 1.400

indivíduos), 700 escravos africanos e 3 mil índios cristãos, totalizando 5.100 moradores no Rio de Janeiro ao final do século XVI.

Tabela A2.1
Estimativas da população da cidade do Rio de Janeiro, 1570-1751

Ano	População	Fonte
1570	140 fogos (700 indivíduos)	Pero de Magalhães Gândavo. *Tratado da terra do Brasil.* Apud: Carrara (2014: tabela 1, p. 7).
1583	150 fogos (750 indivíduos)	Fernão Cardim. *Tratados da terra e da gente do Brasil.* Apud: Carrara (2014: tabela 1, p. 7).
1585	150 fogos + 3 mil índios "pacificados" = 3.750 indivíduos	José de Anchieta. *Informação da provincia do Brasil para Nosso Padre.* Apud: Carrara (2014: tabela 1, p. 7).
ca. 1590	280 fogos (1.400 moradores) + 700 escravos africanos + 3 mil índios = 5.100 indivíduos	Francisco Soares. *Coisas notáveis do Brasil*, v. 1. Apud: Carrara (2014: tabela 1, p. 7).
1647	"mais de 20 mil almas" nos distritos rurais	Prelado Antônio de Mariz Loureiro, citado em Coaracy (1965:131).
Meados do séc. XVII	2.500 + guarnição de 600 homens	Robert Southey. *History of Brazil* (1810: v. 2, p. 667).
1672	3-4 mil "almas" + 20 mil escravos = 23 mil-24 mil indivíduos	Rodrigo Espírito Santo e pe. Antonio Vieira em processo instaurado pela Santa Sé para a criação do bispado do Rio de Janeiro. Apud: Carrara (2014:11-14).
1687	16.398 pessoas "de comunhão", equivalentes a 20,5 mil - 21,9 mil indivíduos	Visita pastoral realizada no Bispado do Rio de Janeiro. Apud: Carrara (2014: tabela 3, p. 15).
1690	20 mil almas (livres)	Roberto Simonsen. *História econômica do Brasil* (2005:289).
1710	"mais de vinte mil almas"	Alphonse de Beauchamp. *Histoire du Brésil...* (1815: v. 3, p. 396).

Ano	População	Fonte
1730	"10 mil vizinhos e outros tantos no seu recôncavo"	Sebastião de Rocha Pitta. *Historia da America...* (1730:119).
1749	24.397 indivíduos "de confissão", equivalentes a 30,5 mil-32,5 mil habitantes	Robert Southey. *History of Brazil* (1810: v. 3, p. 813).
1750	25 mil indivíduos	Balthazar da Silva Lisboa. *Annaes do Rio de Janeiro*, t 5, p. 176. Apud: Brasil (1895:x).
1751	"cerca de 50 mil, incluindo os negros"	Nicolas Louis de Lacaille. *Journal historique...* (1763:122).

Fonte: Elaborada pelo autor.

Referência a "mais de 20 mil almas" apenas nas freguesias rurais da cidade em 1647, atribuída ao prelado Antônio de Mariz Loureiro, é provavelmente excessiva. Em contraposição, Robert Southey, em sua *History of Brazil*, oferece uma estimativa de somente 3.100 habitantes em meados do século XVII; certamente refere-se apenas às freguesias centrais da urbe e, muito provavelmente, não incluiu no total os escravos e índios "pacificados". Mais plausíveis são os números propostos por Rodrigo Espírito Santo e o padre Antonio Vieira, de 23 mil a 24 mil moradores em 1672, sendo a esmagadora maioria constituída por escravos. A visita pastoral realizada 15 anos depois, envolvendo todas as freguesias existentes na área do Bispado do Rio de Janeiro, apurou um total entre 20,5 mil e 21,9 mil moradores no termo da cidade do Rio.[254]

As "20.000 almas" (de homens livres) indicadas por Roberto Simonsen como sendo a população da cidade em 1690 são suspeitamente semelhantes às "mais de vinte mil almas" a que se referira Alphonse de Beachamp em obra de 1815 como estimativa da população (total?) do Rio em 1710. Já pouco crédito — por exagerados — deve ser dado aos números propostos por Sebastião da Rocha Pitta, de uma população de "10 mil vizinhos e outros tantos em seu recôncavo" em 1730, o que significaria aceitar um quantitativo de cerca de 100 mil moradores no Rio nas primeiras décadas do século XVIII.

Enquanto aproximação da população da cidade do Rio de Janeiro em todo o seu termo, os 25 mil habitantes em 1750 indicados por Balthazar da Silva Lisboa constituem clara subestimativa ao desconsiderar o crescimento da cidade havido na primeira metade do Setecentos, período de apogeu do *boom* minerador que contribuiu para reforçar a importância política e econômica do Rio de Janeiro. Caso o autor se refira apenas a seu núcleo urbano, a estimativa se torna ligeiramente mais plausível.

Robert Southey, por seu turno, fala em uma população de 24.397 indivíduos "de comunhão" na cidade do Rio de Janeiro em 1749. Admitindo-se que os menores de 10 anos constituíssem de 20% a 25% da população da cidade, resultaria em estimativa variando de 30,5 mil a 32,5 mil habitantes (quase certamente, referente às freguesias centrais).

Por sua vez, o número de "cerca de 50 mil, incluindo os negros", que o abade de Lacaille sugere para 1751, como se verá em seguida, é superior ao apurado nas freguesias urbanas do Rio de Janeiro ("dentro de muros") em levantamento realizado entre 1779 e 1789. Assim, possivelmente superestima a população da área que o próprio estudioso pôde conhecer *in loco* em fevereiro de 1751.

Os primeiros inquéritos populacionais: 1779 a 1872[255]

Foram sete os levantamentos populacionais[256] realizados na cidade do Rio de Janeiro entre 1779 e 1870, a saber: os dois primeiros, em 1779-89 e 1799, e outros cinco, com graus diversos de confiabilidade, em 1821, 1838, 1849, 1856 e 1870.[257] Os seus resultados aparecem na tabela A2.2, acrescidos dos números apurados pelo Censo do Império de 1872, para efeito de comparação. Em benefício da concisão, optou-se por exibir os dados apenas segundo dois recortes — região (se freguesia rural ou urbana) e condição jurídica (livres e escravos).[258]

Tabela A2.2
Resumo dos resultados dos inquéritos populacionais realizados no Rio de Janeiro, 1779-89 a 1872

	Urbano		Rural		Total		Pop. Total
	Livre	Escravo	Livre	Escravo	Livre	Escravo	
1779-89	21.900	16.807	23.090	27.901	44.990	44.708	89.698
1799	28.390	14.986	n.d.	n.d.	28.390	14.986	43.376
1821	43.139	36.182	14.466	18.908	57.605	55.090	112.695
1838	60.025	37.137	18.500	21.416	78.525	58.553	137.078
1849	127.051	78.855	28.813	31.747	155.864	110.602	266.466
1856	81.266	33.760	22.028	14.522	103.294	48.282	151.576
1870	154.649	36.353	30.640	13.739	185.289	50.092	235.381
1872	191.176	37.567	34.857	11.372	226.033	48.939	274.972

Fontes: Ver referências no texto.
n.d. = dado não disponível.

O inquérito populacional produzido entre 1779 e 1789 registrou a presença de 38.707 habitantes nas quatro freguesias "dentro de muros" da cidade (Memorias publicas e economicas..., 1884:27-29). De autoria desconhecida, revelou, ainda, a existência de 51.085 indivíduos nas 22 freguesias situadas "fora de muros" do Rio de Janeiro.[259]

Possivelmente, a primeira surpresa que tem um leitor moderno ao examinar a página que abre a tabela intitulada "Mappa geral das cidades, villas e freguesias que formão o corpo interior da capitania do Rio de Janeiro, com declaração do numero de seus templos, fogos, etc.", parte de *Memorias publicas e economicas...* (1884), é o número de freguesias que então compunham a cidade. Nas palavras de Varnhagen (apud Pinho, 1961:7), em fins do século XVIII "[havia] nesta cidade quatro freguesias; em todo o seu termo, contadas estas estão vinte e seis, de serra dentro dezessete e de serra fora, nove".

Conforme discutido no anexo 1, diversas freguesias rurais do Rio de Janeiro ao final do século XVIII iriam dar origem, nas três primeiras décadas do século seguinte, a municípios localizados no Vale do Paraíba, Baixada Fluminense e na margem oriental da baía de Guanabara, estendendo-se até a moderna Região dos Lagos. Os limites da cidade eram, portanto, muito maiores do que aqueles dados pelos seus atuais 1.200 km^2. Mas eles iriam mudar (para menos) nas primeiras décadas do século XIX.

As quatro freguesias "dentro de muros" em 1779-89 constituíam o núcleo original da urbe, formado a partir da "descida" da cidade a partir do morro do Castelo, para o qual havia se transferido em 1567, em direção à várzea circunvizinha. Eram elas, à época, Sé Catedral, Candelária, São José e Santa Rita. Elas quatro (posteriormente acrescidas de outras) viriam a ser referidas em diversos documentos como constituindo as freguesias "urbanas" ou a "cidade" — este último termo ainda usado nos dias de hoje por cariocas de uma certa geração ao se referirem ao bairro do Centro. Para o azar dos pesquisadores, contudo, frequentemente o termo "cidade" era utilizado por autores da época para se referir ora àquele núcleo central do Rio, ora para o município como um todo. Motivo adicional, portanto, para que se tenha atenção redobrada quando se compulsam os documentos oficiais (ou não) produzidos no século XIX.

Voltando agora aos números constantes da referida tabela (ou "mappa", como preferiam os contemporâneos), consta, para as freguesias "dentro de muros" — e não, portanto, como querem muitos autores modernos, para o Rio de Janeiro na sua totalidade — uma população em 1779-89 de 38,7 mil — tal número é reportado, entre outros, por Alden (1987). Assumindo-se que as *parcelas* constantes da tabela (separando a população de acordo com o sexo e a condição jurídica dos indivíduos) estão corretas, nota-se — de imediato — que o total de moradores não seria de 38.707, mas sim de 39.146.[260] Diferença pequena, é verdade. Porém, ela aumenta mais ao se incorporarem três ressalvas indicadas no corpo do documento reproduzido pela *Revista do IHGB*.

Primeiramente, lê-se à página 29 que 2.006 moradores incluídos entre a população da freguesia de São José na realidade ficavam "fora de muros". A retirada desse contingente do total da população urbana e sua transferência para o quantitativo de moradores das freguesias rurais em nada altera o total da população da cidade, é claro, apenas sua distribuição entre as duas áreas. Porém, as duas outras retificações que se impõem têm este condão: os números exibidos no "mappa" não incluem "2.000 escravos, pouco mais ou menos" da Fazenda de Santa Cruz (expropriada pelo estado aos jesuítas em 1759) e tampouco o corpo militar de primeira linha localizado na capital. Este último, discriminado por cada um dos regimentos de infantaria e artilharia, além de duas companhias de cavalaria, somaria, segundo tabela que consta da página 30, 6.180 praças. Ocorre que aqui também houve erro ao se somarem as parcelas que, na realidade, totalizam 4.744 indivíduos.

Caso se considere que tal contingente militar estivesse estacionado integralmente nas freguesias centrais da cidade, e subtraindo-se os 2.066 moradores que deveriam ser classificados como habitantes de freguesias rurais, chega-se à estimativa de 41.824 habitantes "dentro de muros" no Rio de Janeiro em algum ponto entre 1779 e 1789. Cerca de 8% superior ao número apontado por vários autores como correspondendo à população de *toda* a cidade em 1780.[261]

Já as freguesias "fora de muros" reuniriam 51.085 habitantes (e não 51.011, como consta do "mappa") que, acrescidos dos 2.006 moradores originalmente incluídos no total da freguesia de São José e cerca de 2 mil escravos da Fazenda de Santa Cruz, perfariam 55.151 indivíduos. A população aproximada da cidade do Rio de Janeiro (considerando-se todo o seu termo, ou limite geográfico) nos anos 1780 seria, portanto, da ordem de 41,8 mil + 55,2 mil, ou 97 mil habitantes. (Bem) longe, pois, dos 38,7 mil adotados por boa parte da literatura.[262]

O segundo levantamento populacional realizado no Rio de Janeiro no último quartel do século XVIII refere-se ao ano de 1799, à época do vice-rei Conde de Rezende. A tabela da qual são extraídas as estimativas populacionais para aquele ano foi originalmente publicada no tomo XXI (de 1858) da *Revista do IHGB* e reimpressa pelo mesmo periódico em 1930. Limitado às suas freguesias urbanas (em 1799, as mesmas da contagem de 1779-89, quais sejam, Sé, Candelária, São José e Santa Rita), indica um total de 43.376 habitantes na cidade do Rio de Janeiro naquele ano. Destes, 28.390 eram livres (e libertos) e os restantes 14.986, escravos.

Conforme indicado na nota ao referido "mappa", tal quantitativo não inclui a tropa estacionada na cidade. De acordo com manuscrito anônimo datado de 1796, naquele ano guarneciam o Rio de Janeiro quatro regimentos e um esquadrão de cavalaria (Extrato do Censo..., 1796). Tomando por base uma média de 780 praças por regimento e considerando-se que cada regimento de cavalaria era composto de quatro esquadrões, chega-se a um efetivo de cerca de 3.300 praças.[263] Somados ao total anterior, tem-se uma população estimada para o núcleo urbano do Rio de Janeiro em 1799 de cerca de 46,7 mil indivíduos. Trata-se de número compatível com o "senso comum" segundo o qual a população do Rio de Janeiro quando da vinda da Família Real, em 1808, seria da ordem de 50 mil habitantes — quantitativo que, como se verá mais à frente, se refere aos habitantes que viviam na região central da cidade e não à população total do município.[264]

Para se chegar a uma estimativa da população da cidade ao final do século XVIII em toda a sua extensão — isto é, incluindo também as freguesias outras que não as centrais —, pode-se tomar a taxa de crescimento do número de habitantes das freguesias urbanas entre o levantamento de 1779-89 e o de 1799 (equivalente a 10,9%) e aplicá-la ao somatório da população apurada nas 22 freguesias rurais no primeiro período (revista, conforme detalhado anteriormente, para 55.151 indivíduos). Com efeito, considerando-se que: a) o núcleo urbano da cidade do Rio de Janeiro ainda era, relativamente, descongestionado no final do século XVIII (e, portanto, não tão sujeito às epidemias que iriam grassar na segunda metade do século XIX) e b) a cidade ainda não fora submetida aos "choques demográficos" que seriam representados, anos mais tarte, pela Abertura dos Portos (1808) e, a partir daí, ingresso de maior número de europeus e, mais ainda, a intensificação do desembarque de escravizados nas primeiras décadas do Oitocentos, não há razão para se supor taxas de crescimento populacional significativamente distintas entre os dois grupos de freguesias no final do século XVIII.

Resulta do exercício detalhado anteriormente o número de 61.162 moradores nas "freguesias de fora" em 1799. Somados aos 46,7 mil indivíduos constantes como morando nas freguesias centrais, chega-se a uma estimativa revisada de cerca de 107,9 mil moradores dentro dos limites da cidade do Rio de Janeiro em 1799.[265]

A eclosão da Revolução do Porto, em 1820, e a necessidade de se indicar os representantes dos diversos domínios portugueses que participariam das deliberações das Cortes Gerais motivaram a contagem da população do Rio de Janeiro levada a cabo em 1821. Concluídos os trabalhos, seus resultados foram remetidos ao vice-rei, conde dos Arcos, em 15 de maio daquele ano, pouco após o regresso a Portugal de d. João VI e sua comitiva — estimada por Armitage em "mais de três mil" indivíduos.[266]

O número de 112.695 habitantes como indicativo da população total da cidade do Rio de Janeiro em 1821 (tabela A2.2), amplamente repetido na literatura, não está correto. Segundo as informações constantes do "Mappa dos fogos, pessoas livres e escravos compreendidos nas freguesias da cidade e província do Rio de Janeiro", reproduzido no tomo 33 (de 1870) da *Revista do IHGB*, a população da cidade naquele ano deve ser revista — para cima — em mais de 15%. Para cerca de 130,2 mil.

A razão para tanto é um entendimento equivocado da mudança dos limites geográficos do município nas primeiras décadas do século XIX. Para diversos autores modernos — que, ao que tudo indica, seguiram Silva (1870) —, a cidade contaria, em 1821, com apenas nove freguesias rurais (incluindo, indevidamente, Paquetá). Eram 13, na realidade.[267]

A criação, entre 1815 e 1820, pela ordem, das vilas de Maricá, Itaguaí, Praia Grande (atual Niterói) e N. Senhora da Conceição do Alferes resultara na "perda" de 10 freguesias que até então faziam parte do território da cidade do Rio, reunindo uma população em 1799 de cerca de 22,3 mil habitantes.[268] Além disso — e contrariamente ao que se supõe —, até 1833 a (pequena) freguesia de Paquetá não fazia parte da cidade do Rio de Janeiro, mas sim da vila de Magé. Sua população deve ser excluída, portanto, de qualquer cálculo do número de moradores do Rio em 1821 baseado no conhecido "Mappa dos fogos, pessoas livres...".

Considerando-se, na referida fonte, as cinco freguesias urbanas existentes em 1821, com seus 79.321 moradores, e as 13 freguesias rurais[269] reunindo 50.902 habitantes, chega-se a um total de 130.223 "almas" na cidade do Rio de Janeiro naquele ano.[270]

O arrolamento realizado em 1838, por ordem do ministro da Justiça Bernardo Pereira de Vasconcelos, contou 137.078 habitantes no Rio, agrupados em oito freguesias "da cidade" e outras oito "fora da cidade". Anos antes, o Rio de Janeiro "perdera" cinco freguesias (Merity, Pilar, Iguassú, Jacotinga e Marapicu), que deram origem, em 1833, à vila de Iguassú.[271] Por outro lado, passou a incluir a freguesia de Paquetá e recuperou a área do curato de Santa Cruz que, por um breve período, estivera incorporada ao termo da vila de Itaguaí.[272]

Responsável último pelo arrolamento populacional daquele ano, Eusébio de Queirós, então chefe de Polícia da Corte, já reconhecia suas deficiências em carta enviada ao ministro da Justiça (Karasch, 2000:107, nota 17). Segundo ele, foi deficiente a contagem do número de escravos existentes no Rio de Janeiro (parte dos quais contrabandeados a partir da proibição do tráfico em 1831), do que resultara subestimação da população da cidade.

A avaliação de Eusébio de Queirós parece proceder. De fato, caso se compare a população das freguesias existentes em 1838 com as mesmas freguesias em 1821, chega-se, respectivamente, a 131,9 mil e 111,5 mil habitantes. Supondo, ainda, que dos "mais de três mil" indivíduos que acompanharam d. João VI em seu regresso a Portugal logo após o arrolamento de 1821, 3 mil habitassem a área central da cidade, a população das freguesias existentes nos dois levantamentos teria crescido cerca de 20% (131,9 mil/108,5 mil), ou pouco mais de 1% ao ano. Tal taxa de crescimento parece subestimar o que teria sido a real expansão da população do Rio de Janeiro em um período em que se combinaram a intensificação do desembarque de africanos escravizados e de imigrantes portugueses na cidade.

Com efeito, estima-se que o número de escravizados chegados ao porto do Rio de Janeiro tenha passado de uma média anual de 19,2 mil em 1811-20 para 31,4 mil entre 1821-30 — um crescimento de mais de 60%. Já uma média de cerca de 1.500 imigrantes portugueses desembarcaram na cidade na década de 1830, constituindo aproximadamente 80% da imigração livre no período. Mesmo considerando-se que esses dados se referem a entradas brutas de indivíduos (tanto escravizados como livres), não resta dúvida de que a fixação de parte desse contingente humano na cidade do Rio de Janeiro ajudou a impulsionar o crescimento da população da cidade no início do período imperial (e além).[273]

Ciente da subestimação inerente ao número de pouco mais de 137 mil habitantes a que chegou o inquérito de 1838, a comissão encarregada do censo da Corte de 1870, ao avaliar as contagens populacionais realizadas anteriormente na cidade, propõe uma retificação daquele algarismo. Partindo do número de 17.056 casas existentes em 1838, segundo o levantamento daquele ano, e admitindo uma relação média de nove pessoas/casa, propôs um total de 153.504 habitantes (Relatorio apresentado ao ministro e secretario..., 1871:32).[274] Trata-se de quantitativo cerca de 12% superior ao do resultado do inquérito de 1838 e que pode ser tomado como mais aproximado da realidade.

Em suas "Considerações geraes sobre as vantagens e utilidade da estatistica", texto em que apresenta os números referentes ao recenseamento empreendido no Rio de Janeiro em 1849 e pelo qual fora o responsável, o médico e subdelegado de Polícia na freguesia do Engenho Velho, onde morava, e mais tarde serviria como juiz de paz (Holloway, 2008), Roberto Jorge Haddock Lobo, demonstra confiança no trabalho realizado e no resultado a que se chegou: uma população total de 266.466, distribuída entre 205.960 "na Cidade" (77,3% do total) e 60.560 "fora da Cidade" (22,7%).[275] Note-se aqui exemplo de emprego do termo "cidade" para designar as freguesias centrais do Rio de Janeiro.

Em apoio a esta confiança, Haddock Lobo valeu-se de uma estimativa da taxa de mortalidade no Rio em 1849 de 1:38 (equivalente a 26,3/1.000 habitantes) que, multiplicada por um total de 6.651 óbitos (supostamente) havidos na cidade naquele ano, resultaria em número (252,7 mil) não muito diferente daquele a que chegara o recenseamento.[276]

O autor afirma que, dos 8.890 óbitos registrados naquele ano e que constavam do relatório anual do Ministério dos Negócios do Império, 2.239 corresponderiam a indivíduos que faleceram fora do Hospital da Santa Casa da Misericórdia — daí defender que, na realidade, teriam sido 6.651 os óbitos em 1849. Implicitamente, está sugerindo a ocorrência de dupla contagem, com mortes sendo computadas nas paróquias e, novamente, nos registros da Santa Casa. Contudo, não há evidência de que isso tenha ocorrido em 1849 (ou, ao menos, em tal magnitude), como emerge do exame da série histórica de óbitos publicada pelo *Annuario de estatistica municipal do Rio de Janeiro* (Prefeitura do Districto Federal, 1914) ou, ainda, do levantamento feito por Maria Bárbara Levy nos registros paroquiais e na própria Santa Casa e reproduzidos em Lobo (1978).[277]

Haddock Lobo faleceu em 1869, sem ter tido a oportunidade, portanto, de conhecer os resultados dos censos de 1870 e de 1872. Trazendo números totais de, respectivamente, 235,4 mil e 275 mil para a população do Rio de Janeiro, certamente teriam abalado sua confiança. Afinal, não seria crível que a cidade que ele conhecia como poucos e que vinha exibindo sinais de crescimento demográfico e espraiamento espacial nas duas décadas transcorridas desde o censo de 1849 tivesse experimentado seja uma *queda* de mais de 10% em sua população ou um aumento de meros 3%.

São vários os trabalhos — todos eles, merecidamente, lidos e citados — que fazem uso do número de 266.466 reportado por Haddock Lobo e, a partir dele, procuram racionalizar a aparente queda/estagnação experimentada pela população do Rio de Janeiro no terceiro quarto do século XIX.[278] Não obstante, observadores da época já intuíam que os números reportados pelo Censo de 1849 pecavam pelo exagero. Joaquim Norberto de Souza e Silva, por exemplo, assim avaliava aquele levantamento: "Não é ele perfeito e está bem longe de sê-lo. [Haddock Lobo] teve ainda de lutar com grandes dificuldades e enormes obstáculos que lhe prolongaram os trabalhos, cançando-lhe as forças [...]" (Silva, 1870:100). Mais adiante, revela esperança de que o Censo de 1870, então em andamento, pudesse pôr fim à incerteza reinante quanto à efetiva população da capital do Império:

> Este cálculo [o resultado do Censo de 1849], na falta de outros mais modernos, tem servido de base para a estimativa da população do imperial Município, mais do que nenhuma outra sujeita às alternativas da variedade da tabela dos óbitos nas calamidades por que tem passado com a invasão de epidemias assoladoras e da emigração, não só estrangeira como nacional, e não só livre como também escrava, e sob as oscilações das cidades marítimas pela população adventícia. Uns exageram-na, outros diminuem-na visivelmente, e somente o resultado do arrolamento, a que se procede atualmente, poderá mostrar o verdadeiro algarismo [...] [Silva, 1870:104-105].

Percebendo com clareza os principais determinantes da dinâmica demográfica do Rio de Janeiro no terceiro quartel do século XIX — taxas de mortalidade (e, a influenciá-las, as recorrentes epidemias que assolariam a capital até o início do século seguinte) e a imigração líquida, tanto doméstica como internacional —, o autor tocou em pontos que seriam retomados pelos membros da comissão organizadora do Censo de 1870. Em sua minuciosa análise dos arrolamentos populacionais precedentes, estes avaliaram que, admitindo-se uma população, em 1838, de 150 mil (no lugar dos 137 mil reportados pelo levantamento daquele ano) e uma taxa média de crescimento de 1,8% ao ano a partir de então, a população da Corte em 1849 não poderia ser superior a 182.522 —

muito aquém, portanto, do número a que chegara Haddock Lobo (Relatorio apresentado ao ministro e secretario..., 1871:34).

Dada a considerável diferença entre estes dois resultados (266,5 mil × 182,5 mil), propõe-se aqui uma forma indireta de se estimar a população do Rio de Janeiro em 1849, em linha com exercício efetuado por Lobo (1978:226). Ela envolve multiplicar a razão de óbitos naquele ano (taxa que deve ser inferida) pelo número de óbitos lançados nos registros oficiais.

Antes de prosseguir, cumpre alertar que as séries históricas de mortes na cidade do Rio de Janeiro durante o período imperial devem ser abordadas com cautela. Ainda que seja razoável supor que a prática de registros de óbitos tenha melhorado em 1851 (a partir da criação dos cemitérios públicos administrados pela Santa Casa, que passaram a receber a maior parte dos mortos da Corte), há discrepâncias não desprezíveis entre as principais fontes de dados que tratam do tema.[279] Por exemplo, o "Mappa dos obitos que se derão na cidade do Rio de Janeiro, extrahidos dos relatorios do Ministerio do Imperio, no periodo de 1850 á 1869" — publicado em 1870 e cujos resultados são reproduzidos em Lobo (1978) — traz números que são, em média, ligeiramente superiores àqueles reportados por cada um dos relatórios anuais publicados por aquele ministério entre 1850 e 1870 (e de onde eles presumivelmente foram extraídos). Já o *Annuario de estatistica municipal...* (Prefeitura do Districto Federal, 1914) apresenta montante de óbitos para o período 1845-59, respectivamente, 16% e 19% mais alto que os das duas outras fontes.

Isto posto, o método indireto seguido por Lobo (1978) para estimar a população do Rio de Janeiro em 1849 — fazendo uso das razões de óbito calculadas pela comissão do Censo de 1870 e multiplicando-as pelo número de óbitos ocorridos em 1849 — pode ser tornado mais preciso para o caso em mãos. Assim, caso se considere, alternativamente, a população da cidade apurada pelo Censo de 1872 (de qualidade reconhecidamente superior ao de 1870), e a divida pelo número de óbitos ocorridos no início da década de 1870 em *todo* o município (e não apenas nas freguesias urbanas, como fez a autora), chega-se a uma razão de óbito que pode ser, em seguida, utilizada na estimação da população existente em 1849.

Um primeiro cuidado envolve "suavizar" o número registrado de mortes ocorridas na Corte em 1872, em função de uma elevação atípica delas causada por epidemia de varíola naquele ano. Para esse fim, tomou-se uma média de óbitos nos anos de 1871, 1872 e 1874, segundo duas fontes: os relatórios preparados pelo presidente da Junta Central de Hygiene Publica e anexados anualmente ao Relatório do Ministério dos Negócios do Império e o *Annuario de estatistica municipal do Rio de Janeiro (Districto Federal) — 1910-1911* (Prefeitura do Districto Federal, 1914), que traz a série histórica de óbitos mais longa (de 1835 a 1889) para o período imperial.

Por atípica, excluiu-se a observação referente a 1873. Segundo se lê nos relatórios anuais produzidos pelo presidente da Junta Central de Hygiene Publica, em 1873 foram registradas 1.629 mortes provocadas pela varíola, às quais se somaram outras 3.467 resultantes da febre amarela, totalizando cerca de um terço das impressionantes 15.382 mortes havidas na Corte naquele ano. Por essa razão, optou-se aqui por calcular um número "normal" de óbitos na cidade do Rio de Janeiro tomando-se a média dos anos 1871, 1872 e 1874.[280]

Segundo os dados do *Relatório do Ministério dos Negócios do Império*, em 1871, 1872 e 1874 vieram a óbito, em média, 10.049 indivíduos no Rio de Janeiro; já o *Annuario de estatistica municipal* (Prefeitura do Districto Federal, 1914:448) indica uma média de 11.146 mortos na cidade nesses três anos. Tendo em vista que a população da cidade apurada pelo Censo de 1872 totalizou 275 mil moradores, daí resultam razões de óbito, respectivamente, de 10.049/275 mil = 36,5/1.000 habitantes e 11.146/275 mil = 40,5/1.000 habitantes. Expressas de outra forma, de 1:27,4 e 1:24,7.

Pode-se objetar que taxas de mortalidade na cidade do Rio de Janeiro calculadas com base em dados referentes ao início da década de 1870 não correspondem, necessariamente, às que vigoraram em 1849 — e, por essa razão, não devem ser utilizadas para se aproximar a população existente naquele ano. Dito isso, existem evidências de que o quadro de mortalidade no Rio em 1871, 1872 e 1874 não foi caracterizado por número "excessivo" de óbitos. Da leitura dos relatórios anuais produzidos pelo presidente da Junta Central de Hygiene Publica, tirante a epidemia de varíola de 1872, que produziu ligeiro aumento de mortes na Corte, de maneira geral aqueles três anos não se destacaram como atípicos por mortalidade muito superior à média.

Tomando-se agora o número de 8.890 óbitos registrados no Rio de Janeiro em 1849[281] e multiplicando-o pelas razões de óbito calculadas anteriormente, obtém-se estimativa da população para aquele ano que varia de 8.890 * 24,7 = 219,5 mil a 8.890 * 27,4 = 243,6 mil. Números, respectivamente, 18,7% e 8,5% inferiores aos apurados por Haddock Lobo, mas que ainda parecem exagerados. Isso porque, caso se aceite a estimativa populacional proposta anteriormente para 1838 (153,5 mil habitantes), resultariam em pouco prováveis taxas médias anuais de crescimento de 3,3% e 4,3% entre os dois levantamentos.

Por outro lado, número para a população da cidade do Rio de Janeiro em 1849 que se situe entre aquele calculado por Eulália Lobo (186,2 mil) e o limite inferior da estimativa anterior (219,5 mil) - cerca de 210,0 mil (?) — se mostra mais compatível não apenas com o total revisado para o arrolamento de 1838, como também, conforme se verá, com o número sugerido para 1856 e aquele efetivamente apurado em 1872.

Em seu relatório enviado ao ministro da Justiça Nabuco de Araújo no início de 1857, Antonio Thomas de Godoy, chefe de Polícia do Rio de Janeiro, lamenta não ter conseguido obter os "dados precisos" necessários à confecção de "um quadro da população livre e escrava de todo o Município Neutro" (Godoy, 1857:s.p.). A tabela anexa ao relatório da pasta da Justiça indica um total de apenas 151.776 habitantes na Corte em 1856. A razão para tamanha subestimativa fica clara nas poucas observações que acompanham o quadro: os subdelegados das freguesias do Sacramento, Jacarepaguá e Paquetá não haviam remetido ("ainda") os respectivos arrolamentos e os das freguesias de São José, Candelária, Sant'Anna e Santo Antonio[282] os enviaram sem que todos os respectivos quarteirões tivessem sido arrolados. Consequentemente, as populações do primeiro grupo não estão incluídas no total e as do segundo apenas parcialmente.

Visando contornar tais lacunas, os organizadores do censo de 1870 propuseram um ajuste envolvendo um acréscimo de 10% à população destas freguesias conforme apurada pelo levantamento de 1838 e somando o resultado à população daquelas outras cujos subdelegados encaminharam informações completas para o inquérito de 1856. Com isso, chegaram a uma estimativa de população de 188.158 em 1856 (Relatorio apresentado ao ministro e secretario..., 1871:34).

Trata-se de metodologia questionável, tendo em vista que a população das freguesias cujos arrolamentos (completos) foram realizados em 1856 apresentou crescimento médio de 50% em relação a 1838 — e não de 10%.[283] A fim de melhorá-la, segue-se aqui exercício semelhante ao efetuado pela comissão organizadora do Censo de 1870, mas com importante diferença: no lugar de uma taxa única de crescimento aplicada às populações das diversas freguesias com arrolamentos incompletos ou faltantes em 1856, aplicam-se taxas distintas a depender se a freguesia se encontra na zona urbana ou rural do município. Isto porque tais taxas divergiam significativamente (em favor do núcleo urbano) em meados do século XIX.

O procedimento empregado seguiu a seguinte ordem. Primeiramente, foram agrupadas as quatro freguesias consideradas urbanas em 1838 e cujos arrolamentos foram completos em 1856: Santa Rita, Glória, Engenho Velho e Lagoa. A população conjunta desse grupo, segundo o levantamento de 1838, era de 32,6 mil habitantes. Considerando-se, ainda, que a população total do Rio de Janeiro apurada em 1838 foi aqui reestimada em 12% (isto é, para 153,5 mil),[284] aplica-se esta mesma taxa à população daquele grupo, chegando-se a uma população corrigida de 32,6 mil * 1,12 = 36,5 mil.

Em segundo lugar, nota-se que, de acordo com o levantamento de 1856, a população destas mesmas quatro freguesias era de 58.166 pessoas. Entre os dois levantamentos, teria crescido, portanto, 58,2 mil/36,5 mil, ou 59,5%. Essa taxa foi, em seguida, aplicada à população "corrigida" de 1838 das freguesias *urbanas* cujos arrolamentos não foram computados ou computados apenas parcialmente. Estas últimas — Sacramento, S. José, Candelária e Sant'Anna — reuniam, juntas, 63.336 moradores em 1838, número que, com o ajuste de 12%, se eleva a 70,9 mil. Caso tenham crescido à mesma taxa que a apresentada pelas demais freguesias urbanas entre 1838 e 1856, teriam chegado a este último ano com uma população de 70,9 mil * 1,595 = 113,1 mil. Em suma, a zona central (urbana) do Rio de Janeiro abrigaria, realizados os ajustes detalhados anteriormente, cerca de 58,2 mil + 113,1 mil, ou 171,3 mil moradores em 1856.

Procedimento análogo aplicado às freguesias consideradas rurais em 1838 resulta, inicialmente, em população conjunta de Irajá, Inhaúma, Ilha do Governador, Campo Grande, Guaratiba e Santa Cruz, de 31.090 habitantes segundo o levantamento daquele ano. "Corrigido" este número nos mesmos 12% da população total, chega-se a 31.090 * 1,12 = 34,8 mil. Estas seis freguesias, segundo o inquérito de 1856, apresentaram população combinada de 36.550. Teriam crescido, portanto, meros 5% (36.550/34,8 mil) nos 18 anos que separam os dois levantamentos populacionais. Aplicando-se essa taxa à população conjunta em 1838 (igualmente "ajustada" em 12%) das freguesias rurais não contabilizadas em 1856 — Jacarepaguá e Paquetá —, tem-se: 1,05 * (8.819 * 1,12 = 9.877) = 10.371. Somando este último resultado à população levantada para as demais freguesias rurais em 1856 (36.550), chega-se a uma população estimada das oito freguesias rurais da ordem de 46,9 mil naquele ano.

O município do Rio de Janeiro contaria, assim, com aproximadamente 171,3 mil + 46,9 mil = 218,2 mil habitantes em 1856.

Por aviso de 2 de abril de 1870, d. Pedro II designou Jerônimo M. Figueira de Mello para presidir a comissão central encarregada de proceder a arrolamento da população do Município da Corte.[285] Em seu relatório final, anexado ao *Relatório do Ministério dos Negócios do Império* de 1871, Figueira de Mello traz os números totais apurados: 235.381 indivíduos, distribuídos entre 191.022 (81,1%) nas freguesias urbanas e 44.379 (18,9%) nas rurais. A população livre somava 185.289 indivíduos (78,7% do total) e os escravos eram 50.092 (21,3%).

Realizado apenas dois anos antes do Censo do Império, o grau de "acerto" do levantamento de 1870 é mais facilmente avaliado. Em 1872, a população do Rio de Janeiro foi contada em 274.972 habitantes, número 16,8% superior ao apurado em 1870 e que seguramente não refletia o crescimento efetivo da população da cidade em tão curto espaço de tempo. A maior diferença apresentada pelos números do Censo de 1870 com relação aos que viriam a ser apurados em 1872 refere-se ao total da população das freguesias urbanas (191 mil x 228,7 mil), que congregavam mais de 4/5 dos habitantes do município. Quanto à divisão da população segundo a condição jurídica, não surpreende a relativa precisão do Censo de 1870, que contou pouco mais de 50 mil escravos na Corte, número praticamente confirmado no Censo de 1872 — 48,9 mil.

Conquanto tenha concluído "com todo o fundamento que esse arrolamento é exato", a comissão diretora concedeu que houve omissões, mas que estas em "caso algum (devem) exceder a 10 por cento (e) com estes ficaria a população do Município da Corte elevada a 258.919 habitantes [...]" (Relatorio apresentado ao ministro e secretario..., 1871:35). Adota-se aqui esse número como estimativa mais plausível da população total da cidade do Rio de Janeiro em 1870.

Tabela A2.3
Novas estimativas da população da cidade do Rio de Janeiro, 1779-89 a 1870

Ano	Pop. Total (em '000)	Taxa de Cresc. Média Anual (%)
1779-89	97,0	n.a.
1799	107,9	0,5 a 1,0
1821	130,2	0,9
1838	153,5	1,0
1849	c. 210,0	2,9
1856	218,2	0,5
1870	258,9	1,2

Fonte: Elaborada pelo autor.
n.a = não se aplica.

A tabela A2.3 resume as novas estimativas para os resultados dos levantamentos populacionais realizados no Rio de Janeiro entre 1779 e 1856, além do número proposto pelos organizadores do Censo de 1870. Dadas as limitações das fontes originais e os ajustes subsequentes realizados em cima dos dados brutos, ela limita-se a reportar a população total estimada para o município, sem distinção de local (zona rural ou urbana) ou condição jurídica (livre ou escravo). Os valores estão expressos em milhares e arredondados para a primeira casa decimal, dissipando qualquer impressão de maior precisão que poderia advir do uso de números inteiros. Para auxiliar na crítica dos resultados propostos, acrescenta-se coluna com estimativa da taxa de crescimento média anual da população carioca entre cada um dos levantamentos.

Os censos nacionais (e o de 1906 no Rio): 1872 a 2022

O primeiro recenseamento de âmbito nacional realizado no Brasil foi a campo em 1872. No Município da Corte, contou uma população de 274.972 habitantes, dos quais 48.930 (17,8%) escravos. Os imigrantes, segundo apurou o Censo de 1872, eram em 73.306 (ou 26,7% do total), com cerca de ¾ de origem portuguesa e 6.826 africanos livres.

A população carioca à época era em sua maioria masculina, com uma razão de sexo (proporção homens/mulheres) de 1,366; entre a população livre, tal razão era de 1,453, sendo consideravelmente maior no grupo dos imigrantes, majoritariamente homens (razão de 3,237). Por este ângulo, a população escrava era mais equilibrada, apresentando uma razão de sexo de 1,034.

Em 1890, a cidade do Rio de Janeiro já contava com 522.651 moradores. No início da República, os estrangeiros constituíam 28,9% (151.093 indivíduos) do total de residentes, permanecendo o predomínio de portugueses nesse grupo. A razão de sexo naquele ano apresentava-se ligeiramente menos desequilibrada (1,282 homens para cada mulher); entre os estrangeiros, caíra para 2,38.

A taxa de crescimento populacional verificada entre os dois primeiros censos nacionais seria a mais elevada da história do Rio de Janeiro: 3,63% a.a., em média. Neste período, a cidade apresentaria os mais elevados índices de migração (tanto de estrangeiros como de brasileiros vindos de outras unidades da Federação) líquida do país.[286]

Os números relativos ao Distrito Federal no Censo Demográfico de 1900 viram-se envoltos em acaloradas polêmicas e terminaram sendo considerados sem efeito por decreto governamental.[287] Diante do vazio estatístico daí resultante, decreto da Prefeitura Municipal de agosto de 1902 determinou que nos anos "de milésimo 5" fosse realizado recenseamento da população da cidade. Na prática, este só seria feito em 1906, na gestão do prefeito Pereira Passos (Senra, 2012:230).

Segundo o Censo de 1906, naquele ano a população da cidade era de 811.443 indivíduos, dos quais 463.453 homens e 347.990 mulheres (razão de sexo de 1,332). Em relação ao levantamento realizado em 1890, representava crescimento de 55,3% (ou 2,79% a.a., em média). Os estrangeiros somavam 25,9% do total (sendo ⅔ de origem portuguesa) da população carioca em 1906. Esse grupo permanecia desproporcionalmente composto de homens, apresentando razão de sexo de 2,53.

Figura A2.1

Pirâmides etárias da cidade do Rio de Janeiro, 1872 e 1906

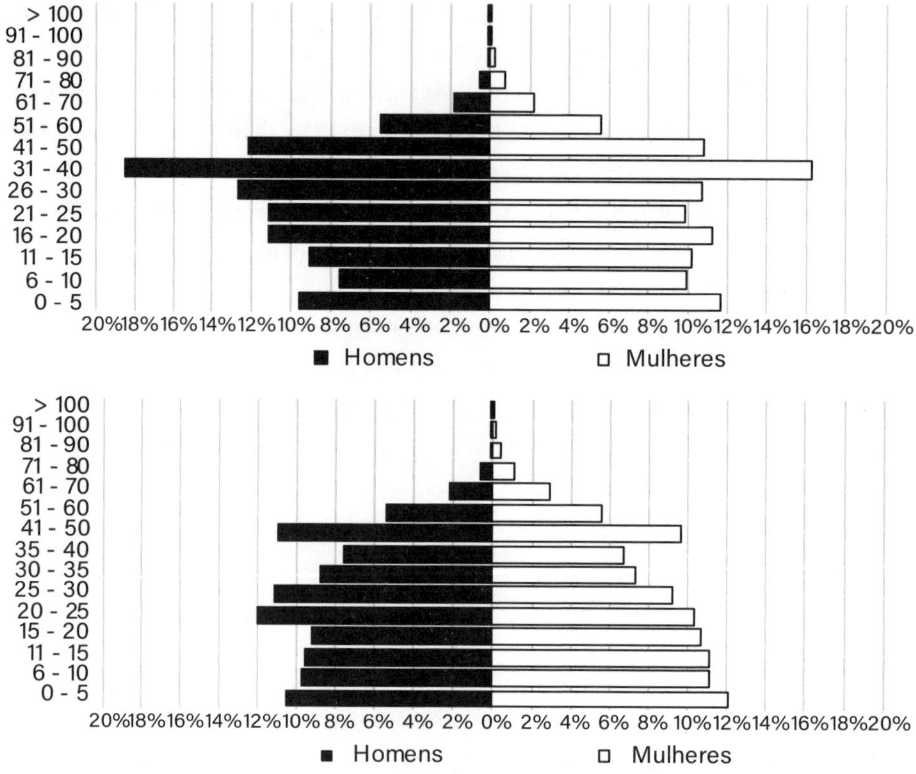

Fontes: Elaboração própria a partir de dados em Recenseamento do Brazil em 1872 (s.d.); O Censo de 1906 do Rio de Janeiro (2012).

Comparação da estrutura etária da população carioca nos censos de 1872 e 1906 revela poucas diferenças (figura A2.1).[288] A mais notável diz respeito à maior proporção, no total da população, de pessoas de zero a 15 anos em 1906 (31,7%) comparativamente a 1872 (28,6%). Por outro lado, o grupo em idade laboral (16 a 60 anos) viu seu peso reduzir-se, em igual período, de 68,3% para 62,6%. A proporção de idosos (definidos como indivíduos com idade de 61 anos ou mais) em ambos os levantamentos permaneceu baixa (3,1% e 5,7% do total, respectivamente).

Superados os problemas associados ao Censo de 1900, o próximo levantamento populacional feito no país seria realizado apenas em 1920 pela Diretoria Geral de Estatística do Ministério da Agricultura, Indústria e Comércio. Naquele ano, a população da capital federal já superava o milhão — eram 1.157.873 residentes, dos quais 239.129 (20,7%) estrangeiros (tabela A2.4).[289] A razão de sexo deste grupo já se reduzira (para 1,464) relativamente aos levantamentos anteriores, indicando o aumento do influxo de mulheres do exterior. Para a população da cidade como um todo, a razão entre a população de homens e mulheres atingiu 1,069 naquele ano.

Em função da instabilidade vivida pelo país durante a Revolução de 1930, não foi realizado um recenseamento nacional naquele ano. Apenas em 1940 novo censo populacional foi a campo, sendo o primeiro realizado pelo IBGE. Naquele ano, a população do Rio de Janeiro era de 1.764.141 habitantes, representando aumento de 52,3% (2,13% a.a., em média) relativamente ao levantamento realizado 20 anos antes. Desse total, os estrangeiros somavam 215,7 mil, ou 12,2% da população.

Novamente, a imigração teve papel significativo na expansão populacional da cidade, com os imigrantes brasileiros provenientes de outros estados formando o grupo principal. Segundo estimativas de Graham e Hollanda Filho (1984: tabela 2.10, p. 55), o saldo líquido de migração de brasileiros para o Distrito Federal entre 1920 e 1940 foi de 277,4 mil e de estrangeiros 95,7 mil. Como resultado, a contribuição das migrações internas para a expansão populacional experimentada pela cidade no período foi da ordem de 60%; 15% do crescimento populacional se deveu à imigração estrangeira e os 25% restantes ao crescimento natural (Martine, 1972:203-204). Pela primeira vez, o censo revelou razão de sexo inferior à unidade (0,957) no Rio de Janeiro, indicando a presença de número superior de mulheres relativamente ao de homens na população.

Uma das inovações metodológicas introduzidas pelo IBGE no Censo de 1940 foi a divulgação do perfil etário da população por faixas de idade de um ano. Com isso, torna-se possível construir pirâmides etárias com o seu formato usual, qual seja, segundo grupos de idade de cinco anos. Conforme se vê na figura A2.2, o formato da distribuição da população carioca por idade em 1940 é típico de uma cidade povoada, majoritariamente, por crianças/adolescentes (idades de zero a 14 anos) e jovens (15 a 29 anos de idade). Esses dois grupos etários respondiam, respectivamente, por 30,4% e 29,8% da população; na soma dos dois grupos, pouco mais de 60% do total.

Figura A2.2
Pirâmide etária da cidade do Rio de Janeiro — 1940

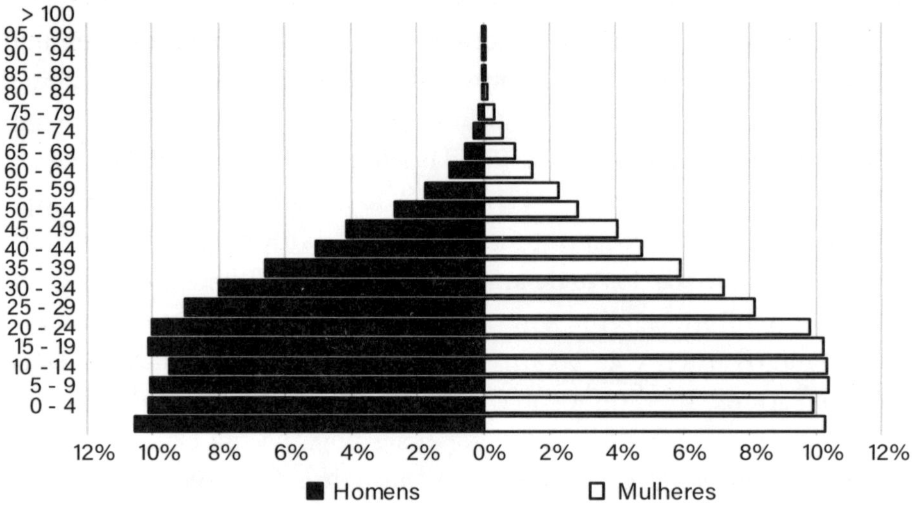

Fonte: Elaboração própria a partir de dados em IBGE (1951).

A população do Rio de Janeiro alcançou 2.377.451 habitantes segundo o Censo de 1950 — crescimento de 34,8% em relação a 1940 (média de 3% anuais). No tocante aos determinantes desse crescimento, novamente pesaram mais os fluxos migratórios internos, responsáveis por 69,1% do total; a imigração estrangeira respondeu por meros 4,1% e os restantes 26,8% da expansão populacional na década de 1940 deveram-se ao crescimento natural (Martine, 1972:204).

Pela primeira vez a proporção de estrangeiros na população do Rio caiu abaixo de 10%: eram 195,9 mil em 1950, ou pouco mais de 8,2% do total. Na sua maioria, homens; a razão de sexo entre os estrangeiros era de 1,334 naquele ano.

A taxa de crescimento da população do Rio de Janeiro na década de 1950 foi de pouco mais de 39% (3,36% a.a., em média), levando-a a atingir 3.307.163 em 1960 (tabela A2.4). A diferença relativa do número de homens e mulheres — em favor destas últimas — aumentou ligeiramente em relação ao censo anterior, tendo a razão de sexo passado para 0,944. O número absoluto de estrangeiros apurado em 1960 cresceu pouco mais de 20% comparativamente ao Censo de 1950. Em termos relativos, contudo, os estrangeiros constituíam agora 7,3% da população da cidade, sendo em sua maioria homens (razão de sexo de 1,31). A contribuição do influxo de imigrantes estrangeiros para o crescimento da população do Rio de Janeiro entre os dois censos foi da ordem de 9,2%. Já a migração interna respondeu por 45,6% e o crescimento natural pelos restantes 45,2% (Martine, 1972:204).

Tabela A2.4

População da cidade do Rio de Janeiro segundo os censos, 1872-2022

	População	Tx. de Cresc. Absoluta	Tx. de Cresc. Média Anual
1872	274.972		
1890	522.651	90,1%	3,6%
1906	811.443	55,3%	2,8%
1920	1.157.873	42,7%	2,6%
1940	1.764.141	52,4%	2,1%
1950	2.377.451	34,8%	3,0%
1960	3.307.163	39,1%	3,4%
1970	4.315.746	30,5%	2,7%
1980	5.090.723	18,0%	1,7%
1991	5.473.909	7,5%	0,7%
2000	5.851.914	6,9%	0,7%
2010	6.320.443	8,0%	0,8%
2022	6.211.223	-1,7%	-0,1%

Fontes: Elaboração própria a partir dos Censos Demográficos.

Foi apurada pelo Censo de 1970 uma população de 4.315.746 na Guanabara, com predomínio ainda maior de mulheres (razão de sexo de

0,911). A taxa de crescimento demográfico na década de 1960 caiu para 30,5% (2,7% a.a., em média). A contribuição relativa das migrações internas para tal expansão foi estimada em 39%; a imigração estrangeira e o crescimento natural teriam respondido, respectivamente, por 4% e 57% da expansão da população carioca entre 1960 e 1970.[290] O número de estrangeiros na cidade recuou em relação ao levantamento anterior; eram agora cerca de 204,7 mil, ou pouco mais de 4,8% da população, em sua maioria homens.

A população do Rio de Janeiro em 1980 era de 5.090.723 habitantes, dos quais 2,43 milhões de homens e 2,66 milhões de mulheres, perfazendo uma razão de sexo de 0,916. Teve continuidade a queda, iniciada na década de 1960, do número de estrangeiros vivendo na cidade, que atingiu 170,1 mil naquele ano (ou 3,3% do total).

Figura A2.3

Pirâmide etária da cidade do Rio de Janeiro — 1980

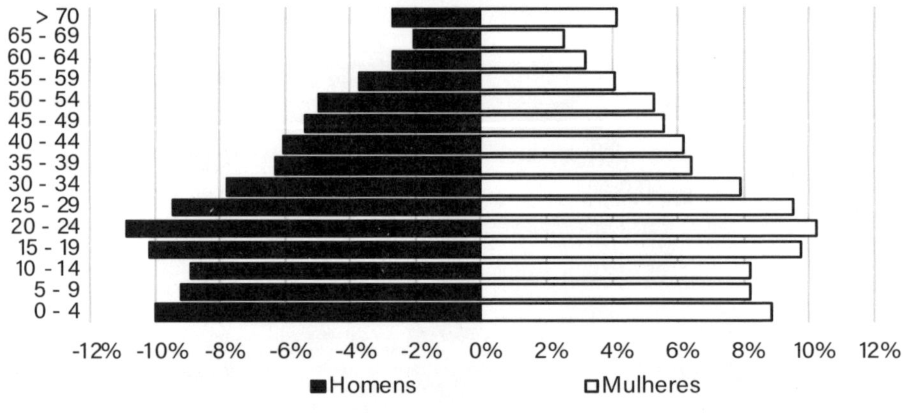

Fonte: Elaboração própria a partir de dados em Anuário estatístico da cidade do Rio de Janeiro — 1992/93 (Prefeitura do Rio de Janeiro, 1993).

Tal como em 1940, a distribuição da população do Rio de Janeiro por faixa etária em 1980 ainda revelava um predomínio de crianças/adolescentes e jovens que, em conjunto, constituíam 56,4% do total de habitantes (figura A2.3). Não obstante, já se percebem os primeiros sinais do progressivo envelhecimento da população carioca, com o número de adolescentes, neste último ano, superando o de crianças, ao contrário do observado em 1940.

Em função de dificuldades operacionais surgidas durante o Plano Collor, o próximo censo demográfico só seria realizado em 1991. Na ocasião, foram contados no Rio 5.480.768 habitantes, resultando em taxa média de crescimento de 0,66% a.a. em relação ao levantamento anterior. A queda de mais de 1 p.p. nessa taxa em relação ao período intercensitário imediatamente anterior (tabela A2.4) decorreu de uma combinação de dois fatores: i. recuo da taxa de fecundidade total, de 2,9 filhos/mulher em 1980 para 2,1 (a chamada taxa de reposição que, na falta de fluxos migratórios, mantém uma população constante) em 1991; e ii. um saldo migratório intra e interestadual entre 1981 e 1991 estimado em -360.430 pessoas (Souza e Frutuozo 2018:132).

Figura A2.4
Pirâmide etária da cidade do Rio de Janeiro — 2022

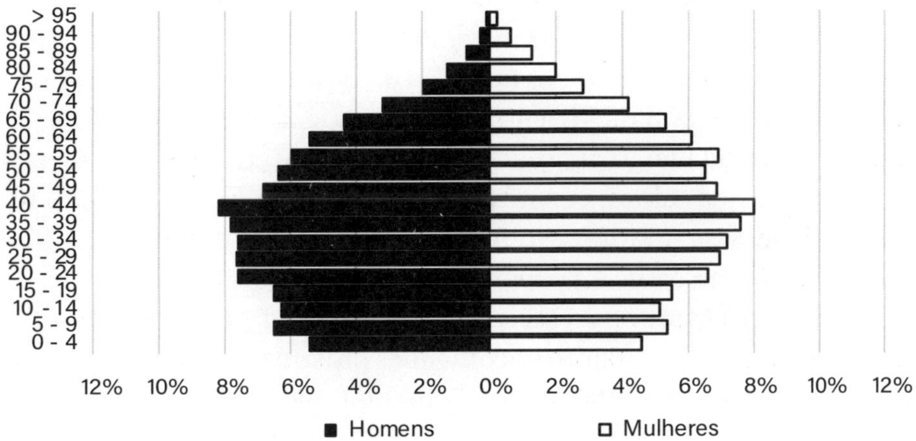

Fonte: Elaboração própria a partir de dados em Datario. Disponível em: www.data.rio/apps/pop-info-censo-2022/explore. Acesso em: 3 maio 2024.

Eram residentes no Rio de Janeiro 5.857.895 pessoas em 2000, representando crescimento de 6,9% (0,74% a.a., em média) em relação a 1991. A diferença entre a população de mulheres e homens seguiu se ampliando, com uma razão de sexo naquele ano de 0,883. A taxa de fecundidade total em 2000 permaneceu estável em relação à de 1991 (em 2,1 filhos/mulher), reforçando a tendência — na ausência de saldos migratórios positivos — à estabilização e eventual queda da população da cidade.

Segundo o Censo de 2010, residiam no Rio de Janeiro naquele ano 6.320.446 indivíduos, ou 8% a mais que em 2000. Àquela altura, o número de mulheres já superava o de homens em cerca de 400 mil (resultando em razão de sexo de 0,880). Segundo Souza e Frutuozo (2018:132), entre os dois anos censitários a cidade experimentou saldo migratório negativo de aproximadamente 203 mil habitantes.

Os resultados do Censo de 2022 revelaram, pela primeira vez, *queda* (de 1,2%) da população da cidade do Rio de Janeiro quando comparada com a de 2010.[291] Eram 6.320.446 os moradores da cidade naquele ano. A razão de sexo deu prosseguimento à sua tendência de redução iniciada nos anos 1930 e atingiu 0,861.

A estrutura etária da população carioca em 2022 já é marcadamente distinta daquela observada em 1980, por exemplo (comparar as figuras A2.3 e A2.4). Seu formato se mostra mais "bojudo", com a concentração populacional se dando nas faixas de idade intermediárias (o quintil mais numeroso era o de 40 a 44 anos de idade, congregando 8,1% da população da cidade). Crianças/adolescentes e jovens que, pouco mais de quatro décadas antes, constituíam 60% da população, em 2022 representavam 37% do total. No mesmo período, o grupo de 60 anos e mais de idade passou de 4,8% para 20,2% da população.

Em suma, a cidade "envelhece" e, na ausência de fluxos migratórios positivos, verá sua população encolher nas próximas décadas, tendo em vista uma taxa de fecundidade total em 2021 que já atingiu 1,32 crianças/mulher.[292]

Este livro foi impresso nas oficinas gráficas da Editora Vozes Ltda.,
Rua Frei Luís, 100 – Petrópolis, RJ.